Uni-Taschenbücher 1781

# UTB
## FÜR WISSEN
## SCHAFT

Eine Arbeitsgemeinschaft der Verlage

Wilhelm Fink Verlag München
Gustav Fischer Verlag Jena und Stuttgart
Francke Verlag Tübingen und Basel
Paul Haupt Verlag Bern · Stuttgart · Wien
Hüthig Verlagsgemeinschaft
Decker & Müller GmbH Heidelberg
Leske Verlag + Budrich GmbH Opladen
J. C. B. Mohr (Paul Siebeck) Tübingen
Quelle & Meyer Heidelberg · Wiesbaden
Ernst Reinhardt Verlag München und Basel
Schäffer-Poeschel Verlag · Stuttgart
Ferdinand Schöningh Verlag Paderborn · München · Wien · Zürich
Eugen Ulmer Verlag Stuttgart
Vandenhoeck & Ruprecht in Göttingen und Zürich

Peter-André Alt

# Tragödie der Aufklärung

Eine Einführung

Francke Verlag Tübingen und Basel

*Peter-André Alt* ist Privatdozent für Neuere Deutsche Literatur am Fachbereich Germanistik der Freien Universität Berlin.

Die Deutsche Bibliothek - CIP-Einheitsaufnahme

**Alt, Peter-André:**
Tragödie der Aufklärung : eine Einführung / Peter-André Alt. –
Tübingen ; Basel : Francke, 1994
  (UTB für Wissenschaft : Uni-Taschenbücher ; 1781)
  ISBN 3-8252-1781-7 (UTB) kart.
  ISBN 3-7720-2227-8 (Francke) kart.
NE: UTB für Wissenschaft / Uni-Taschenbücher

© 1994 · A. Francke Verlag Tübingen und Basel
Dischingerweg 5 · D-72070 Tübingen
ISBN 3-7720-2227-8

Einbandgestaltung: Alfred Krugmann, Stuttgart
Druck und Bindung: Presse-Druck, Augsburg
Printed in Germany

ISBN 3-8252-1781-7 (UTB-Bestellnummer)

# Inhalt

Vorwort ............................................................................. 7

I    Bausteine der Gattungstheorie ........................................ 14

    1. Aristoteles' Poetik, der Tragödiensatz
       und das 18. Jahrhundert ......................................... 14
    2. Elemente der aristotelischen Tragödienlehre ................ 22

II   Im Vorfeld eines neuen Tragödientyps:
    Frühaufklärung ................................................................ 36

    1. Literarischer Geschmackswandel um 1700 .................. 36
    2. Christian Weises Schuldrama und die Tradition
       des Trauerspiels ...................................................... 42
    3. Unterhaltung statt Tragödie.
       Zur Theaterpraxis vor Gottsched ............................. 50
    4. Herrschaft der praktischen Vernunft.
       Der geistige Horizont der Frühaufklärung .................. 56

III  Theorie des Trauerspiels von Gottsched bis Curtius .......... 66

    1. Das Trauerspiel als Lehrstück.
       Gottscheds Gattungstheorie .................................... 66
    2. Affektpsychologie und Wirkungslehre
       bei Bodmer und Breitinger ...................................... 84
    3. Trauerspiel und Nationalliteratur.
       Der Vorstoß J.E. Schlegels ...................................... 92
    4. Auf dem Weg zur Mitleidspoetik.
       Curtius' Aristoteles-Kommentar ................................ 100

IV  Das heroische Trauerspiel der Aufklärung ....................... 108

    1. Gottscheds „Sterbender Cato" (1732)
       und die Renaissance des Märtyrerdramas .................. 108

    2. Der Heros zwischen Rebellion und Loyalität.
       J.E. Schlegels „Canut" (1746) ............................................ 124
    3. Ende einer Gattungstradition.
       Zu Lessings „Philotas" (1759) ........................................... 138

V   Theorie des bürgerlichen Trauerspiels ............................... 149
    1. Zwischen Komödie und Tragödie.
       Das bürgerliche Trauerspiel als neues Genre ................. 149
    2. Helden aus der Mittelschicht.
       Zur Kritik der Ständeklausel ....................................... 162
    3. Mitleidspoetik. Die Wirkungslehre des
       bürgerlichen Trauerspiels ............................................. 175

VI  Formen des bürgerlichen Trauerspiels .............................. 191
    1. Die Ambivalenz der Affekte.
       Lessings „Miss Sara Sampson" (1755) ........................... 191
    2. Pfeils „Lucie Woodvil" (1756):
       Nachahmung und Modifikation ................................... 210
    3. Das bürgerliche Trauerspiel als Charakterdrama.
       Brawes „Freigeist" (1758) ............................................ 222

VII Perspektiven des Trauerspiels im Ausgang der Aufklärung  235
    1. Die Trauerspiellehre der „Hamburgischen
       Dramaturgie" (1767-69) .............................................. 235
    2. Die „modernisirte Virginia" und das versteckte
       „Staatsinteresse": „Emilia Galotti" (1772) ..................... 251
    3. Tragödie der Autonomie.
       Schillers „Kabale und Liebe" (1784) ............................. 270

VIII Resümee und Ausblick ......................................................... 290
    1. Das 19. Jahrhundert und die Tragödie ........................ 290
    2. Abschied von der Tragödie?
       Perspektiven der Gattung seit Nietzsche ...................... 309

Literaturverzeichnis
A  Werke und Quellen ............................................................. 323
B  Forschung ............................................................................ 331

Namenregister ............................................................................. 342

# Vorwort

Aufklärung ist, im Blick auf Kants berühmtgewordene Definition, der Versuch, den Menschen theoretisch über die Möglichkeit seiner Freiheit in Kenntnis zu setzen, um ihn, praktisch, zu deren Vollendung zu führen.[1] In stärkerem Maße als sämtliche geschichtlichen Epochen vor ihr befaßt sich die Aufklärung mit der innerweltlichen Bestimmung des Individuums, ohne deshalb die Existenz metaphysischer Instanzen zu leugnen. Der Optimismus, von dem sie getragen wird, schließt den Glauben ein, daß die Wahrheit der Vernunft und die einer göttlichen Offenbarung miteinander vereinbar seien. Die dem Menschen gegebene Möglichkeit, über sich und seine Erfahrungswirklichkeit ungehindert, d.h. autonom verfügen zu können, ist nach den Vorstellungen der Aufklärung kein Widerspruch zur Annahme, daß Gott diese Welt geschaffen hat; sie soll verstanden werden als Teil der Schöpfung, als die ihr innewohnende Verheißung von Freiheit, die für das Individuum den jeweils neu einzulösenden Auftrag enthält, sein Schicksal in die eigene Hand zu nehmen.

Die Tragödie gehört von Beginn an – seit Gottsched – zu denjenigen literarischen Gattungen, in denen die Aufklärung ihre hochgespannten Ansprüche und Erwartungen am entschiedensten formuliert. Das wirkt zunächst überraschend, wenn man bedenkt, daß das Genre des Trauerspiels gewöhnlich dazu disponiert ist, pessimistische Lehren über die Befindlichkeit des Menschen in der Welt zu vermitteln. Erhebt die Aufklärung die persönliche Freiheit des einzelnen zum Merkmal seiner kreatürlichen Bestimmung, so scheint es Sache der Tragödie, Situationen vorzuführen, in denen die Beschränkung dieser Freiheit und die Abhängigkeit des Menschen von undurchschaubaren Schicksalsmächten kenntlich werden. Angesichts eines derart auffälligen Spannungsverhältnisses stellt sich für die Forschung seit jeher die Frage, was die tragische

[1]   Immanuel Kant, Beantwortung der Frage: Was ist Aufklärung? (1784), in: Werke, hrsg. v. Wilhelm Weischedel, Frankfurt/M. 1977, Bd.XI, S.53-61, bes. S.53

Gattung für die Aufklärung dennoch so überaus attraktiv macht und warum sie sich, trotz ihrer traditionell pessimistischen Weltsicht, einer Epoche empfiehlt, deren Optimismus geradezu Programmcharakter besitzt.

Die germanistische Forschung der letzten 20 Jahre, die in der Literatur der Aufklärung nicht selten das Erprobungsfeld neuer methodischer Ansätze sah, hat auf diese Frage recht unterschiedliche Antworten gefunden. Im Zentrum der Diskussion stand dabei ein ausgeprägtes sozialhistorisches Interesse, das dem Ungenügen an den Ergebnissen älterer Arbeiten form- und geistesgeschichtlicher Provenienz entsprang, in denen man den Zusammenhang von gesellschaftlichen mit literarischen Prozessen unzureichend berücksichtigt fand. Nicht selten freilich verbarg sich hinter dem Etikett der Sozialgeschichte ein primär ideologiekritischer Ansatz, dem es weniger um die Erforschung der institutionellen Rahmenbedingungen der literarischen Entwicklung ging als um eine „Theorie der Widersprüche in der bürgerlichen Gesellschaft"[2]. Mit ihr verband sich die Tendenz, der Aufklärung ihre eigenen Illusionen und Selbsttäuschungen, nicht zuletzt die Folgelasten einer ebenso hybriden wie einseitigen Rationalität vorzurechnen, die, statt das Individuum zur Mündigkeit zu führen, den ‚ganzen Menschen‘ verfehlte, weil sie seine Sinnlichkeit der Macht der Vernunft zu unterwerfen trachtete.

Die ideologiekritische Perspektive legte es nahe, die Vorliebe der Aufklärungsliteratur für die Tragödie aus ihrem rationalen Erziehungsanspruch herzuleiten: das Trauerspiel führt zum Zweck der pädagogischen Demonstration Abschreckungsexempel vor Augen, an denen die Risiken extremer Leidenschaftlichkeit und fehlender Affektkontrolle hinreichend klar zutagetreten.[3] Dieses Deutungsmuster versagt jedoch dort,

---

2 So die Definition bei Heinz Schlaffer, Der Bürger als Held. Sozialgeschichtliche Auflösungen literarischer Widersprüche, Frankfurt/M. 1976 (2.Aufl., zuerst 1973), S.9. In der Tat ist Schlaffers kluge Studie, wie schon Wolfgang Frühwald feststellt hat, eher als Ideologiekritik denn als sozialgeschichtliche Darstellung zu lesen; vgl. Frühwald, Die Ehre der Geringen. Ein Versuch zur Sozialgeschichte literarischer Texte im 19. Jahrhundert, in: Geschichte und Gesellschaft 9 (1983), S.69-83, S.72, Anm.9

3 Charakteristisch für diese Tendenz sind die Interpretationen in: Gert Mattenklott, Klaus R. Scherpe (Hrsg.), Westberliner Projekt: Grundkurs 18. Jahrhundert. Die Funktion der Literatur bei der Formierung der bürgerlichen Klasse Deutschlands im 18. Jahrhundert, Kronberg/Ts. 1974. Ähnlichen Prinzipien folgt der Ansatz,

wo die Tragödie des 18. Jahrhunderts bereits über den didaktischen Beispielcharakter der gewählten Stoffe hinausgeht und die menschliche Vernunft ihrerseits vor den Richterstuhl der Kunst zieht. Spätestens bei Lessing ist die Dialektik der Aufklärung nicht mehr am Umschlag rationalen Erkenntnisinteresses in die totale Herrschaft des Verstandes festzumachen; dialektische Züge gewinnt hier zuallererst der analytische Anspruch der Rationalität selbst, die ihre Möglichkeiten und Grenzen gleichermaßen kritisch zu beleuchten sucht. Aufklärung wird damit zum Instrument der Belehrung über ihre eigenen Widersprüche, zu einem intellektuellen Verfahren, das bestrebt ist, zu sich selbst in ein Verhältnis der reflektierten geistigen Distanz zu treten. Auch für diesen Vorsatz scheint, wie sich am Drama Lessings zeigen läßt, die Tragödie die geeignete Gattung, die den Notstand des Menschen nicht allein aus affektiven Fehldispositionen oder aus einem gebrechlichen Weltzustand ableitet, sondern ebenso zu illustrieren vermag, in welchem Maße das Individuum an seinen eigenen Vernunftansprüchen scheitern kann.

Selbst dort, wo der sozialgeschichtliche Ansatz ernst genommen – und das heißt: aus dem Bündnis mit ideologiekritischen Interessen gelöst wurde –, schlagen Defizite zu Buche, die inzwischen kaum noch zu leugnen sind. Angeregt vor allem durch die Arbeiten von Jürgen Habermas, hat die Aufklärungsforschung versucht, den kultur- und institutionsgeschichtlichen Feldern der sich etablierenden bürgerlichen Öffentlichkeit (Theaterpraxis, Bildungsbegriff in Schule und Unterricht) ebenso wie deren politischen bzw. ökonomischen Hintergründen (Buchmarkt, Zensur) stärkere Beachtung zu verschaffen.[4] Sie konnte dadurch zwar ein neu artikuliertes historisches Interesse befriedigen, versagte jedoch meist beim Versuch, die vorgelegten Daten und Fakten in schlüssige

Aufklärung allein aus ihrem politischen Antrieb, als antiabsolutistische, bürgerlich-„progressive" Strömung zu definieren, wie dies in der offiziellen Literaturwissenschaft der DDR üblich war (<Autorenkollektiv>, Geschichte der deutschen Literatur. Bd.VI <Vom Ausgang des 17. Jahrhunderts bis 1789>, Berlin 1979).

[4] Jürgen Habermas, Strukturwandel der Öffentlichkeit. Untersuchungen zu einer Kategorie der bürgerlichen Gesellschaft, Frankfurt/M. 1990 (zuerst 1962), bes. S.69f., 107f. (bürgerliche Öffentlichkeit, familiäre Privatsphäre); Horst Albert Glaser (Hrsg.), Deutsche Literatur. Eine Sozialgeschichte. Bd.IV (Zwischen Absolutismus und Aufklärung: Rationalismus, Empfindsamkeit, Sturm und Drang 1740-1786), Reinbek b. Hamburg 1980; Rolf Grimminger (Hrsg.), Hansers Sozialgeschichte der deutschen Literatur vom 16. Jahrhundert bis zur Gegenwart. Bd.III, München 1980

Werkinterpretationen umzusetzen, die dem Anspruch einer methodischen Vermittlung zwischen sozialgeschichtlichen und hermeneutischen Absichten hätten genügen können.

Zwei problematische Aspekte des sozialhistorischen Ansatzes der germanistischen Aufklärungsforschung seien hier explizit genannt: die Neigung mancher Arbeiten, im Schatten der aufwendig ermittelten empirischen Materialien traditionelle Interpretationsmuster fortzuführen, ohne derart den avancierten methodischen Ansprüchen hermeneutisch gerecht zu werden, und die Tendenz, den Literaturbegriff preiszugeben durch die Reduktion des literarischen Werkes auf den Charakter eines bloßen ‚Dokuments' mit Illustrationsfunktion für die sozialhistorische Argumentation.[5]

Literaturwissenschaftliche Forschung, gleichgültig welcher methodischen Observanz, hat sich zu legitimieren durch ihre interpretatorische Kompetenz. Das gilt, wie Heinz Schlaffer richtig bemerkt hat, gerade dann, wenn die von ihr gewählte Methode durch komplexe theoretische Prämissen bestimmt wird, die das hermeneutische Vorgehen beeinflussen.[6] Mit anderen Worten: zumal der sozialhistorische und der ideologiekritische Ansatz stehen in der Pflicht, die Solidität ihrer Hypothesen durch Deutungen zu untermauern, die nicht nur bloße Belegfunktion und damit affirmativen Charakter aufweisen, sondern der Komplexität literarischer Werke Rechnung zu tragen wissen.

Gerade die mentalitätsgeschichtliche Erforschung der Aufklärung hat in den letzten 20 Jahren ein differenzierteres Bild der Epoche vermittelt. Neben das Element der Rationalität und den wissenschaftlichen Anspruch einer vernünftigen Entzauberung der Wirklichkeit treten im gesamten 18. Jahrhundert utopische Visionen, empfindsame Tendenzen, das Interesse für die Psychologie der Affekte, pädagogische Reformbestrebungen und anthropologische Theorien, die den Menschen als sinnliches Wesen wiederentdecken möchten.[7] Zur Aufklärung des Kopfes gesellt

---

[5]  Vgl. zum möglichen (nicht ausschließlichen) Dokumentcharakter von Literatur die ausgewogenen Überlegungen bei Horst Steinmetz, Das deutsche Drama von Gottsched bis Lessing, Stuttgart 1987, S.2f.

[6]  Schlaffer, Der Bürger als Held, S.146f.

[7]  Vgl. hier etwa Gerhard Sauder, Empfindsamkeit. Bd.I (Voraussetzungen und Elemente), Stuttgart 1974, Lothar Pikulik, Leistungsethik contra Gefühlskult. Über das Verhältnis von Bürgerlichkeit und Empfindsamkeit, Göttingen 1984,

sich frühzeitig die Aufklärung des Herzens, die gerade für die kathartische Wirkungsabsicht der Tragödie von größtem Gewicht ist. Die Ergebnisse der neueren Forschung lassen es ratsam scheinen, auf vorschnelle Bewertungen der Epoche zu verzichten und statt dessen eine Vielzahl von unterschiedlichen Strömungen in Rechnung zu stellen, die das kritische Urteil vom einseitig orientierten ‚Zeitalter der Vernunft' entscheidend relativieren dürften.

Das vorliegende Buch möchte auf die Erörterung sozialgeschichtlicher Zusammenhänge dort nicht verzichten, wo sie für die Entwicklung der aufgeklärten Tragödie bedeutsam sind, zugleich aber hervorheben, daß ihre Kenntnis die selbständige Arbeit der Interpretation bestenfalls fördern, kaum jedoch überflüssig machen kann. Sein Bild von der Aufklärung ist, wie diese selbst, pluralistisch; es schließt die ideologiekritische Diskussion ihrer Absichten aus, zumal eine solche nur um den Preis der Abstraktion vom geschichtlichen Prozeß zu haben ist. Es hält sich fern von der Illusion, Literatur könne interpretierbar sein als bloßer Beleg für bestimmte theoretische Hypothesen, ohne daß ihre spezifische Mehrdeutigkeit in Anschlag kommt. Gerade eine Arbeit, die in die Probleme einer Epoche und einer Gattung gleichermaßen einführen will, kann und darf diese besondere Disposition literarischer Werke nicht unterschätzen, weil nur durch sie verständlich wird, warum Kunst mehr ist als lediglich die Manifestation eines bestimmten Erkenntnisinteresses jenseits begrifflicher Ordnung.

Für das vorliegende Buch waren drei Aspekte des Themas von besonderer Bedeutung:

(1) Es sucht eine Antwort auf die Frage zu finden, warum sich die Tragödie im Zeitalter der Aufklärung, zwischen Gottsched und Lessing, einer derart großen Beliebtheit erfreut. Zu vermuten steht dabei, daß sich in ihr wie in keiner anderen Gattung der moralische Notstand darstellen läßt, in den der Mensch durch den Anspruch geraten ist, Herr seines Geschicks zu sein. Der Autonomiegedanke, den man mit Odo Marquard als Versuch verstehen kann, Gott im Zuge einer modifizierten Theodizee-Vorstellung aus der Verantwortung für die Übel dieser

---

Helmut Pfotenhauer, Literarische Anthropologie. Selbstbiographien und ihre Geschichte – am Leitfaden des Leibes, Stuttgart 1987, Peter Utz, Das Auge und das Ohr im Text. Literarische Sinneswahrnehmung in der Goethezeit, München 1990, S.39ff. (zu Lessing)

Welt zu entbinden, führt zu einer unerhörten sittlichen Belastung des Menschen, deren unterschiedliche Auswirkungen in der Tragödie der Aufklärung literarischen Ausdruck finden.[8] Das Trauerspiel des 18. Jahrhunderts zeigt, daß nicht mehr das Schicksal, sondern das Innere des Individuums die entscheidende Instanz repräsentiert, die das tragische Geschehen steuert. Die Toten, die am Ende der Tragödie auf der Bühne liegen, sind die stummen Zeugen für die Risiken des langen Wegs zur Mündigkeit. Im Trauerspiel – und dieser Hypothese muß die Interpretation nachgehen – bekundet sich der Grundwiderspruch des Autonomiegedankens, der den Menschen zum Schicksal seiner selbst werden läßt und damit die Unfreiheit, die die traditionelle christliche Metaphysik für das Individuum mit sich brachte, auf anderer Ebene neu erzeugt.[9]

(2) Die Tragödienpoetik der Aufklärung ist wirkungsästhetisch begründet. Sie interessiert sich nicht für Fragen des tragischen Gehalts, die erst, vermittelt durch Schiller, im 19. Jahrhundert, bei Hegel und seinen Schülern vor allem, zum entscheidenden Thema avancieren. Als literarische Gattung will die aufgeklärte Tragödie bestimmte Effekte beim Zuschauer erzielen, an deren Intensität ihre künstlerische Leistung bewertet wird. Die wirkungsästhetische Orientierung erbt das aufgeklärte Trauerspiel von der „Poetik" des Aristoteles, die im gesamten 18. Jahrhundert eine Schrift von (fast) ungebrochener Autorität darstellt. Die Forschung hat immer wieder auf diesen Einfluß hingewiesen, ihn aber meist nur punktuell (bevorzugt am Beispiel Lessings) und nicht als Breitenphänomen untersucht. Wenn man Gattungsgeschichte als Geschichte der Rezeption von tradierten poetischen Erwartungshaltungen betrachtet, so bedarf es eines möglichst weit gefaßten Untersuchungszeitraums, um Kontinuität und Wandel der ästhetischen Entwicklung systematisch überprüfen zu können.

In diesem Sinne beschränkt sich das vorliegende Buch keineswegs darauf, nur Lessings intensive Beschäftigung mit dem aristotelischen Tragödiensatz zu analysieren; es möchte vielmehr den Pluralismus der ein-

---

[8] Odo Marquard, Schwierigkeiten mit der Geschichtsphilosophie. Aufsätze, Frankfurt/M. 1973, S.52ff.

[9] Zu optimistisch hier wohl die Deutung bei Benno von Wiese, Die deutsche Tragödie von Lessing bis Hebbel, Hamburg 1973 (8.Aufl., zuerst 1948), S.39ff., der in Lessings „Emilia Galotti", gleichsam aus der Perspektive Schillers, den tragischen Sieg des sittlichen Prinzips dargestellt findet, dabei aber die immanenten Widersprüche dieses Prinzips – der Tugend – außer acht läßt.

zelnen Aristoteles-Deutungen erweisen, um derart die Stationen der aufgeklärten Tragödientheorie in ihrer historischen Abfolge als Elemente eines poetologischen Evolutionsprozesses vor Augen führen zu können.[10]

(3) Die germanistische Aufklärungsforschung neigt dazu, kanonisch gewordene Tragödien immer wieder neu auszulegen, dabei aber die Vielfalt der Gattung außer acht zu lassen. Besonders eklatant wird diese Tendenz im Fall des bürgerlichen Trauerspiels, dessen verschiedene Stilrichtungen meist völlig ignoriert werden, weil seine klassisch gewordenen Exempel – Lessings „Miss Sara Sampson" und „Emilia Galotti", Schillers „Kabale und Liebe" – als allein gültige Muster des Genres betrachtet werden.[11] Demgegenüber sollen in diesem Buch auch weniger bekannte Autoren und Werke zur Sprache kommen: der Übersetzer Michael Conrad Curtius mit seinen aufschlußreichen Kommentaren der aristotelischen Tragödienlehre, der frühverstorbene Johann Elias Schlegel, dessen poetologische Abhandlungen die Wirkungsintentionen und Bauformen der Gattung erstmals in ihren verschiedenen nationalliterarischen Ausprägungen zu verstehen suchen, Joachim Wilhelm von Brawe und Johann Gottlob Benjamin Pfeil, deren bürgerliche Trauerspiele durchaus eigenständige dramatische Versuche darstellen, die neben Lessings "Miss Sara Sampson" detailliertere Beachtung finden sollten.

Das historische Interesse, das dieses Buch leitet, erfordert zwangsläufig auch die konsequente Reflexion über die intellektuellen Voraussetzungen seines Gegenstands. Im Trauerspiel der Aufklärung manifestiert sich ein literarischer Wirkungswille, der niemals wieder mit vergleichbarem Anspruch zutage getreten ist. Er umfaßt nichts weniger als die Absicht, den Menschen mit Hilfe des Dramas zu einem mündigen, moralisch reifen Individuum zu erziehen, das imstande ist, seine Geschicke selbstverantwortlich zu bestimmen. Man mag diesen Anspruch als Illusion betrachten angesichts der eingeschränkten Wirkungsmöglichkeiten, die der Literatur in jeder Phase ihrer Geschichte beschieden waren; er verdient jedoch ernst genommen zu werden, auch und gerade, wenn man die Gründe seines Scheiterns kennt.

---

[10] Ansätze dazu bei David E.R. George, Deutsche Tragödientheorien vom Mittelalter bis zu Lessing. Texte und Kommentare, München 1972, S.143ff.

[11] Vgl. dagegen die materialreiche Darstellung bei Karl S. Guthke, Das deutsche bürgerliche Trauerspiel, Stuttgart 1984 (4.Aufl., zuerst 1972) (Sammlung Metzler, Bd.116), S.50ff.

# I  Bausteine der Gattungstheorie

## 1. Aristoteles' Poetik, der Tragödiensatz und das 18. Jahrhundert

Ehe Johann Christoph Gottsched in seiner „Critischen Dichtkunst", der ersten und zugleich wichtigsten Normpoetik der deutschen Aufklärung, das Buch der Regeln öffnet und den Leser mit praktischen Lehren über das Wesen der dichterischen Nachahmung, die angemessene Wahl des Stoffs, die Mittel der sprachlichen Gestaltung und die verschiedenen Gattungen versorgt, mustert er zunächst die stattliche Reihe der poetologischen Schriften, die seit der Antike verfaßt worden sind. Es steht für Gottsched außer Frage, bei welchem Autor seine knappe Bestandsaufnahme zu beginnen hat: „Unter den Griechen ist ohne Zweifel Aristoteles der beste Kriticus gewesen, was nämlich die Redekunst und Poesie anlanget. (...) Er hat das innere Wesen der Beredsamkeit und Poeterey aufs gründlichste eingesehen, und alle Regeln, die er vorschreibt, gründen sich auf die unveränderliche Natur des Menschen, und auf die gesunde Vernunft."[1] Als „großen Kunstlehrer"[2] bezeichnet Johann Jacob Breitinger die bewunderte Autorität Aristoteles in den 1746 publizierten „Critischen Briefen", die zumal zur Tragödienauffassung der „Poetik" einiges anzumerken haben; ähnlich äußern sich auch Bodmer, Curtius und der junge Lessing, für den die aristotelische Dichtungstheorie die Quelle darstellt, aus der alle späteren Autoren „ihre Fluten bewässert haben."[3]

In Gottscheds Sicht besteht Aristoteles' Leistung vor allem darin, daß er verbindliche Normen entwickelt hat, die nicht nur theoretische Ur-

---

[1]  Johann Christoph Gottsched, Versuch einer Critischen Dichtkunst, Leipzig 1751 (4. Aufl., zuerst 1730). Faksimile-Nachdruck, Darmstadt 1982, S. 97

[2]  Johann Jacob Bodmer, Johann Jacob Breitinger, Critische Briefe, Zürich 1746. Faksimile-Nachdruck, Hildesheim 1969, S. 73

[3]  Gotthold Ephraim Lessing, Werke, hrsg. v. Herbert G. Göpfert u.a., München 1970ff., Bd. III, S. 181

teilsmaßstäbe bereitstellen, sondern auch die dichterische Praxis unmittelbar beeinflussen. Aristoteles wird bei Gottsched zum Regelpoetiker, der handfeste Empfehlungen für nachfolgende Autorengenerationen abgegeben hat und als dichtungstheoretische Autorität noch im 18. Jahrhundert unangefochten bleibt. Unter Berufung auf Aristoteles attackiert Gottsched denn auch diejenigen, die an der Bedeutung poetologischer Grundsätze generelle Zweifel zu formulieren wagen: „Haben gleich einige andere Kunstrichter und poetische Freygeister sein Joch abzuschütteln gesucht, und uns entweder von allen Regeln befreyen, oder ganz neue und willkührliche einführen wollen: so haben sie doch bey keinem Vernünftigen Beyfall gefunden."[4]

Gottsched argumentiert an diesem Punkt in eigener Sache: die aristotelische Poetik gilt ihm als mustergültiges Beispiel einer normativen Dichtungstheorie und legitimiert neuere regelpoetische Versuche, die sich ihrem Vorbild verpflichtet wissen. Zwar wird diese methodische Einordung von der nachfolgenden Autorengeneration nicht mehr ohne weiteres akzeptiert, doch berührt das kaum die Bewertung der aristotelischen Poetik selbst. Sie bleibt im gesamten 18. Jahrhundert eine Autorität, an der sich sogar diejenigen Theoretiker abarbeiten, die ihre methodischen Prämissen punktuell bereits anzweifeln. Die Bedeutung der aristotelischen Doktrin erweist sich insbesondere im Bereich der aufgeklärten Tragödienlehre, die ohne die zentralen Bestimmungen der „Poetik" kaum denkbar ist.

Als wegweisender Gesetzgeber galt Aristoteles schon den Poetikern der italienischen Renaissance. Die bedeutendsten dichtungstheoretischen Abhandlungen des Cinquecento sind zuallererst gelehrte Kommentare der „Poetik" und ihrer knappen, häufig dunklen poetologischen Bestimmungen; das gilt zumal für Francesco Robortellos „In librum Aristotelis arte poetica explicationes" (1548), Antonio Sebastiano Minturnos „L'arte poetica" (1564), Lodovico Castelvetros „Poetica D'Aristotele vulgarizzata e sposta" (1576) und Giovanni Antonio Viperanos „De poetica libri tres" (1579). Daniel Heinsius' „De Tragoediae constitutione liber" (1611), Alexander Donatus' „Ars Poetica" (1631) und Emanuele Tesauros „Il cannocchiale aristotelico" (1654) setzen, um nur wenige Beispiele zu nennen, die Aristoteles-Rezeption im 17. Jahrhundert fort, auch wenn

---

[4] Gottsched, Critische Dichtkunst, S. 97

ihre Kommentare höchst eigenwillig bleiben und den tragödientheoretischen Grundbegriffen der „Poetik" nicht immer Gerechtigkeit widerfahren lassen.[5] Lediglich die Dichtungslehrer des deutschen Barock halten sich von Aristoteles fern und umgehen eine nähere Auseinandersetzung mit seinen zentralen Kategorien. Immerhin ist auch ihnen die Bedeutung der „Poetik" geläufig, wie Martin Opitz' nüchterner Kommentar im „Buch von der Deutschen Poeterey" (1624) bestätigt. „Von derer zugehör", so heißt es dort über die Tragödie, „schreibet vornemlich Aristoteles / vnd etwas weitleufftiger Daniel Heinsius; die man lesen kan."[6]

Auf die imponierende Wirkungsgeschichte der aristotelischen Tragödienauffassung weist der Eklektiker Christian Heinrich Schmid 1767 in seiner „Theorie der Poesie" hin: „Eine sehr lange Zeit hindurch ist Aristoteles die einzige untrügliche Quelle theatralischer Regeln gewesen. Die ersten Verbesserungen der neuern dramatischen Dichtkunst geschahen gemeiniglich nach seinen Grundsätzen. Die Genies, die nachher aufstanden, trugen seine Fesseln mit solchem Anstand, daß die Kunstrichter nunmehro nur darauf bedacht waren aus diesen Mustern zu zeigen, wie sich die Aristotelischen Regeln auf unsre Zeiten anwenden lassen."[7] Noch entschiedener als Schmid läßt sich Lessing in der „Hamburgischen Dramaturgie" vernehmen: „Besonders getraue ich mir von der Tragödie, als über die uns die Zeit so ziemlich alles daraus gönnen wollen, unwidersprechlich zu beweisen, daß sie sich von der Richtschnur

5  Für die Aristoteles-Rezeption im 17. Jahrhundert vgl. Hans-Jürgen Schings, Consolatio Tragoediae. Zur Theorie des barocken Trauerspiels, in: Deutsche Dramentheorien. Beiträge zu einer historischen Poetik des Dramas in Deutschland, hrsg. v. Reinhold Grimm, Wiesbaden 1980 (3. Aufl., zuerst 1971), Bd. I, S. 19-56; zum Spannungsverhältnis zwischen barockem Trauerspiel (als Spiegel trauriger Weltverhältnisse) und antiker Tragödie (als Darstellung der Kollision von Individuum und Schicksal) Walter Benjamin, Ursprung des deutschen Trauerspiels, in: Gesammelte Schriften, hrsg. v. Rolf Tiedemann und Hermann Schweppenhäuser, Frankfurt/M. 1972ff., Bd. I, S. 203-430, S. 242ff.
6  Martin Opitz, Buch von der Deutschen Poeterey, hrsg. v. Cornelius Sommer, Stuttgart 1983, S. 27
7  Christian Heinrich Schmid, Theorie der Poesie nach den neusten Grundsätzen und Nachricht von den besten Dichtern nach den angenommenen Urtheilen. 2 Bde., Leipzig 1767-69, Bd. I, S. 444f.

des Aristoteles keinen Schritt entfernen kann, ohne sich eben so weit von ihrer Vollkommenheit zu entfernen."[8]

Daß die aristotelischen Bestimmungen schwer zu ignorieren waren, wenn man sich mit tragödientheoretischen Fragen befaßte, mußten auch diejenigen einräumen, die wie Wieland und Nicolai die Autorität des antiken Lehrmeisters in Zweifel zogen und Einwände gegen die unrevidierte Anwendung seiner poetologischen Prinzipien formulierten. Die „Poetik" blieb im gesamten 18. Jahrhundert das Haupt- und Grundbuch der Tragödienlehre; von den aristotelischen Wirkungsbegriffen ging fast jeder Autor aus, der sich mit Fragen der tragischen Gattung beschäftigte, selbst wenn er wie Wieland zu dem Ergebnis kam, daß sie allzu eng gefaßt und auf moderne Trauerspiele nicht übertragbar waren.[9] Eine der prägnantesten Erklärungen für diese einzigartige Dominanz stammt von Friedrich Schiller, der erst relativ spät, im Zuge der langwierigen Arbeiten am „Wallenstein", auf die aristotelische „Poetik" stieß. In einem Brief an Goethe vom 5. Mai 1797 heißt es: „Nirgends beinahe geht er von dem Begriff, immer nur von dem Faktum der Kunst und des Dichters und der Repräsentation aus; und wenn seine Urteile, dem Hauptwesen nach, echte Kunstgesetze sind, so haben wir dieses dem glücklichen Zufall zu danken, daß es damals Kunstwerke gab, die durch das Faktum eine Idee realisierten oder ihre Gattung in einem individuellen Falle vorstellig machten."[10]

Die Gedankenschärfe, die Aristoteles' Schrift auszeichnet, erklärt Schiller aus dem hohen künstlerischen Niveau ihrer praktischen Beispiele. Von der „auf den Gegenstand hinweisenden Art"[11] der aristotelischen Argumentation zeigt sich noch der alte Goethe beeindruckt. Schiller, der die aufgeklärte Debatte über die Tragödienlehre der „Poetik" im gelassenen Rückblick betrachten kann, sieht denn auch die Stärken der Schrift

---

8  Gotthold Ephraim Lessing, Hamburgische Dramaturgie (1769), Werke, Bd. IV, S. 700 (101.-104. Stück)

9  Christoph Martin Wieland, Theorie und Geschichte der Redkunst und Dichtkunst (1757), in: Wielands Werke. Bd.VI, hrsg. v. Fritz Homeyer und Hugo Bieber, Berlin 1916, S.303-421, hier S.385f.

10  Briefwechsel zwischen Schiller und Goethe, im Auftrage der Nationalen Forschungs- und Gedenkstätten der klassischen deutschen Literatur in Weimar hrsg. v. Siegfried Seidel, München 1984, Bd.I, S.336

11  Johann Wolfgang von Goethe, Nachlese zu Aristoteles' Poetik (1827), in: Werke. Hamburger Ausgabe, hrsg. v. Erich Trunz, München 1973 (8. Aufl.) (= HA), Bd. XII, S. 343

darin, daß sie weder Regelkompendium noch Beispielsammlung ist, sondern eine am konkreten literarischen Werk entwickelte Gattungslehre bietet: „Der Aristoteles ist ein wahrer Höllenrichter für alle, die entweder an der äußern Form sklavisch hängen oder die über alle Form sich hinwegsetzen. Jene muß er durch seine Liberalität und seinen Geist in beständige Widersprüche stürzen, denn es ist sichtbar, wieviel mehr ihm um das Wesen als um alle äußere Form zu tun ist, und diesen muß die Strenge fürchterlich sein, womit er aus der Natur des Gedichts und des Trauerspiels insbesondere seine unverrückbare Form ableitet."[12]

Noch in der Vorrede zu den „Räubern" (1781) hatte Schiller ganz andere Töne angeschlagen und, in Übereinstimmung mit dem normkritischen Geist der Genieperiode, von den „allzuengen Pallisaden" gesprochen, zwischen die Aristoteles die Tragödiengattung gezwängt habe.[13] Die skeptische Bewertung des jungen Schiller speiste sich jedoch offenbar aus fremden Urteilen und war keineswegs die Frucht eigener Lektüre. 15 Jahre später heißt es jedenfalls, nicht ohne Selbstkritik, über Aristoteles und seine Dichtungstheorie: „Überhaupt finde ich, nachdem ich diese ,Poetik' nun selbst gelesen, wie ungeheuer man ihn mißverstanden hat."[14]

Gerade die besondere Synthese zwischen Gegenstandsnähe und Regeldeduktion macht die aristotelische Tragödienlehre für die aufgeklärte Poetik in hohem Maße attraktiv. Ihre Verbindlichkeit verliert sie erst, als man sich am Ende des 18. Jahrhunderts nicht mehr mit der Poetik des Trauerspiels befaßt, sondern eine Philosophie des Tragischen zu entwickeln sucht.[15] Dort, wo die Dichtungstheorie von der Ästhetik verdrängt wird, spielt die aristotelische Doktrin nur noch eine untergeordnete Rolle; Schelling und Hegel haben bezeichnenderweise in ihren ästhetischen Schriften kaum auf sie Bezug genommen. Schon Schiller, der Vermittler zwischen Aufklärung und Idealismus, den die poetologischen Fragen der Gattung ebenso beschäftigten wie ihr philosophischer

---

[12] Schiller – Goethe, Briefwechsel, Bd. I, S. 335

[13] Schiller, Die Räuber, in: Werke. Nationalausgabe. Im Auftrag des Goethe- und Schiller-Archivs und des Schiller-Nationalmuseums, hrsg. v. Julius Petersen u.a., Weimar 1943ff. (= NA), Bd.III,  S. 5

[14] Schiller – Goethe, Briefwechsel, Bd. I, S. 338

[15] Dazu Peter Szondi, Versuch über das Tragische (1961), in: Schriften I, hrsg. v. Jean Bollack u.a., Frankfurt/M. 1978, S. 149-260, bes. S. 151f.

Gehalt, weiß, daß Aristoteles als Poetiker eher für praxisorientierte Bestimmungen zuständig ist: „Wenn man eine Philosophie über die Dichtkunst, so wie sie jetzt einem neuern Ästhetiker mit Recht zugemutet
werden kann, bei ihm sucht, so wird man nicht nur getäuscht werden,
sondern man wird auch über seine rhapsodistische Manier und über die
seltsame Durcheinanderwerfung der allerpartikularsten Regeln, der logischen, prosodischen, rhetorischen und poetischen Sätze etc. lachen
müssen (...)"[16]

Philosophischer Staat läßt sich in der Tat mit der „Poetik" nicht
machen. Was Schiller jedoch als Neigung zur Pedanterie auffaßt, war für
die aufgeklärten Tragödientheoretiker noch ein untrügliches Qualitäts-
merkmal. Das Interesse am konkreten Detail und die Intention, aus
dessen Analyse allgemeine Regeln abzuleiten, bestimmte in unterschiedlicher Gewichtung die gesamte deutsche Tragödienlehre zwischen Gottsched und Lessing. Es ist kein Zufall, daß sie bevorzugt auf Aristoteles
zurückgriff, konnte sie doch bereits bei ihm die Spuren ihres eigenen
argumentativen Vorgehens ausgeprägt finden. Die Aufmerksamkeit, die
die Aufklärung dem Tragödiensatz der „Poetik" entgegenbringt, ist damit
mehr als nur der Reflex ihres regelpoetischen Interesses; sie verrät auch
etwas über die generelle Tendenz der Epoche, stets eine Synthese zwischen empirischer Beobachtung und logischer Abstraktion zu erstreben.
Aristoteles' Schrift wird ihr darin zum methodischen Vorbild, weil sie
den Zusammenhang des konkreten Details mit dem allgemeinen Gesetz
immer wieder neu herauszuarbeiten sucht.

Die aristotelische „Poetik" war den deutschen Autoren bis zur Mitte
des 18. Jahrhunderts nur im Original oder in der lateinischen Übersetzung zugänglich, die der niederländische Philologe Daniel Heinsius 1611
publiziert hatte.[17] Bisweilen griff man auch auf die französische Übertragung zurück, mit der André Dacier im Jahr 1692 hervorgetreten war; für
Gottsched und Breitinger galt sie als eindrucksvolle philologische Leistung, an deren Zuverlässigkeit kein Zweifel bestand.[18] Daß gerade Daciers

---

[16] Schiller – Goethe, Briefwechsel, Bd. I, S.336

[17] <Daniel Heinsius>, Aristoteles, De Poetica liber Daniel Heinsius recensuit, ordini
suo restituit, latine vertit, notas addidit. Accedit Daniel Heinsius De Tragoediae
constitutione. Nachdruck der Ausgabe Leiden 1611, Hildesheim, New York
1976

[18] <André Dacier>, La Poetique d'Aristote (...) Traduite en françois avec des remar-
ques critiques sur tout l'ouvrage. Par Mr. Dacier, Amsterdam 1733 (zuerst 1692).

Übertragung das Produkt eines spezifischen Zeitgeists war und weniger die Sache der aristotelischen „Poetik" als die der französischen tragédie classique vertrat, hat erst Lessing nachdrücklich bemängelt. Die Übersetzungskritik, die er im 78. Stück der „Hamburgischen Dramaturgie" publiziert, folgt jedoch nicht nur philologischen Prinzipien, sondern unterliegt selbst wieder programmatischen Absichten.[19] Sie ist das Musterbeispiel dafür, daß der aufklärerische Disput über die aristotelische Tragödiendefinition stets eingebettet bleibt in den Streit der literaturtheoretischen Konzepte, die bevorzugt unter Berufung auf die antike Autorität formuliert werden.

Die Zwistigkeiten, die das Verständnis des aristotelischen Tragödiensatzes betrafen, sind gewiß auch aus der desolaten Textlage und dem Fehlen einer verbindlichen Übersetzung abzuleiten. Die frühaufklärerische Rezeption der aristotelischen Tragödienlehre stützte sich keineswegs auf eine geregelte Terminologie, sondern blieb an älteren fremdsprachigen Übertragungen orientiert, deren philologische Prinzipien ihrerseits von zeitabhängigen poetologischen Vorentscheidungen bestimmt wurden. Weder Heinsius noch Dacier boten Textfassungen, die der aufgeklärten Diskussion über die Tragödiendefinition des Aristoteles angemessen waren; ihre Terminologie stand im Bann von Renaissancepoetik und französischem Klassizismus, unter dem Einfluß älterer Autoritäten wie Scaliger und Corneille, deren Tragödienlehren sich nur pro forma auf Aristoteles beriefen, in der Sache aber jeweils deutlich von ihm abwichen.[20]

---

Zur Dacier-Rezeption vor allem Johann Jacob Breitinger, Critische Abhandlung von der Natur, den Absichten und dem Gebrauche der Gleichnisse, Zürich 1740. Faksimile-Nachdruck, mit einem Nachwort hrsg. v. Manfred Windfuhr, Stuttgart 1967, S.366, ders., Critische Dichtkunst. Mit einer Vorrede eingeführt von Johann Jacob Bodemer. 2 Bde., Zürich 1740. Faksimile-Nachdruck, mit einem Nachwort hrsg. v. Wolfgang Bender, Stuttgart 1966, Bd.I, S.490

[19] Lessing, Hamburgische Dramaturgie, Werke, Bd.IV, S.592ff.

[20] Vgl. für Heinsius Julius Cäsar Scaliger, Poetices libri septem. Faksimile-Neudruck der Ausgabe Lyon 1561, mit einer Einleitung von August Buck, Stuttgart, Bad Cannstatt 1964, I,6, S.12 (Versuch, die Katharsislehre des Aristoteles ganz auszublenden); für Dacier Pierre Corneille, Discours de la tragédie, in: Théâtre complet. Texte préfacé et annoté par Pierre Lièvre. Edition complétée par Roger Caillois, Paris 1950, Tome I, S.32-64, bes. S.37f. (Einführung der ‚Bewunderung' als nicht-aristotelische Wirkungskategorie)

Erst im Jahr 1753 wurde eine komplette deutsche Übersetzung der „Poetik" publiziert. Sie stammte von Michael Conrad Curtius, einem niedersächsischen Philologen, der keinen eigenen theoretischen Ehrgeiz besaß und die aufgeklärte Debatte um die Tragödienlehre nur am Rande zur Kenntnis nahm. An seinem französischen Vorgänger Dacier bemängelte Curtius, „daß er bisweilen den Aristoteles nach seinen vorgefaßten Meynungen reden"[21] lasse und bei der Wiedergabe des Originaltextes nicht die nötige Objektivität an den Tag lege. Lessing, der die neue Edition kurz nach ihrer Veröffentlichung für die „Berlinische Privilegierte Zeitung" rezensierte, bescheinigte Curtius, er besitze „alle Eigenschaften, welche zu Unternehmung einer solchen Arbeit erfordert wurden; Kenntnis der Sprache, Kritik, Literatur und Geschmack. Seine Übersetzung ist getreu und rein; seine Anmerkungen sind gelehrt, und erläutern den Text hinlänglich (...)"[22]

Auch Curtius' Übersetzung, so willkommen sie war, stieß später auf Kritik (pikanterweise vor allem auf die Lessings). Das lag nahe, wenn man bedenkt, daß die aristotelische Terminologie, insbesondere im Kontext der Tragödienlehre, an vielen Punkten mehrdeutig bleibt und die unterschiedlichsten Interpretationen zuzulassen scheint. Der fragmentarische Charakter der Abhandlung, ihr lakonischer Stil, die knappe, manchmal sprunghafte Argumentation laden förmlich zu einander widersprechenden Kommentaren und Deutungsversuchen ein. Die „Poetik" ist eine esoterische, akroamatische Schrift, die nicht für breitere Leserschichten, sondern für einen kleineren Schülerkreis mit guten sachlichen Vorkenntnissen verfaßt wurde; aus dieser ursprünglichen Bestimmung lassen sich der bisweilen verwirrende Duktus der Darstellung und die Disparatheit des formalen Aufbaus erklären.[23] Bereits die aufgeklärte Tragödiendiskussion unterlag daher einer Schwierigkeit, die noch die aktuelle Beschäftigung mit der aristotelischen Poetik in unseren Tagen beherrscht: eine ‚objektive' Übersetzung und Kommentierung zumal

---

[21] Aristoteles, Dichtkunst, ins Deutsche übersetzet, mit Anmerkungen und besonderen Abhandlungen versehen von Michael Conrad Curtius, Hannover 1753, Vorrede, (Bl.) 7<r>

[22] Lessing, Werke, Bd.III, S.181

[23] Zu Aufbau und äußerer Form der aristotelischen „Poetik" Manfred Fuhrmann, Dichtungstheorie der Antike. Aristoteles – Horaz – ‚Longin', Darmstadt 1992, S.3f.

der Tragödienabschnitte scheint unmöglich, weil die Wahl der Terminologie von vornherein inhaltliche Entscheidungen impliziert, die
ihrerseits subjektiven, zumindest aber zeit- und epochenbedingten Urteilen entspringen. Jede Interpretation des Tragödiensatzes bleibt damit
der Spiegel übergeordneter ästhetischer Wertmaßstäbe und Teil einer
Deutungsgeschichte, in der es kein Anrecht auf universelle hermeneutische Wahrheiten geben kann.

   Die Tragödientheorie der Aufklärung und zahlreiche Elemente ihrer
Dramenpraxis sind ohne die aristotelische „Poetik" nicht verständlich.
Die Aristoteles-Rezeption bestimmt die Dichtungslehre zwischen Gottsched und Lessing auf entscheidende Weise und steuert ihr Verständnis
der tragischen Gattung. Es bleibt daher unumgänglich, einige Prämissen
und Prinzipien der aristotelischen Tragödiendoktrin näher zu überprüfen, um derart das methodische Fundament zu rekonstruieren, das, trotz
unterschiedlicher Deutungen im Detail, für die Aufklärungspoetik die
allgemeine Basis der dichtungstheoretischen Diskussion bildete.

## 2. Elemente der aristotelischen Tragödienlehre

Im Jahr 1827 publiziert der alte Goethe unter dem Titel „Nachlese zu
Aristoteles' Poetik" einen lakonischen Kommentar, der den Anspruch erhebt, im Streit um die Bestimmung der Tragödie eine sachliche und möglichst endgültige Klärung herbeizuführen. Goethes kurze Stellungnahme
wird nur dann richtig verstanden, wenn man sie auch als – freilich eigen-
williges – Resümee der aufgeklärten Tragödiendiskussion betrachtet, die
1827 schon Geschichte ist. „Ein jeder", so heißt es zu Beginn, „der sich
einigermaßen um die Theorie der Dichtkunst überhaupt, besonders
aber der Tragödie bekümmert hat, wird sich einer Stelle des Aristoteles
erinnern, welche den Auslegern viel Not machte, ohne daß sie sich über
ihre Bedeutung völlig hätten verständigen können."[24] Goethe hat hier
das Kernstück der aristotelischen Lehre im Auge, den berüchtigten ‚Tragödiensatz', der in den Kontroversen der Aufklärungspoetik eine ent-

---

[24]  Goethe, Nachlese zu Aristoteles' Poetik, HA XII, S.342. Grundsätzlich hier Karl
      Schlechta, Goethe in seinem Verhältnis zu Aristoteles, Frankfurt/M. 1938, bes.
      S.36f.

scheidende Rolle spielte; über ihn disputierten Gottsched und Johann
Elias Schlegel, Bodmer und Calepio, Breitinger und Wieland, Lessing,
Mendelssohn und Nicolai, ohne daß, wie Goethe zutreffend vermerkt,
eine Einigung hergestellt werden konnte.

Die bereits im 16. und 17. Jahrhundert vieldiskutierte Passage, von
der die „Nachlese" spricht, stammt aus dem sechsten Buch der „Poetik"
und bildet den Auftakt der Tragödienlehre. Goethe bietet einen eigenen
Übersetzungsvorschlag an, mit dem er seine näheren Erörterungen eröffnet[25]:

*Goethe*

> „Die Tragödie ist die Nachahmung einer bedeutenden und abgeschlos-
> senen Handlung, die eine gewisse Ausdehnung hat und in anmutiger
> Sprache vorgetragen wird, und zwar von abgesonderten Gestalten, de-
> ren jede ihre eigne Rolle spielt, und nicht erzählungsweise von einem
> einzelnen; nach einem Verlauf aber von Mitleid und Furcht mit Aus-
> gleichung solcher Leidenschaften ihr Geschäft abschließt."

Die besondere Quintessenz dieser Übersetzung liegt darin, daß sie die
aristotelische Katharsis als Akt der ‚Ausgleichung' bezeichnet und in die
Tragödienhandlung integriert. Die Katharsis ist für Goethe keine Sache
der Bühnenwirkung, an deren Möglichkeit er generell zweifelt, sondern
das versöhnende Finale des traurigen Spiels, eine harmonisierende „Abrundung, welche eigentlich von allem Drama, ja sogar von allen poetischen Werken gefordert wird."[26] Entscheidend bleibt es für Goethe,
daß die Tragödie „auf dem Theater ihre Arbeit"[27] abschließt, ohne über
ihr Ende hinaus beim Zuschauer dauernden Eindruck erzielen zu wollen. Aristoteles, so lautet die knappe Schlußfolgerung, sei ein viel zu
nüchterner Kopf gewesen, um dem Irrtum zu erliegen, ein Drama könne
mehr bewirken, als den Zuschauer für einige Stunden zu unterhalten.

---

[25] Goethe, Nachlese zu Aristoteles' Poetik, HA XII, S. 342f.

[26] Goethe, Nachlese zu Aristoteles' Poetik, HA XII, S. 343

[27] Goethe, Nachlese zu Aristoteles' Poetik, HA XII, S. 343. Anders dagegen Herder,
der zwar auch die Versöhnung der Gegensätze fordert (und damit den unglücklichen Ausgang ausschließt), diese jedoch als wirkungsästhetische Leistung der
Tragödie begreift, die unmittelbar den Gefühlshaushalt des Menschen beeinflußt
(Johann Gottfried Herder, Adrastea <1801-1803>. Zweiter Band. Viertes Stück,
in: Sämmtliche Werke, hrsg. v. Bernhard Suphan, Berlin 1877ff., Bd. XXIII,
S. 351).

Goethes Korrekturversuch möchte die aristotelische Tragödienlehre gegen ihre moralisierenden Interpreten in Schutz nehmen. So problematisch seine Katharsisauffassung auch sein mag, sie trifft doch einen entscheidenden Punkt: die Tatsache nämlich, daß ganze Generationen von Aristoteles-Kommentatoren in der tragischen Affektreinigung einen sittlichen Akt sahen, der zur Erziehung des Zuschauers beitragen sollte. Goethes kühl-distanzierte „Nachlese" läßt sich damit als Kritik an der aufgeklärten Tragödienlehre und ihrer moralischen Katharsisdeutung lesen. Ihr ungenannt bleibender Angriffspunkt ist Lessings Theorie der Erziehung durch das tragische Mitleid, die der alte Goethe für das Produkt einer optimistischen Illusion hält: „Hat nun der Dichter an seiner Stelle seine Pflicht erfüllt, einen Knoten bedeutend geknüpft und würdig gelöst, so wird dann dasselbe in dem Geiste des Zuschauers vorgehen; die Verwicklung wird ihn verwirren, die Auflösung aufklären, er aber um nichts gebessert nach Hause gehen (...)"[28] Die Katharsis verwandelt sich damit zum Element der Tragödienhandlung selbst; als versöhnliche Abrundung des Bühnengeschehens ist sie formaler Bestandteil des Dramas, jedoch kein Wirkungsbegriff im Sinne der aufgeklärten Dramaturgie, die hinter Aristoteles' Theorie ein Programm zur Erziehung durch die Tragödie zu erkennen glaubte.

Als charakteristisch für die Position der Aufklärungspoetik kann die Übersetzung des aristotelischen Tragödiensatzes gelten, die Curtius in der ersten deutschen Ausgabe der „Poetik" vorlegt[29]:

> „Das Trauerspiel ist nämlich die Nachahmung einer ernsthaften, vollständigen, und eine Größe habenden Handlung, durch einen mit fremdem Schmucke versehenen Ausdruck, dessen sämtliche Theile aber besonders wirken: welche ferner, nicht durch die Erzählung des Dichters, sondern (durch Vorstellung der Handlungen selbst) uns, vermittelst des Schreckens und Mitleidens, von den Fehlern der vorgestellten Leidenschaften reiniget."

Während Goethes Übertragung jeden Hinweis auf die Wirkungen des dramatischen Geschehens vermeidet, betrachtet Curtius die tragischen Affekte als Mittel zur moralischen Erziehung des Zuschauers. An der sittlichen Dimension des von Aristoteles nicht näher explizierten Reini-

---

28  Goethe, Nachlese zu Aristoteles' Poetik, HA XII, S. 345
29  <Curtius>, Aristoteles, Dichtkunst, S. 11f.

gungsprozesses herrscht in den meisten Poetiken der Aufklärung kein Zweifel. Zwar streitet man heftig über die näheren Details der tragischen Läuterung, jedoch herrscht Einigkeit darin, daß ihr Endzweck ein moralischer sein müsse. Erst Goethes „Nachlese" stellt die Frage nach dem Wesen der Katharsis und den Grenzen ihrer Wirkung, ohne aber näher auf die philologischen Probleme der Übersetzung einzugehen. Da der aristotelische Tragödiensatz für die aufgeklärte Theorie des Trauerspiels von größter Bedeutung ist, scheint es ratsam, einige seiner zentralen Aspekte näher zu untersuchen.

In der neuesten Übersetzung der „Poetik" – sie stammt von Manfred Fuhrmann – liest sich die berühmte Gattungsdefinition so[30]:

> „Die Tragödie ist Nachahmung einer guten und in sich geschlossenen Handlung von bestimmter Größe, in anziehend geformter Sprache, wobei diese formenden Mittel in den einzelnen Abschnitten je verschieden angewandt werden – Nachahmung von Handelnden und nicht durch Bericht, die Jammer und Schaudern hervorruft und hierdurch eine Reinigung von derartigen Erregungszuständen bewirkt."

Die auffälligste Differenz zu den älteren Übertragungen liegt darin, daß Fuhrmann die Begriffe ‚eleos' und ‚phobos' nicht als ‚Mitleid' und ‚Schrecken' bzw. (im Sinne Lessings) als ‚Mitleid' und ‚Furcht' wiedergibt, sondern von ‚Jammer' und ‚Schaudern' spricht.[31] Er zieht damit die Konsequenzen aus der revidierten Interpretation der beiden aristotelischen Termini, die Wolfgang Schadewaldt vor annähernd vierzig Jahren vorgelegt hat. Schadewaldt, der sich seinerseits auf ältere Kommentatoren stützen kann, betrachtet ‚eleos' und ‚phobos' als Elementaraffekte, deren emotional-sinnliche Dimension durch die seit dem 18. Jahrhundert eingebürgerte Übertragung nicht hinreichend erfaßt

---

[30] Aristoteles, Poetik. Griechisch/Deutsch, übers. u. hrsg. v. Manfred Fuhrmann, Stuttgart 1982, Kap.6, 1449b (S.19)

[31] Heinsius' lateinische Übertragung hatte von ‚misericordia' und ‚metus' gesprochen, Daciers französische Fassung von ‚compassion' und ‚terreur'. Vgl. noch die Übersetzung von Olof Gigon (Aristoteles, Poetik, Stuttgart 1961, S.31): „Die Tragödie ist die Nachahmung einer edlen und abgeschlossenen Handlung von einer bestimmten Größe in gewählter Rede, derart, daß jede Form solcher Rede in gesonderten Teilen erscheint und daß gehandelt und nicht berichtet wird und daß mit Hilfe von Mitleid und Furcht eine Reinigung von eben derartigen Affekten bewerkstelligt wird."

werde.[32] Der gängige Mitleidsbegriff ist Schadewaldt zufolge ungeeig-
net, das eigentliche Wesen von ‚eleos‘ zu charakterisieren, weil er sogleich an philanthropische Neigungen denken läßt und den emotionalen Bedeutungsaspekt des Wortes nicht berührt; der Ausdruck ‚Furcht‘
wiederum, den Lessing dem ‚Schrecken‘ vorzog, bleibt laut Schadewaldt
zu schwach, um die Plötzlichkeit des tragischen Schockeffekts und die
vom Begriff ‚phobos‘ bezeichnete physische Reaktionsform angemessen
wiederzugeben.[33] Die Übersetzung mit ‚Jammer‘ und ‚Schaudern‘ sucht
die elementare Wucht der durch die Tragödie ausgelösten Emotionen
besser zu erfassen und die moralischen Bedeutungsnuancen in den Hintergrund zu drängen.

Die tragischen Affekte bleiben der Ausdruck einer unmittelbaren leidenschaftlichen Erschütterung, die vom Bühnengeschehen provoziert
wird, besitzen aber keine sittlichen Valenzen. Schadewaldt stützt seine
Einschätzung durch einen Hinweis auf die aristotelische „Rhetorik“ und
auf die Verwendung der beiden Begriffe in der attischen Dichtung. Die
„Rhetorik“ hatten zwar auch schon frühere Kommentatoren berücksichtigt, dabei aber meist ignoriert, daß ‚eleos‘ und ‚phobos‘ hier in der
Tat nur emotionale Reaktionen auf überraschende Ereignisse (‚phobos‘)
oder unverdient erlittenes Unglück (‚eleos‘) bezeichnen.[34] Unterstützung
erhält Schadewaldts Interpretation durch die aristotelische „Politik“, die
im achten Buch die Wirkung der Musik auf das Gemüt des Menschen

---

[32] Wolfgang Schadewaldt, Furcht und Mitleid. Zur Deutung des Aristotelischen
Tragödiensatzes (1955), in: W.S., Hellas und Hesperien. Gesammelte Schriften
zur Antike und zur neueren Literatur in zwei Bänden, Zürich, Stuttgart 1970
(2. Aufl., zuerst 1960), Bd. I, S. 194-236. Über die Möglichkeit einer medizinisch-
physiologischen Deutung des Katharsisbegriffs schon Jacob Bernays, Zwei Abhandlungen über die aristotelische Theorie des Drama <!>, Berlin 1880 (zuerst
1857). Reprografischer Nachdruck, Darmstadt 1968, bes. S. 8f., ferner Max
Kommerell, Lessing und Aristoteles. Untersuchung über die Theorie der Tragödie, Frankfurt/M. 1984 (5. Aufl., zuerst 1940), bes. S. 101ff. Gegen Schadewaldt
Wolf-Hartmut Friedrich, Sophokles, Aristoteles und Lessing, in: Euphorion 57
(1963), S. 4-28, vermittelnd zwischen medizinischer und moralischer Interpretation des Katharsisbegriffs Hans Wagner, Aesthetik der Tragödie von Aristoteles
bis Schiller, Würzburg 1987, S. 32 und Fuhrmann, Dichtungstheorie der Antike,
S. 103f.

[33] Schadewaldt, Furcht und Mitleid, S. 207f.

[34] Aristoteles, Rhetorik, hrsg. u. übers. v. Paul Gohlke, Paderborn 1959, II,5, 82a
2 I (‚phobos‘), II,8, 85b I 3 (‚eleos‘); vgl. auch Aristoteles, Nikomachische Ethik,
hrsg. u. übers. v. Paul Gohlke, Paderborn 1956, III, 9, 15a 4 - 15b 4

beschreibt und dabei den Katharsisbegriff ins Spiel bringt.[35] Entscheidend ist, daß die Katharsis hier die ‚Bereinigung' eines emotionalen Erregungszustands meint und keineswegs einen Akt der sittlichen Läuterung oder moralischen Besserung. Die Musik ruft beim Zuhörer bestimmte Emotionen wach, die unmittelbar ausgelebt werden und auf diese Weise eine Entspannung des allgemeinen Gemütszustands bewirken.

Im Blick auf den Katharsisbegriff der „Politik" interpretiert Schadewaldt auch die tragische Reinigung als physiologischen Akt, der durch die vom Bühnengeschehen evozierten Affekte in Gang gesetzt wird. Die Katharsis ist kein von außen kommender Impuls, der die Gefühle des Zuschauers sublimiert und seine Gemütsverfassung moralisch läutert, sondern das direkte Resultat der psychophysischen Erregung selbst. Indem die Tragödie das Publikum zur unmittelbaren emotionalen Reaktion zwingt, leitet sie bereits die Katharsis ein, die sich als abschließende Beruhigung der affektiven Anspannung betrachten läßt, als Eintreten der inneren Gemütsharmonie nach der leidenschaftlichen Aufregung. Wie weit diese genuin aristotelische Interpretation von der moralischen Katharsisdeutung des 18. Jahrhunderts und zumal Lessings entfernt ist, hat schon Max Kommerell sehr klar expliziert: „Mitleid, mit Furcht zusammengestellt als Störung; die Wirkung der Tragödie auf den Zuschauer als vollendete Reinigung der Seele von störenden Affekten; der Vorgang der Katharsis nach Analogie eines Heilverfahrens außerhalb jeder Wertkategorie dargestellt, auf der einen Seite – Mitleid als altruistischer Affekt, durch Furcht als egoistischen Affekt unentrinnbar gemacht, die Wirkung der Tragödie auf den Zuschauer als Übung der Seele im Mitleid, der Vorgang der Katharsis nach Analogie eines Erziehungsverfahrens als Übergang des Affekts zu einer sittlichen Willensrichtung dargestellt auf der anderen Seite – so etwa verhält sich die aristotelische Meinung zu ihrer Auslegung durch Lessing (...)"[36] Bereits

---

[35] Aristoteles, Politik, hrsg. u. übers. v. Paul Gohlke, Paderborn 1959, VIII, 7 (42a). Nach den knappen Bestimmungen der horazischen „Ars Poetica" versieht der Chor in der Tragödie die kathartischen Funktionen, die Aristoteles der Musik zuschreibt (Horaz <= Quintus Horatius Flaccus>, Ars Poetica. Die Dichtkunst. Lateinisch u. deutsch, übers. u. mit einem Nachwort hrsg. v. Eckart Schäfer, Stuttgart 1984, v.193f. <S.16>).

[36] Kommerell, Lessing und Aristoteles, S.106

Nietzsche hat in der „Geburt der Tragödie" (1872) auf diese beiden Deutungsmöglichkeiten hingewiesen, sie freilich als gleichermaßen unzulänglich betrachtet, weil sie die ästhetische Leistung der tragischen Kunst nach seiner Ansicht ausblenden oder doch einem fremden Zweck unterwerfen: „Bald soll Mitleid und Furchtsamkeit durch die ernsten Vorgänge zu einer erleichternden Entladung gedrängt werden, bald sollen wir uns bei dem Sieg guter und edler Prinzipien, bei der Aufopferung des Helden im Sinne einer sittlichen Weltbetrachtung erhoben und begeistert fühlen; und so gewiß ich glaube, daß für zahlreiche Menschen gerade das, und nur das, die Wirkung der Tragödie ist, so deutlich ergibt sich daraus, daß diese alle, samt ihren interpretierenden Ästhetikern, von der Tragödie als einer höchsten *Kunst* nichts erfahren haben."[37]

_Nach Schadewaldt bezeichnet der aristotelische Katharsisbegriff nicht die moralische Erziehung des Zuschauers durch Einübung in die Fähigkeit des Mitleidens, sondern die physiologische Bereinigung seines von der Tragödie ausgelösten emotionalen Erregungszustands._ Das entspricht zumindest punktuell dem Votum Goethes, der die tragische Gattung außerhalb moralischer Zweckkategorien behandelt wissen wollte; von Goethe weicht die neuere Katharsisdeutung jedoch dort ab, wo sie die Tragödie weiterhin unter wirkungsästhetischen Maßstäben betrachtet und ihr einen über das Ende des Bühnenspiels hinausreichenden Effekt zutraut, der, selbst wenn er allein physiologisch-reinigenden Charakter trägt, die Gemütsverfassung des Zuschauers verändert.[38]

Die Frage, ob die aristotelische Theorie tatsächlich nur einen physiologischen Reinigungsakt vorsah oder ob ihre Katharsislehre auch mora-

---

[37] Friedrich Nietzsche, Die Geburt der Tragödie, in: Werke, hrsg. v. Karl Schlechta, München 1960, Bd. I, S. 122. Vgl. auch den Hinweis im „Antichrist", Aristoteles habe die Tragödie als „Purgativ" verstanden – und dadurch ihr Wesen verfehlt (Werke, Bd. II, S. 1169).

[38] Die medizinisch-purgierenden Aspekte der Katharsis beleuchtet auch Brechts Anmerkung im „Kleinen Organon für das Theater" (1948): „Und jene Katharsis des Aristoteles, die Reinigung durch Furcht und Mitleid, oder von Furcht und Mitleid, ist eine Waschung, die nicht nur in vergnüglicher Weise, sondern recht eigentlich zum Zwecke des Vergnügens veranstaltet wurde." (Schriften zum Theater. Zusammengestellt v. Siegfried Unseld, Frankfurt/M. 1985, S. 131f. <Nr.4>). Zu Brecht diesbezüglich Hans Mayer, Lessing und Aristoteles, in: Festschrift für Bernhard Blume. Aufsätze zur deutschen und europäischen Literatur, hrsg. v. Egon Schwarz u.a., Göttingen 1967, S. 61-75, S. 74

lisches Kalkül einschloß, stellt sich trotz der Überzeugungskraft der von
Schadewaldt vorgetragenen Argumente für die heutige Tragödienforschung mit unverminderter Brisanz. Im 18. Jahrhundert verlief die Diskussion um Aristoteles' „Poetik" hingegen in ganz anderen Bahnen.
Strittig waren nicht die moralischen Dimensionen der tragischen Wirkung, sondern die affektpsychologischen Prozesse, die sie freilegen konnten. Im Mittelpunkt stand dabei die Überlegung, wie das Verhältnis
zwischen Affekterregung und Katharsis näher bestimmt werden sollte.
Die berühmte Formel von der Reinigung der Leidenschaften ließ sich
unter drei möglichen Aspekten interpretieren: im Sinne eines Genitivus
obiectivus, wobei die Affekte selbst als Gegenstand der Katharsis betrachtet wurden (Verfeinerung der Affekte); als Genitivus separativus,
was bedeutete, daß das Gemüt des Menschen durch die Katharsis von
den Leidenschaften gereinigt werden sollte (Eliminierung der Affekte);
schließlich unter dem Gesichtspunkt des Genitivus subiectivus, also im
Blick auf die reinigende Kraft der Leidenschaften, die hier das Transportmittel für die Beförderung moralischer Werte darstellten (aktive
Leistung der Affekte). Sämtliche dieser drei konkurrierenden Positionen
werden in den Poetiken der Aufklärung vertreten, und zwar zumeist mit
doktrinärem Anspruch und in dogmatischer Tendenz.

Aus der Sicht von Schadewaldts Ansatz stellt sich die Frage, ob man
die drei Interpretationsvarianten überhaupt gegeneinander ausspielen
darf. Bedenkt man, daß die Katharsis das unmittelbare Resultat der
Affekterregung durch die Tragödie ist, so verringert sich auch der Gegensatz zwischen den einzelnen Genitiv-Deutungen. Die Aktivität der
durch die Tragödie hervorgerufenen Leidenschaften bringt den Prozeß
der Purgierung in Gang (Genitivus subiectivus), der eine physiologische
Reinigung herbeiführt (Genitivus obiectivus) und die Affekte zum Verschwinden bringt, indem er die emotionale Erregungsphase durch eine
Entspannungszustand ersetzt (Genitivus separativus). Die drei divergierenden Interpretationen stehen nicht in Widerspruch zueinander, sondern bezeichnen jeweils unterschiedliche Aspekte der Katharsis, einzelne *Th.*
Stationen auf dem Weg der durch die Tragödie eingeleiteten emotionalen Bereinigung, die in ihrer Gesamtheit erst den Wirkungsmechanismus der Gattung verständlich werden lassen.

‚Eleos' und ‚phobos' bleiben für Aristoteles die Grundkategorien, von
denen die Regeln über Aufbau und Figurenpsychologie der Tragödie

systematisch abgeleitet werden. Ein wenig pointiert hat Kommerell zu diesem Punkt erklärt, die aristotelische Tragödiendoktrin biete keine Form-, sondern ausschließlich eine Wirkungstheorie.[39] In der Tat läßt sich die Bedeutung der Affektenlehre und der Katharsis für die logische Deduktion der näheren Gattungsgesetze kaum überschätzen; hier liegt fraglos auch das Mißverständnis der von Goethe vorgeschlagenen Interpretation begründet, die den kathartischen Reinigungsprozeß als Sache der tragischen Handlung auffaßt und die Wirkungsorientierung des aristotelischen Tragödiensatzes völlig außer acht läßt. Zu bedenken ist nicht zuletzt, daß sich Aristoteles mit der Katharsislehre der „Poetik" dezidiert von seinem philosophischen Lehrer Platon abgrenzt, der in der „Politeia" die Tragödie als Ausgeburt eines ungebremsten Irrationalismus verdammt hatte.[40] Der tragischen Reinigung, die Goethe zum formalen Element des Dramas degradieren möchte, fällt allein deshalb eine entscheidende Funktion zu, weil sie die Garantie dafür bietet, daß die Tragödie den Zuschauer nicht verstört und aufgeregt nach Hause entläßt, sondern seinen Gefühlshaushalt ausgleicht und innerlich beruhigt. Der Wirkungsmechanismus der Katharsis wird auf diese Weise zum entscheidenden Argument gegen Platons Tragödienkritik und die Verwerfung der Bühnenkunst, die die „Politeia" formuliert hatte.

Über Aristoteles' Ausführungen zur Tragödienform und seine Bestimmung des idealen tragischen Helden hat man im 18. Jahrhundert kaum Dispute geführt. Anders als die Wirkungslehre erweisen sich die diesbezüglichen Definitionen als relativ klar und unzweideutig. Zwar muß man auch hier bedenken, daß Aristoteles seine Gedanken nur für einen eingeweihten Kreis vorträgt und daher bisweilen zu lakonischer Kürze neigt, doch bleiben die Anmerkungen über den Aufbau der tragischen Handlung (des ‚Mythos') und die Gedanken zur Figurenpsychologie von inneren Widersprüchen und dunklen Andeutungen weitgehend frei. Besondere Aufmerksamkeit beanspruchen hier die Kategorien ‚Anagnorisis', ‚Peripetie' und ‚Pathos', die Regel von der Einheit in Zeit und Handlung sowie die Überlegungen zum mittleren Charakter, die auch in der aufgeklärten Tragödientheorie eine entscheidende Rolle spielen.

---

[39] Kommerell, Lessing und Aristoteles, S. 58f.
[40] Platon, Politeia, 394a - 396e

Die ideale tragische Handlung führt laut Aristoteles ihren Helden am Übergang von der Exposition (,Verknüpfung') zum Hauptteil (,Lösung') in einen Glückswechsel (,Peripetie'), in einen Umschwung der Verhältnisse, der sein Schicksal vom Guten zum Schlechten oder vom Negativen zum Positiven wenden kann.[41] Im Gegensatz zu späteren Theoretikern der Gattung hält Aristoteles den traurigen Ausgang (,exitus infelix') nicht für ein zentrales Merkmal der Tragödienhandlung, vielmehr läßt er auch den Umschlag vom Unglück ins Glück als Variante der Peripetie zu; entscheidend bleibt die Veränderung der bestehenden Konstellation und die damit verbundene Verunsicherung des Helden, dessen Lage sich durch einen plötzlichen Umschwung verändert. Besonders wirkungsvoll findet Aristoteles eine Peripetie, die durch den Akt der ,Wiedererkennung' (,Anagnorisis') ausgelöst wird. In Fuhrmanns Übersetzung lautet die knappe Definition: „Die Wiedererkennung ist, wie schon die Bezeichnung andeutet, ein Umschlag von Unkenntnis in Kenntnis, mit der Folge, daß Freundschaft oder Feindschaft eintritt, je nachdem die Beteiligten zu Glück oder Unglück bestimmt sind."[42]

Die Anagnorisis kann sich auf leblose Gegenstände, aber auch auf Personen beziehen, auf bestimmte Sachverhalte oder zwischenmenschliche Konstellationen; sie bezeichnet eine Veränderung im Kenntnisstand der dramatis personae, die ihrerseits Einfluß auf das tragische Geschehen nimmt. Aristoteles' Beispiele für die Anagnorisis stammen aus dem von ihm außerordentlich geschätzten „Oedipus Rex" des Sophokles (der Titelheld erfährt, daß er nicht der Sohn des Polybos ist) und aus Euripides' „Iphigenie bei den Taurern" (Wiedererkennung zwischen Iphigenie und Orest). Im besten Fall führt die Anagnorisis den Protagonisten nicht nur zu neuen Einsichten, sondern auch zu einem unmittelbaren Umschwung seiner individuellen Situation; Anagnorisis und Peripetie sind dann, meist am Scheitelpunkt des tragischen Geschehens, logisch aufs engste miteinander verbunden.

Das dritte Element der tragischen Handlung ist das ,schwere Leid', das Pathos – „ein verderbliches oder schmerzliches Geschehen, wie z.B.

---

[41] Aristoteles, Poetik, Kap. 11, 1452a -1452 b

[42] Aristoteles, Poetik, Kap. 11, 1452 a. Schon von der Formulierung her ist die Nähe zwischen Anagnorisis und Peripetie deutlich: auch die Wiedererkennung erscheint als Form des Umschlags, des Wechsels der Verhältnisse (bezogen auf den kognitiven Bereich).

Todesfälle auf offener Bühne, heftige Schmerzen, Verwundungen und dergleichen mehr."[43] Aristoteles findet pathetische Wirkungen vor allem durch Leid „innerhalb von Naheverhältnissen"[44] provoziert, durch die Darstellung von Totschlägen, Blutschande und Mord zwischen Geschwistern oder Kindern und Eltern. Tragödien wie Aischylos' „Agamemnon", Sophokles' „Oedipus Rex" und „Elektra" oder Euripides' „Medea" liefern die Vorbilder für die aristotelische Pathosbestimmung; auch Corneille und seine deutschen Epigonen in der ersten Hälfte des 18. Jahrhunderts, zumal Gottsched und der junge Johann Elias Schlegel, halten sich an die Regel, daß Familientragödien besonders pathoshaltige Qualitäten besitzen. Noch Lessing wird sie in „Miss Sara Sampson" und „Emilia Galotti" beherzigen, ohne sonst den aristotelischen Gattungsgesetzen orthodox zu folgen.

Die Macht der Wirkungsdoktrin zeigt sich bei Aristoteles auch dort, wo er den idealen tragischen Charakter zu definieren sucht. Sein Ausgangspunkt ist die Frage, auf welche Weise Jammer und Schauder besonders effektiv hervorgerufen werden können. Aristoteles bemerkt rasch, daß die Darstellung schwerer Unglücksfälle noch nicht ausreicht, um die ideale tragische Wirkung zu erzielen; wichtig scheint auch die Bereitschaft des Publikums, sich mit dem Schicksal des Helden zu identifizieren und an seinem Leid emotional Anteil zu nehmen. Weder ein Schurke noch ein makelloser Charakter können die Aufmerksamkeit des Zuschauers dauerhaft fesseln, weil ihr Unglück als gerechte Strafe oder als abscheuliche Absurdität betrachtet wird, ohne daß es Jammer und Schauder provoziert. „So bleibt der Held übrig, der zwischen den genannten Möglichkeiten steht. Dies ist bei jemandem der Fall, der nicht trotz seiner sittlichen Größe und seines hervorragenden Gerechtigkeitsstrebens, aber auch nicht wegen seiner Schlechtigkeit und Gemeinheit einen Umschlag ins Unglück erlebt, sondern wegen eines Fehlers – bei einem von denen, die großes Ansehen und Glück genießen, wie Ödipus und Thyestes und andere hervorragende Männer aus derartigen Geschlechtern."[45]

Der Fehler (‚hamartia') des Helden ist nicht Zeichen einer Charakterschwäche, sondern eher Resultat eines Versehens, einer falschen Hand-

---

[43] Aristoteles, Poetik, Kap.11, 1452b
[44] Aristoteles, Poetik, Kap.14, 1453b
[45] Aristoteles, Poetik, Kap.13, 1453a

lungsweise, die das tragische Geschehen auslöst. Aristoteles' idealer Tragödienheld steht zwischen Selbst- und Fremdbestimmung. Er ist kein passiv Leidender, der vom Geschehen überrollt wird, vielmehr provoziert er den unglücklichen Lauf der Dinge durch sein persönliches Fehlverhalten; andererseits bleibt es ihm jedoch unmöglich, sich aus eigener Kraft gegen die unerbittliche Logik der Ereignisse zu stemmen, die ihn ins Unglück stürzen.[46] Aristoteles meidet an diesem Punkt jeglichen Hinweis auf den Begriff des Schicksals; bei der Beschreibung der tragischen Grundkonstellation kommen keine metaphysischen Kategorien in Anschlag, obwohl die Praxis der attischen Tragödie eine dezidierte Auseinandersetzung mit dem Verhältnis von Individuum und Götterwelt, Freiheit und Notwendigkeit, Wille und Vorsehung nahegelegt hätte. Es genügt Aristoteles, seinen Helden in einer Zone zwischen Autonomie und Heteronomie anzusiedeln, wo er als Täter und Opfer gleichermaßen kenntlich wird. Für philosophische Reflexionen über die Gründe des tragischen Konflikts jenseits der dichtungstheoretischen Implikationen bleibt in der „Poetik" kein Raum.

Unverdientes Leid erzeugt laut Aristoteles Jammer, das Unglück eines uns nahestehenden Menschen Schauder. Die tragischen Wirkungsaffekte sind dabei aufs engste mit den Elementen des ‚Mythos' verknüpft und lassen sich nur dann optimieren, wenn das Verhältnis von Figurenpsychologie und Handlungsmotivierung präzis aufeinander abgestimmt wird. Als Bindeglied fungiert dabei die ‚hamartia' des Helden, die das Movens der dramatischen Ereignisse darstellt und das Bühnengeschehen am entscheidenden Punkt in Gang setzt. Das spezifische ‚Vergnügen', das die Tragödie Aristoteles zufolge hervorrufen kann, stellt sich dort ein, wo der Zusammenhang von Charakter und Handlung genau durchdacht ist und Versehen, Verwicklung und Katastrophe logisch auseinander hervorgehen.[47]

---

[46] So auch die Auffassung der ‚hamartia' bei Kommerell, Lessing und Aristoteles, S. 128 und Fuhrmann, Dichtungstheorie der Antike, S. 43f.

[47] Aristoteles, Poetik, Kap. 14, 1453b: „Da nun der Dichter das Vergnügen bewirken soll, das durch Nachahmung Jammer und Schaudern hervorruft, ist offensichtlich, daß diese Wirkungen in den Geschehnissen selbst enthalten sein müssen." Zur aristotelischen Affektpsychologie und ihrer Einstellung zu den ‚Emotionen' Alberto Martino, Geschichte der dramatischen Theorien in Deutschland im 18. Jahrhundert I. Aus dem Italienischen von Wolfgang Proß, Tübingen 1972, S. 11f.

Der tragische Held solle „mit uns von gleichem Schrot und Korne"[48] sein, hat Lessing im Blick auf die aristotelische Bestimmung erklärt. Die ‚hamartia‘ bleibt auch für ihn ein unverzichtbares Element der Wirkungslehre, weil nur der mittlere Charakter geeignet scheint, durch sein unglückliches Schicksal die emotionale Anteilnahme des Publikums zu mobilisieren. So ernst wie Lessing hat man im 18. Jahrhundert das ‚Hamartia‘-Gebot freilich nicht immer genommen. Gerade die frühaufklärerische Tragödienpoetik steht noch unter dem Einfluß der tragédie classique Corneillescher Prägung, die an die Stelle des mittleren Helden den bewundernswürdigen Heroen und Märtyrer zu setzen pflegt – einen Protagonistentypus, der mit der aristotelischen Charakterpsychologie wenig zu schaffen hat (was zumindest Corneille nicht daran hindert, ihn im Namen einer recht fragwürdigen Aristoteles-Deutung zu verteidigen). Weitaus wichtiger als die ‚hamartia‘ findet man im gesamten 17. Jahrhundert und noch in der Gottsched-Ära die exponierte soziale Stellung des Helden, die eine gewisse dramatische Fallhöhe garantiert. Aristoteles' knapper Hinweis auf ‚großes Ansehen und Glück‘ des Protagonisten wird zur strengen Ständeklausel ausgeweitet, derzufolge tragische Figur nur sein kann, wer zu den Mächtigen der Welt zählt. Erst Lessing durchbricht diese Regel, wenn er sich seine Helden „aus dem Mittelstande"[49] sucht.

Besonderes Interesse schenkt die aufgeklärte Tragödientheorie den aristotelischen Bestimmungen über die Einheit der Handlung und der Zeit. Der Text der „Poetik" bemerkt recht spröde, daß eine gute tragische Handlung geschlossen bleiben, das heißt: Anfang und Ende aufweisen müsse, zudem „innerhalb eines einzigen Sonnenumlaufs"[50] zu halten, also auf eine vierundzwanzigstündige Zeiterstreckung zu beschränken sei. Die Festlegungen über die Einheit von Handlung und Zeit ergänzt man schon im 17. Jahrhundert gern um die bei Aristoteles nirgends formulierte Forderung, daß auch der Ort des tragischen Bühnengeschehens nach Möglichkeit nicht gewechselt werden sollte. Erst im Zuge der Shakespeare-Begeisterung des Sturm und Drang verabschiedet man in Deutschland die Regel von den drei Einheiten, die lange Zeit als Kernelement der aristotelischen Tragödientheorie gegolten hatte. Wer

---

[48]  Lessing, Hamburgische Dramaturgie, in: Werke, Bd. IV, S.581 (75. Stück)
[49]  Lessing, Abhandlungen von dem weinerlichen oder rührenden Lustspiele. Vorrede, in: Werke, Bd. IV, S. 13
[50]  Aristoteles, Poetik, Kap. 5, 1449b; zur geschlossenen Handlung Kap. 6, 1449b

Aufbau und Argumentation der „Poetik" genau untersucht, wird jedoch
feststellen, daß die diesbezüglichen Erläuterungen nicht die dogmati-
sche Bedeutung besitzen, die man ihnen gerade in der französischen
Dramenpoetik des 17. Jahrhunderts und in der deutschen Frühaufklärung
einräumte. Jedenfalls bezeugen die Formulierungen des Aristoteles eine
erheblich größere Liberalität als die späteren Bestimmungen der Regel
von den Einheiten bei Gottsched und seinen Schülern.

Am Ende der „Hamburgischen Dramaturgie" erklärt Lessing, daß er
die aristotelische „Poetik" „für ein eben so unfehlbares Werk halte, als die
Elemente des Euklides nur immer sind."[51] Aristoteles, so viel scheint gewiß, bleibt für die gesamte Tragödienpoetik der Aufklärung das Richt-
maß, an dem sich die theoretische Debatte orientiert. Auf die „Poetik"
berufen sich Gottsched, Schlegel, Bodmer, Breitinger und Lessing gleichermaßen, im Rahmen unterschiedlicher dichtungstheoretischer Pro-
gramme und nicht immer in Übereinstimmung mit dem Wortlaut des
Originals. Eine Autorität stellt Aristoteles aber auch für die dar, die
seinen Regeln keineswegs in allen Punkten folgen möchten: für Wieland, der in ihm den Schulmeister sieht, für Nicolai, der den Katharsisbegriff problematisch findet, für Mendelssohn, der den vollkommenen
Charakter dem aristotelischen ‚Hamartia'-Konzept entschieden vorzieht.[52]

Die Tragödienpoetik der deutschen Aufklärung konsolidiert sich in dem
Maße, in dem sie sich auf die Möglichkeiten einer gründlichen Auseinandersetzung mit der aristotelischen Lehre besinnt. Je tiefschürfender
die Interpretationen der „Poetik" ausfallen, desto anspruchsvoller geraten auch die mit ihnen verbundenen Tragödienlehren. Der Weg von
Gottsched zu Lessing, der im folgenden nachgezeichnet werden soll, ist
auch ein Weg der Aristoteles-Rezeption im Zeichen wachsender Subtilität und zunehmender theoretischer Intelligenz. Am Beginn dieser
Entwicklung steht die orientierungslos wirkende Literatur der spätbarocken Epigonen, die der Tragödie kein sonderliches Interesse zuteil
werden läßt, an ihrem Ende das Dramenwerk Lessings, des ersten deutschen Tragikers von eigenem Gewicht.

---

51  Lessing, Hamburgische Dramaturgie, in: Werke, Bd. IV, S. 699f. (101.-104. Stück)
52  Wieland, Theorie und Geschichte der Redekunst und Dichtkunst (1757), in:
    Wielands Werke, Bd. VI, S. 385f.; Friedrich Nicolai an Lessing, 31.8.1756, in:
    Lessing, Werke, Bd. IV, S. 156; Moses Mendelssohn an Lessing, Dezember 1756,
    in: Lessing, Werke, Bd. IV, S. 180f.

# II  Im Vorfeld eines neuen Tragödientyps: Frühaufklärung

## 1.  Literarischer Geschmackswandel um 1700

Die Jahre zwischen 1700 und 1730 sind in Deutschland eine Phase des Übergangs, die kaum literarische Innovationen zutagebringt. Originelle poetische Leistungen bleiben im Vorfeld der Aufklärung äußerst selten. Die führenden Autoren der Zeit – Christian Weise, Christian Gryphius, Johann Ulrich König, Christian Friedrich Hunold, Johann von Besser – geraten rasch wieder in Vergessenheit und werden von der nachfolgenden Autorengeneration weitgehend ignoriert. Ihre literarischen Vorlieben gelten den Kleinformen – Leich- und Trostgedicht, Ode, Madrigal –, weniger dem Drama und Theater. Eine Ausnahme bildet der Schulautor Weise, der über fünfzig Bühnenstücke verfaßt hat, darunter vorwiegend Komödien und Tragikomödien. Das Trauerspiel, das seit der Mitte des 17. Jahrhunderts in Deutschland hoch im Kurs stand, besitzt hingegen als literarische Gattung bis zur Theaterreform Gottscheds nur geringe Bedeutung.

Die Zeit um 1700 sichtet den literarischen Ertrag der Barockepoche, ohne selbst neue Akzente zu setzen. Man veröffentlicht Anthologien und Nachlaßeditionen, die die Erinnerung an das Œuvre von Hoffmanswaldau, Gryphius und Lohenstein wachhalten sollen, zeigt jedoch zugleich erste Ansätze zur Distanzierung vom Stilgeschmack des 17. Jahrhunderts. Auf der einen Seite lebt die barocke Formenwelt nach 1700 unbeschädigt fort, auf der anderen Seite sucht man nach neuen poetologischen Normen, die eine Abgrenzung von den Lehrmeistern ermöglichen sollen. So entsteht ein auf den ersten Blick uneinheitlich wirkendes Bild: der Zeitgeschmack favorisiert weiterhin die überlieferten Gattungsmuster des 17. Jahrhunderts (deren Vielfalt Benjamin Neukirch in einer mehrbändigen Anthologie dokumentiert[1]), wendet sich in seinen knappen programmatischen Äußerungen jedoch zugleich gegen die Formvorlieben des Barock.

Immer deutlicher vernimmt man jetzt kritische Stimmen, die dem bildhaft-allegorischen Stil, den das 17. Jahrhundert so außerordentlich geschätzt hatte, eine entschiedene Absage erteilen. Die Auseinandersetzung mit dem ‚Schwulst‘, die Daniel Georg Morhof 1682 in seinem „Unterricht von der deutschen Sprache und Poesie" eröffnete, ist Element eines komplexen Rezeptionsprozesses, der auch für die Entwicklung des Trauerspiels der frühen Aufklärung entscheidende Bedeutung besitzt.[2] Kritisiert werden nicht nur die Schmuckmetaphern des barocken Stils, sondern ebenso sein gelehrter Charakter und die Tendenz zu hermetischen Andeutungen, die ohne ausgebreitete Quellenkenntnis kaum zu verstehen sind. Im Mittelpunkt der Angriffe steht Daniel Casper von Lohenstein, der noch am Ende des 17. Jahrhunderts als Muster des vorbildlichen poeta doctus gegolten hatte, nach 1700 aber zunehmend zur Symbolfigur einer vermeintlichen literarischen Fehlentwicklung wird.

In seinen „Epigrammen" (1704) macht sich Christian Wernicke über den schwerfälligen, anspielungsreichen stylus sententiosus lustig, der im Dramendialog nichts zu suchen habe: „An stat Mitleiden oder Schrekken | In seinen Hörern zu erwecken. | So füllt Archombrotus mit viel | Gelahrtheit seine Trauerspiel (...)"[3] Erdmann Neumeister betont in seiner Poetik von 1722, daß die Zuschauer einer Tragödie zumeist keine Gelehrten seien und es nicht sonderlich schätzten, „wenn die Verse nach

---

[1] Benjamin Neukirch (Hrsg.), Herrn von Hoffmannswaldau und andrer Deutschen auserlesener und bisher ungedruckter Gedichte, Leipzig 1695ff. Der siebente und letzte Band dieser wohl wichtigsten spätbarocken Anthologie erschien erst im Jahr 1727, dann jedoch nicht mehr unter Neukirchs Verantwortung und geprägt vom neuen, klassizistisch-nüchternen Stilideal.

[2] Daniel Georg Morhof, Unterricht von der Teutschen Sprache und Poesie, Lübeck, Franckfurt 1700 (2. Aufl., zuerst 1682), S. 315f. Zur Schwulstdebatte Manfred Windfuhr, Die barocke Bildlichkeit und ihre Kritiker. Stilhaltungen in der deutschen Literatur des 17. und 18. Jahrhunderts, Stuttgart 1966, S. 321f. u. Peter Schwind, Schwulst-Stil. Historische Grundlagen von Produktion und Rezeption manieristischer Sprachformen in Deutschland 1624-1738, Bonn 1977, bes. S. 85f., 170ff.

[3] Christian Wernicke, Epigramme (1704), hrsg. und eingel. v. Rudolf Pechel, Berlin 1909, S. 468

lauter Ambra, Ziebeth und Jasmin riechen, oder mit lauter Perlen und
Diamanten versetztet, oder in dunckele Allegorien aus der Mythologie
eingewickelt sind."[4] An die Stelle des mit polyhistorischem Wissen auf-
geputzten Sentenzenstils soll eine möglichst natürliche, geschmeidige
Sprache nach dem Muster des französischen Klassizismus treten. Schon
Morhof preist 1682 die Franzosen als Vorbilder, ohne jedoch detailliert
auf gattungspoetische Fragen einzugehen.[5] Wernicke rühmt die Werke
Racines ebenso wie die „Art Poétique" Boileaus und empfiehlt die klassizistische Dichtungslehre als geeignetes Instrument zur Überwindung
des schwülstigen Zeitgeschmacks.[6] Ehe man freilich in Deutschland zu
einer konsolidierten neuen Trauerspieltheorie im Zeichen der tragédie
classique findet, vergehen noch vier Dekaden.

Um 1700 wächst die Schar derjenigen, die sich wieder auf die strengen Klarheitsgebote der antiken Rhetorik besinnen. Der Stil der schlesischen Trauerspiele wird als geziert, steril und dunkel gebrandmarkt; er
verstößt gegen das Gesetz der Verständlichkeit („perspicuitas") und das
Prinzip der harmonischen Verknüpfung aller Redeteile („decorum")
ebenso wie gegen das Kriterium der Angemessenheit („aptum"), das ein
ausgewogenes Verhältnis von Stilmitteln und Redeinhalt verlangt, mithin manieristische Übertreibungen ausschließt. Die Technik der gelehrten Anspielung und der allegorischen Andeutung, wie sie vor allem
Lohenstein kultiviert hat, wird jetzt aus der Sicht rhetorischer Schulnor-
men als Symptom des dunklen, unverständlichen Sprechens verworfen.

Die Fraktion der Schwulst-Kritiker weist dabei kein einheitliches Bild
auf. Morhof ist ein Gelehrter mit polyhistorischem Universalwissen, der
sich für poetologische Fragen nur am Rande interessiert, Wernicke ein
scharfzüngiger Epigrammatiker und Satiriker, der die an Lohenstein
bemängelte Neigung zum sentenzenreichen Stil bisweilen selbst pflegt,
Neumeister ein typischer Repräsentant der galanten Poesie in der Tradition Hoffmannswaldaus, ein Freund verblümter Liebesgedichte, die
gelegentlich auch in Metaphern und Allegorien schwelgen. Auf die eine
oder andere Weise sind sämtliche dieser Autoren noch mit dem Barock-

---

4  <Erdmann Neumeister>, Die Allerneueste Art, zur reinen und galanten Poesie zu
   gelangen, Hamburg 1722, S.410
5  Morhof, Unterricht, S.346f.
6  Wernicke, Epigramme, S.315

stil verbunden. Morhofs Polyhistorismus, Wernickes Scharfsinn und Neumeisters Galanterien erweisen sich bei genauerer Betrachtung als zentrale Elemente derjenigen Epoche, mit der man unter dem Stichwort ‚Schwulst' abzurechnen sucht. Kritiker und Kritisierte stehen sich näher, als es zunächst den Anschein hat.

Die Einwände gegen das Kunstdrama der schlesischen Schule beschränken sich einstweilen auf stilistische Aspekte und bleiben dabei im Bann rhetorischer Normen. Eine klassizistische Formenlehre soll den manieristischen Neigungen der Lohenstein-Anhänger entgegensteuern und dem Gebot der sprachlichen Klarheit wieder größere Geltung verschaffen. Nur selten gilt die Auseinandersetzung mit dem schlesischen Trauerspiel den kardinalen Problemen der Dramentektonik, der Wirkungsdoktrin und Figurencharakterisierung. Einer der wenigen Kritiker, der nicht allein die Aspekte der Schwulstdebatte im Auge hat, ist Christian Friedrich Hunold. In seiner an vielen Punkten noch vom galanten Stilideal geprägten Poetik bemängelt er zumal die Greuelszenen, mit denen die Schlesier bisweilen aufwarten: „Die Gemüths=Ruhe kömt aus der Beywohnung solcher Schau=Spiele / oder von dem fleißigen Lesen dergleichen Bücher wie einer / der durch einen Busch voller scharfen Dornen kriechen muß: überall blutrünstig."[7]

Es ist nicht nur das Unbehagen an Folterszenen und Totschlag auf offener Bühne, das diese Bemerkung speist. Hunold repräsentiert den Geist der Zeit, wenn er in Distanz zur Wirkungsästhetik des Trauerspiels tritt und an seinem Nutzen für den Zuschauer prinzipielle Zweifel hegt. Der Publikumsgeschmack bevorzugt inzwischen unterhaltsame Opern, Lustspiele oder mit komischen Elementen versetzte Bearbeitungen tragischer Stoffe, nicht aber das wuchtige Pathos des reinen, unverfälschten Trauerspiels. Die bedeutenden Anthologien der Zeit, Benjamin Neukirchs große, später von Gottlieb Stolle fortgeführte Sammlung (1695-1727) und Friedrich Weichmanns einflußreiche „Poesie der Nieder=Sachsen" (1721-1738), enthalten keine Tragödien, sondern nur kürzere Singspiele, Libretti und Oratorien, wie sie gerade im Kreis der Hamburger um Barthold Heinrich Brockes geschätzt wurden. Schon die Barock-

---

7 Christian Friedrich Hunold <= Menantes>, Academische Neben=Stunden allerhand neuer Gedichte. Nebst einer Einleitung zur vernünftigen Poesie, Halle, Leipzig 1713, S.48

epoche hatte diese Gattungen gepflegt und ihnen einen festen Platz im
Repertoire der höfischen Bühnen eingeräumt; zu Beginn des 18. Jahrhunderts jedoch rücken Oper und Tanztheater auch in der Gunst des
nicht-adligen Publikums an die erste Stelle.

Die Vorliebe für die Oper entsprach dem galanten Geschmack der
Zeit, der höfischen Prachtentfaltung und aristokratischen Festkultur
ebenso wie dem bürgerlichen Unterhaltungsbedürfnis. Die Opernbe-
geisterung war keineswegs Vorrecht adliger Schichten, sondern um 1700
ein soziales Breitenphänomen, das überall in Deutschland auftrat. Neben den glanzvollen Aufführungen an den Hofopern der größeren Residenzstädte, die allein dem aristokratischen Publikum vorbehalten blieben, gab es beispielsweise in Hamburg eine weitgehend auf bürgerliche
Zuschauergruppen (Kaufleute, höhere Beamte) zugeschnittene Sing-
spieltradition, die überregionale Berühmtheit erlangte. Zwischen 1678
und 1738 fanden hier fast 300 Opernaufführungen statt[8]; vergleichbar
groß war die Programmvielfalt am 1667 eröffneten Dresdner Opern-
haus. Die Libretti stammten von angesehenen Autoren wie Barthold
Feind, Christian Heinrich Postel, Johann Ulrich König und Christian
Friedrich Hunold, die ihrerseits die Zusammenarbeit mit den renom-
miertesten Komponisten der Zeit suchten, mit Händel und Telemann
beispielsweise. Eine Textvorlage für Opern zu schreiben, galt keineswegs
als anrüchig, sondern war aller Ehren wert. In seiner galanten Poetik
stellt Neumeister den künstlerischen Rang des Singspiels über den von
Tragödie und Komödie; ähnlich gewichten Hunold und König. Erst
Gottsched wird die Akzente neu verteilen und die Oper als Mittel zur
„Beförderung der Wollust, und Verderberin guter Sitten"[9] entschieden
verwerfen.

Die Praxis der Opernaufführungen befriedigt offenkundig das Unterhaltungsbedürfnis der Zeit. Die Publikumsvorliebe für vergnügliche
Handlungen, galante Themen und sinnliche Opulenz führt dazu, daß
das Trauerspiel vorübergehend aus der literarischen Landschaft verschwindet. Zwischen 1685 und 1732 erscheinen in Deutschland lediglich neun
Originaldramen, die man dem tragischen Genre zurechnen kann[10]; in

---

[8]  Vgl. dazu Steinmetz, Das deutsche Drama von Gottsched bis Lessing,  S. 21
[9]  Johann Christoph Gottsched, Versuch einer Critischen Dichtkunst, S. 741
[10]  Vgl. hier die Angaben von George, Deutsche Tragödientheorien vom Mittelalter
     bis zu Lessing, S. 134

den Jahren von 1732 bis 1750 sind es hingegen einer Schätzung Gottscheds zufolge bereits annähernd 25 (eine genauere Nachprüfung ergibt
30 Originaldramen und 35 Übersetzungen[11]). Wenn Wernicke, Neumeister und Hunold die Trauerspiele Lohensteins kritisieren, so gilt ihre
Attacke nicht nur deren opulentem Stil, sondern generell einer Gattung,
die an der Schwelle zur Aufklärung aus der Mode gekommen ist, weil
man sie für verstaubt und schwerfällig hält. Wo immer gegen Ende des
17. Jahrhunderts Theater gespielt wird – im Rahmen des Rhetorikun-
terrichts an Gymnasien und Gelehrtenschulen, an den Höfen der Aristokratie, auf den provisorischen Bühnen der umherziehenden Schauspieltruppen –, bleibt die Tragödie aus dem Repertoire ausgeschlossen;
ihr Pathos gilt als unzeitgemäß, ihr Stil als schwerfällig, ihre Botschaft als
allzu düster und weltfeindlich.

Eine wesentliche Ursache dieser Abneigung lag gewiß darin, daß der
Zeitgeschmack das Trauerspielgenre meist mit dem verhaßten Tumor-
stil identifizierte. Die Werke von Gryphius, Lohenstein, Hallmann und
Haugwitz repräsentierten nicht nur typische Muster der hohen Dra-
mengattung, sondern zugleich Exempel für eine pathetisch-ausladende,
bilderreiche Sprachgestaltung, die mit dem neuen Ideal des natürlichen,
geschmeidigen Stils kaum zur Deckung kam. Bedacht werden muß dabei
jedoch, daß Veränderungen in der literarischen Geschmacksbildung
ihrerseits von komplexen sozialhistorischen Veränderungsprozessen ab-
hängen. Die Schwulstkritik ist Teil eines vielschichtigen Geflechts he-
terogener Faktoren und läßt sich nicht nur als Ausdruck einer neuen
Orientierung an rhetorisch-poetologischen Normen klassizistischer
Observanz verstehen.[12] Wer nach den eigentlichen Gründen für die

---

[11] Dazu das Verzeichnis bei Reinhart Meyer, Das deutsche Trauerspiel des 18.
Jahrhunderts. Eine Bibliographie, München 1977, S. 68ff.

[12] Zum Problem des Geschmackswandels zwischen Barock und Frühaufklärung
grundlegend Paul Böckmann, Formgeschichte der deutschen Dichtung. Erster
Band, Hamburg 1964 (2. Aufl., zuerst 1949), S. 560ff. (Entfalung des ‚Witzes‘
bzw. ‚esprits‘ als aufklärerische ars combinatoria und stilbildende Kategorie),
Hans-Peter Herrmann, Naturnachahmung und Einbildungskraft. Zur Entwicklung der deutschen Poetik von 1670 bis 1740, Bad Homburg v.d.H., Berlin,
Zürich 1970 S. 96ff. (Konstitution eines rationalistischen Naturbegriffs), Wilhelm Kühlmann, Gelehrtenrepublik und Fürstenstaat. Entwicklung und Kritik
des deutschen Späthumanismus in der Literatur des Barockzeitalters, Tübingen
1982, S. 386ff. (empirischer Weltbezug als Merkmal der Ablösung vom 17. Jahr-

vorübergehende Abkehr vom Trauerspiel sucht, muß den geistesgeschichtlichen Umbruch berücksichtigen, in dem sich die Zeit an der
Schwelle zum 18. Jahrhundert befindet. Von besonderem Interesse ist
dabei das Werk Christian Weises, dessen Schuldramen sämtliche Merkmale dieser Übergangsperiode wie in einem Brennspiegel versammeln.

## 2. Christian Weises Schuldrama und die Tradition des Trauerspiels

Als Rektor am Gymnasium in Zittau war Christian Weise mit vielfältigen Unterrichtsaufgaben betraut, zu denen auch, gemäß den traditionellen Zielsetzungen des humanistischen Bildungsbetriebs, die regelmäßige Aufführung von Theaterstücken zählte. Ihr Zweck bestand darin,
die rhetorischen Fähigkeiten der beteiligten Schüler durch die Übung
von Gedächtnis (‚memoria‘) und Vortragstechnik (‚actio‘) zu verbessern
(was sich mit den Intentionen antiker Rednerschulen deckte) und dem
jugendlichen Publikum Lehrinhalte im Rahmen dramatischer Handlungen anschaulich vor Augen zu führen.[13] In Übereinstimmung mit
diesem Programm verfaßte Weise jährlich drei Bühnenvorlagen, die
politisch-geschichtliche und biblische Sujets behandelten. Unter den
mehr als fünfzig Dramen, die sein Werk umfaßt, findet sich allerdings
nur ein einziges, das explizit als Trauerspiel ausgewiesen ist.[14] Bevorzugt
wird stattdessen die Gattung der Tragikomödie, die schon das jesui-

---

hundert), Gunter E. Grimm, Literatur und Gelehrtentum. Untersuchungen über
den Wandel ihres Verhältnisses vom Humanismus bis zur Frühaufklärung, Tübin-
gen 1983, S. 486ff. (zu den wechselnden Beziehungen zwischen Wissenschaft und
Poesie) u. Gottfried Willems, Anschaulichkeit. Zu Theorie und Geschichte der
Wort-Bild-Beziehungen und des literarischen Darstellungsstils, Tübingen 1989,
S. 272ff. (formgeschichtliche Entwicklung)

[13] Zu Weises Theaterpraxis ausführlich Konradin Zeller, Pädagogik und Drama.
Untersuchungen zur Schulcomödie Christian Weises, Tübingen 1980, bes. S.
107ff., 128ff., ferner Wilhelm Emrich, Deutsche Literatur der Barockzeit, Kron-
berg/Ts. 1981, S. 214f. u. Robert Alexander, Das deutsche Barockdrama, Stuttgart
1984, S.109f.; zu Weises Bildungsweg Wilfried Barner, Barockrhetorik. Untersuchungen zu ihren geschichtlichen Grundlagen, Tübingen 1970, S.190ff.

[14] Christian Weise, Trauer=Spiel von dem neapolitanischen Haupt=Rebellen Masaniello (1682), hrsg. v. Fritz Martini, Stuttgart 1972

tische Schultheater des frühen 17. Jahrhunderts außerordentlich schätzte, wie man am Œuvre Baldes und Bidermanns erkennen kann.[15] Zwar ist Weise tragischen Bühnenstoffen gegenüber durchaus aufgeschlossen, jedoch reichert er sie prinzipiell mit witzigen Szenen an, die für Abwechslung und Unterhaltung sorgen sollen.

Weises Dramen heben sich in entscheidenden Punkten vom schlesischen Trauerspiel ab. Vergeblich sucht man hier nach allegorischen Reyen oder Geistererscheinungen, Exempeln stoischer Beständigkeit und christlichen Märtyrertums, nach Welttheateranspruch und Diesseitsverachtung, nach der pathetischen Kraft eines Gryphius oder den politischen Visionen eines Lohenstein. Die charakteristische Verknüpfung von Lebensdistanz und heilsgeschichtlicher Perspektive findet sich bei ihm ebensowenig wie die schroffe Antithetik von Vanitasdiagnosen und Erlösungshoffnung. An die Stelle der gewaltigen Gegensätze, die das Weltbild des barocken Trauerspiels kennzeichnen, tritt das Prinzip der Vermittlung und der Anspruch auf möglichst objektive Darstellung der geschichtlichen Wirklichkeit des Menschen. Hatten Gryphius und Lohenstein die metaphysischen Mächte, die das Welttreiben beherrschen, durch Allegorien zu illustrieren gesucht, so begnügt sich Weise mit der nuancenreichen Darstellung irdischer Verhältnisse, die weitgehend ohne die Technik allegorischer Überhöhung auskommt. Die vertikale Spannung, die die heilsgeschichtliche Perspektive im Trauerspiel des Gryphius bestimmt, wird jetzt ersetzt durch eine genauere Analyse der sozialen Wirklichkeit, bei der metaphysische Dimensionen und Fragen der spirituellen Disposition des Menschen in den Hintergrund treten.

Von Lohenstein erbt Weise das Interesse an politischen Themen, vom gemeinsamen Gewährsmann Balthasar Gracián die Ausrichtung am weltklugen Verhaltensideal, das der Zittauer Rektor seinen Schülern nahebringen möchte. Weises zahlreiche rhetorische Schriften, allen voran der „Politische Redner" (1677), befassen sich ebenso wie die Bühnenstücke bevorzugt mit der höfischen Welt, wo nur der sein Glück macht, der taktisch zurückhaltend operiert, elegante Manieren an den Tag legt

---

15 Vgl. für Bidermann vor allem die Sammlung der „Ludi theatrales" von 1666 (2 Bde., Faksimile-Neudruck, hrsg. v. Rolf Tarot, Tübingen 1967), für die Gattungsvorlieben des Jesuitentheaters allgemein die mehrbändige Edition von Elida Maria Szarota, Das Jesuitendrama im deutschen Sprachgebiet, München 1979ff.

und durch sprachliche Gewandtheit für sich einzunehmen vermag.[16] Dramen und rhetorische Abhandlungen dienen dabei jeweils der Einübung praktischer Verhaltensregeln und sprachlicher Verkehrsformen; ihr gemeinsames Fundament bildet die Lehre von der ,actio', die als Teil des antiken Redeunterrichts die Kunst des wirkungssicheren öffentlichen Auftretens zu vermitteln sucht. Politische Pragmatik und Rhetorik berühren sich in Weises Schuldramen, weil sie Fragen der Menschenkenntnis, der Umgangsregeln und des sprachlichen Kalküls gleichermaßen betreffen.

Schon die Trauerspiele der zweiten schlesischen Schule verarbeiten immer wieder politische Themen und berühren die Probleme der weltklugen Verhaltenslehre, die zumal durch die Schriften der Spanier, durch Gracián und Saavedra Fajardo in Deutschland bekannt wurde.[17] Lohenstein konzipiert sein Drama erklärtermaßen als Schule des höfischen Lebens und Mittel zur Verbesserung der Menschenkenntnis. Der Zuschauer soll, so verrät das berühmte Widmungsgedicht zur „Sophonisbe" (1680), belehrende Einblicke in die Regeln der höfischen Verstellungskunst gewinnen, damit er nicht selbst Intriganten und Verrätern zum Opfer fällt. Das Trauerspiel fungiert als Spiegel des menschlichen Gemüts, als anthropologisch-psychologischer Ratgeber, der dem Publikum vor Augen führen möchte, wie man „Meister in der Welt"[18] werden kann. Entscheidende Voraussetzung für Erfolg und Anerkennung ist strategisch kluges Verhalten, dessen Prinzipien Lohensteins Trauerspiele, geschult durch den großen Lehrmeister Gracián, ihren Lesern und Zuschauern vermitteln wollen.

---

[16] Christian Weise, Politischer Redner, das ist kurtze und eigentliche Nachricht, wie ein sorgfältiger Hofmeister seine Untergebenen zu der Wohlredenheit anführen soll, Leipzig 1681 (zuerst 1677). Faksimile-Neudruck, Kronberg/Ts. 1974, bes. S. 161f. Zu Weises rhetorischen Schriften Barner, Barockrhetorik, 167ff.

[17] Vor allem für Lohenstein prägend und in den Anmerkungen seiner Trauerspiele immer wieder angeführt: Diego Saavedra Fajardo, Idea de un principe politico cristiano, Münster 1642 u. Balthasar Gracián, Oráculo manual y arte de prudencia, Huesca 1647

[18] Daniel Casper von Lohenstein, Sophonisbe. Trauerspiel (1680), hrsg. v. Rolf Tarot, Stuttgart 1970, Widmungsvorrede, v. 108 (S. 9). Zur politischen Weltklugheit gehört auch die Verstellungskunst, die Technik der ,dissimulatio': „Wer niemals thöricht spielt / die Klugheit oft verstellt / I Aus Thorheit Vortheil macht / ist Meister in der Welt." (v. 107f.)

Während jedoch Lohenstein weltliche mit metaphysischen Fragestellungen verknüpft und stets nach dem übergeordneten Prinzip sucht, das das geschichtliche Geschick des Menschen beherrscht, bleibt Weises Darstellung auf das Diesseits und dessen vielfältige Erscheinungsformen beschränkt. Die allegorischen Zwischenspiele, in denen bei Lohenstein Personifikationen metaphysischer Mächte auftreten und das komplizierte Geflecht der den Menschen bestimmenden spirituellen Faktoren illustrieren, hat Weise ersatzlos gestrichen. Auf die subtile Allegorese der Affekte, die man aus den Dramen des Gryphius kennt, verzichtet er ebenso wie auf die Präsentation von Geistererscheinungen, mit deren Hilfe die Schlesier eindrucksvoll die Allgegenwart des Todes unter Beweis stellen. Weises Interesse gilt ausschließlich der Analyse weltlicher Verhältnisse, nicht aber jenen metaphysischen Dimensionen menschlicher Existenz, deren unterschiedliche Aspekte das schlesische Kunstdrama in Prolog und Zwischenspiel allegorisch zu erhellen sucht. Die umfangreichen Personenverzeichnisse seiner Dramen, die bisweilen annähernd hundert Figuren auflisten, zeugen vom Streben nach möglichst vollständiger Erfassung der empirischen Wirklichkeit. Protagonisten gibt es im Schulactus nicht mehr: fast alle dramatis personae treten in gleich verteilter Häufigkeit auf die Bühne. Zu diesem Konzept gehört, daß die Ständeklausel bei Weise an Bedeutung verliert und seine Tragikomödien nicht nur die Großen dieser Welt, sondern auch Bürger und Handwerker als dramatis personae vorführen.

Der „Masaniello" (1682) ist das einzige Drama Weises, das die Gattungsbezeichnung ‚Trauerspiel' trägt. Im Mittelpunkt des Geschehens steht ein moralisch zunächst sanktionierter, gegen soziale Ungerechtigkeit und die Anmaßung der Herrschenden gerichteter Volksaufstand, der allmählich in plebejische Despotie umschlägt und am Schluß an der Hybris der Rebellen scheitert. Weises Position ist die des unparteiischen Betrachters, der seinen geschichtlichen Stoff in möglichst großer Objektivität bearbeitet, die Interessen aller Beteiligten sachlich analysiert und erst dort, wo die Aufständischen selbst zu Tyrannen werden, entschieden Stellung bezieht – für die Bewahrung des sozialen Status quo, gegen Anarchie und Pöbelherrschaft.

Quintessenz des Spiels bleibt der Appell an die Regierenden, durch kluge Abwägung aller Interessen ähnliche Kollisionen künftig zu vermeiden und, im Sinne eines genuin aufgeklärten Absolutismus, Machtsicherung und Freizügigkeit in ein stabiles Gleichgewichtsverhältnis zu bringen. Der neapolitanische Herzog Matelone formuliert am Schluß die Hoffnung, „daß wir ins künfftige bessere Concilia fassen können solches Unheil zuverhütten." (V,24) Wenn der „Nachredner" die „Göttliche Providentz"[19] für das Ende des Pöbelaufstands verantwortlich macht, so muß das nicht in Widerspruch zum Programm der Staatsklugheit stehen. Auf lange Sicht, so weiß der Epilogus, belohnt die göttliche Vorsehung nur diejenigen unter den Mächtigen, die weise und vernünftig handeln – die Providenz ist keine vom menschlichen Treiben losgelöste Instanz, sondern ihrerseits mit den diesseitigen Verhältnissen aufs engste verknüpft. Der Mensch, der sich der ihm verfügbaren Verstandeskräfte sinnvoll bedient, kann das Schicksal in die eigene Hand nehmen und zum Herren seiner selbst werden. Die Sphäre der Metaphysik verliert derart die ungebrochene Dominanz, die sie im christlichen Weltbild des schlesischen Kunstdramas besaß, und wird zu einem unter mehreren Faktoren, von denen die conditio humana bestimmt scheint.

Das politische Interesse teilt Weise mit Lohenstein und den spanischen Klugheitslehren des siglo d'oro; es steht keineswegs im Gegensatz zu barocken Traditionen, sondern läßt sich ihnen noch zurechnen.[20] Neu ist jedoch das Streben nach vermittelnden Lösungen und Interessenausgleich, das sämtlichen Perspektiven gerecht werden möchte und metaphysische Spekulationen durch vernünftigen Pragmatismus ersetzt. Weise profiliert sich derart als barocker Autor mit aufgeklärtem Habitus, als Traditionalist auf bisher unbekannten Wegen. Die besondere Signatur seiner Dramen liegt nicht in ihrer Affinität zu politisch-weltlichen Themen, sondern in der Tendenz zu praktischen Vernunftlösungen, mit deren Hilfe sich die Konflikte auf der Bühne bewältigen lassen.

Deutlich wird die Abkehr vom schlesischen Kunstdrama vor allem im Bereich der Trauerspielform. Im „Masaniello" versetzt Weise die Hand-

---

19  Weise, Masaniello, S.178; zu Weises Deutung der göttlichen Vorsehung vgl. auch das Nachwort von Fritz Martini, S. 215

20  Als „Lehrstück im barocken Sinn", in dem sich jedoch schon „Frühaufklärerisches" melde, bezeichnet Helmut Koopmann den „Masaniello" (Drama der Aufklärung. Kommentar zu einer Epoche, München 1979, S.50f.). Fritz Martini nennt das Trauerspiel treffend „ein politisches Lehrstück gegen die Rebellion und eine durch Aufklärung befestigte Bestätigung der bestehenden staatsgesellschaftlichen Verfassung" (Nachwort, S.217).

lung beständig mit komischen Elementen und witzigen Einlagen, für die vor allem Allegro, der Diener des Herzogs Rhoderigo, verantwortlich ist. Allegro wechselt immer wieder die Fronten, mischt sich unter die Verschwörer, den Klerus und den Adel, verändert proteisch seine Gestalt und – mit einem für den Narrentypus charakteristischen Opportunismus – des öfteren auch die eigenen Ansichten. Als versatiler Vertreter der Pickelherings- und Harlekinszunft spiegelt er die Vielfalt des sozialen Spektrums wider, das der „Masaniello" erfassen möchte; der Narr wird zur Perspektivfigur, die Weises Streben nach möglichst vollständiger Darstellung der sozialen Wirklichkeit exemplarisch illustriert. Die komischen Szenen senken das Trauerspielniveau ab, durchkreuzen die pathetische Wirkung und leisten damit jener Abtönung der Antithesen Vorschub, die auch programmatisch das Ziel des Schulautors bleibt. Der Neigung zur möglichst breiten Darstellung empirischer Wirklichkeit entspricht formal die Allianz von Tragödie und Komödie, wie sie schon das jesuitische Schultheater favorisiert hatte. Selbst der als ‚Trauerspiel' ausgewiesene „Masaniello" ist mithin kein reiner Vertreter des Genres, sondern ein Mischprodukt verschiedener Stillagen und Formen.

Auch in seinen späteren dramatischen Arbeiten hat Weise am Konzept der Gattungssynthese festgehalten. Tragische Stoffe werden bevorzugt mit komischen Einlagen versetzt und auf diese Weise entschärft. Vordringlich bleibt für den Schulautor die Vermittlung weltlicher Lehren und Verhaltensgebote. Im Zentrum von „Argenis" (1683, nach dem gleichnamigen Roman John Barclays <1621>) und „König Wentzel" (1686) steht die Darstellung der höfischen Sphäre mit ihren Intrigen, Kabalen und politischen Abenteuern, deren bunte Vielfalt Weise seinem jugendlichen Publikum möglichst objektiv vor Augen führen möchte. In beiden Fällen hat man es mit Tragikomödien zu tun, die nach dem Muster des jesuitischen Schuldramas traurige und komische Szenen vermischen.[21] Im „Fall des Frantzösischen Marschalls von Biron" (1693) bietet Weise immerhin eine durchweg tragische Handlung, die jedoch nicht die Gebrechlichkeit des Weltzustands (wie bei Gryphius) oder die Abhängigkeit des Geschichtsprozesses von metaphysischen Kräften (wie

---

[21] Insofern ist es problematisch, wenn Alexander, Das deutsche Barockdrama, S. 109 neben dem „Masaniello" den „Marggraff von Ancre" und den „Biron" ohne Zögern „eindeutig" der „Gattung ‚Trauerspiel'" zurechnet; eine derartige Zuordnung gilt, wie man sehen konnte, selbst für den „Masaniello" nur in eingeschränktem Maße.

bei Lohenstein) einzuschärfen hat, sondern das Gesetz politischen Handelns, das den Maßgaben der Vernunft und strategischen Klugheit unterliegen muß, soll es zur Garantie für höfischen Erfolg werden.

In seiner Vorrede zum „Biron" entschuldigt sich Weise für die Wahl des düsteren Stoffes und verweist auf die unterhaltsamen Einlagen, die das Drama bietet: „Weil die MATERIE an sich selbst etwas ernsthafftig ist; so hat allerhand kurtzweil (...) müssen eingemischet werden / welches man doch gar leicht auslassen könte."[22] Es scheint offenkundig, daß die Bearbeitung tragischer Stoffe nur dann zu rechtfertigen ist, wenn sie in unterhaltsamer Form präsentiert wird. Die komischen Szenen bleiben zwar für die Entwicklung der dramatischen Handlung unerheblich, verschaffen jedoch dem jugendlichen Publikum einen leichteren Zugang zur pädagogischen Lehre. Die berühmte horazische Wirkungsdoktrin des ‚prodesse et delectare‘[23], auf die das frühe 18. Jahrhundert bevorzugt zurückgreifen wird, spielt auch in der Theorie des Schuldramas ihre prägende Kraft aus.

Weise hat das reine, unverwässerte Trauerspiel nach dem Muster der Franzosen und der Schlesier nicht sonderlich geschätzt. Weder entsprach es seinem didaktischen Konzept, das Unterrichtsstoffe auf möglichst leichte, und das hieß hier: unterhaltsame Weise vermitteln wollte, noch paßte es zu seinem pragmatischen Weltbild, in dem düstere Vanitas-Stimmungen und Ostentationen der Diesseitsverachtung keinen Platz hatten. Von Weises Optimismus legt die Vorrede zum „Zittauischen Theatrum" Zeugnis ab, die 1682 verfaßt wurde. Das Welttheater, dessen Grundmuster die Schlesier im Trauerspiel aufgehoben fanden, gehorcht hier eher lustigen Gesetzen: „Ja weil das Menschliche Leben an sich selbst einer immerwährenden Comödie vergliechen wird / so kan ich nicht besser thun / als wenn ich die Partheyen bey guter Zeit abzuschreiben gebe / welche sie anitzo in kurtzweil versuchen / bald aber im Ernste vor die Hand nehmen sollen."[24] Ist die Welt den Prinzipien des

22  Weise, Sämtliche Werke, hrsg. v. John D. Lindberg, Berlin, New York 1971ff., Bd.III, S.183

23  Horaz, Ars poetica, v. 333f

24  Weise, Masaniello, S. 6f. Zu den unterschiedlichen Aspekten der Welttheater-Allegorie im 17. Jahrhundert Barner, Barockrhetorik, S. 86ff. und Peter Rusterholz, Theatrum vitae humane. Funktion und Bedeutungswandel eines poetischen Bildes. Studien zu den Dichtungen von Andreas Gryphius, Christian Hofmann von Hofmannswaldau und Daniel Casper von Lohenstein, Berlin 1970, S. 131ff.

Lustspiels unterworfen, so kommt fraglos die Schulkomödie ihrem Geheimnis eher auf die Spur als die Tragödie. Weise hat aus dieser Auffassung in späteren Jahren seine eigene Konsequenz gezogen und reine Trauerspiele ohne komische Elemente nicht mehr geschrieben. Er nahm damit eine Entwicklung vorweg, die die gesamte deutsche Bühne bis zu Gottscheds Theaterreform bestimmte.

In den ersten beiden Dekaden des 18. Jahrhunderts verliert das Schuldrama zunehmend an Bedeutung. Nur sporadisch bleiben die Bemühungen, die alten Traditionen fortzuführen; neben Weise ist es vor allem Christian Gryphius, der als Rektor des Breslauer Magdalenagymnasiums den schulischen Theaterbetrieb humanistischer Prägung aufrechtzuerhalten sucht. Im Gegensatz zu Weise verlegt er sich jedoch fast ausschließlich auf die pädagogische Demonstration philologisch-antiquarischer Unterrichtsthemen innerhalb von locker verbundenen Szenenfolgen. Sein Schulactus „Der deutschen Sprache unterschiedene Alter und nach und nach zunehmendes Wachsthum" (1708) beschränkt sich darauf, die Entwicklungsgeschichte des Deutschen von der keltischen Sprache bis zum 17. Jahrhundert in einzelnen Bildern vorzuführen und anhand allegorischer Spielszenen den philologischen Lehrstoff prägnant zu vermitteln. Durch das herkömmliche Gattungsschema ist Gryphius' Drama nicht mehr zu erfassen, weil es sich in der kunstlosen Reihung von Szenen ohne echten Spannungsaufbau erschöpft. Zwischen 1687 und 1706 verfaßt Gryphius für den Theaterbetrieb des Breslauer Magdalenagymnasiusms 16 lateinische und 7 deutsche Schuldramen, die vorwiegend Gegenstände aus dem Bereich der philologischen Unterrichtsfächer traktieren; von 1692 bis 1704 entsteht ein Zyklus, der die Geschichte der poetischen Gattungen darstellt, darunter auch die Entwicklung von „Trauer=Spielen oder Tragödien".[25] Das tragische Genre interessiert den Schulautor nur noch unter historischen Aspekten, für die aktuelle literarische Situation der Zeit um 1700 bleibt es hingegen bedeutungslos.

Daß der Schultheaterbetrieb am Anfang des 18. Jahrhunderts weitgehend zum Erliegen kommt, hat verschiedene Ursachen. Die neue Päda-

---

[25] Christian Gryphius, Der deutschen Sprache unterschiedene Alter und Wachsthum, Breslau 1708. Faksimile-Neudruck, hrsg. v. Dietrich Eggers und James N. Hardin, Bern, Frankfurt/M., New York 1985; vgl. Vorwort der Herausgeber, S. 9*

gogik orientierte sich immer weniger an den alten philologisch-antiqua-
rischen Fächern und setzte verstärkt auf die Vermittlung logisch-argu-
mentativer Fertigkeiten, die zwar das Festhalten am Rhetorikunterricht
erforderlich machte, aber durch freie Redeübungen besser unterstützt
werden konnte als durch das Bühnenspiel. Das Aufkommen der Opern-
mode und die verbreitete Vorliebe für derbe Komödien waren zudem
kaum geeignet, die pädagogische Funktion des Dramas ins rechte Licht
zu setzen. Hinzu kam die Theaterfeindlichkeit des vor allem in Thürin-
gen und Sachsen sich ausbreitenden Pietismus, dessen Einfluß auf die
Schulen kaum überschätzt werden kann. Unter pietistischem Druck
wurde das Schultheater in Preußen durch ein Edikt des Königs 1718
öffentlich verboten; andere Länder folgten hier nach.[26]

## 3.  Unterhaltung statt Tragödie. Zur Theaterpraxis vor
Gottsched

Moralisch begründete Vorbehalte gegen das Theater waren im gesamten
18. Jahrhundert weit verbreitet und blieben nicht auf pietistische Kreise
beschränkt. Noch 1788, nachdem sich seriöse Autoren wie Gottsched,
Dusch, Löwen, Lessing und Schiller längst um die deutsche Schaubühne
verdient gemacht hatten, erklärte der Freiherr von Knigge: „Aber nun
die Sache näher betrachtet; was für Menschen sind gewöhnlich diese
Theaterhelden und -heldinnen? Leute ohne Sitten, ohne Erziehung,
ohne Grundsätze, ohne Kenntnisse, Abenteuerer, Leute aus den niedrigsten Ständen, freche Buhlerinnen – mit denen lebt man, wenn man sich
demselben Stande gewidmet hat, in täglicher Gemeinschaft."[27] Es war
weniger die bei Calvinisten und Pietisten gängige Abneigung gegen die
weltlichen ‚Mitteldinge‘, die hier Knigges kritisches Bild stützte, sondern die empirische Erfahrung, die die überspitzten theologischen Vorbehalte gegen das Theater zu bestätigen schien. Nicht wenige der umherziehenden Schauspielertruppen rekrutierten sich aus gestrandeten

---

[26]  Vgl. Barner, Barockrhetorik, S.318; zum Schultheater generell Heinz Kindermann, Theatergeschichte Europas. Bd. III (Das Theater der Barockzeit), Salzburg
1959, S. 432ff.

[27]  Adolph Freiherr von Knigge, Über den Umgang mit Menschen (1788), hrsg. v.
Gert Ueding, Frankfurt/M. 1977, S.352f.

Existenzen, Glücksrittern und Hochstaplern, die kaum dazu beitrugen, den Ruf der Bühnen zu verbessern und ihr künstlerisches Niveau zu steigern. Anders als in England und Frankreich gab es keine stilbildenden Theaterschulen, die für ein bestimmtes Maß an Seriosität hätten sorgen können. Die Schauspieler der deutschen Wandertruppen besaßen nur lückenhafte literarische Kenntnisse und verfügten höchst selten über jene Sprechkultur, durch die das seit Shakespeare und Jonson führende Londoner Theater berühmt geworden war.[28]

Noch im Jahr 1750 wies Lessing darauf hin, daß die „Kunst der „Vorstellung"[29] in Deutschland kaum geübt werde und die meisten Inszenierungen „von unzähligen Ungereimtheiten" bestimmt seien, die durch mangelhaftes Rollenstudium und fehlende Detailgenauigkeit bei der Kostümierung zustandekämen. In seiner „Geschichte des deutschen Theaters" (1766) forderte der Direktor der Hamburger Nationalbühne Johann Friedrich Löwen eine möglichst einheitlich geordnete Ausbildung der Schauspieler, die auch die vertiefende Auseinandersetzung mit der europäischen Dramenliteratur einschließen sollte: „Da nicht nur die wenigsten Zuschauer einen wahren Begriff von einem Schauspiel, und einer geschickten Vorstellung haben, sondern auch die wenigsten Akteurs, sobald sie sich dem Theater widmen, wissen, welchem wichtigen und schweren Geschäfte sie sich unterziehen: da nämlich die meisten in der Kunst zu agiren Fremdlinge sind, und die wenigsten sich mit den sehr weitläuftigen Regeln des Schauspielers bekannt zu machen Gelegenheit haben; so müßte man eine ordentliche theatralische Akademie anlegen."[30] Bereits zu Beginn der 50er Jahre hatte Konrad Eckhof, einer der profiliertesten Charakterdarsteller seiner Zeit, eine Theaterschule gegründet, die sich der praktischen Ausbildung der Schauspieler widmen und auch die Vermittlung literarischer Kenntnisse fördern sollte.[31]

---

[28] Kindermann, Theatergeschichte Europas. Bd. IV (Von der Aufklärung zur Romantik. Erster Teil), Salzburg 1961, S. 479f.

[29] Lessing, Beiträge zur Historie und Aufnahme des Theaters (1750). Vorrede, Werke, Bd. III, S. 360f.

[30] Johann Friedrich Löwen, Geschichte des deutschen Theaters (1766). Mit den Flugschriften über das Hamburger Nationaltheater als Neudruck hrsg. v. Heinrich Stümcke, Berlin 1905, S. 69

[31] Vgl. Wilfried Barner u.a., Lessing. Epoche – Werk – Wirkung, München 1987 (5. Aufl., zuerst 1975), S. 84

Löwens Hamburger Nationaltheater versuchte derartige Bestrebungen fortzuführen und pädagogisch zu fundieren.

Die Vorbehalte, die der Freiherr von Knigge in seiner Abhandlung „Über den Umgang mit Menschen" formulierte, galten nicht nur dem Lebenswandel der Schauspieler, sondern ebenso den psychischen Auswirkungen ihrer Arbeit. Knigges Hinweis auf die Folgen der Verstellungskunst für das Gemüt deckte sich mit der Kritik der Pietisten, die das Theater als Schule der Täuschung und Lüge betrachteten: „Die tägliche Abwechslung von Rollen benimmt dem Charakter die Eigenheit; man wird zuletzt aus Habitüde, was man so oft vorstellen muß; man darf dabei nicht Rücksicht auf seine Gemütsstimmung nehmen, muß oft den Spaßmacher spielen, wenn das Herz trauert, und umgekehrt (...)"[32] Die beiden berühmtesten deutschen Theaterromane des 18. Jahrhunderts bekräftigen auf ihre Weise Knigges Skepsis: auch Goethes Wilhelm Meister und Moritz' Anton Reiser lernen die Risiken der Schauspielerexistenz und die desillusionierende Wirklichkeit der Bühnenarbeit im Laufe eines schmerzlichen Entwicklungsprozesses mit aller Deutlichkeit kennen. Ihre Erfahrungen beziehen sich dabei bereits auf die Situation nach 1770, in der das deutsche Theater seine langjährige Krise überwunden und die tiefsten Niederungen wieder verlassen hatte. Zahlreiche Bühnen zeigten sich mittlerweile offen für die Werke Shakespeare, Lessings und Goethes, strebten nach seriöserer Spielplangestaltung und ließen es nicht damit bewenden, das bloße Unterhaltungsbedürfnis des Publikums zu befriedigen. Im Vorfeld der Gottsched-Ära konnte von differenzierten Ansprüchen dieser Art jedoch noch nicht die Rede sein. In der ersten Hälfte des 18. Jahrhunderts zumindest waren die künstlerischen Ambitionen der meisten Bühnen gering; die Beschäftigung mit zeitgenössischer schöner Literatur galt vorwiegend als akademische Angelegenheit, die den Spielpan nicht beeinflußte.

In den Jahren zwischen 1700 und 1730 beherrschten die in großer Zahl auftretenden Wanderbühnen die deutsche Theaterlandschaft. Die umherziehenden Truppen mußten vom jeweiligen Landesherrn die Erlaubnis zum Theaterspielen einholen, ehe sie eine Aufführung zeigen

---

[32]  Knigge, Umgang mit Menschen, S. 353. Über die damals verbreitete moralische Kritik am Theater informiert näher Thomas Koebner, Zum Streit für und wider die Schaubühne im 18. Jahrhundert, in: Festschrift für Rainer Gruenter, hrsg. v. Bernhard Fabian, Heidelberg 1978, S. 26-58

durften. Das Repertoire war in der Regel bunt gemischt – es reichte von der reinen Komödie über die Oper bis zur Tragikomödie. Trauerspiele bot man dem Publikum grundsätzlich in bearbeiteter Gestalt, indem man Pickelherings- bzw. Harlekinsszenen in die Handlung einbaute. Der Narr versah ähnlich wie in Weises „Masaniello" die Aufgabe, das tragische Geschehen perspektivenreich und möglichst witzig zu kommentieren, um auf diese Weise die pathetische Wirkung des Trauerspiels abzuschwächen. Bevorzugt stellte die Wanderbühne neben frivolen Lustspielen blutrünstige „Haupt- und Staatsaktionen" zur Schau, deren düstere Handlung durch komische Intermezzi aufgelockert werden sollte. Besonderer Beliebtheit erfreute sich die Figur des Hanswurst, der bisweilen sogar ins dramatische Geschehen selbst integriert wurde. Als sein erfolgreichster Darsteller galt der Österreicher Joseph Anton Stranitzky, aus dessen Feder zahlreiche „Haupt- und Staatsaktionen" stammten. Schriftlich fixiert waren dabei oftmals nur die Rollen der Protagonisten, während sich der Hanswurst auf die Improvisation verlegte.[33]

Lessing erinnert in seinem 17. Literaturbrief vom Februar 1759 an die marode Situation, in der sich das deutsche Theater vor Gottsched befand: „Man kannte keine Regeln; man bekümmerte sich um keine Muster. Unsre Staats- und Helden-Aktionen waren voller Unsinn, Bombast, Schmutz und Pöbelwitz. Unsre Lustspiele bestanden in Verkleidungen und Zaubereien; und Prügel waren die witzigsten Einfälle derselben."[34] Ganz ähnlich äußert sich August Wilhelm Schlegel in seinen „Vorlesungen über dramatische Kunst und Literatur" (1809): „Der Zustand des Theaters in Deutschland zu Ende des siebzehnten und im ersten Drittel des achtzehnten Jahrhunderts, wofern es überhaupt eine andere Schaubühne gab als Puppenspiele und herumziehende Possenreißer, war unstreitig ebenso kläglich als in allen anderen Fächern."[35]

Die Stoffe der „Haupt- und Staatsaktionen" stammten häufig aus dem großen Fundus der europäischen Dramengeschichte. Man bearbei-

---

[33] Zu „Haupt- und Staatsaktionen" und Hanswurst-Figur Robert R. Heitner, German Tragedy in the Age of Enlightenment, Berkeley, Los Angeles 1963, S. 3ff. (mit detaillierten Analysen einzelner Bühnenbearbeitungen Stranitzkys)

[34] Gotthold Ephraim Lessing, Werke, Bd.V, S.71

[35] August Wilhelm Schlegel, Vorlesungen über dramatische Kunst und Literatur, in: Kritische Schriften und Briefe, hrsg. v. Edgar Lohner, Stuttgart u.a. 1962ff., Bd.VI, S. 270

tete die Tragödien Shakespeares, Corneilles und Racines ebenso wie
Trauerspiele von Gryphius und Lohenstein. Nicht selten blieb von den
Originaldramen allein der Umriß übrig, ohne daß die individuelle
Handschrift des Autors noch kenntlich gewesen wäre. Vor erotischen
Anzüglichkeiten, drastischen Frivolitäten und Szenen mit handfestem
Witz schreckte man auch dort nicht zurück, wo das zugrundeliegende
Trauerspiel eigentlich eine ernste Aufführung ohne komisches Beiwerk
verlangte.

Die „Haupt- und Staatsaktionen" übernahmen das typisierte Personal der italienischen Commedia dell'arte ebenso wie Anregungen aus
dem Shakespeare-Repertoire der seit dem frühen 17. Jahrhundert in
Deutschland umherziehenden englischen Komödianten. Die Verknüpfung unterschiedlichster Stilelemente machte die besondere Signatur
der zeitgenössischen Theaterpraxis aus; der unmittelbare Publikumserfolg, der vom Unterhaltungswert der jeweiligen Bearbeitung abhängig
war, besaß entschieden Vorrang gegenüber programmatischen künstlerischen Ansprüchen. Diese Akzentsetzung galt nicht nur für die Wanderbühnen, die sich am Geschmack der unteren Stände orientierten,
sondern auch für die Hoftheater. Sie bevorzugten Opern- und Bal-
lettaufführungen im großen Stil, bei denen häufig mit gewaltigem tech-
nischem Bühnenaufwand gearbeitet wurde. Raffinierte Illuminationen,
Wasserspiele und kunstvolle Illusionseffekte gehörten ebenso zum Repertoire wie die Präsentation prächtiger Kostüme und opulenter Büh-
nenbilder. Es war das Erbe des 17. Jahrhunderts und seiner repräsenta-
tiven höfischen Theaterkultur, das hier fortwirkte.[36]

Die führenden Theater der Residenzstädte konnten ihre aufwendigen
Inszenierungen problemlos finanzieren, weil sie durch das Mäzenaten-
tum unterhaltungssüchtiger Fürsten abgesichert wurden, die den öffentlichen Etat bereitwillig plünderten, um durch die Pracht der höfischen
Bühnenaufführungen das Ausmaß ihrer politischen Macht zu illustrieren. Die umherziehenden Truppen verfügten hingegen nicht annähernd
über die materiellen Mittel, die eine solche Ausstattung erforderte. Sie
lebten von ihren Zuschauereinnahmen und blieben abhängig von gele-

---

[36]  Zur opulenten Fest- und Theaterkultur des 17. Jahrhunderts Richard Alewyn u.
    Kurt Sälzle, Das große Welttheater. Die Epoche der höfischen Feste in Dokument
    und Deutung, München 1985 (2., erw. Aufl., zuerst 1959), S. 23ff., ferner Kinder-
    mann, Theatergeschichte, Bd. III, S. 20ff.

gentlichen Gunstbezeugungen der Landesherren, die ein ‚Privileg' für
das Theaterspiel verleihen und dadurch einzelnen Truppen das alleinige
Vorrecht öffentlicher Auftritte verschaffen konnten. Die drückende
Konkurrenzsituation wirkte sich bestimmend auf das Niveau der Wanderbühnen aus und führte dazu, daß der Publikumsgeschmack zum
alleinigen Maßstab der Spielplangestaltung avancierte.

In der Vorbemerkung zum „Sterbenden Cato" (1732) berichtet
Gottsched über seine ersten Erfahrungen mit dem zeitgenössischen Theater. Im Jahr 1724, so erinnert er sich, habe er in Leipzig die Darbietungen
der Dresdner Hofkomödianten gesehen: „Weil sich dieselben nur zur
Meßzeit allhier einfanden, so versäumte ich fast kein einziges Stücke, so
mir noch neu war. Dergestalt stillte ich zwar anfänglich mein Verlangen
dadurch: Allein, ich ward auch die große Verwirrung gewahr, darin diese
Schaubühne steckte. Lauter schwülstige und mit Harlekins Lustbarkeiten
untermengte Haupt- und Staatsaktionen, lauter unnatürliche Roman-
streiche und Liebeswirrungen, lauter pöbelhafte Fratzen und Zoten waren
dasjenige, so man daselbst zu sehen bekam."[37]

Gottsched nahm Kontakt zu Karl Ludwig Hofmann, dem Prinzipal
der Truppe auf und erfuhr von ihm, daß Dramen, die „zu ernsthaft
wären und keine lustige Person in sich hätten"[38] beim Publikum erfolg-
los blieben. Selbst die Komödien des Andreas Gryphius, die Gottsched
durchaus schätzte, weil sie in seinen Augen den üblichen Schwulst des
Barockstils mieden, hielt der Prinzipal für unspielbar; offenkundig war
ihr Witz zu fein, die Komik nicht grob genug, der Aufbau der Handlung
zu kunstvoll. Der Zeitgeschmack, gewöhnt an die Drastik des Hanswurst und die Anzüglichkeiten galanter Bühnenstücke, verlangte nach
derberen Vergnügungen.

Als wenig später die Leitung der Dresdner Hofkomödianten in die
Hände von Johann und Karoline Neuber überging, schien der geeignete
Moment für eine Umstrukturierung des Spielplans gekommen. Gemein-
sam mit den neuen Prinzipalen, deren literarischer Geschmack durch
die französische tragédie classique geprägt worden war, engagierte sich
Gottsched jetzt für eine umfassende Bühnenreform, die Fragen des Stück-

---

[37] Johann Christoph Gottsched, Sterbender Cato (1732), hrsg. v. Horst Steinmetz,
Stuttgart 1984, Vorrede, S. 6f.
[38] Gottsched, Sterbender Cato, S. 7

repertoires ebenso betraf wie theatertechnische Probleme.[39] Er richtete
sein Augenmerk auf die Verbesserung der Sprechkultur der Akteure und
die Kostümierung, die er nach dem Vorbild des französischen Theaters
den historischen Gegebenheiten des jeweils aufgeführten Dramas anzu-
passen trachtete (was bis dahin in Deutschland unüblich gewesen war).
Improvisation und komische Einlagen, unflätige Witze und technische
Effekthascherei, Tragikomödien und Opern sollten von der Bühne verschwinden. Eine grundlegende Reinigung des Spielplans war Gottscheds
Ziel; gelingen konnte sie in seinen Augen nur durch die Etablierung
eines neuen deutschen Tragödientyps nach französischem Muster, der
die beliebte „Haupt- und Staatsaktion" zu substituieren hatte. Gegen die
annähernd vierzigjährige Herrschaft von Oper und Komödie suchte
Gottsched ein seriöses Trauerspielrepertoire zu setzen, mit dessen Hilfe
das Theater wieder zu einer achtbaren Institution jenseits bloßer Unterhaltungsinteressen werden sollte. Die verbreitete Unzufriedenheit über
die barocke Dramatik bildete dabei den Nährboden für eine Bühnenreform, die zwar nur allmählich Wirkung zeitigte, langfristig aber ihre
programmatische Bedeutsamkeit eindrucksvoll unter Beweis stellte.

## 4.  Herrschaft der praktischen Vernunft.
   Der geistige Horizont der Frühaufklärung

Es wäre zu einfach, wollte man allein den Publikumsgeschmack für die
Krisis verantwortlich machen, in die das Trauerspiel am Ausgang des 17.
Jahrhunderts geraten war. Von entscheidender Bedeutung dürfte vor
allem sein, daß sich zwischen Barock und Aufklärung ein geistesgeschichtlicher Veränderungsprozeß zuträgt, der in den verschiedensten
Bereichen tiefgreifende Umbrüche herbeiführt. In wachsendem Tempo
vollzieht sich jetzt eine Ablösung vom theozentrischen Weltbild des 17.
Jahrhunderts, demzufolge die diesseitige Wirklichkeit des Menschen
einzig als Produkt der göttlichen Vorsehung aufzufassen war. Wer die
literarische Entwicklung zwischen Barock und Aufklärung (und den mit
ihr verbundenen Verfall des Trauerspiels) untersuchen möchte, muß

---

[39]  Zu Gottscheds Reform Kindermann, Theatergeschichte, Bd. IV, S. 483f.

notwendig seinen Blick auf die geistesgeschichtlichen Evolutionen richten, die sich nach 1700 zutragen.

Im Prozeß der Säkularisation, der gegen Ende des 17. Jahrhunderts verstärkt einsetzt und durch revolutionäre Umwälzungen auf allen Feldern der naturwissenschaftlichen Erkenntnis beschleunigt wird, verliert die heilsgeschichtliche Perspektive der christlichen Weltbetrachtung ihre bis dahin unangefochtene Dominanz. Der Vorgang der „Enttheologisierung"[40] läßt sich nicht zuletzt an der Entwicklung des akademischen Diskurses verdeutlichen: während im Jahr 1625 45,8 % aller veröffentlichten Bücher theologischen Inhalts waren, galt dies im Jahr 1800 nur noch für 6 %.[41] An die Spitze des publizistischen Interesses rückte nach 1700 die Philosophie, die jedoch keine offene Opposition gegen die Theologie bildete, sondern zur Kooperation mit ihr gezwungen war, wollte sie sich nicht dem im 18. Jahrhundert schnell drohenden Atheismusverdacht aussetzen. Gerade am Beginn der Aufklärung blieb die Frage nach dem Zusammenhang zwischen Glaubenswahrheit und Vernunft für jedes philosophische System von entscheidender Bedeutung. Neue Herausforderungen erwuchsen der Zeit um 1700 vor allem durch die Naturwissenschaften. Die „Principia mathematica" (1687) Newtons hatten mit ihrer Gravitationstheorie die Gültigkeit der Keplerschen Bewegungsgesetze bewiesen und die schon durch Galilei aufgebrachte Hypothese vom heliozentrischen Weltsystem profund bestätigt. Pierre Bayle zog in der Vorrede zu seinem „Dictionaire historique et critique"

---

[40] Peter Pütz, Die deutsche Aufklärung (= Erträge der Forschung, Bd. 81), Darmstadt 1991 (4. Aufl., zuerst 1978), S. 19

[41] So die Zahlen bei Pütz, Aufklärung, S. 19. Die Entmächtigung der Theologie schließt schon im unmittelbaren Vorfeld der Aufklärung, wie Hans Blumenberg hervorgehoben hat, die konsequente „Liquidation von Restbeständen des Mittelalters" ein (Blumenberg, Säkularisierung und Selbstbehauptung <= erweiterte Neuausgabe von „Die Legitimität der Neuzeit", erster und zweiter Teil>, Frankfurt/M. 1974., S.12). Die staatsphilosophischen und politisch-praktischen Konsequenzen dieser ‚Liquidation' hat Reinhart Koselleck aufgezeigt: in dem Augenblick, da die Theologie dem Menschen keinen verbindlichen Erwartungshorizont für sein innerweltliches Handeln mehr vorzugeben vermag, entfällt ihre politische Entlastungsfunktion; die ‚Enttheologisierung' provoziert indirekt die Frage nach der Legitimation und Verteilung von staatlicher Macht, die wiederum der Forderung nach bürgerlicher Partizipation an der öffentlichen Gewalt entschieden Auftrieb verschafft (Koselleck, Kritik und Krise. Eine Studie zur Pathogenese der bürgerlichen Welt, Frankfurt/M. 1973 <1959>, bes. S. 30ff.).

(1695-97) aus den neuen naturwissenschaftlichen Erkenntnissen Newtons, Boyles und Huygens' die Konsequenz, theologische Wahrheiten
und solche der Vernunft strikt voneinander zu unterscheiden. Bayles
„Dictionaire", das Gottsched zwischen 1741 und 1744 ins Deutsche
übersetzte, provozierte mit diesem Vorschlag eine Vielzahl von kritischen Antworten, die gerade die grundlegende Harmonie von Vernunft-
und Offenbarungswahrheit betonten.[42]

Zum entscheidenden Widersacher des Bayleschen Rationalismus wird
Leibniz, dessen berühmte „Essais de théodicée" (1710) in direkter Reaktion auf das „Dictionaire" die empirisch abgesicherten Hypothesen
der Newtonschen Gravitationstheorie mit einer traditionellen christlichen Ordnungsidee zu versöhnen suchen.[43] Die Wahrheiten der Vernunft und der Offenbarung Gottes lauten gleich – das ist die grundlegende Botschaft der Leibnizschen Theodizee. Die christliche Lehre von
der sich in allen natürlichen Erscheinungen bekundenden Macht Gottes
soll mit den Prinzipien der Vernunft harmonisiert werden. Der Nachweis, daß die Welt, in der wir leben, die beste aller denkmöglichen
Welten sei, läßt sich allein mit den Mitteln rationaler Erkenntnis führen.
Der vernünftige Bau der Natur steht nach den Auffassungen der Leibnizschen Lehre nicht in Widerspruch zu einer theozentrischen Weltsicht, die Gott als Mittelpunkt des Universums betrachtet; vielmehr, so
betonen die „Essais de théodicée", ist gerade die rationale, analytisch
überprüfbare Verknüpfung aller diesseitigen Erscheinungen ein Reflex

---

[42] Einen besonders prominenten Vermittlungsversuch unternahm die Physikotheologie, die mechanistische und christliche Weltdeutung zu verbinden suchte, indem
sie davon ausging, daß sämtliche Naturprozesse zwar bestimmten immanenten
Gesetzen unterliegen, aber stets auf Gott als causa finalis zurückweisen. Zur vor
allem in England verbreiteten Physikotheologie, deren Weltsicht zumal die
frühaufklärerische Naturlyrik von Brockes und Haller beeinflußte, vgl. Werner
Philipp, Das Werden der Aufklärung in theologiegeschichtlicher Sicht, Göttingen 1957, S. 22ff.

[43] Zu Leibniz' Theodizee-Begriff und seinen Konsequenzen für das aufgeklärte
Weltbild grundlegend Horst Möller, Vernunft und Kritik. Deutsche Aufklärung im 17. und 18. Jahrhundert, Frankfurt/M. 1986, S. 31ff., Thomas P.
Saine, Von der kopernikanischen bis zur französischen Revolution. Die Auseinandersetzung der deutschen Frühaufklärung mit der neuen Zeit, Berlin
1987, S. 68ff. u. Wilhelm Schmidt-Biggemann, Theodizee und Tatsachen. Das
philosophische Profil der deutschen Aufklärung, Frankfurt/M. 1988, S. 11ff.

von Gottes kluger Voraussicht. Wer mit Hilfe seiner Vernunft die Natur zu ergründen sucht, leistet zugleich einen Beitrag zum Beweis der Existenz des göttlichen Weltenlenkers.[44] Leibniz' System verknüpft derart die rationalistische Erkenntnislehre des cartesianischen Mechanismus mit einer optimistischen Metaphysik, die davon ausgeht, daß sich der Mensch nach dem Willen Gottes in einem Prozeß ständiger Vervollkommnung befindet.

Der Gedanke der menschlichen Perfektibilisierung hat nicht nur entwicklungsgeschichtliche Aspekte, sondern bezieht sich auch auf den je einzelnen Menschen und sein innerweltliches Tun. Jeder muß sich vervollkommnen und die Gaben seiner Vernunft konsequent nutzen, wenn er in Übereinstimmung mit dem Willen des Schöpfers leben möchte. Der Zusammenhang zwischen praktischem Vernunfthandeln und göttlicher Vorsehung ist für Leibniz zweifellos: „Indem man nämlich seine Pflicht tut, indem man der vernünftigen Einsicht gehorcht, erfüllt man die Befehle der höchsten Vernunft, man richtet alle seine Absichten auf das Gemeinwohl, das von dem Ruhm Gottes nicht verschieden ist (...)"[45] Aufklärung gilt Leibniz als Prozeß der stetigen Vernunftentwicklung, der praktische Konsequenzen für das Handeln des Menschen zeitigen und sich nicht in der Aufstellung abstrakter Lehrsätze erschöpfen soll. Gerade diese Dimension des Theodizee-Konzepts bestimmt das literarische Selbstverständnis der Gottsched-Ära und in besonderem Maße die aufgeklärte Theorie des Trauerspiels, die ganz auf moralpraktische Wirkungsabsichten zugeschnitten ist.

In Deutschland übernahm es vor allem Christian Wolff, die leibnizsche Philosophie durch seine Schriften zu popularisisieren. Wolffs Unterrichtssystem stützte sich auf die Technik der mathematisch-logischen Deduktion, durch die jeder Argumentationsschritt rational nachprüfbar werden sollte. Das Streben nach Transparenz und Verständlichkeit folgt zwei unterschiedlichen Motiven, die Wolff 1726 in einem ausführlichen Selbstkommentar seiner Schriften erläutert hat. Zum einen galt es, durch eine klare Argumentationsführung den vernünftigen Aufbau der Schöp-

---

[44] Gottfried Wilhelm Leibniz, Die Theodizee von der Güte Gottes, der Freiheit des Menschen und dem Ursprung des Übels (1710), in: Philosophische Schriften. 5 Bde., hrsg. und übers. v. Wolf von Engelhardt, Hans Heinz Holz u.a., Darmstadt 1985, Bd. II,1, S. 9ff.

[45] Leibniz, Schriften II,1, S. 9

fung sachgemäß darzustellen; das streng logisch gegliederte neoscholastische Lehrsystem fungiert mithin nur als Nachahmung der rational strukturierten Schöpfungsordnung. Zum anderen war, wie Wolff betonte, die fehlende intellektuelle Schulung des breiten Publikums in Rechnung zu stellen; auch die Nicht-Fachleute unter seinen Lesern sollten verstehen, wovon er sprach, und tiefere Einblicke in die durchgreifende Ordnung der von Gott geschaffenen Natur gewinnen.[46] Zu diesem Konzept gehörte es auch, daß Wolffs Hauptschriften nicht mehr lateinisch, sondern deutsch abgefaßt wurden, um einen breiteren Interessentenkreis zu erreichen. An ähnlichen Wirkungsargumenten orientierte sich außer Wolff nur der Popularphilosoph Christian Thomasius, der seit dem Jahr 1687 in Leipzig die ersten öffentlichen Universitätsvorlesungen in deutscher Sprache abhielt.

Wolffs in rascher Folge publizierte Abhandlungen zu metaphysischen, erkenntnistheoretischen, anthropologischen und staatsrechtlichen Fragen erreichten zwischen 1720 und 1750 beachtliche Auflagen. Ihrer weiten Verbreitung auf dem Buchmarkt stand jedoch zunächst eine spürbare Reserve in universitären Kreisen gegenüber. Sie galt zumal dem Umstand, daß Wolff den Exklusivitätsanspruch der traditionellen Gelehrtensozietät durch seine popularphilosophische Ausrichtung und die Bevorzugung der deutschen Sprache an einem entscheidenden Punkt verletzte. Als Gottsched im Jahr 1730 von der Leipziger Universität zum außerordentlichen Professor für Poesie ernannt wurde, war er der erste Schüler Wolffs, der zu akademischen Ehren kam. Nur sieben Jahre zuvor hatte eine königliche Kabinettsorder Wolff auf Betreiben der einflußreichen Pietisten August Hermann Francke und Joachim Lange „bei Straffe des Stranges" aus Halle ausgewiesen und seines Lehramtes enthoben, weil man ihm Sympathie mit freigeistigen (und das hieß nach zeitgenössischem Verständnis: atheistischen) Lehren vorwarf.[47]

Die ab 1730 auch an den Universitäten wirksame Durchsetzung der Leibniz -Wolffschen Philosophie bezeichnet zugleich die radikale Ab-

---

[46]  Christian Wolff, Ausführliche Nachricht von seinen eigenen Schrifften, die er in deutscher Sprache von den verschiedenen Theilen der Welt=Weißheit herausgegeben (...), Frankfurt am Mayn 1726.Faksimile-Nachdruck der zweiten Auflage von 1733, hrsg. und mit einem Vorwort vers. v. Hans Werner Arndt, Hildesheim, New York 1973, S.64ff.

[47]  Vgl. Wolff, Ausführliche Nachricht, Vorwort des Hrsg., S. VIII

kehr vom ausschließlich theozentrischen, heilsgeschichtlich begründeten Weltbild des 17. Jahrhunderts, das der metaphysischen Perspektive des barocken Trauerspiels und seinem Vergänglichkeitspathos den geistigen Hintergrund verliehen hatte. Die diesseitigen Erscheinungen gelten der neuen Zeit nicht mehr nur als Zeichen für die höhere, göttliche Macht, von der sie erschaffen wurden, sondern besitzen ihre eigene Immanenz, die nach wissenschaftlicher Untersuchung und rationaler Analyse verlangt. Die Abwendung von einer einseitig transzendenten Betrachtung der Wirklichkeit und die Orientierung an naturwissenschaftlich-logischen Erklärungsmustern markieren einen entscheidenden Einschnitt im Prozeß der neuzeitlichen Bewußtseinsbildung. Hinzu kommen die durch Wolff eingeleiteten Bestrebungen, mit Hilfe eines allgemein verständlichen Unterrichtssystems Lehrinhalte der philosophisch-mathematischen Fächer zu popularisieren und derart die Exklusivität der akademischen Zirkel aufzubrechen. Aufklärung wird hier zu einer Angelegenheit der praktischen Vermittlung und des offenen Diskurses – zu einem transparenten Prozeß, von dem niemand ausgeschlossen werden sollte.[48]

Es ist diese pragmatische Seite des Vernunftbegriffs, die für das philosophisch-wissenschaftliche Denken des frühen 18. Jahrhunderts charakteristisch scheint. Die Schriften des Eklektikers Christian Thomasius repräsentieren den neuen Pragmatismus auf signifikante Weise. In ihrem Mittelpunkt steht die Frage, wie der Mensch Erfahrung und Vernunft möglichst reibungslos zur Deckung bringen kann. Für die Einübung in den praktischen Gebrauch der Ratio empfiehlt Thomasius das Studium der Franzosen, die Wissenschaft nicht als trockene Kathedergelehrsamkeit, sondern als Beitrag zur Weltklugheit verstünden. Schöngeistige Kenntnisse gehören zu diesem Bildungsbegriff ebenso wie Erfahrung und Unvoreingenommenheit, die zusammen den „parfait homme gâge" kennzeichnen.[49] Die sittliche Bedeutung des Vernunftge-

---

[48] Das für Wolffs System kennzeichnende Wechselspiel von praktischem Wirkungsinteresse und Intellektualismus analysiert sehr prägnant Panajotis Kondylis, Die Aufklärung im Rahmen des neuzeitlichen Rationalismus, Stuttgart 1986 (zuerst 1981), S. 545ff.

[49] Christian Thomasius, Discours Welcher Gestalt man denen Frantzosen in gemeinem Leben und Wandel nachahmen solle (1687), in: Ch. Th., Deutsche Schriften, hrsg. v. Peter von Düffel, Stuttgart 1970, S. 5-49, S. 45

brauchs liegt vor allem darin, daß er praktische Konsequenzen zeitigt, indem er das soziale Handeln des Menschen bestimmt. Die erfahrungswissenschaftliche Orientierung macht Thomasius' Schriften zum empiristischen Gegenstück der strengen Logik Leibniz-Wolffscher Prägung.[50] Betont die Schulphilosophie die Übereinstimmung von allgemeinen rationalen Naturgesetzen und unmittelbarer Erfahrungswelt, so operiert Thomasius mit einem pragmatischen Verstandesbegriff, bei dem die Konzentration auf die gesellschaftliche Praxis des Menschen die entscheidende Rolle spielt. In seiner „Einleitung zu der Vernunfft=Lehre" (1691) grenzt er sich entschieden von einen nur akademisch-wissenschaftlichen Gebrauch menschlicher Ratio ab und erklärt die Ausrichtung am ‚gemeinen Nutzen' sowie das Erreichen diesseitiger ‚Glückseligkeit' für das vornehmste Ziel der Arbeit der Vernunft.[51]

Thomasius und Wolff treffen sich trotz unterschiedlicher methodischer Ansatzpunkte in der Absicht, eine möglichst allgemeinverständliche philosophische Erkenntnislehre zu entwickeln, die dem Menschen einen Leitfaden für sein soziales Handeln zur Verfügung stellt. In ihrer ersten Phase ist die deutsche Aufklärung selbst dort, wo sie sich metaphysischen Fragen zuwendet, in hohem Maße praxisorientiert. Während Moses Mendelssohn im Jahr 1784 in der „Berlinischen Monatsschrift" erklärt, Aufklärung sei Reflexion über die „Bestimmung des Menschen" und dabei „mehr auf das Theoretische zu beziehen"[52], betonen Wolff und Thomasius stets die praktischen Konsequenzen des Vernunftgebrauchs. Mendelssohns Definitionsversuch, der durch Johann Friedrich Zoellners berühmtgewordene Frage „Was ist Aufklärung?" provoziert worden war, zeugt bereits von einem ganz anderen Interesse, von der Absicht, der menschlichen Vernunft nicht nur die idealen Wirkungsbahnen vorzuzeichnen, sondern sie ihrerseits als Erkenntnisobjekt zu betrachten und ihre theoretische Möglichkeit kritisch zu durchdenken. Von diesem reflexiven Vernunftbegriff, den zumal Kant gründlich exponieren wird, sind Thomasius und Wolff noch weit entfernt. Ihr Ra-

---

[50]  Zum Empirismus bei Thomasius näher Kondylis, Die Aufklärung, S. 549ff. u. Schmidt-Biggemann, Theodizee und Tatsachen, S. 34ff.

[51]  Thomasius, Einleitung zu der Vernunfft=Lehre", Halle 1691, S. 95 (III, §1)

[52]  Moses Mendelssohn, Ueber die Frage: Was heisst Aufklären (1784), in: Ästhetische Schriften in Auswahl, hrsg. v. Otto F. Best, Darmstadt 1986 (2. Aufl.), S. 266-269, hier S. 266

tionalismus ist sowohl in seiner empirischen als auch in seiner mathematisch-logischen Ausprägung ein Instrument der praktischen Erkenntnis, kein Medium der Selbstreflexion.

Dem Ziel einer möglichst verständlichen und zugleich praxisorientierten Verbreitung aktuellen Wissens haben sich insbesondere die Moralischen Wochenschriften der Frühaufklärung verschrieben. Ihre Blütezeit erleben sie um 1730, noch ehe Gottscheds Reformansätze die deutsche Literatur entscheidend verändern. Die Vorbilder der Gattung stammen aus England: der „Tatler" (1709-11), der hochgeschätzte „Spectator" (1711-13) von Addison und Steele, der „Guardian" (1713). Es ist kein Zufall, daß die wichtigsten Moralischen Wochenschriften, „Der Patriot" (1724-26), „Die vernünftigen Tadlerinnen" (1725-26) und „Der Biedermann" (1727-29), in den Zentren der deutschen Frühaufklärung, in Hamburg, Halle und Leipzig erscheinen. Die literarischen Texte, die sie drucken – Fabeln, Allegorien, Lehrgedichte und kurze Erzählungen –, stehen ganz im Dienst der handfesten Wissensvermittlung; Poesie erfüllt hier einen nützlichen Zweck und wird, wie später in Gottscheds System, ausschließlich auf didaktische Funktionen verpflichtet.[53] Gemäß dem vorherrschenden literarischen Geschmack der Zeit ist das Drama in den Wochenschriften kaum präsent; ebenso wie die Anthologien eines Neukirch oder Weichmann bevorzugen die frühaufklärerischen Periodika poetische Kurzformen, zumal Fabel und Lehrgedicht, um ihre moralische Botschaft möglichst prägnant zu illustrieren.

Die Zeit der Frühaufklärung ist bestimmt durch ein erwachendes Interesse an der Immanenz der Welt, das allmählich den Einfluß theologischer Interpretationsmuster zurückdrängt, ohne deshalb in offene Konkurrenz zu ihnen zu treten. Es läßt sich dabei kaum bestreiten, daß zwischen geistesgeschichtlicher Umwälzung und literarischem Entwicklungsprozeß Zusammenhänge bestehen, die oftmals erst auf den zweiten Blick zu erkennen sind. Reflexe der fortschreitenden Säkularisierung finden sich in den dramatischen Werken eines Christian Weise ebenso wie in der Theaterpraxis der Phase zwischen 1700 und 1730. Weises Versuch, die empirische Vielfalt der sozialen Realität seiner Zeit mög-

---

53 Zum Wirkungskonzept Wolfgang Martens, Die Botschaft der Tugend. Die Aufklärung im Spiegel der deutschen Moralischen Wochenschriften, Stuttgart 1968, S. 100ff.

lichst objektiv zu erfassen, entspricht aufs genaueste Thomasius' Anspruch, mit Hilfe einer praktisch gewordenen Vernunft das gesamte
Spektrum der diesseitigen Erfahrungswelt zu durchleuchten. Hinter den
Zurüstungen des voraufklärerischen Theaterbetriebs, der das Trauerspiel nur in reduzierter Form als Tragikomödie vorführt, zeichnen sich
die Konturen der säkularisierten Übergangsperiode ab, die bereits in
Distanz zur heilsgeschichtlich-theozentrischen Perspektive des Barock-
theaters getreten ist, aber noch kein konsolidiertes innerweltliches Wertesystem aufgebaut hat, das seinerseits die Grundlage für die Entwicklung
eines neuen Tragödientyps bilden könnte.

Reflexe des geistesgeschichtlichen Umbruchs zeigen sich vor Gottsched überwiegend dort, wo die Formenwelt des 17. Jahrhunderts kritisiert oder sogar polemisch angegriffen wird. Vorherrschend bleiben die
Negation des Barockgeschmacks und die Abkehr von jener transzendenten
Perspektive, die jesuitisches Schultheater und schlesisches Kunstdrama
gleichermaßen geprägt hatte. Das verbreitete Unbehagen am allegorischen Pathos der Trauerspiele Lohensteins findet sein Pendant in Wolffs
Plädoyer für nüchterne Argumentation und klaren Stil. In Weises Neigung zur praktischen Didaxe und den handfesten Lehren seiner Bühnenstücke mag man die literarische Entsprechung zu Thomasius' Auffassung von der ,Vernunft=Lehre' als Schule des Lebens erkennen. Nicht
zuletzt das durchgängige Interesse an innerweltlichen Themen ist es, das
das Drama der Frühaufklärung mit den philosophischen Abhandlungen
eines Thomasius oder den Moralischen Wochenschriften der Zeit teilt.
Noch fehlte es jedoch an einer überzeugenden dramatischen Form, die
den intellektuellen Entwicklungen dieser Übergangsperiode in angemessener Weise hätte Ausdruck verleihen können. Vorherrschend blieb
der Rückgriff auf traditionelle Muster, die Tendenz zur Bearbeitung
fertiger Vorlagen, das Bemühen um eine Vermischung der Gattungen,
die der Wucht des tragischen Pathos das Prinzip der vermittelnden Lösung nach der Logik des Lustspiels vorzog.

Trauerspiel und Tragödie entfalten sich nur dort, wo die geschichtliche Wirklichkeit des Menschen nach allgemein gültigen und anerkannten Deutungsmustern ausgelegt und betrachtet wird.[54] Ihr Nähr-

---

[54] Für die antike Tragödie gilt dieser Umstand ebenso wie für das deutsche Trauerspiel des 17. Jahrhunderts oder das spanische Barockdrama. Auch Walter

boden ist eine stabile Werthierarchie, deren Verletzung zur tragischen Katastrophe führen kann, ihr jeweiliger Horizont eine metaphysische Ordnung, mit der sich die dramatis personae aktiv auseinanderzusetzen haben. Fehlt eine derartige Ordnung, die das Handeln des einzelnen verbindlich bestimmt, so vermag sich auch die tragische Gattung nicht zu entwickeln. Die Periode zwischen Barock und Aufklärung stellt eine Phase des Umbruchs dar, in der die Fundamente einer neuen Werthierarchie nur langsam herausgebildet werden. Die metaphysische Weltbetrachtung des schlesischen Trauerspiels gilt als obsolet, ohne daß man jedoch über ein neues Gattungsmodell verfügt, das den sukzessive sich entfaltenden geistigen Ansprüchen der Zeit genügte. Erst die Durchsetzung der Leibniz-Wolffschen Schulphilosophie schafft die Voraussetzung dafür, daß sich in der Nachfolge der theonomen Weltsicht des Barock ein verbindliches Wertesystem mit weitreichender Geltung konstituieren kann. In seinem Zentrum steht der aufgeklärte Moralismus, der zum entscheidenden Thema für das Trauerspiel der Gottsched-Ära avanciert. Die vernünftige Tugend des Menschen wird das Leitmotiv des neuen Tragödientyps, der das literarische Interregnum zwischen 1690 und 1730 beendet und für einen ungeahnten Aufschwung der gesamten dramatischen Gattung sorgt. In dem Moment, da sich die Aufklärung als geistige Bewegung etabliert und ihr intellektuelles Zentrum gefunden hat, gibt es in Deutschland wieder ein Trauerspiel.

---

Benjamin, der in den Trauerspielen von Gryphius und Lohenstein bereits deutliche Zeichen der Abkehr von der mittelalterlichen Transzendenz erkennen möchte, räumt ein, daß das Drama im Deutschland und Spanien des 17. Jahrhunderts sich nur deshalb auf derart hohem Niveau behaupten konnte, weil es von einer geschlossenen metaphysischen Weltsicht getragen wurde (Gesammelte Schriften, Bd. I, S. 260ff.).

# III Theorie des Trauerspiels
von Gottsched bis Curtius

## 1. Das Trauerspiel als Lehrstück.
Gottscheds Gattungstheorie

Gottscheds Trauerspiellehre läßt sich nur in Verbindung mit seinen praktischen Leistungen angemessen würdigen. Das kritische Urteil der Nachwelt, die den Leipziger Literaturpapst gern als pedantischen Schulmann ohne echten Kunstsinn betrachtete, übersah meist den historischen Standort von Gottscheds Dramentheorie und die intellektuelle Bedeutung ihrer innovativen Systematik. Man wird Gottscheds Einfluß auf die literarische Entwicklung seiner Zeit kaum überschätzen, wenn man ihn als eigentlichen Erneuerer des deutschen Dramas bezeichnet. Zu seinen besten Möglichkeiten fand er vor allem in der Rolle des Vermittlers, Organisators und Übersetzers. Für die Neubersche Theatertruppe übertrug er seit dem Jahr 1727 die wichtigsten Tragödien der französischen Klassik ins Deutsche, stellte Kontakte zwischen den Theaterleuten und akademischen Kreisen in Leipzig her und beteiligte sich aktiv an der Spielplangestaltung. Zum neuen Programm gehörte der Verzicht auf die „Haupt- und Staatsaktionen" und die Verbannung des Harlekins von der Bühne, die Entwicklung eines rhythmisch-exakten, das Versmaß erfasssenden Vortragsstils, der Einsatz historischer Kostüme, die konsequente Ausrichtung an reinen, unverwässerten Gattungsmustern und die verstärkte Pflege klassizistischer Autoren, die Shakespeare, Gryphius und Lohenstein vorgezogen wurden.

Assistiert von seiner Ehefrau, die ihm an poetischem Talent fraglos überlegen war, belieferte Gottsched die sächsischen Hofkomödianten unermüdlich mit neuen Spielvorlagen. Zwischen 1732 und 1740 wuchs das Repertoire der Neuberschen Truppe auf insgesamt 40 Dramen an[1],

---

[1] Vgl. dazu Koopmann, Drama der Aufklärung, S. 71, ferner die bibliographischen Angaben bei Meyer, Das deutsche Trauerspiel des 18. Jahrhunderts, S. 65f.

in der Mehrzahl deutsche Übertragungen von Werken Corneilles, Racines, Voltaires und Pradons. Auf einer akademischen Festveranstaltung des Jahres 1751 konstatiert Gottsched mit Befriedigung, daß im Zeitraum von 1730 bis 1750 in Deutschland fast fünfzig Trauerspiele veröffentlicht worden seien, davon die Hälfte Originalwerke[2]; einen vergleichbaren Produktivitätsschub hatte es selbst in der Blüteperiode des schlesischen Kunstdramas nicht gegeben. Zwischen 1740 und 1745 publiziert der Leipziger die sechs Bände der „Deutschen Schaubühne", in der die wichtigsten neuen Dramen und Übersetzungen versammelt werden. Die „Schaubühne" enthält auch Gottscheds eigene Arbeiten, darunter seine drei Trauerspiele: neben dem „Sterbenden Cato", der schon 1732 erschienen war, die „Parisische Bluthochzeit König Heinrichs von Navarra" und „Agis, König zu Sparta". Die junge Autorengeneration, die seit der Mitte der fünfziger Jahre ein neues deutsches Drama hervorbringt, ist ohne Gottscheds Leistung nicht denkbar. Das gilt es gerade deshalb zu betonen, weil die Schüler die Theorien ihres Lehrers später kritisch kommentiert, bisweilen sogar dem Spott preisgegeben haben.

Man hat zu Recht darauf hingewiesen, daß Gottscheds poetologisches System, wie es zumal die „Critische Dichtkunst" von 1730 entfaltet, in starkem Maße den Prinzipien der Wolffschen Argumentationslogik unterliegt.[3] Diese Prägung betrifft den Aufbau des dichtungstheoretischen Lehrgebäudes und die Struktur seiner Teilbereiche ebenso wie die Formulierung wirkungspoetischer Grundsätze. Gottscheds Darstellungsweise ist Wolffs deduktiver Unterrichtstechnik verpflichtet und gehorcht in ihrem argumentativen Vorgehen dem Prinzip der kausalen Herleitung aller Behauptungen aus einem ‚zureichenden Grund'. Poetik wird damit zum Gegenstand des ‚demonstrativischen' Vernunftbeweises, der jede Hypothese im Licht einer rationalen, streng logischen

---

2   Johann Christoph Gottsched, Akademische Vorlesung über die Frage: Ob man in theatralischen Gedichten allezeit die Tugend als belohnt, und das Laster als bestraft vorstellen müsse? (1751), in: Gesammelte Schriften, hrsg. v. Eugen Reichel, Berlin 1902ff., Bd. VI, S. 265-284, hier S. 269

3   Über Wolffs Einfluß auf Gottsched Joachim Birke, Christian Wolffs Metaphysik und die zeitgenössische Literatur- und Musiktheorie, Berlin 1966, S. 35ff., Friedrich Gaede, Poetik und Logik. Zu den Grundlagen der literarischen Entwicklung im 17. und 18. Jahrhundert, München 1978, S. 90ff., Grimm, Literatur und Gelehrtentum, 603f., Steinmetz, Das deutsche Drama, S. 31f.

Überprüfung zu erhärten sucht. Gegenüber dem bisweilen chaotisch anmutenden Aufbau barocker Poetiken wirkt Gottscheds Dichtungslehre mustergültig geordnet und in ihrer Argumentation ausgesprochen konsequent. Gerade die damit verbundene Neigung zu Pedanterie und akademisch erscheinender Systematik hat man dem Leipziger später kritisch vorgehalten. Goethe, weit davon entfernt, Gottscheds historische Leistung zu unterschätzen, spricht in „Dichtung und Wahrheit" vom „Fächerwerk, welches eigentlich den innern Begriff von Poesie zu Grunde richtet (...)"[4]; Wieland findet im kritischen Rückblick, Gottsched habe in der Dekade zwischen 1730 und 1740 durch sein unflexibles Verständnis literarischer Normen den „teutschen Parnaß" mit „bleiernem Zepter"[5] beherrscht.

Bei allen berechtigten Einwänden ist die geistesgeschichtliche Situation zu bedenken, in der Gottsched mit seinem Unterrichtssystem an die Öffentlichkeit trat. Die spätbarocken Poetiken hatten das Erbe der Schulrhetorik und der Dichtungslehren eines Opitz, Harsdoerffer und Birken mehr schlecht als recht verwaltet. Ihr Aufbau war häufig verwirrend, die Argumentation inkonsistent und eklektisch; seitenlange Beispielreihen verdeckten den Mangel an intellektueller Ordnung; entwicklungsgeschichtliche Darstellung und Regelkunde wurden nur selten konsequent voneinander getrennt; bedenkenlos mischte man heterogene Stilvorbilder und beschränkte sich auf die Kompilation unterschiedlichster Quellen oder das ‚Ausschreiben' der Musterautoren.[6] Angesichts dieser dürftigen Ausgangslage stellte Gottscheds Dichtungslehre

---

4   Johann Wolfgang v. Goethe, Dichtung und Wahrheit (1812ff.), HA IX, S. 272
5   Christoph Martin Wieland, Briefe an einen jungen Dichter (1782-84), in: Aufsätze zu Literatur und Politik, hrsg. v. Dieter Lohmeier, Reinbek b. Hamburg 1970, S. 75-118, hier S. 101
6   Besonders typische Beispiele für den eklektischen Charakter der spätbarocken Anweisungspoetik bieten Magnus Daniel Omeis, Gründliche Anleitung zur Teutschen accuraten Reim- und Dichtkunst (...), Nürnberg 1704, Christian Schröter, Gründliche Anweisung zur deutschen Oratorie nach dem hohen und sinnreichen Stylo der unvergleichlichen Redner unseres Vaterlandes, Leipzig 1704 (im Gegensatz zur Titelankündigung eine poetologische Beispielsammlung) und die Lohenstein-Kommentare Johann Christoph Männlings („Arminius Enucleatus", Leipzig 1708; „Lohensteinius Sententiosus", Breslau 1710). Vgl. dazu Manfred Beetz, Rhetorische Logik. Prämissen der deutschen Lyrik im Übergang vom 17. zum 18. Jahrhundert, Tübingen 1980, S. 146ff. u. Grimm, Literatur und Gelehrtentum, S. 283ff.

eine bemerkenswerte Pionierleistung dar, die die literaturtheoretische Diskussion in Deutschland mit neuem Leben erfüllte.

Wolffs Schulphilosophie beherrscht nicht nur die intellektuelle Disziplin der Gottschedschen Poetik, sondern auch ihre spezifische Wirkungsdoktrin. Dichtung wird hier zum Mittel der Beweisführung, zum Instrument der Illustration vorgeordneter Lehrinhalte. Sie unterliegt a priori bestimmten, zumeist moralisch determinierten Zwecken, die sie durch die ihr eigenen Möglichkeiten anschaulich zu verdeutlichen hat. Poesie ist eine Technik der Demonstration von Vernunftwahrheiten und damit selbst ein Teil jenes zweckmäßig-rationalen Unterrichtssystems, das Wolff für die unterschiedlichsten Themenbereiche entwickelt hatte. Die Funktionalisierung der Dichtung im Dienst bestimmter Lehrinhalte bleibt die zentrale Prämisse von Gottscheds Poetik. Sie gilt in besonderem Maße für die Tragödie, die in der Hierarchie der Gattungen einen exponierten Platz einnimmt.

Im Jahr 1729, kurz vor seiner Berufung auf die Leipziger Professur, hält Gottsched eine öffentliche Rede über die Vorzüge des Trauerspiels und dessen Nutzen für eine stabile Staatsverfassung. In konzentrierter Form trägt er hier schon seine gesamte Gattungstheorie vor, die ein Jahr später die „Critische Dichtkunst" ausführlicher darlegen wird. Das Trauerspiel gilt als „allegorische Fabel, die eine Hauptlehre zur Absicht hat, und die stärksten Leidenschaften ihrer Zuhörer, als Verwunderung, Mitleiden und Schrecken zu dem Ende erreget, damit sie dieselben in ihre gehörige Schranken bringen möge."[7] Ausgangspunkt des Trauerspiels ist ein moralischer Lehrsatz, der durch das Bühnengeschehen illustriert werden soll; diese Funktion – ihr ‚allegorischer' Charakter – verbindet die Tragödie mit der von Gottsched außerordentlich geschätzten Fabelgattung, die vergleichbaren didaktischen Zwecken gehorcht.

Die aristotelischen Wirkungsbegriffe ‚eleos' und ‚phobos' (Gottsched spricht in bis zu Lessing verbindlicher Terminologie von ‚Schrecken' und ‚Mitleiden') werden durch die ‚Verwunderung' ergänzt (später

---

7 Johann Christoph Gottsched, Die Schauspiele, und besonders die Tragödien sind aus einer wohlbestellten Republik nicht zu verbannen (1729), in: Ausgewählte Werke, hrsg. v. Joachim Birke u.a., Berlin, New York 1968ff., Bd. IX/2, S. 492-500, hier S. 494

heißt es meist ‚Bewunderung‘[8]). Der Hinweis auf die ‚Verwunderung‘ signalisiert Gottscheds Interesse am Märtyrerdrama, das sich in seiner eigenen Tragödienpraxis deutlich genug manifestieren wird. Neben Schrecken und Mitleiden soll das Trauerspiel zugleich Staunen über prinzipientreue Charaktere und deren unerschütterliche Beharrlichkeit auslösen. Nicht nur an diesem Punkt folgt Gottsched dem großen Vorbild Corneille, der in seinem „Discours de la tragédie" (1660) die aristotelischen Wirkungskategorien ausgeweitet und die Bewunderung für einen klaglos leidenden Helden als möglichen Effekt der Tragödie betrachtet hatte.[9]

Corneilles Abhandlung – die bedeutendste seiner drei zentralen dramentheoretischen Schriften – übt entscheidenden Einfluß auf die gesamte Tragödienlehre der frühen Aufklärung aus.[10] Ihre Quintessenz besteht darin, daß sie die innere Verknüpfung der beiden aristotelischen Wirkungsbegriffe löst und an deren Stelle eine Hierarchie der tragischen Affekte setzt (gegen die Lessing später entschieden zu Felde ziehen wird). Denkbar sind für Corneille auch solche Tragödien, die ausschließlich Mitleid oder Furcht erregen; als ideale Muster der Gattung aber betrachtet er diejenigen, die einen bewunderungswürdigen Helden vorführen, der noch in höchster Not seinen Idealen treu bleibt und durch vorbildliche Handlungen einen Beitrag zur moralischen Erziehung des Publikums leistet. Daß dieser dramatische Typus kaum dem von Aristoteles' geforderten mittleren Charakter entspricht, interessiert Corneille offenbar wenig. Der „Discours de la tragédie" dient allein der Rechtfertigung seiner eigenen Tragödien und der Verteidigung ihrer heroischen Charaktere. Immer wieder werden daher die berühmten Protagonisten der Corneilleschen Dramen – der Märtyrer Polyeuct, der Ehrenmann Rodrigo (aus dem „Cid"), der fanatische Horatius und die stolze Rodogune – als Beispiele für die Möglichkeiten der heroischen Tragödie

---

8  Gottsched, Critische Dichtkunst, S.606 (Trauerspiele sollen „durch die Unglücksfälle der Großen, Traurigkeit, Schrecken, Mitleiden und Bewunderung bey den Zuschauern" erwecken.)

9  Corneille, Discours de la tragédie, in: Théâtre complet. Tome I, S. 32-64, bes. S. 37f.

10  Die beiden anderen Texte – „Discours de l'utilité et des parties du poëme dramatique", (Théâtre, I, S. 6-31), „Discours des trois unités d'action, de jour, et de lieu" (Théâtre, I, S.65-82) – wurden ebenso wie die Tragödienabhandlung im Jahr 1660 als Vorreden zu den drei Bänden der Werkausgabe verfaßt.

und ihre moralischen Wirkungszwecke angeführt. Corneilles Argumentationsstrategie zielt auf eine Harmonisierung seiner eigenen Dramentheorie mit der aristotelischen Lehre, ohne daß die Differenzen, die beide Konzepte voneinander trennen, näher reflektiert werden.

Gottscheds knappe Definition berührt nicht nur die tragischen Affekte, sondern führt sogleich zum Problem der Katharsis, wenn sie betont, daß die Erweckung der Leidenschaften durch das Trauerspiel den Zuschauer in ‚gehörige Schranken bringen möge.' Die heikle aristotelische Formel von der ‚Reinigung der Leidenschaften' wird damit als Genitivus subiectivus ausgelegt; die Katharsis gilt nicht den Affekten selbst, sondern bezieht sich, durch sie vermittelt, auf den sittlichen Zustand des Menschen.[11] Wie dieser Prozeß zu verstehen ist, geht aus der akademischen Vorlesung hervor, die Gottsched zwei Jahrzehnte später, im Mai 1751, über die Darstellung von Tugend und Laster im Trauerspiel gehalten hat. Gegen die aristotelische Doktrin, die ‚eleos' und ‚phobos' als untrennbare Einheit gefaßt hatte, löst Gottsched Schrecken und Mitleid zunächst voneinander ab und ordnet sie unterschiedlichen Tragödientypen zu: „Das Trauerspiel sonderlich soll (...) dazu dienen, dass es die Leidenschaften der Menschen reinige, das ist bessere, und zu einem guten Zwecke lenke. Deswegen müssen eben Schrecken und Mitleiden in der Tragödie herrschen; das erste zwar bey den Unglücksfällen der Großen, die sehr weit über das gemeine Schicksal der Menschen erhaben zu seyn scheinen; das letzte aber bey dem Leiden der Unschuldigen und dem Elende der unterdrückten Tugend.“[12]

---

[11] Zunächst recht unklar wirkt hier Gottscheds Definition, die Tragödie errege „Verwunderung, Mitleid und Schrekken" bei den Zuschauern, „damit sie dieselben in ihre Schranken bringen möge" (S. 494). Interpretationsbedürftig bleibt der syntaktische Bezug von ‚dieselben': das Wort kann als Hinweis auf die Leidenschaften gelten (was eine Reinigung der Affekte impliziert), aber auch auf die Zuschauer bezogen werden (wobei die Affekte dann nicht Gegenstand, sondern Movens der Katharsis wären). Aus dem Fortgang der Bestimmung geht relativ klar hervor, daß Gottsched eine Katharsisdeutung im Sinne des Genitivus subiectivus bevorzugt. Wenn es am Schluß heißt, die Tragödie schicke „ihre Zuschauer allezeit klüger, vorsichtiger und standhafter nach Hause" (Ausgewählte Werke, Bd. IX/2, S. 495), so wird sichtbar, daß die tragischen Affekte das Instrument vorstellen, das diesen Endzweck herbeiführt, nicht aber selbst den Gegenstand der Reinigung bilden.

[12] Gottsched, Akademische Vorlesung, S. 278

*eleos*

*phobos*

Gottsched löst die wirkungsästhetische Doppelformel des Aristoteles auf und betrachtet ihre beiden Grundbegriffe als voneinander unabhängige Affektkategorien. Schrecken wird durch Bühnenereignisse erweckt, die die Mächtigen dieser Welt im Unglück zeigen, Mitleid durch die unverschuldete Not tugendhafter Menschen evoziert. Den unterschiedlichen Handlungsmustern entsprechen zwei Gattungsformen, die Gottsched nicht explizit erwähnt, aber bei seiner Analyse offenkundig im Auge hat: das historisch-politische Trauerspiel, das die Schicksale der Großen dieser Welt vorführt, und das Märtyrerdrama, in dem die Leiden Unschuldiger zur Darstellung kommen. Daß das 17. Jahrhundert beide Gattungstypen häufig amalgamiert (man denke nur an Gryphius' „Leo Armenius"), interessiert Gottsched wenig; ebenso mißachtet er die Bestimmungen der aristotelischen Poetik, die vom inneren Zusammenhang zwischen ‚eleos' und ‚phobos' ausgehen. Jeder der tragischen Grundaffekte erfüllt nach seinen Vorstellungen unterschiedliche Funktionen und muß daher einzeln betrachtet werden. Die damit verbundene Modifikation der aristotelischen Affektenlehre übernimmt Gottsched ebenso wie die Konzentration auf das Prinzip der Bewunderung von Corneilles „Discours de la tragédie".

Aus der Trauerspieltheorie des deutschen Barock stammt hingegen die spezifische Deutung des Katharsisbegriffs, die Gottsched seinen Lesern vorführt. Ihr Ausgangspunkt ist die präzise Differenzierung der beiden tragischen Affekte, die jeweils verschiedene Aufgaben zu versehen haben. Der Schrecken „dämpft den Stolz und die Ehrbegierde der Zuschauer; indem sie sehen, dass auch der höchste Stand der Menschen vor dem Unglücke nicht versichert, dass auch Krone und Zepter noch den Zufällen des menschlichen Lebens unterworfen bleiben."[13] Das Mitleid wiederum „heilt die Ungeduld und die Verzweiflung: wenn man sieht, dass schon andre vormals, bey aller ihrer Tugend, dennoch vieles Ungemaches haben erdulden müssen (...)"[14] Daß eine traurige Bühnenhandlung die Zuschauer „zu ihren eigenen Trübsalen vorbereiten" müsse, betont auch die „Critische Dichtkunst" mit großem Nachdruck.[15] Im Hintergrund steht hier die Trauerspieldoktrin des deut-

---

[13] Gottsched, Akademische Vorlesung, S. 278
[14] Gottsched, Akademische Vorlesung, S. 278
[15] Gottsched, Critische Dichtkunst, S. 606

schen Barock, derzufolge der Zuschauer durch die auf dem Theater gezeigten Unglücksfälle abgehärtet und an künftiges Leid gewöhnt werden sollte. Wie eng sich Gottscheds Wirkungslehre mit dem barokken Gattungsverständnis berührt, erweist ein Blick auf Martin Opitz' Vorrede zur Übersetzung von Senecas „Trojanerinnen" (1625), die die tröstende Funktion des Trauerspiels ins Zentrum der Erörterung rückt: „Solche Beständigkeit aber wird vns durch Beschawung der Mißligkeit deß Menschlichen Lebens in den Tragödien zu förderst eingepflantzet: daß in dem grosser Leute / gantzer Stätte vnd Länder eussersten Vntergang zum offteren schawen vnd betrachten / tragen wir zwar / wie es sich gebüret / erbarmen mit jhnen / können auch nochmals auß Wehmut die Thränen kaum zurück halten; wir lernen aber darneben auch durch stetige Besichtigung so vielen Creutzes vnd Vbels das andern begegnet ist / das vnsrige / welches vns begegnen möchte / weniger fürchten vnnd besser erdulden."[16]

Opitz' Definition umreißt die zentralen Gedanken der barocken Trauerspielkonzeption, wie sie wenig später auch von Gryphius, Harsdoerffer und Birken formuliert werden. Vorherrschend bleibt dabei die Vermutung, daß der Mensch durch die Konfrontation mit einem traurigen Bühnengeschehen die Hinfälligkeit der Welt und die Unbeständigkeit irdischen Glücks erkennen lernt. Das Theater wird zur Schule des Lebens, die dem Publikum tiefe Einblicke in die Tücken der Fortuna verschafft, indem sie ‚Creutz' und ‚Vbel' der Mächtigen dieser Erde drastisch vor Augen führt. Gottscheds Tragödienlehre übernimmt die barocke Wirkungskonzeption, verzichtet jedoch darauf, sie in den christlichen Rahmen einzufügen, der für das 17. Jahrhundert verbindlich war. Diente die Darstellung diesseitigen Leids im Barockdrama zumal dem Hinweis auf die Möglichkeit einer heilsgeschichtlichen Erlösung des Menschen, so erfüllt sie jetzt einen weltlichen Zweck, indem sie den Zuschauer mit seinen eigenen Grenzen konfrontiert und zur vernünftigen Selbstbeschränkung jenseits aller Hybris aufruft. Die neostoizistische Botschaft der Tröstung, die das Trauerspiel des 17. Jahrhunderts vermittelt, ist zum Gegenstand der Säkularisierung gewor-

---

[16] Martin Opitz, Vorrede „An den Leser", in: Weltliche Poemata (1644). Erster Teil, unter Mitwirkung v. Christine Eisner hrsg. v. Erich Trunz, Tübingen 1967, S. 315. Zum gesamten Komplex Schings, Consolatio Tragoediae. Zur Theorie des barocken Trauerspiels, in: Deutsche Dramentheorien I, bes. S. 34f.

den. Die kathartische Funktion der Tragödie, von der Gottsched ausgeht, besitzt keine christlichen Dimensionen mehr, sondern steht im Dienst einer diesseitigen Perspektive mit moralpraktischen Interessen.

Gemeinsames Merkmal der unterschiedlichen Formen tragischer Katharsis bleibt für Gottsched, daß nicht die Leidenschaften selbst gereinigt werden, sondern ihrerseits Mittel zur Läuterung der menschlichen Gemütsverfassung vorstellen. Im Hintergrund steht dabei der Versuch, der affektiven Wirkung des Trauerspiels eine vernünftig-sittliche Dimension abzugewinnen. Aus der aristotelischen Lehre von den tragischen Leidenschaften ist ein moralisches Prinzip geworden; Schrecken und Mitleid fungieren als Auslöser eines Lernprozesses, der beim Zuschauer die Einsicht in die Bedingungen seiner irdischen Existenz freisetzt. Zumindest an diesem Punkt wirkt Gottscheds Poetik prägend auf ihre Nachfolger: geschult an Corneilles „Discours de la tragédie", transponiert sie die aristotelische Dramaturgie der Leidenschaften in die sittliche Ebene und zeichnet damit späteren Interpreten den Weg zu einer neuen Katharsistheorie vor, die das Wesen der Affektreinigung im Gegensatz zur aristotelischen Lehre nicht als physiologischen, sondern als moralischen Vorgang betrachtet.

Gottscheds Wirkungslehre besitzt eklektischen Charakter und strebt offenkundig eine Synthese verschiedener Konzepte an: einerseits schafft sie den Kontakt zur Tradition des barocken Trauerspiels, dessen Tröstungsfunktion sie ohne größere Modifikationen übernimmt, andererseits sucht sie nach einer moralpraktischen Legitimation der Gattung, die ganz vom aufgeklärten Nützlichkeitsdenken bestimmt scheint. Mit Interesse vermerkt man, daß Gottsched sogar die im 17. Jahrhundert so beliebte Vorstellung vom ‚Fürstenspiegel' wieder aufgreift und in seine Trauerspieltheorie integriert. Die Mächtigen dieser Welt sollen, so heißt es, durch die Konfrontation mit lasterhaften Tyrannen an das Gebot zur Menschlichkeit erinnert und vom Bühnenspiel auf ihre sittlichen Pflichten aufmerksam gemacht werden: „Die Tragödie ist also ein Bild der Unglücksfälle, die den Großen dieser Welt begegnen, und von ihnen entweder heldenmüthig und standhaft ertragen, oder großmüthig überwunden werden. Sie ist eine Schule der Geduld und Weisheit, eine Vorbereitung zu Trübsalen, eine Aufmunterung zur Tugend, eine Züchtigung der Laster."[17] Wenn Schiller mehr als fünfzig Jahre später

---

[17] Gottsched, Ausgewählte Werke, Bd.IX/2, S. 494

in seiner Schaubühnenrede mit ganz ähnlichen Worten auf die tröstende Funktion der Tragödie hinweist, so demonstriert er dadurch die ungebrochene Attraktivität einer Wirkungslehre, die vor allem im 17. Jahrhundert zum Kernbestand der Trauerspieltheorie gehörte. Exemplarisch formuliert findet sie sich schon bei Martin Opitz, der in seiner Seneca-Vorrede von 1625 erklärt: „Dann eine Tragödie / wie Epictetus soll gesagt haben / ist nichts anders als ein Spiegel derer / die in allem jhrem thun und lassen auff das blosse Glück fussen. Welches wir menschen ins gemeine zum Gebrauche haben; wenig außgenommen / die eine vnd andere vnverhoffte Zufälle voran sehen / vñ sich also wider dieselbige verwahren / dz sie jnen weiter nit schaden möge als an eusserliche Wesen / vnd an denen Sachen / die den Menschen eygentlich nicht angehen."[18] Als ‚Schule' der weltlichen Weisheit versieht die Tragödie noch bei Gottsched erzieherische Aufgaben, die vor allem den Fürsten betreffen; die „Götter dieser Erde" daran zu erinnern, daß sie „auch Menschen" sind, bleibt eine entscheidende Wirkungsabsicht des Trauerspiels.[19]

Gottscheds Gattungstheorie schwankt beständig zwischen barockem Traditionsbewußtsein, Klassizismus-Begeisterung und neuem Rationalismus. Das letzte Element kommt verstärkt dort ins Spiel, wo das Drama auf die Vermittlung einer moralischen Lehre verpflichtet wird. Die „Critische Dichtkunst" rät diesbezüglich, ganz in Übereinstimmung mit dem methodischen Verfahren der Wolffschen Schulphilosophie, zu einem deduktiven Vorgehen: „Der Poet wählet sich einen moralischen Lehrsatz, den er seinen Zuschauern auf eine sinnliche Art einprägen will. Dazu erinnert er sich eine allgemeine Fabel, daraus die Wahrheit eines Satzes erhellet."[20] Verknüpft wird die alte aristotelische Wirkungsdoktrin mit einem neuen Tugendrigorismus, der das Trauerspiel als praktisches Instrument zur Durchsetzung rational begründeter moralischer Maximen betrachtet. Die pädagogische Funktion der Gattung kennt schon das jesuitische Schultheater, wenn es das Drama zum Vermittlungsmedium für christliche Lehren werden läßt. Gewandelt hat sich jedoch der programmatische Inhalt, bei dem nicht die Religion, sondern die moralische Selbstbestimmung des Menschen im Vorder-

---

[18] Opitz, Vorrede „An den Leser", in: Weltliche Poemata. Erster Teil, S. 314f.
[19] Gottsched, Ausgewählte Werke, Bd. IX/2, S. 497
[20] Gottsched, Critische Dichtkunst, S. 611

grund steht. Christian Wolff formuliert das schlichte Konzept der aufgeklärten Wirkungspoetik noch ohne nähere Unterscheidung der Gattungen: „Derowegen da die Comödien Vorstellungen der freudigen Begebenheiten der Menschen durch lebendige Personen sind: hingegen Tragödien der Trauer=Fälle; so sind Comödien und Tragödien sehr dienlich zur Besserung des Menschen, wenn die Tugend und Laster nach ihrer wahren Beschaffenheit vorgestellet werden (...)"[21]

Durch die Orientierung an einem vorgeordneten Lehrsatz gerät Gottscheds Wirkungspoetik in einen unübersehbaren Widerspruch zur aristotelischen Affektdramaturgie. Daß die attische Tragödie, auf die sich die „Dichtkunst" neben der tragédie classique als vorbildliches Muster beruft, kaum eine sittliche Besserung des Menschen anstrebt, ist dabei von geringerem Gewicht als die generelle Unverträglichkeit der beiden unterschiedlichen methodischen Ansätze, die Gottsched hier kontaminiert. Auf der einen Seite soll das Trauerspiel die Zuschauer durch die Evokation bestimmter Leidenschaften gegen künftige Schicksalsschläge abhärten und ‚in die Schranken' rufen, auf der anderen Seite moralische Schulweisheiten im Stile der äsopischen Tierfabel vermitteln. Barockes Erbe und aufklärerischer Anspruch, aristotelische Katharsis, neostoizistische Tröstung und vernünftiger Moralismus bilden in Gottscheds Tragödiensatz ein heikles Konglomerat, ohne daß die heterogenen Traditionselemente konsequent voneinander geschieden wären.[22]

Wie unsicher Gottscheds Urteil über die tragischen Affekte ausfällt, zeigt auch seine Vorrede zum sechsten und letzten Band der „Deutschen Schaubühne". Diskutiert wird die alte, schon von Aristoteles berührte Frage, inwiefern es moralisch nützlich sein könne, wenn das Trauerspiel tugendhafte Menschen in unverdientem Unglück zeige. Gottsched argumentiert zunächst im Geist der barocken Allegorie des Theatrum mundi: das Bühnenspiel ist nur der Spiegel unseres gebrechlichen

---

[21]  Christian Wolff, Vernünfftige Gedancken von dem gesellschaftlichen Leben der Menschen und insonderheit dem gemeinsamen Leben zu Beförderung der Glückseeligkeit des menschlichen Geschlechtes, Franckfurt, Leipzig 1740 (5. Aufl., zuerst 1721), § 328

[22]  Zum Widerspruch zwischen aristotelischer Affektdramaturgie und Lehrsatz-Prinzip bei Gottsched Kurt Wölfel, Moralische Anstalt. Zur Dramaturgie von Gottsched bis Lessing, in: Deutsche Dramentheorien I, S. 56-122, S. 96

Weltzustands und darf nicht beschönigend eine Realität korrigieren, in der die Tugend bisweilen bestraft und das Laster manchmal belohnt wird. Vor allem aber geht es um die affektive Wirkung, die von dem Ausmaß abhängt, in dem schweres Leid (Pathos) zur Darstellung kommt. Für Gottsched sind Schrecken und Mitleid unmittelbar verbunden mit gräßlichen Bühnenhandlungen: „Es wird also ein besonderes Zeichen von der Güte dieses Schauspiels seyn, wenn es die Zuschauer mit Grausen und Abscheu erfüllen wird."[23]

Gottsched erklärt zwar nicht näher, ob er hier nur das seelische Leid oder auch die physische Qual und damit die im 17. Jahrhundert so beliebten Greuelszenen auf offener Bühne meint (was mit dem aristotelischen Gräßlichkeitsverdikt unvereinbar wäre); bemerkenswert bleibt jedoch in jedem Fall, daß die innere Abstufung der Affekte für ihn kein Thema ist. Schrecken, Mitleid, Grausen, Abscheu und Bewunderung werden nicht näher voneinander geschieden, sondern bilden in ihrer Gesamtheit das heterogene Ensemble der dramatischen Leidenschaften. Erst Lessing wird später mit seiner Mitleidslehre eine wirkungsästhetische Hierarchie begründen und Ordnung in die Psychologie der tragischen Emotionen bringen.

Daß der Protagonist eines Trauerspiels nur hohen Standes sein darf, erscheint Gottsched selbstverständlich und ist in seinen Augen kaum der Erklärung bedürftig. Zu Beginn des Tragödienkapitels heißt es kurz und bündig: „Der Poet will also durch Fabeln Wahrheiten lehren, und die Zuschauer, durch den Anblick solcher schweren Fälle der Großen dieser Welt, zu ihren eigenen Trübsalen vorbereiten."[24] Gottscheds strikte Festlegung des tragischen Personals auf die ‚Großen dieser Welt' orientiert sich an der Ständeklausel, die, vermittelt über die spätantike Stillehre, von nahezu sämtlichen Dramentheoretikern des 17. Jahrhunderts vertreten wird.[25] Durch die aristotelische Poetik ist diese Ein-

---

[23] <Johann Christoph Gottsched>, Die deutsche Schaubühne nach den Regeln und Mustern der Alten. Sechster und letzter Theil, darinnen sechs neue Stücke enthalten sind, ans Licht gestellet von Johann Christoph Gottscheden, Leipzig 1745, Vorrede, (Bl.) 3<r>

[24] Gottsched, Critische Dichtkunst, S. 606

[25] Vgl. Martin Opitz, Buch von der deutschen Poeterey, S. 27, Georg Philipp Harsdoerffer, Poetischer Trichter (1647-53). Faksimile-Neudruck, Darmstadt 1969, II, S.71, 80, Sigmund von Birken, Teutsche Rede- bind- und Dicht-Kunst.

schränkung bekanntlich kaum gedeckt; Aristoteles erörtert die Frage der Standeszugehörigkeit des tragischen Helden nur am Rande und begnügt sich mit der Empfehlung, daß die soziale Position des Protagonisten eine gewisse Fallhöhe garantieren müsse, damit sein trauriges Schicksal die nötige Anteilnahme der Zuschauer mobilisiere. Die „Poetik" spricht in diesem Zusammenhang von „Ansehen" und „Glück"[26] als Merkmalen der weltlichen Stellung, die der ideale tragische Held innehaben sollte, ohne jedoch seine soziale Zugehörigkeit näher zu bestimmen. Stattdessen konzentriert sich Aristoteles ganz auf den Aspekt der ‚hamartia‘, der entscheidende Bedeutung für die Erregung der Affekte besitzt und die Theorie des mittleren Helden begründet. Wichtiger als die soziale Determination bleibt in der „Poetik" die innere Beschaffenheit des Protagonisten, sein Charakterbild und die aus ihm resultierende Disposition zum tragischen Leiden.

Gottscheds Argumentation stellt keinen näheren Zusammenhang zwischen der Ständeklausel und der Psychologie des tragischen Helden her. Sie löst beide Bereiche voneinander ab und diskutiert das Problem der ‚hamartia‘ im unmittelbaren Kontext mit der Theorie des moralischen Lehrsatzes. Nur dann kann das Trauerspiel laut Gottsched zur richtigen Wirkung gelangen, wenn der Held einen Fehler begeht und dadurch Konflikte heraufbeschwört, die in der Katastrophe enden. Aus dem Irrtum des Protagonisten läßt sich meist unmittelbar ein Erfahrungssatz ableiten, den das Publikum als Quintessenz des Trauerspiels nach Hause tragen kann. Wie Aristoteles betont Gottsched, daß der Protagonist „von eben der Art"[27] sein müsse wie der Zuschauer selbst, um die nötige Identifikationsbereitschaft und Anteilnahme am tragischen Geschehen freizusetzen. Diese Forderung steht keineswegs in Widerspruch zur Ständeklausel, weil sie nicht das äußere soziale Profil des Helden betrifft, sondern seine moralisch-psychische Disposition. Leidenschaften kann die Tragödie nur erregen, wenn die ‚Großen‘, die

Faksimile-Neudruck der Ausgabe Nürnberg 1679, Hildesheim, New York 1973, S. 322f. Vgl. diesbezüglich Hans-Jürgen Schings, Consolatio Tragoediae, in: Deutsche Dramentheorien I, S.19-56, S. 44. Über Dreistillehre und ‚rota Vergilii‘ Heinrich Lausberg, Elemente der literarische Rhetorik, München 1987 (9. Aufl., zuerst 1963), §§ 465f., S. 154f.

[26] Aristoteles, Poetik, 1453a
[27] Gottsched, Critische Dichtkunst, S. 608

sie vorführt, von vergleichbaren Emotionen und Irrtümern beherrscht werden wie die Zuschauer. Weder der Bösewicht noch der makellose Charakter passen in dieses Konzept, da sie das Publikum kalt lassen und keine Anteilnahme wecken. Daß die aristotelische Bestimmung neben dem Schurken auch den fehlerfreien Märtyrer ausschließt, möchte Gottsched nicht näher erörtern. Wie unvollkommen sein Verständnis der ‚hamartia‘ ist, demonstriert er durch seinen „Sterbenden Cato", dessen Protagonist mit den aristotelischen Vorgaben kaum oder doch nur um den Preis einer gewaltsamen Deutung übereinstimmt.

Als konsequenter Vertreter einer klassizistischen Dramenlehre orientiert Gottsched seine normative Theorie der Trauerspielform an den Überlegungen von Corneilles „Discours des trois unités" und Boileaus „L'Art Poétique".[28] Die Einheit von Handlung, Zeit und Ort gilt wie bei den Franzosen als unbedingtes Gebot, das der Autor nicht verletzen darf. Argumentiert wird jeweils mit dem Prinzip der Wahrscheinlichkeit, das den vernünftigen Maßstab für den Aufbau einer Dramenhandlung darstellt. Die fiktive Zeit, in der das Trauerspiel abläuft, soll von der tatsächlichen Spieldauer möglichst wenig abweichen; zugelassen ist eine Zeiterstreckung von höchstens 12 Stunden. Ortswechsel haben zu unterbleiben, weil auch der Zuschauer während der Aufführung seinen Platz nicht verläßt.[29] Die unerbittliche Logik der empirischen Wahrscheinlichkeit triumphiert hier über die Freiheit der Fiktion. Aufklärung nach dem Muster Gottscheds bedeutet Begrenzung der Phantasie und Disziplinierung der Illusion im Dienste rationaler Belehrung.

Die Geschlossenheit der Handlung leitet sich dann aus dem Wirkungszweck des Trauerspiels ab: „Die ganze Fabel hat nur eine Hauptabsicht; nämlich einen moralischen Satz: also muß sie auch nur eine Haupthandlung haben, um derentwegen alles übrige vorgeht."[30] Das Kriterium der formalen Einheit, das schon bei den Franzosen als Nonplusultra galt, wird sogar auf den Bereich der Charakterisierungskunst übertragen. Der problematische, in sich gebrochene Heldentypus, wie man ihn von Shakespeare kennt, ist nicht nach Gottscheds

---

[28] Corneille, Discours des trois unités, in: Théatre complet, Tome I, S. 65-82, Nicolas Boileau, L'Art Poétique, hrsg., eingel. und komm. v. August Buck, München 1970, III, v. 38ff.

[29] Gottsched, Critische Dichtkunst, S. 613f.

[30] Gottsched, Critische Dichtkunst, S. 613

Geschmack, weil er die klaren Verhältnisse stört, die auf der Bühne herrschen sollen: „Ein widersprechender Charakter ist ein Ungeheuer, das in der Natur nicht vorkömmt: daher muß ein Geiziger geizig, ein Stolzer stolz, ein Hitziger hitzig, <u>ein Verzagter verzagt seyn und bleiben</u> (...)"[31]

Es versteht sich, daß die aristotelische Wahrscheinlichkeit auch dort in Anschlag kommt, wo es um die nähere dramatische Handlungsführung geht. Allegorische Figuren, Geistererscheinungen, Engel und Teufel haben auf der aufgeklärten Bühne Gottscheds nichts mehr zu suchen. Im Sinne der Wolffschen Metaphysik firmieren sie als Produkte einer ‚leeren' Einbildungskraft, die sich über die empirische Realität hinwegsetzt und Phantasiegeschöpfe gegen jede Vernunft mit wirklichen Wesen verwechselt. Prämisse für die rationale Kontrolle der Imagination ist laut Wolff, daß der Dichter über Witz und eine genaue Beobachtungsgabe verfügt; der Witz gilt dabei als Vermögen, Ähnlichkeiten zwischen den Erscheinungen wahrzunehmen und die Elemente der Natur in eine innere Beziehung zueinander zu bringen.[32] Entscheidend bleibt, daß die poetische Einbildungskraft nur produzieren darf, was dem logischen Prinzip des zureichenden Grundes gehorcht (also aus erklärbaren, vernünftigen Ursachen hervorgeht) und der empirischen Wirklichkeit entspricht (die ihrerseits nach rationalen Gesetzmäßigkeiten organisiert ist). Die Existenz von Fabelwesen, mythologischen Gestalten und allegorischen Figuren läßt sich nach den Vorstellungen der „Deutschen Metaphysik" weder aus der Erfahrung noch aus logischen Gesichtspunkten begründen, weil sie dem Augenschein und der Vernunft gleichermaßen widerspricht.

Gottsched folgt nicht nur in diesem Punkt seinem philosophischen Lehrer, wenn er vom Bühnengeschehen verlangt, daß es rational nachprüfbaren Gesetzmäßigkeiten unterliegen und frei von phantastischen Elementen bleiben müsse. Zwar faßt er den Begriff der Einbildung großzügiger als Wolff, wenn er die Einführung sprechender Tiere in der Fabel für legitim erklärt, doch läßt er keinen Zweifel daran, daß Erfindungen, die die Regeln des logisch Wahrscheinlichen sprengen,

---

31  Gottsched, Critische Dichtkunst, S. 619
32  Wolff, Vernünfftige Gedancken von Gott, der Welt und der Seele des Menschen, § 366

poetisch bedenklich bleiben und nur durch einen moralischen Nutzen (im Sinne der didaktischen Funktion der Fabel) gerechtfertigt werden können. Völlig indiskutabel sind Geistererscheinungen und allegorische Personifikationen von Tugend und Laster, wie sie das barocke Trauerspiel schätzte: „Sie schicken sich für unsere aufgeklärte Zeiten nicht mehr, weil sie fast niemand mehr glaubt (...)"[33]

Das Problem der aristotelischen Wahrscheinlichkeit führt Gottsched unmittelbar zur Gattungsgeschichte. Maßstab für die Bewertung eines Dramas ist nicht zuletzt der Grad seines Wirklichkeitscharakters. Es liegt nahe, daß hier erneut die Schlesier als abschreckendes Muster herangezogen werden. Die gesammelte Kritik des Aufklärers trifft an diesem Punkt Gryphius und seine Vorliebe für allegorische Zwischenspiele, in denen die Toten auferstehen und den Lebenden das Gesetz der irdischen Vergänglichkeit einzuschärfen suchen.[34] Hallmann, der die Geistererscheinung nicht auf das Intermezzo beschränkt wissen mochte, sondern sie, nach dem Muster der jesuitischen ‚Tragoediae', in die ‚Abhandlung' einbezog, wird von Gottsched überraschenderweise ignoriert; wie Haugwitz gilt er als Epigone, den die aufgeklärte Poetik noch nicht einmal der Polemik für würdig befindet.

Zum unübertroffenen Vorbild avanciert die attische Tragödie, die Gottsched auch dort für mustergültig hält, wo seine eigene Gattungstheorie ganz andere Akzente setzt. Daß die entschiedene Bevorzugung des stoischen Helden der Charakterdarstellung der griechischen Tragiker zuwiderläuft, dürfte ihm selbst allerdings kaum aufgefallen sein. Gottscheds ahistorische Auslegung des sophokleischen „König Oedipus", die die Schicksalstragödie auf das Format einer moralisierenden Fabel mit pädagogischen Absichten reduziert, verrät eine auffällige Ignoranz gegenüber den kultur- und geistesgeschichtlichen Differenzen, die attisches und modernes Theater voneinander trennen.[35] Der

---

[33] Gottsched, Critische Dichtkunst, S. 625. Der Passus ist zugleich einer der frühesten Belege für die Verwendung des Wortes ‚aufgeklärt'. Zur Begriffsgeschichte Pütz, Die deutsche Aufklärung, S. 11f.

[34] Gottsched, Critische Dichtkunst, S. 625

[35] Gottsched, Critische Dichtkunst, S. 607f. Zu Oedipus die berüchtigt gewordene Erläuterung: „Er ist so, wie die Menschen insgemein zu seyn pflegen, das ist, von mittlerer Gattung; er hat gewisse Tugenden, aber auch gewisse Laster an sich: und doch stürzen ihn bloß die letzten ins Unglück. Denn hätte er niemanden er-

Autor der „Critischen Dichtkunst" bleibt jedoch von der ungebrochenen Überzeugung durchdrungen, daß er nicht nur der erste Systematiker der deutschen Poetik, sondern zugleich auch ein mustergültiger Interpret antiker Werke und ihrer Wirkungsintentionen sei.[36] Gerade diese falsche Selbsteinschätzung war es, die später die entschiedene Kritik seiner Schülergeneration provozierte.

Ein zweiter Richtpunkt, an dem sich Gottscheds dramengeschichtlicher Abriß orientiert, ist die Frage des Stils. Erneut entwickelt hier die Schwulstkritik ihre argumentative Energie. Die Trauerspiele Senecas gelten als abschreckende Exempel für die Neigung zur Allegorie, die Lohenstein (und bisweilen auch Gryphius) weiter kultiviert haben. Daneben trifft Gottscheds Kritik jetzt auch den epigrammatischen Pointenstil, die ‚argutia' mit ihren „scharfsinnigen Sprüchen und künstlichen Spitzfindigkeiten"[37]. Verwerflich ist die sentenziöse Sprache im Drama vor allem deshalb, weil sie den Gemütszustand einer Figur nicht hinreichend beleuchtet und den Eindruck der Künstelei erweckt. Letzthin steht auch hier das Gebot der Wahrscheinlichkeit im Hintergrund: wer in einer Situation der äußersten physischen oder psychischen Not zu bilderreichen, scharfsinnigen Formulierungen greift, wirkt unglaubwürdig. Die neue Psychologie der Affekte, die sich bei Gottsched nur vorsichtig ankündigt, verlangt von den Protagonisten, daß sie dem Zuschauer die Leidenschaften, in deren Bann sie stehen, durch ihre Sprache deutlich vor Augen führen; der Affektzustand soll im Interesse der tragischen Illusion auf den Redestil einer Figur abfärben, weil nur derjenige überzeugend wirkt, der spricht, wie er fühlt. Hinter Gottscheds Schwulstkritik zeichnet sich bereits ein dramatischer Realismus ab, dessen Forderungen freilich erst Lessing in die Praxis umzusetzen versteht.

Nicht nur die Schlesier, sondern auch Corneille und Racine haben, wie die „Dichtkunst" betont, gegen das Gebot der angemessenen

---

schlagen, so wäre alles übrige nicht erfolget. Er hätte sich aber billig vor allen Todtschlägen hüten sollen: nachdem ihm das Orakel eine so deutliche Weissagung gegeben hatte." (S. 607)

[36] Zur Spannung von Klassizismus und Rationalismus (bzw. Moralismus) in Gottscheds Trauerspiellehre Wölfel, Moralische Anstalt, S. 96f. u. George, Deutsche Tragödientheorien, S. 151f.

[37] Gottsched, Critische Dichtkunst, S. 621

Stilwahl verstoßen und ihren Figuren dort scharfsinnige Sentenzen in
den Mund gelegt, wo die Situation eine affektiv gefärbte Sprache
verlangt hätte. Gottsched weiß sich bei dieser Bewertung in Übereinstimmung mit Fénelons „Gedanken von der Tragödie", die er als
Vorwort zum „Sterbenden Cato" und im ersten Band seiner „Deutschen
Schaubühne" in eigener Übersetzung abdruckt; auch Fénelon bemängelt an Corneille und Racine, daß sie zu einem intellektuell beherrschten Sprachduktus neigten, der psychologische Nuancen nicht
wiederzugeben vermöge.[38]

Das Gebot der psychologischen Charakterisierung durch die Figurenrede darf grundsätzlich nicht zum Verstoß gegen die Prinzipien des
Genus sublime führen. Die höchste der drei rhetorischen Stillagen bleibt
für die Tragödie auch dort absolut verbindlich, wo ein Leidender seinen
Schmerz artikuliert und das Publikum zur Anteilnahme zwingt. Gerade
das Ziel der Gemütsbewegung (das ciceronische ‚movere') verlangt
jedoch eine anrührende Sprache ohne scharfsinniges Raisonnement;
insofern stehen Stillehre, Figurenpsychologie und rhetorische Wirkungsdoktrin für Gottsched noch nicht in Widerspruch zueinander.[39]
Der dramatische Realismus findet seine Grenze im Gesetz des Genus
sublime, das prosaische Alltagssprache ohne Versmaß für die Tragödie
ausschließt. Eine Bühnengestalt unter psychologischen Aspekten zu
charakterisieren bedeutet bei Gottsched vor allem, daß die Macht der
Affekte durch eine das Publikum bewegende Rede dargestellt wird, die
den rhetorischen Normen des hohen Stils entspricht. Erst Lessing und
die jungen Autoren des Sturm und Drang werden aus diesem Konzept
ausbrechen und eine neue Sprache der Leidenschaften entdecken, die
sich nicht mehr auf das Prokrustesbett der klassischen Rhetorik spannen
läßt.

Gottscheds Tragödientheorie steht im Kreuzungspunkt von Barock
und Aufklärung. Sie hält an der für den Neostoizismus des 17. Jahrhunderts charakteristischen Dramaturgie der Abhärtung fest, derzufolge das

---

[38] <Gottsched>, Deutsche Schaubühne, Bd. I, S. 24f.

[39] Die traditionelle stiltheoretische Fundierung der Gottschedschen Tragödienlehre
analysiert sehr genau Georg-Michael Schulz, Tugend, Gewalt und Tod. Das
Trauerspiel der Aufklärung und die Dramaturgie des Pathischen und des Erhabenen, Tübingen 1988, S. 79ff. (mit Hinweisen auf die gängige Ableitung der
Ständeklausel aus dem für Trauerspiele vorgeschriebenen genus grande).

Bühnengeschehen den Menschen auf künftiges Leid vorzubereiten hat,
greift die Vorstellung vom Fürstenspiegel auf, verknüpft sie mit einem
zweckorientierten Rationalismus, der die Tragödie zum Mittel der
moralischen Belehrung machen möchte, ergänzt die beiden aristotelischen Wirkungsbegriffe im Sinne Corneilles durch die Bewunderung
und findet den kathartischen Effekt vor allem im Appell zur Selbstbeschränkung, den das Trauerspiel durch die von ihm freigesetzten
Leidenschaften an den Zuschauer richtet. Verbunden damit ist die
Bevorzugung eines heroischen Protagonistentyps, der durch die Prinzipien der aristotelischen Figurenpsychologie nirgends gedeckt wird und
offenkundig am Heldenideal der tragédie classique orientiert bleibt. Es
läßt sich nicht übersehen, daß Gottsched besondere Schwierigkeiten mit
der Analyse der tragischen Affekte hat, auf deren nähere Differenzierung
er, ganz gegen seine systematischen Neigungen, weitgehend verzichtet.
An diesem Punkt setzt die Trauerspiellehre Bodmers und Breitingers an,
die sich in wichtigen Details bereits vom starren Rationalismus der
„Critischen Dichtkunst" entfernt.


## 2. Affektpsychologie und Wirkungslehre bei Bodmer
   und Breitinger

Die Schriften der Schweizer sind durchgängig geprägt von einem
auffälligen Interesse für Fragen der Gefühlspsychologie und der Anthropologie. Sie beschränken sich nicht auf die Deduktion dichtungstheoretischer Regeln, sondern debattieren die Probleme literarischer Wirkung, der Naturnachahmung und Stillehre in weitläufigeren Zusam-
menhängen.[40] Ihre Arbeiten befinden sich damit bereits auf dem Weg
zur Ästhetik: an den Platz der Gottschedschen Normpoetik tritt eine
Lehre vom Schönen, die sich zwischen Rationalismus und Empirismus,
zwischen Systematik und Gedankenexperiment ansiedelt.[41] Starke An-

---

[40] Vgl. zur methodischen Orientierung der Schweizer die nützliche Einführung von
    Wolfgang Bender, Johann Jakob Bodmer und Johann Jakob Breitinger, Stuttgart
    1973 (Sammlung Metzler, Bd. 113), ferner Herrmann, Naturnachahmung und
    Einbildungskraft, S. 270ff.
[41] Charakteristisch für diese Synthese ist Bodmers knappe Bestimmung: „Ich
    verstehe durch das Schöne, das Uebereinstimmende in dem Mannigfaltigen,

regungen empfangen die Schweizer durch den Sensualismus und seine
auf die sinnliche Erfahrung gegründete Theorie des Schönen; die Ge-
schmackslehre des Italieners Muratori (1708ff.) und des Deutschen
Johann Ulrich König (1727), die „Réflexions critiques" des Franzosen
Dubos, die sensualistische Ästhetik Shaftesburys (1711) und die im
„Spectator" publizierten Abhandlungen Addisons, insbesondere sein
konziser „Essay on the pleasures of the imagination" (1712), gehören zu
den wichtigsten Quellen, aus denen sich die Poetik Bodmers und
Breitingers speist.

Die Tragödienlehre der Schweizer konzentriert sich, in Übereinstimmung mit ihren affektpsychologischen Interessen, auf wirkungsästhetische Fragen und das Problem der Katharsis. In seinem 1736 auszugsweise publizierten Briefwechsel mit dem Italiener Calepio, der der Theorie
des poetischen Geschmacks gilt, liefert Bodmer eine recht eigenwillige
Erklärung dafür, wie die Reinigung der Affekte durch die Tragödie
zustandekommt. Die Katharsis gilt als Resultat der Desillusionierung,
die der Zuschauer in dem Moment erfährt, da er den Fiktionscharakter
des Bühnengeschehens durchschaut. Die schmerzlichen Gefühle, die
die Tragödie freisetzt, verwandeln sich dort in reines Vergnügen, wo der
Betrachter Distanz zu den fiktiven Ereignissen auf dem Theater gewinnt. „So bald dieser Gegenstand, auf welchem sein Mitleiden gehaff-
tet hatte, zerstöhret ist, verschwindet zugleich sein Schmertzen, er wird
auf einmahl der schweren Bürde, die auf ihm gelegen war, entladen;
anstatt das Mitleiden stellet sich die Verwunderung über den künstlichen Betrug ein, der mit ihm gespielet worden. Je hefftiger dann der
vorige Schmertzen wird gewesen seyn, je empfindlicher wird das darauf
folgende Vergnügen seyn, wenn er so plötzlich und auf einmahl alles,
was ihm Schmerzen gebracht hatte, abgethan und gehoben siehet."[42]

---

wenn wir unter den Theilen Ordnung, Ebenmaß und Harmonie wahrnehmen."
(Johann Jacob Bodmer, Critische Betrachtungen über die poetischen Gemählde
der Dichter. Mit einer Vorrede von Johann Jacob Breitinger, Zürich 1741. Faksimile-Neudruck, Frankfurt/M. 1971, S.153) Schönheit ist Einheit in der Vielfalt
und spricht damit Vernunft wie sinnliches Empfindungsvermögen des Menschen
gleichermaßen an. Beide Dimensionen will die Poetik der Schweizer erfassen; methodisch sucht sie daher zwischen Rationalismus und Sensualismus zu vermitteln.
[42] Bodmer, Brief-Wechsel von der Natur des poetischen Geschmackes, Zürich
1736. Faksimile-Nachdruck, mit einem Nachwort hrsg. v. Wolfgang Bender,
Stuttgart 1966, S.86f.

Bodmer deutet die aristotelische Formel von der Reinigung der Affekte im Gegensatz zu Gottsched als Genitivus obiectivus: die Leidenschaften selbst sind es, die einer Katharsis unterzogen werden, damit am Ende Schmerz in Lust und Mitleid in Freude umschlagen kann. Entscheidende Antriebskraft für diesen Vorgang ist die Vernunft des Zuschauers, die als unbestechliche Urteilsinstanz den Illusionscharakter des Bühnengeschehens enthüllt und dadurch erst die für den sittlichen Lernprozeß notwendige Distanzierung von den tragischen Affekten ermöglicht. Bodmer betont, „daß die Tragödie den Menschen nicht unmittelbar durch eine sinnliche Empfindung rühret und beweget, sondern hier nicht minder als in den andern Theilen der Wohlredenheit, die Betrachtung und Überlegung des Verstandes vor der Empfindung hergehet."[43] Das Vergnügen an tragischen Gegenständen, das Bodmer hier beschreibt, ist das Produkt eines Reinigungsakts im Zeichen der Vernunft, das Resultat einer Entzauberung der Fiktion. Vom sittlichen Nutzen des Trauerspiels ist explizit gar nicht mehr die Rede – er geht unmittelbar auf im Prozeß der rationalen Reflexion, der es dem Zuschauer ermöglicht, Abstand von seinen Leidenschaften zu gewinnen.

In den „Critischen Betrachtungen von den poetischen Gemählden der Dichter" (1741) hat Bodmer seine Überlegungen zur Katharsis fortgeführt. Die tragischen Leidenschaften selbst erfahren jetzt eine deutliche Aufwertung, während die Rolle der Vernunft – als Mittel der Distanzierung von der Fiktion – an Gewicht verliert; die intensive Auseinandersetzung mit den affektpsychologischen Aspekten der Trauerspielwirkung zwingt Bodmer auch in Distanz zu Gottscheds rationalem Moralismus, der im Briefwechsel mit Calepio noch nicht zur Disposition stand. Den Ausgangspunkt bildet eine Kritik an der Lehrsatz-Theorie, wie sie die „Critische Dichtkunst" vertreten hatte. Bodmer äußert entschiedenen Zweifel daran, daß die Funktion des Trauerspiels allein auf die Vermittlung einer sittlichen Quintessenz zu beschränken sei. Gegen die Orientierung am moralischen Zweck, die Bodmer nur für die Fabelgattung gelten lassen möchte, entfaltet die Gemäldeschrift eine dezidierte Theorie des poetischen Mitleids. Nicht handfeste Lehrsätze soll der Zuschauer nach Hause tragen, sondern ein neues Gefühl für

---

[43] Bodmer, Brief-Wechsel, S. 89. Zu Bodmers Katharsislehre George, Deutsche Tragödientheorien, S. 180f. u. Schulz, Tugend, Gewalt und Tod, S. 114f.

sittliche Größe und ethische Würde, das durch das Leiden eines großen Charakters vermittelt wird.

Ohne Gottscheds Namen zu nennen, jedoch mit klarer Stoßrichtung gegen die „Critische Dichtkunst", kritisiert Bodmer die einseitige Ausrichtung der Tragödie an einem bestimmten Lehrinhalt: „Aus diesen Ursachen gefiele mir ein anders Systema des Trauerspiels besser, nach welchem man sich zu seinem Hauptzwecke vorsezete, den Leuten keine gewisse einzele Lehre, sondern an deren Statt alleine irgend eine moralische, tugendhafte und nützliche Empfindung von einem großen Umfange beyzubringen (...)"[44] Anders als Gottsched sieht Bodmer den Idealzweck des Trauerspiels darin, daß es dem Zuschauer einen Sinn für das moralisch Gute und sittlich Große vermittelt. Das Publikum soll durch die Tragödie keine praktische Lehre empfangen, sondern sein Vermögen ausbilden, am Leiden bedeutender Charaktere Anteil zu nehmen. Die ‚nützliche Empfindung' tritt damit an die Stelle der moralischen Quintessenz Gottscheds.

Entscheidend ist, daß Bodmer die vom Trauerspiel freigesetzten Affekte nicht mehr auf eine Übertragungsfunktion verpflichtet, bei der sie nur dazu dienen, den Zuschauer ‚in seine Schranken' zu weisen, sondern für eigenständige Träger eines sittlichen Wertes hält. Das Bühnengeschehen soll beim Publikum die Sensibilität verfeinern, das Einfühlungsvermögen steigern, ein Gefühl für moralische Größe wekken und durch eine differenzierte Ausbildung der Affekte die nötige Bedingung für die Verbesserung der Sitten schaffen. Bodmer betrachtet Furcht und Mitleid im Gegensatz zu Gottsched nicht nur als Instrumente der Disziplinierung, sondern billigt ihnen selbst moralische Valenzen zu. Das Trauerspiel leistet idealiter einen Beitrag zur Aufklärung des Herzens, indem es Altruismus und Empfindungsfähigkeit entwickeln hilft.

Über die Katharsis im eigentlichen Sinne erfährt man in Bodmers Gemäldeschrift äußerst wenig. Es bleibt offen, inwiefern jeder der tragischen Affekte von vornherein eine moralische Potenz besitzt oder ob es einer nochmaligen Reinigung, einer Versittlichung der Leidenschaften bedarf. Der Prozeß, der von der ersten Erregung der Affekte durch die Tragödie zur Verbesserung des Menschen führt, wird nur

---

44 Bodmer, Critische Betrachtungen, S. 432

angedeutet, nicht genauer analysiert. Keinen Zweifel hat Bodmer jedoch daran, daß im Idealfall die weitreichendsten Wirkungen vom Trauerspiel zu erwarten sind: „Diese Empfindungen, welche die Tragödie aufwecken sollte, müßten ferner, zum Unterschied der Comödie, ihren Einfluß auf das Leben und die Aufführung in politischen Landes = Angelegenheiten haben (...)"[45] Nicht nur eine Schule des Herzens ist das Trauerspiel, sondern auch ein Ort der politischen Erziehung. Während die Orientierung am moralischen Gehalt der Mitleidsfähigkeit als Element der aufgeklärten Anthropologie gelten darf, bewegt sich der Hinweis auf die Politik in der Tradition des barocken Trauerspiels, das nicht selten auch weltkluge Verhaltensgebote und Anleitungen zur Regierungskunst zu vermitteln suchte.

Bodmer ist als Schüler von Shaftesbury und Dubos ein zu guter Kenner der menschlichen Affekte, um die Wucht der Leidenschaften zu unterschätzen, die das Trauerspiel auslöst. Im Gegensatz zu Gottsched weiß er, daß der Weg vom Herzen zum Kopf des Zuschauers recht lang sein kann und eine unmittelbare Einwirkung des Bühnengeschehens auf die Vernunft kaum möglich ist. Entschieden warnt er davor, von der Tragödie eine direkte Vorbildfunktion für das Handeln des Menschen zu erwarten. Das beste Beispiel liefert Bodmer zufolge die französische tragédie classique, die das Publikum durch ihre Römerhelden nicht zum praktischen Heroentum auffordert, sondern nur ein Gefühl für sittliche Größe vermitteln wollte: „Es war ihnen genug, wenn ihre Zuseher von der Betrachtung dieser vortrefflichen Vorbilder nur mit einer tiefen und lebhaften, obgleich unüberlegten, Empfindung der heroischen Tugend derselben angestecket würden, weil sie versichert waren, daß dieses sie schon zu nützlichen und dem Vaterlande vortheilhaften Thaten vermögen würde."[46] Wieder geht es hier um den gewaltigen Wirkungsradius der Affekte, um die ‚nützliche Empfindung', das Gefühl für menschliche Größe. Das Trauerspiel erfüllt seinen moralischen Auftrag, wenn es das Publikum durch die Darstellung außergewöhnlicher Schicksale mitreißt und die Begeisterungsfähigkeit jedes Einzelnen steigert; dürre Lehrsätze nach Gottscheds Muster haben in diesem Konzept nichts mehr zu suchen.

---

[45] Bodmer, Critische Betrachtungen, S. 432
[46] Bodmer, Critische Betrachtungen, S. 434

Nur dort stellt sich laut Bodmer die volle tragische Wirkung ein, wo heroische Charaktere unverdientes Leid erdulden müssen. Bodmer vermeidet es an diesem Punkt, vom ‚erhabenen‘ Helden zu sprechen, um einen Begriff zu umgehen, der nach seiner Auffassung eher zur epischen Gattung und ihren gewaltigen Naturbeschreibungen gehört. Außer Zweifel steht jedoch für ihn, daß Größe, Würde und Standhaftigkeit den wahren Protagonisten des Trauerspiels kennzeichnen, weil nur sie die Garantie dafür bieten, daß der Zuschauer am Leid des Protagonisten Anteil nimmt. Gegen Calepios Lehre vom mittleren Charakter als Idealfigur des Trauerspiels, die sich in Übereinstimmung mit der aristotelischen Poetik weiß, stellt Bodmer in den „Critischen Briefen" (1746) die These auf, daß einzig der große Heros die Statur des tragischen Helden besitze.[47]

Ganz im Sinne Corneilles votiert Bodmer konsequent für eine Erweiterung der Wirkungsbegriffe: „Es ist leicht zu sehen, daß nach meinem Systeme die zwo Regungen, das Mitleiden und das Schrecken, nicht die einzigen sind, welche in dem Trauerspiele regieren, noch die Arbeit dasselbe nützlich zu machen, allein auf sich nehmen."[48] Es ist offenkundig, daß vor allem die ‚Bewunderung‘ die aristotelischen Grundbegriffe zu ergänzen hat; sie stellt sich dann ein, wenn ein makelloser Mensch ohne eigene Schuld ins Verderben stürzt und sein Unglück standhaft erträgt. „Ich finde demnach nicht nöthig", schreibt Bodmer, „dem tragischen Poeten zu verbieten einigen Charakter, der nur von einer gewissen Würde ist, in sein Trauerspiel aufzunehmen. Wofern dieser nur so ausgebildet wird, daß er in dem Leben zu einer Richtschnur dienen, und das Gemüthe auf die Bahn der Tugend leiten kann."[49] Bodmers Heldenideal, das mit dem aristotelischen ‚Hamartia‘-Prinzip kaum zur Deckung kommt, findet später in seinem Trauerspiel „Karl von Burgund" (1771) eine nicht sonderlich inspirierte literarische

---

[47] Calepio hatte in seinem „Paragone della poesia tragica d'Italia con quella di Francia", der von Bodmer 1732 ins Deutsche übersetzt worden war, entschieden gegen den Einsatz erhabener Charaktere in der Tragödie votiert und in diesem Zusammenhang auf das aristotelische Diktum vom ‚mittleren Helden‘ verwiesen (abgedruckt in: Bodmer, Breitinger, Critische Briefe, hier S. 10)

[48] Bodmer, Breitinger, Critische Briefe, S. 85. Zur Erweiterung der aristotelischen Wirkungsbegriffe bei Bodmer auch George, Deutsche Tragödientheorien, S. 186

[49] Bodmer, Breitinger, Critische Briefe, S. 81

Umsetzung; im Grunde entspricht es dem Tragödiengeschmack der gesamten Frühaufklärung, die den weltlichen Märtyrer als Protagonisten dem mittleren Charakter vorzieht. Wenn Calepio die Akzente anders verteilt und Bodmer mit Blick auf die aristotelische Lehre von der Verwendung fehlerloser Charaktere im Trauerspiel abrät, so vertritt er eine eher untypische Außenseiterposition. Erst Lessing entdeckt dann die zentrale Bedeutung der ‚hamartia‘ von neuem – bezeichnenderweise im Zusammenhang einer Theorie des bürgerlichen Trauerspiels, die den Abschied von der klassizistischen Tragödie einschließt.

Anders als Bodmer hat Breitinger den Typus des heroischen Protagonisten für problematisch gehalten. In der „Critischen Dichtkunst" (1740) argumentiert er im Namen der Wirkungsdoktrin und des Naturnachahmungsprinzips gegen die Darstellung makelloser Charaktere. Seine Überlegungen beziehen sich auf jede Form der poetischen Figurenzeichnung, gelten aber in besonderem Maße für das Trauerspiel: „Deßgleichen kommen die allzu vollkommenen und allzu tugendhaften Character in der Natur überaus selten zum Vorschein, und sind daher auch in der Vorstellung nicht von den angenehmsten, denn sie stellen uns Seelen von einem höhern Rang vor, welche uns allzu wenig gleichen, als daß sie uns einnehmen könnten; und da sie über ihre Neigungen allzu geschwinde siegen, geben sie uns nicht Zeit genug, daß wir sie in der Brust fühlen."[50] Makellose Helden verfehlen nicht nur das tragische Wirkungsideal, weil sie den Zuschauer kalt lassen, sondern verstoßen zudem gegen das Wahrscheinlichkeitsprinzip und das Gebot der Naturnachahmung. Breitinger verzichtet darauf, an diesem Punkt die aristotelische ‚hamartia‘ näher zu diskutieren, geht es ihm doch vor allem um den grundsätzlichen Nachweis, daß Wirkungslehre und Nachahmungsregel zur Deckung kommen müssen. Dieser Zusammenhang gilt gerade für das Trauerspiel, das seinen Effekt nur dann erreicht, wenn seine Charaktere natürlich bleiben.

Das Prinzip der Natürlichkeit macht Breitinger auch zum Leitfaden seiner tragödiengeschichtlichen Überlegungen. Im Mittelpunkt steht dabei die Technik der Dialogführung, die unbedingt den Maßgaben des

---

[50] Breitinger, Critische Dichtkunst. Mit einer Vorrede eingeführt von Johann Jacob Bodemer. 2 Bde., Zürich 1740. Faksimile-Nachdruck, mit einem Nachwort hrsg. v. Wolfgang Bender, Stuttgart 1966, Bd. I, S. 484f.

*vs.*

nüchternen, bildarmen Stils zu gehorchen hat. Schwulst und argutia, Allegorie und Sentenz müssen aus dem Sprachschatz der dramatis personae verbannt werden, wenn deren Gefühlsäußerungen glaubwürdig bleiben sollen. Es versteht sich, daß Breitinger mit Verve gegen das barocke Trauerspiel zu Felde zieht und zumal Lohensteins Pointenstil als abschreckendes Exempel unnatürlich-gezierten Sprechens betrachtet. Besonders betrüblich findet er die lähmende Wirkung, die vom ‚Schwulst‘ der Schlesier ausging: „Ich schäme mich, wenn ich an die deutsche Tragödie gedencke, worinn wir hinter andern Nationen so weit zurücke bleiben.“[51] Mit Gottsched teilt Breitinger nicht nur die Abneigung gegen den verblümten Dialogstil des Barockdramas, sondern auch die Geringschätzung der Oper: „Statt daß auf unserm *vgl.* Schauplatz die Gemüths=Bewegungen, die Sitten in dem gemeinen *Did.* Leben, großmüthige Entschlüsse, das Schrecken und das Mitleiden in einer geschickten und natürlichen Vorstellung erscheinen sollten, haben die Singspiele, die in der That keinen edlern Namen verdienen, denselben mit Ausschließung der Regungen eingenommen.“[52]

Die Schweizer bieten keine kohärente Theorie des Trauerspiels, sondern unsystematisch bleibende Anregungen, die durchaus innovativen Charakter besitzen. Insbesondere Bodmers Lehre von den Affekten und seine Kritik des rationalen Moralismus erweist sich bald als folgenreich. Die Auffassung, daß die durch die Tragödie bewirkte Steigerung der menschlichen Empfindungsfähigkeit eine eigene sittliche Bedeutung birgt, wird fünfzehn Jahre später in Lessings Mitleidspoetik differenzierter ausgearbeitet und bleibt lange Zeit Gemeingut der Dramentheorie. Die Aufwertung der Affekte ist charakteristisch für ein Trauerspielkonzept, das sich zusehends von Gottscheds Rationalismus entfernt und eine nuancenreichere Wirkungslehre entwickelt.

---

[51] Breitinger, Critische Abhandlung von der Natur, den Absichten und dem Gebrauche der Gleichnisse, Zürich 1740. Faksimile-Nachdruck, mit einem Nachwort hrsg. v. Manfred Windfuhr, Stuttgart 1967, S.220. Unter den zahlreichen Kritikern des Barockstils, die um diese Zeit ihre Stimme erheben, ist Breitinger wohl der entschiedenste: „Wann ich nur an Lohensteins Trauerspiele gedencke, so überfällt mich Frost und Eckel, der geduldigste Mensch, der nicht zugleich dumm ist, möchte über dem Lesen dieser Tragödien die Schwindsucht bekommen.“ (Gleichnisse, S. 221)

[52] Breitinger, Gleichnisse, S. 220

## 3. Trauerspiel und Nationalliteratur.
   Der Vorstoß J.E. Schlegels

Als erster greift in Deutschland Johann Elias Schlegel die Gedanken
Bodmers auf. Schlegel geht zunächst durch die strenge Schule Gottscheds, wird von diesem in Leipzig gefördert und zu ersten dramatischen
Versuchen ermuntert, wendet sich aber nach wenigen Jahren von
seinem Lehrmeister ab, um eigene Wege zu beschreiten. Ein Publika-
tionsforum findet er in den von Gellert, Rabener und Zachariä geprägten „Bremer Beiträgen" (1741-59), die einen pragmatischen Kurs
steuern und dem starren System von Gottscheds Normpoetik nur
bedingt folgen. Schlegel, der in Schulpforta eine gründliche altphilolo-
gische Ausbildung genossen hat, tritt zunächst mit Übersetzungen von
Sophokles' „Elektra" und Euripides' „Trojanerinnen" hervor, ehe er sich
in den 40er Jahren als Autor von fünf Originaltragödien und diversen
Komödien einen Namen macht. Daß seine Trauerspiele zu den Höhe-
punkten der literarischen Entwicklung um 1740 zählen, steht bereits für
die Zeitgenossen außer Zweifel. Ein früher Tod bringt den Dreißigjäh-
rigen jedoch um größeren poetischen Ruhm; ab 1761 veranstaltet
Johann Heinrich Schlegel eine mehrbändige Werkausgabe des hoch-
begabten Autors, die auch die zu Lebzeiten ungedruckten dramenthe-
retischen und ästhetischen Schriften versammelt.

Seine Tragödientheorie hat Schlegel am ausführlichsten in den 1747
entstandenen „Gedanken zur Aufnahme des dänischen Theaters" darge-
legt. Der profund gebildete Autor ist wie die Schweizer kein streng
logischer Denker, sondern ein spekulativer Kopf mit Neigung zur
Sprunghaftigkeit, ein phantasiebegabter Geist, der sich in kein intellektuelles System zwängen läßt. Die normative Geltung poetischer Regeln,
auf die sich Gottscheds Dichtungstheorie stützte, wird von Schlegel
nicht mehr bedingungungslos akzeptiert. In den Vordergrund rücken
jetzt Kriterien, mit deren Hilfe die Leistung literarischer Gattungen aus
historischer und kulturgeschichtlicher Perspektive bewertet werden
kann. Während Gottsched davon ausging, daß die moderne Dichtung
in sämtlichen europäischen Ländern gleichermaßen eine möglichst
vollkommene Nachahmung der antiken Vorbilder erstrebte, erkennt
Schlegel bereits die nationalen Unterschiede im kulturellen Entwicklungsprozeß und deren Bedeutung für die Herausbildung poetischer Formen.

Der Einfluß, den Sitten und Mentalität auf die Literatur ausüben, ist nach Schlegels Ansicht im Fall von Tragödie und Komödie besonders deutlich sichtbar.

Die Normpoetik Gottschedscher Prägung verliert dort ihre Geltung, wo die Geschichte des Dramas spezifischen nationalen Gesetzen gehorcht: „Denn jede Nation schreibt einem Theater, das ihr gefallen soll, durch ihre verschiedenen Sitten auch verschiedene Regeln vor, und ein Stück, das für eine Nation gemacht ist, wird selten den andern ganz gefallen."[53] Da jedes europäische Land seine eigene Auffassung vom Drama besitzt, finden allgemeine Prinzipien der Gattungstheorie ihre Grenze in der Differenz der Nationalkulturen. Die Werke von Sophokles, Shakespeare, Corneille, Calderón und Lohenstein unterliegen jeweils unterschiedlichen nationalen Eigenheiten, die jeder in Rechnung stellen muß, der ihren ästhetischen Rang bewerten möchte. Die logische Konsequenz aus dieser Erkenntnis lautet, „daß ein Theater, welches gefallen soll, nach den besondern Sitten und nach der Gemütsbeschaffenheit einer Nation eingerichtet sein muß (...)"[54] Lessing führt Schlegels Gedanken weiter, wenn er in seinem berühmtgewordenen 17. Literaturbrief vom Februar 1759 Gottscheds einseitige Orientierung am französischen Tragödienstil bemängelt und ein neues Trauerspiel fordert, das „der deutschen Denkungsart angemessen"[55] sein müsse.

Wie Schlegel an der Regel von der Einheit der Handlung zu zeigen versucht, relativiert sich damit auch die Bedeutung tragödientheoretischer Gesetze von selbst. Der englische Nationalcharakter neige zur Vermischung von Ernst und Humor, er sei offen für vielfältige Erfahrungen und favorisiere daher notwendig eine mehrsträngige dramatische Handlung, in der tragische und komische Elemente verknüpft sind; die Franzosen hingegen führe ein ausgeprägter Sinn für sittliche Ord-

---

[53] Johann Elias Schlegel, Gedanken zur Aufnahme des dänischen Theaters (1747), in: J.E.S., Canut. Ein Trauerspiel, hrsg. v. Horst Steinmetz, Stuttgart 1980, S. 75-111, hier S. 76f. Eine umfassende neuere Arbeit zu Schlegels Gesamtwerk im Kontext der frühaufklärerischen Poetik steht noch aus. Über die Dramentheorie informiert am gründlichsten George, S. 198ff.

[54] Schlegel, Gedanken zur Aufnahme des dänischen Theaters, S. 79. Zur Differenzierung des Nationalgeschmacks bei Schlegel auch Wölfel, Moralische Anstalt, S. 69f.

[55] Lessing, Werke, Bd.V, S.71

nung und harmonisch gefügte Schönheit zur reinen Tragödie mit
einheitlicher Fabelchronologie. Die poetologischen Normen der Tragödienlehre besitzten keine absolute Gültigkeit, weil sie aus jeweils unterschiedlicher nationaler Perspektive aufgefaßt und angewendet werden.
Daß die Differenz des Nationalgeschmacks Gemeinsamkeiten jedoch
keineswegs ausschließen muß, hat Schlegel selbst in seiner „Vergleichung
Shakespears und Andreas Gryphs" (1741) zu beweisen gesucht.[56] Abge-
sehen von einigen Stereotypen der Schwulstkritik, findet Schlegel hier
zu einer angemessenen Würdigung des Engländers, wie sie in der ersten
Hälfte des 18. Jahrhunderts, zumindest in Deutschland, noch höchst
selten ist. Sie schließt ihrerseits ein abgewogenes Urteil über Gryphius
ein, dessen dramatische Leistung erstmals aus der gebotenen historischen Distanz und damit objektiver als bisher bewertet wird.

Es fällt auf, daß Aristoteles für Schlegels Argumentation offenbar
keine entscheidende Rolle spielt. Er bietet keine detaillierte Auseinandersetzung mit der Wirkungslehre und ihren Grundbegriffen, blendet
den schwierigen Komplex der Katharsis ebenso aus wie die Frage nach
der ‚hamartia' und verzichtet auch auf eine genauere Erörterung des
dramatischen Handlungsaufbaus, die tragende Elemente wie Peripetie
und Anagnorisis hätte berücksichtigen können. Dort wo Schlegel den
Grundbestand der klassischen Tragödientheorie berührt – die Frage der
Charaktergestaltung und die Regel von den Einheiten – argumentiert er
höchst eigenwillig und ohne Kontakt zu Aristoteles. Zwar wirkt seine
allgemeine Definition der Gattung recht konventionell – die Tragödie
ist eine Darstellung von „Handlungen hoher Personen, welche die
Leidenschaften erregen"[57] –, doch wird weder über die damit verbundene Ständeregel noch über die nähere Beschaffenheit der tragischen
Affekte gründlicher nachgedacht; eine echte Bewertung der aristotelischen Lehre unterbleibt ebenso wie die Reflexion des Katharsisbegriffs
und eine Auseinandersetzung mit der noch von Gottsched detailliert
behandelten Fürstenspiegelfunktion des Trauerspiels.

Das eigentliche Zentrum der Abhandlung bildet die Kritik an Gottscheds Tragödienlehre, die nirgends explizit angegriffen, aber durchgän-

---

56  Schlegel, Vergleichung Shakespears und Andreas Gryphs, in: Werke, hrsg. v.
    Johann Heinrich Schlegel, Kopenhagen, Leipzig 1761ff., Bd. III, S. 33-64
57  Schlegel, Gedanken zur Aufnahme des dänischen Theaters, S. 90

gig als Beispiel für ein fehlgeleitetes Gattungsverständnis herangezogen
wird. Wie Bodmer hält Schlegel den rationalistischen Moralismus der
„Critischen Dichtkunst" für bedenklich, weil er die wirkungsästhetischen Möglichkeiten des Trauerspiels rigide einschränkt. Zwar nennt er
aus alter Loyalität an keiner Stelle Gottscheds Namen, jedoch kann
kaum Zweifel bestehen, wer gemeint ist: „Solche Kunstrichter wollten
gern einen großen Teil schöner Schauspiele, in welchen die Sitten und
Leidenschaften vortrefflich abgemalt sind, bloß darum verworfen oder
umgegossen haben, weil sich nach ihrem Kopfe nicht eine gewisse
Hauptlehre aus denselben ziehen läßt; gleich als ob man große Theater-
stücke mit vieler Kunst deswegen verfertigte, um eine einzige, bekannte,
seichte und oft sehr unbestimmte Sittenlehre zu sagen, die man aus der
Komödie eines Seiltänzers ebenfalls herleiten kann."[58] Die Verengung
der tragischen Wirkungsästhetik auf die Dimensionen der Lehrdich-
tung gilt als problematisch, weil sie die Möglichkeiten der Gattung
verschenkt; statt die Vielfalt menschlicher Leidenschaften und Schicksale vorzuführen, begnügen sich die Tragödien der Leipziger mit der
Illustration platter Katheterweisheiten im Stile des längst überwunde-
nen Schultheaters. Als abschreckendes Exempel für diese Tendenz führt
Schlegel – erneut ohne Namensnennung – einige recht banal klingende
Maximen aus dem Trauerspiel „Panthea" an, das Gottscheds Ehefrau
1744 im fünften Band der „Deutschen Schaubühne" veröffentlicht
hatte.[59]

Nicht moralische Sentenzen, sondern gründliche „Kenntnis des
Menschen", ein facettenreiches Bild der „Charaktere und Leidenschaften"[60] soll das Drama laut Schlegel vermitteln. Eine dezidierte Wirkungstheorie verbindet sich mit dieser Forderung jedoch nicht. Schlegel
genügt der Hinweis, daß das Trauerspiel – als Spiegel des großen Welt-

---

[58] Schlegel, Gedanken zur Aufnahme des dänischen Theaters, S. 85f.

[59] Schlegel, Gedanken zur Aufnahme des dänischen Theaters, S. 87f. Vgl. Gottsched
(Hrsg.), Deutsche Schaubühne, Bd. V, S. 3, 13, 17, 20; dazu auch der Kommentar
des Herausgebers, S. 88, Anm. 18

[60] Schlegel, Gedanken zur Aufnahme des dänischen Theaters, S. 86. Als wirkungs-
ästhetisches Pendant zur Forderung nach möglichst vielschichtigen Charakteren
hebt Wölfel, Moralische Anstalt, S. 81f. Schlegels Offenheit gegenüber unterschiedlichen Publikumsgruppen hervor. Der Pluralismus auf der Bühne entspricht dem
im Zuschauerraum; zumindest das gehobene Lustspiel richtet sich, anders als bei
Gottsched, auch an den ,Pöbel'.

theaters – eine genuine Schule des Lebens vorstellt, durch die jeder Zuschauer tiefere Einsichten in die Abgründe der menschlichen Natur
gewinnen kann. Schiller wird später, in seiner „Räuber"-Vorrede, die
dramatische Technik ganz ähnlich als Mittel zur Unterweisung in die
Kunst der Gemütserforschung bezeichnen, als „Methode, die Seele
gleichsam bei ihren geheimsten Operationen zu ertappen"[61].

Ausführlich erörtert Schlegel in diesem Zusammenhang die Kunst
der dramatischen Charakterdarstellung, ohne dabei jedoch näher auf
den aristotelischen ‚Hamartia'-Begriff einzugehen. Von größter Bedeutung ist neben der Natürlichkeit die Vielfalt der Figurengestaltung. Nur
wenn die vorgeführten Charaktere das gesamte Spektrum der empirischen Wirklichkeit des Menschen abdecken, kann das Trauerspiel seine
wahre Aufgabe erfüllen und zur Schule des Lebens werden. Im Hintergrund steht hier das Vorbild Shakespeares, das dafür sorgt, daß Schlegel
den schlichten Moralismus Gottscheds hinter sich lassen kann. Bereits
in seiner „Vergleichung Shakespears und Andreas Gryphs" lobt er den
Figurenreichtum des Engländers und setzt damit neue Maßstäbe für die
Shakespeare-Rezeption, an deren Stationen sich im 18. Jahrhundert die
jeweiligen Tendenzen der deutschen Dramentheorie aufs genaueste
ablesen lassen. An die Stelle des Gottschedschen Purismus, der Shakespeares Bühnenwelt als Ausgeburt des Irrationalen ablehnt, tritt jetzt
eine gemäßigtere Einschätzung mit durchweg positiver Bewertung.
Zwar ist es noch ein weiter Weg zu den enthusiastischen Shakespeare-
Deutungen Gerstenbergs, Herders, Goethes und Lenz', doch bahnt
Schlegel bereits ein tieferes Verständnis des Werks an, indem er die
präzise, von profunder Menschenkenntnis geprägte Charakterisierungskunst des Engländers rühmt.[62]

Für Schlegels Auseinandersetzung mit der Psychologie der Figurengestaltung spielt die aristotelische Tragödienlehre keine entscheidende
Rolle. Im Vorwort zu einer neuen Edition von Johann Klajs „Herodes"
(1645) heißt es, daß die „Regeln der Schaubühne" aus „dem Begriffe der
menschlichen Handlung" und „aus dem Endzwecke"[63] des Dramas
abzuleiten seien. Die poetologische Norm ist kein Produkt der Willkür,

---

[61]  Friedrich Schiller, Die Räuber (1781), NA III, S. 5
[62]  Schlegel, Vergleichung Shakespears und Andreas Gryphs, in: Werke, Bd.IV, S.60
[63]  Schlegel, Nachricht und Beurtheilung von Herodes dem Kindermörder einem
        Trauerspiele Johann Klajs (1741), in: Werke, Bd. IV, S. 5-26, S. 7f.

sondern ein Korrektiv, das den Wahrscheinlichkeitscharakter der Bühnenhandlung und deren wirkungsästhetische Orientierung gleichermaßen bestimmt. Welcher Art die ‚Endzwecke‘ des Dramas sind,
erörtert Schlegel jedoch nicht. Fast durchgängig meidet er eine detaillierte Auseinandersetzung mit den tragischen Affekten und der an sie
gebundenen Katharsis.

In der Vorrede zu einer Sammlung seiner „theatralischen Werke"
(1747) betont Schlegel immerhin, daß das Wirkungsziel des Trauerspiels in der „Erweckung und Verbesserung der menschlichen Leidenschaften"[64] bestehe. Diese Feststellung wird zunächst nur zum Anlaß für
einen umständlichen Exkurs über das Verhältnis von sprachlichem
Ausdruck und Gemütsverfassung, der die schon der antiken Rhetorik
vertraute Einsicht erhärten soll, daß die Rede des Menschen Rückschlüs-
se auf seinen emotionalen Zustand gestattet. Ziel dieser Überlegungen
ist es, eine dezidierte Theorie des idealen tragischen Charakters vorzubereiten. Die Erregung der Affekte bleibt für Schlegel gebunden an
einen bestimmten Heldentypus, der erneut wenig mit den aristotelischen Bestimmungen gemein hat: „Wir nehmen nur an den Empfindungen dererjenigen Theil, die wir hochschätzen, und wir haben
hingegen fast entgegen gesetzte Empfindungen bey den Leidenschaften
derjenigen Leute, die wir verachten (...) Wollen wir also Leidenschaften
und besonderes Mitleiden erregen, so müssen wir Hochachtung gegen
diejenigen Personen erwecken, durch die wir diese Leidenschaften
erregen wollen."[65] Allein vorbildliche Charaktere sind Schlegel zufolge
geeignet, das Interesse des Publikums zu fesseln; die aristotelische
‚hamartia‘ wird von ihm ebensowenig bedacht wie der Mechanismus der
Affektreinigung. Aufgabe des Trauerspiels bleibt es, dem Publikum
leuchtende Exempelfiguren vor Augen zu führen, deren Schicksale
emotionale Anteilnahme wecken, ohne daß näher erörtert wird, auf
welche Weise Erregung der Leidenschaften und Katharsis korrespondie-
ren.

Hatte Gottscheds „Critische Dichtkunst" noch zur Verwendung
fester Rollenmuster geraten, so verlangt Schlegels Wirkungstheorie

---

64  Schlegel, Von der Würde und Majestät des Ausdrucks im Trauerspiele (1747), in:
    Werke, Bd. IV, S. 217-240, S. 217
65  Schlegel, Werke, Bd. IV, S. 221f.

wandelbare Charaktere, die den Zuschauer eher in ihren Bann ziehen als
realitätsfremde Typisierungen. Kenntnis des Menschen kann das Trauerspiel nur vermitteln, wenn es auch Menschen zeigt, nicht aber jene
moralisierenden Idealfiguren, die Lessing später als ‚schöne Ungeheuer‘
bezeichnen wird. Das entscheidende Stichwort lautet ‚Natürlichkeit‘ –
nun allerdings in einem ganz anderen Sinn verstanden als bei Gottsched
und Breitinger. ‚Natürlich‘ ist für Schlegel nicht mehr, was mit dem
Gesetz des ‚zureichenden Grundes‘ in Übereinstimmung steht und
logischen Prinzipien gehorcht. Die noch von Gottsched und Breitinger
übernommene Wolffsche Perspektive, die Natur zur Vernunftnatur
ohne innere Widersprüche erklärt, weicht jetzt einem moderaten Empirismus, der auch das in sich Gebrochene, Heterogene und Vielschichtige
zu erschließen vermag.

   Ähnlich wie die „Abhandlung von der Nachahmung“ (1742-43), die
das Wesen der künstlerischen Mimesis aus ihrer Orientierung an den
horazischen Wirkungsbegriffen ‚Vergnügen‘ und ‚Nutzen‘ herleitet[66],
sucht die Schrift über das dänische Theater das Gebot der Naturnähe
und den Anspruch auf die Freiheit der poetischen Erfindung harmonisch zusammenzuführen. Entscheidend bleibt dabei, daß die künstlerische Nachahmung beim Rezipienten Vergnügen wecken und die
Vielfalt der Realität erfassen muß, unabhängig davon, ob ihre Darstellung der unmittelbaren Erfahrung, der Einbildung oder rationalem
Wirkungskalkül entspringt. Anders als Gottsched möchte Schlegel den
für die dramatische Charakterisierungskunst verbindlichen Naturbe-
griff nicht allein den Maßgaben der normierenden Vernunft unter-
ordnen und damit idealisieren, sondern als Ausdruck vielfältiger empirischer Verknüpfungen betrachten, die sich mit den Prinzipien der
Wolffschen Logik kaum vollständig erfassen lassen. Der tragische Held
soll ein Mensch aus Fleisch und Blut sein, kein auf die Füße gestelltes
abstraktes Prinzip. Auch in diesem Punkt wirkt Schlegels Vorstoß
prägend, signalisiert er doch die allmähliche Abkehr vom Gottschedschen Lehrsystem und seinen inneren Zwängen.

---

66  Schlegel, Abhandlung von der Nachahmung, in: Werke, Bd. III, S. 95-162, bes.
    S. 132f.; ders., Dänisches Theater, S. 101. Bezogen auf die Charakterisierungs-
    kunst: „Sowohl in der Wahl, Verschiedenheit und Feinigkeit als auch der genauen
    Bestimmung der Charaktere zeigt sich besonders die Größe des Meisters.“
    (S. 101)

Wie vorsichtig dieser Ablösungsprozeß vonstatten geht, läßt sich daran erkennen, daß Schlegel in anderen Fragen die tragödientheoretischen Grundsätze Gottscheds und der französischen Klassik kritiklos übernimmt. Das gilt insbesondere für die Regel von den Einheiten, die prinzipiell unangetastet bleibt und offenbar als Nonplusultra gilt. Eine gewisse Ambivalenz empfängt die Schlegelsche Argumentation freilich dadurch, daß sie auch die möglichen Einwände anführt, die gegen das Prinzip der Einheiten erhoben werden können, und hier überzeugender wirkt als beim anschließenden Versuch, die Kritiker zu widerlegen. Der entscheidende logische Bruch, der die gesamte Theorie der Einheiten kennzeichnet, liegt darin, daß sie dem Zuschauer einerseits zutraut, sich mit den Mitteln der Phantasie an einen fiktiven Bühnenort und in eine imaginäre Theaterzeit zu versetzen, ihm aber andererseits nicht zumuten möchte, vermöge seiner Einbildungskraft einen mehrfachen Wechsel von Ort und Zeit nachzuvollziehen. Schlegel kennt diesen Widerspruch genau, ohne ihn überzeugend auflösen zu können. Zwar verfügt jeder Betrachter über eine so große Phantasie, „daß er dem Poeten auch noch weiter von einer Zeit zur andern und von einem Orte zum andern folgen könnte", doch sei es nach Übereinkunft aller Dramentheoretiker „zu Vermeidung vieler Unbequemlichkeiten am dienlichsten, nur einmal dem Zuschauer diese Mühe zu machen."[67]

Von einer derartigen Rechtfertigung der Einheitsregel zu ihrer Abschaffung ist es nurmehr ein kleiner Schritt. Die Prinzipien der Normpoetik werden von Schlegel bisweilen so kraftlos verteidigt, daß ihre innere Widersprüchlichkeit deutlich zutage tritt. Die beharrliche Bestätigung des tragödientheoretischen Status quo soll den Mangel an logisch überzeugenden Argumenten kaschieren. So mischen sich in Schlegels Auffassung vom Trauerspiel innovative und eklektische, progressive und konservative Elemente. Die Uneinheitlichkeit seiner Lehre ist ein Indiz für die vorsichtige Abwendung vom alten Lehrmeister und die tastende Suche nach neuen Konzepten.

---

[67] Schlegel, Gedanken zur Aufnahme des dänischen Theaters, S. 106

## 4. Auf dem Weg zur Mitleidspoetik.
### Curtius' Aristoteles-Kommentar

An Schlegels inkonsistenter Argumentation zeigt sich exemplarisch, daß die Uhr der Regelpoetik allmählich abläuft und die Wirkungsästhetik des Trauerspiels neue Dimensionen gewinnt. Von einigem Gewicht ist in diesem Zusammenhang die Tragödientheorie, die der Aristoteles-Übersetzer Michael Conrad Curtius vorlegt. Curtius hat als Lehrer und Fürstenerzieher in Norddeutschland gewirkt, ehe er 1768 eine Professur für Geschichte, Poetik und Rhetorik in Marburg erhielt. Sein umfängliches Œuvre verknüpft die verschiedensten Themenbereiche und bleibt nicht auf poetologische Arbeiten beschränkt. Die literarischen Debatten seiner Zeit hat er offenbar kaum beeinflußt; lediglich Lessing befaßt sich in der „Hamburgischen Dramaturgie" gründlicher mit seinen Thesen, kritisch freilich und in einem polemischen Ton, der die innovative Leistung von Curtius' Tragödientheorie kaum ahnen läßt. Die Forschung hat den Autor aus unverständlichen Gründen meist ignoriert oder als Eklektiker ohne größere Bedeutung eingestuft.[68]

Curtius veröffentlicht im Jahr 1753 die erste vollständige deutsche Übertragung der aristotelischen „Poetica" nebst einem ausführlichen, mehr als 200 Seiten umfassenden Kommentar und mehreren selbständigen Studien zu Fragen der poetischen Wahrscheinlichkeit und der tragischen Wirkungslehre. Es ist durchaus verständlich, daß Curtius seine eigene Tragödiendoktrin in direktem Bezug zu den Grundbestimmungen der „Poetica" entfaltet; unter sämtlichen Dramentheoretikern der Aufklärung darf er fraglos als der beste Aristoteles-Kenner gelten – ein Umstand, der nicht automatisch für die Qualität der hier vorgelegten Lehre bürgt, ihr jedoch von vornherein erhöhte Aufmerksamkeit sichern sollte.

Im Zentrum des unmittelbar textbezogenen Aristoteleskommentars steht die Frage nach der Konzeption eines idealen tragischen Heldentypus. Curtius bezieht, wo es um die Frage der ‚hamartia' geht, eine recht uneindeutige Position. Selbstverständlich ist er mit Aristoteles' Argu-

---

68  Eine Ausnahme bildet Wölfel, Moralische Anstalt, S. 114f., der konzediert, daß Curtius' Trauerspieltheorie in manchen Punkten „dem Geist der Lessingschen Tragödiendichtung" (S. 114) erstaunlich nahe komme.

mentation vertraut, die ganz auf die Aspekt der Identifikation abzielt und den mittleren Helden favorisiert, weil sich der Zuschauer in ihm erkennen kann. Ähnlich wie Gottsched und Bodmer versucht Curtius jedoch das aristotelische Votum zu relativieren, indem er die ‚hamartia‘ als mögliches, aber nicht notwendiges Merkmal des tragischen Helden bezeichnet. Motiviert wird dieser Vorstoß einmal mehr durch das zeittypische Interesse am heroischen Protagonisten; der makellose Held, der unverschuldet ins Unglück stürzt, unverdient leidet und in äußerster Not noch Größe zeigt, kann laut Curtius ebenso wie der mittlere Charakter beim Zuschauer Schrecken und Mitleid hervorrufen. Eine eher unverbindlich bleibende Einschränkung gilt in diesem Punkt nur dem religiös gefärbten Trauerspiel: „Und die christlichen Märtyrer können also, überhaupt betrachtet, ohngeachtet der Regel des Aristoteles, Vorwürfe der Tragödie seyn, wenn nicht einige andere Betrachtungen, in Ansehung der Sitten, und Denkungsart des itzigen Jahrhunderts, uns anriethen, dieselbe zwar nicht von der Bühne zu verbannen, aber doch auch nicht oft aufzuführen.“[69] Die Einwände gegen den christlichen Märtyrer werden keineswegs durch die aristotelische ‚Hamartia‘-Lehre gestützt, sondern speisen sich aus dem gewandelten Zeitgeschmack und seinem säkularisierten Weltbild. Generell hat Curtius jedoch keine Bedenken, in Abgrenzung von Aristoteles auch makellose Helden als tragische Charaktere zu empfehlen; mit Rücksicht auf das geringe religiöse Interesse des Publikums werden dabei die Heroentypen der französischen Tragödie gegenüber den christlichen Märtyrern eines Gryphius oder Hallmann bevorzugt.

In seiner „Abhandlung von der Absicht des Trauerspiels“ berührt Curtius vor allem die Theorie der Affekte und das Katharsis-Problem. Curtius erörtert drei mögliche ‚Endzwecke‘ des Trauerspiels, die sich ihrerseits verschiedenen Entwicklungsstufen der Tragödienlehre zuordnen lassen. Er beginnt mit dem Hinweis auf die sittliche Valenz der Leidenschaften, die schon Bodmer und Schlegel hervorgehoben hatten. Die Affekte, die das tragische Bühnengeschehen freisetzt, leisten ihren eigenen Beitrag zur Besserung des Menschen, indem sie den Zuschauer

---

[69] Aristoteles, Dichtkunst, ins Deutsche übersetzet, mit Anmerkungen und besonderen Abhandlungen versehen von Michael Conrad Curtius, Anmerkungen, S.187f.

empfindungsfähiger und sensibler werden lassen: „Durch die Erregung
der Leidenschaften werden die Triebe der Menschlichkeit gepflanzet,
erwecket und unterhalten."[70]

Als Vertreter einer sensualistischen Ästhetik kennt Curtius die Bedeutung der sinnlichen Wahrnehmung für die Erfahrung des Schönen. Er
weiß, daß die menschliche Perzeption ein ‚analogon rationis' vorstellen,
also bestimmte Entsprechungen mit den Gesetzmäßigkeiten eines vernünftigen Urteils aufweisen kann, ohne ihnen vollends zu gehorchen.
Nach der Lehre des Franzosen Dubos, der mit seinen „Réflexions
critiques sur la poësie et sur la peinture" (1719) das Grundbuch der
sensualistischen Ästhetik verfaßt hatte, besitzt die sinnliche Erkenntnis
in künstlerischen Fragen eine Urteilskompetenz, die bisher nur der
Vernunft zugebilligt wurde.[71] Die Schönheit eines Werkes läßt sich
allein durch die sensuelle Wahrnehmung erfassen, ohne daß die Ratio an
diesem Rezeptionsakt beteiligt ist; der Vorgang des Wahrnehmens
unterliegt jedoch seinerseits einem Regelmaß, das ihn wieder zum
Analogon des vernünftigen Urteils werden läßt. Die sensualistische
Dichtungstheorie tritt damit nicht in offene Opposition zur rationalistischen Normpoetik, sondern betrachtet sich selbst als notwendiges
Komplement und Korrektiv einer ausschließlich auf die Kräfte des
Verstandes konzentrierten Ästhetik. Es ist die Einsicht in die zentrale
Bedeutung der sinnlichen Wahrnehmung für Produktion und Rezepti-
on des Schönen, die den sensualistischen Ansatz von Dubos wesentlich
begründet.

Curtius, der die zentralen Positionen des Sensualismus durch seine
deutschen Theoretiker Alexander Gottlieb Baumgarten und Georg
Friedrich Meier kennengelernt hatte[72], bezieht die Vorstellung einer
selbständigen und ästhetisch relevanten Dimension der Sinneswahrneh-

---

70  Curtius, Abhandlung von der Absicht des Trauerspiels in: Aristoteles, Dichtkunst,
    S. 389-396, hier S. 390

71  Jean Baptiste Dubos, Réflexions critiques sur la poësie et sur la peinture, Paris
    1770 (7. Aufl., zuerst 1719), Tome I, S. 63ff. Die von Gottfried Benedikt Funck
    besorgte deutsche Übersetzung des dreibändigen Werks erschien erst in den Jahren
    1760-61. – Zum ästhetischen Sensualismus grundlegend Kondylis, Die Aufklä-
    rung, S. 314f, 559f.

72  Alexander Gottlieb Baumgarten, Aesthetica. Pars 1.2., Frankfurt/O. 1750/58 (vor
    allem § 14, S. 6, § 27, S. 11), Georg Friedrich Meier, Anfangsgründe aller schönen
    Wissenschaften. 3 Bde., Halle 1754 (2. Aufl., zuerst 1749) (Bd. I, S. 420f.)

mung jetzt offenkundig auf die Wirkung des Trauerspiels, wenn er davon ausgeht, daß die durch die Bühnenhandlung evozierten Affekte ihrerseits schon eine geistig-moralische Bedeutung besitzen. Die ‚Erregung der Leidenschaften‘ erweist sich bei Curtius als Mittel zur Aktivierung der sinnlichen Erkenntnis, die wiederum der Funktion eines vernünftigen Urteils analog ist. Die Bedeutung der Katharsis rückt damit in den Hintergrund, weil die tragischen Affekte selbst bereits das leisten, was bei Gottsched und den Schweizern Sache der aus der Reinigung der Leidenschaften hervorgehenden oder durch sie bewirkten rationalen Erkenntnis bleibt. Die ‚Triebe der Menschlichkeit‘ werden nicht erst durch den Akt der inneren Distanzierung vom Bühnengeschehen geweckt, sondern scheinen aufs engste mit den tragischen Leidenschaften selbst verbunden. Das Trauerspiel avanciert zur Schule der Sensibilität und Empathie, zum Mittel der Verfeinerung von Menschenliebe und Altruismus.

Zur sensualistischen Methode gesellt sich bei Curtius die Orientierung am empfindsamen Zeitgeschmack, die die tragische Wirkungstheorie maßgeblich bestimmt. Die 50er Jahre des 18. Jahrhunderts sind bereits geprägt von jenem vielfältig ausstrahlenden Interesse an den menschlichen Affekten, das gemeinhin unter dem Stichwort ‚Empfindsamkeit‘ rubriziert wird.[73] Mitleidsvermögen, Liebesenthusiasmus, Philanthropie und schwärmerisches Freundschaftsideal gehören gleichermaßen zu den programmatischen Elementen einer modisch gewordenen Sentimentalität, die sich auf unterschiedlichste Weise literarisch manifestiert – im Briefroman Gellerts (der Sterne und Richardson entscheidende Anregungen verdankt), in anakreontischen Versen Hagedorns, den Oden Klopstocks, den Idyllen Gessners und Ewald von Kleists, nicht zuletzt im ‚Rührstück‘, der deutschen Spielart der comédie larmoyante, die ihrerseits, wie wir noch sehen werden, Theorie und Praxis des (bürgerlichen) Trauerspiels beeinflußt. Es ist die zeitgenössische Hochschätzung des menschlichen Empfindungsvermögens, die Curtius' Wirkungslehre an entscheidenden Punkten unterstützt. Mitleidsfähigkeit und Sensibilität gelten im Zeitalter der Aufklärung des

---

73  Zu Einflußfeldern und Erscheinungsformen Sauder, Empfindsamkeit. Bd. I (Voraussetzungen und Elemente), bes. S. 58f. (Empirismus, Sensualismus, Pietismus), S. 128f. (Aufklärung des Herzens, Kultivierung der Leidenschaften)

Herzens als höchste Werte, als Garanten von Altruismus und Philanthropie: „Wenn das Unglück eines Fremden auf der Bühne uns lebhaft
rührt, so wird das Mitleiden und Erbarmen zu einer Fertigkeit der
Seelen, und der Menschenfreund in den Logen und dem Parterre, bey
dem die auf der Bühne vorgestellte Begebenheiten das Gefühl der
Menschlichkeit rege gemacht haben, wird auch in den Handlungen
seines Lebens sich als ein Menschenfreund erweisen."[74] Sehr genau läßt
sich hier die doppelte Bedeutung von ‚Empfindsamkeit' erkennen: als
physisches Vermögen umfaßt sie die Fähigkeit zur gesteigerten Sinneswahrnehmung, die ‚Mitleiden und Erbarmen' freisetzt, als moralische
Kategorie bezeichnet sie entwickelte Menschenliebe mit direkten Konsequenzen für das praktische Handeln.[75] Indem das Trauerspiel beide
Aspekte gleichermaßen fördert, wird es zur Schule der Empfindsamkeit.

Von Curtius ist es kein weiter Weg mehr zu Lessings Poetik des
Mitleids und ihrem anthropologischen Optimismus. Vorbereitet wird
sie bereits von Bodmer und Schlegel, die in den tragischen Affekten
keine bloßen Mittel zum Zweck mehr sahen, sondern diese selbst als
zentrale Elemente eines moralischen Erziehungsprogramms auffaßten.
Curtius betont entschieden, daß „Leute von einem zärtlichen Naturel-
le"[76] auch dem Staat besser dienten und Menschenliebe in jeder Form
für die Politik von großem Nutzen sei. Das Trauerspiel, das diese
Tugenden einpflanzt, gilt einmal mehr als Schule der Weltklugheit;
geändert hat sich jedoch das Menschenbild, das im Hintergrund der
tragischen Wirkungslehre steht: aus dem versatilen Hofmann, dem
geschmeidigen ‚honnête homme' des Klassizismus, ist der sensibel Mit-
leidende geworden, der sich seiner Tränen nicht schämt. Curtius verbindet die im Zeichen der Empfindsamkeit stehende Hochschätzung
der Mitleidsfähigkeit mit einer dezidierten Ablehnung der heroischen
Tugenden, wie sie Gottscheds verdeutschte tragédie classique, aber auch
die Trauerspiele Schlegels und Bodmers verherrlichen: „Durch Siege
werden einige groß, und tausend elend; durch Menschlichkeit wird ein
ganzes Volk glücklich."[77]

---

74  Curtius, Abhandlung, S. 390
75  Zu diesen beiden Bedeutungsnuancen des Begriffs Sauder, S. 5f.
76  Curtius, Abhandlung, S. 391
77  Curtius, Abhandlung, S. 391. Wölfel, Moralische Anstalt, S. 115 sieht in Curtius'
    Bemerkung eine Vorwegnahme von „Lessings Begriff der tragischen Katharsis";

Ein in die Zukunft weisender Wegbereiter der Trauerspieltheorie ist Curtius dort, wo er die tragischen Affekte als selbständige Kategorien behandelt und im Gegenzug zu Gottsched, geprägt durch Sensualismus und Empfindsamkeit, die Emanzipation der Affektpsychologie vom Rationalismus vorantreibt. Ähnlich wie Schlegel tritt jedoch auch Curtius als Eklektiker auf, der seine theoretischen Innovationen nicht konsequent weiterführt, sondern an bestimmten Punkten den Schutz der Konvention sucht. So kommt es, daß seine avancierte Affekttheorie durch einen biederen Moralismus Gottschedscher Prägung abgeschwächt und um ihre provokante Wirkung gebracht wird. Der Knotenpunkt, an dem Curtius die heikle Synthese unterschiedlicher methodischer Ansätze wagt, ist zugleich das Herzstück jeder Tragödientheorie – die Deutung der Katharsis.

Die Reinigung der Affekte tritt Curtius zufolge dort auf, wo sich die leidenschaftliche Anteilnahme, die der Zuschauer dem tragischen Geschehen entgegenbringt, in distanzierte Reflexion verwandelt. Das Trauerspiel stellt zunächst extreme Emotionen dar, die beim Publikum Schrecken und Mitleid hervorrufen, schließlich aber zur nüchternen Einsicht in die Risiken unvernünftiger Handlungen führen. Die Katharsis ist demnach ganz im Sinne Gottscheds ein Akt der rationalen Distanzierung von der Wucht der Affekte, die das Bühnengeschehen beim Betrachter ausgelöst hat, gleichzeitig jedoch auch ein Mittel der Disziplinierung, insofern sie die vernünftige Selbstbeschränkung des Zuschauers fördert und seine Abneigung gegenüber extremen Gefühlen vertieft. „Diese Verbesserung der Leidenschaften ist es, welche Aristoteles unter der Reinigung versteht, wenn er saget, daß das Trauerspiel uns durch Schrecken und Mitleiden von den Fehlern der vorgestellten Leidenschaften reinige."[78]

Die tragischen Wirkungsbegriffe bilden nach dieser Auffassung wieder nur die Antriebskräfte, die den Prozeß der sittlichen Läuterung des Zuschauers in Gang bringen; sie erfüllen lediglich die Funktion von Katalysatoren, besitzen jedoch keinen selbständigen moralischen Wert. Es ist offenkundig, daß Curtius mit dieser Zuordnung seinem eigenen

---

sie ist ebenso, darf man ergänzen, eine Antizipation des wirkungspoetischen Optimismus, der Schillers Schaubühnenrede beherrscht.
[78] Curtius, Abhandlung, S. 394

Hinweis auf den allgemeinen Nutzen des Mitleids widerspricht. Wenn der Endzweck des Trauerspiels darin besteht, dem Zuschauer die Verwerflichkeit extremer Affekte vor Augen zu führen, so läßt sich das nicht automatisch mit der Erziehung zur gesteigerten Mitleidsfähigkeit gleichsetzen. Im ersten Fall geht es um eine sittliche Lehre nach dem Muster Gottscheds, im zweiten um den unmittelbaren Eigenwert der tragischen Leidenschaften. Moralischer Rationalismus und empfindsam gefärbter Sensualismus kollidieren hier, ohne daß Curtius die innere Sprengkraft der von ihm demonstrierten wirkungsästhetischen Synthese ernsthaft reflektiert.

Am Schluß seiner Abhandlung aktiviert Curtius dann sogar ein Element der barocken Affektdramaturgie, wenn er das Trauerspiel auf die Funktion der Abhärtung und Tröstung verpflichtet: „Es wird uns nämlich vermittelst desselben das Unglück anderer Menschen vor Augen gemalet, und bekannt gemacht, theils, um dasselbe nicht allzusehr zu fürchten, noch zu stark gerührt zu seyn, wenn uns dasselbe selbst treffen sollte (...)"[79] Nicht zum letzten Mal taucht hier das barocke Wirkungskonzept der Tröstung durch das Trauerspiel auf. Für Curtius ist dieser Rückgriff auf ältere Traditionen offenbar mit einer fortgeschrittenen Affektpsychologie vereinbar, die das Mitleidsvermögen des Menschen als eigenständigen moralischen Wert betrachtet. Ob die einzelnen Effekte, die sein Aufsatz beschreibt, womöglich durch verschiedene Trauerspieltypen – Märtyrerdrama und heroische Tragödie – zu erreichen sind, erörtert Curtius an keiner Stelle. Die Entwicklung einer detaillierten Lehre der tragischen Gattungsformen, die auch deren Wirkungsmöglichkeiten hätte ausloten können, gehört nicht mehr zu seinen Zielsetzungen. Erst Lessing wird sie in der „Hamburgischen Dramaturgie" zumindest andeutungsweise vorlegen, verbunden dann mit einer entschiedenen Bewertung, die das bürgerlich-empfindsame Trauerspiel an die Spitze der Gattungshierarchie treten läßt.

Curtius' Schrift vermischt bedenkenlos die barocke Wirkungslehre neostoizistischer Prägung mit Gottscheds rationalem Moralismus und einer empfindsamen Affektpsychologie neueren Zuschnitts. Derartige Synthesen sind charakteristisch für eine Zeit, die sich erst allmählich von

---

[79] Curtius, Abhandlung, S. 394f.

den Überlieferungen des 17. Jahrhunderts emanzipiert und ihre eigene Trauerspieltheorie nur langsam herauszubilden vermag. Der Blick auf die dramatische Praxis der Frühaufklärung bestätigt den Eindruck, daß man einstweilen noch aus den Reserven der Tradition lebt. Die Art und Weise jedoch, in der die Autoren überkommene Formelemente mit originellen Ansätzen mischen, macht die Trauerspiele der Phase zwischen 1730 und 1750 zu durchaus interessanten Versuchen literarischer Neuorientierung.

# IV Das heroische Trauerspiel der Aufklärung

## 1. Gottscheds „Sterbender Cato" (1732) und die Renaissance des Märtyrerdramas

An Gottscheds „Cato"-Tragödie lassen sich die inneren Widersprüche seiner Trauerspieltheorie exemplarisch ablesen. Als Dramenautor ist der Leipziger ein relativ bedenkenloser Kompilator, der die unterschiedlichsten Gattungstraditionen zusammenführt, ohne dabei ausschließlich epigonal zu bleiben. Die Art und Weise, wie Gottsched Elemente des barocken Märtyrerspiels mit Bestandteilen der tragédie classique vermischt, begründet zwar noch keinen eigenständigen Tragödientypus, weist jedoch bereits auf erste Neuansätze und Abweichungen von den gängigen Mustern hin.

Der „Sterbende Cato" ist, wie man immer wieder betont hat, kein Originaldrama, sondern eine eigentümliche Mixtur aus Übersetzung, Kompilation und Neudichtung.[1] Lediglich 174 der 1648 Verse stammen von Gottsched, die übrigen Partien bilden eine deutsche Übertragung aus Joseph Addisons „Cato" (1713) und François Deschamps „Caton d'Utique" (1715). Gottsched selbst hat diese Quellen in der Vorrede für die „Cato"-Erstausgabe von 1732 offengelegt und näher erläutert, worin sich seine Fassung von der englischen und französischen Vorlage unterscheidet. Ursprünglich war „eine bloße Übersetzung des englischen ‚Cato'"[2] vorgesehen, von der der Leipziger jedoch Abstand nahm, nach-

---

[1] Daß man Gottscheds Drama aufgrund der spezifischen Art, in der hier die Vorlagen vermischt werden, durchaus als Originaltragödie betrachten kann, scheint opinio communis der Forschung zu sein. Vgl. Karl Otto Conrady, Gottsched, Sterbender Cato, in: Das deutsche Drama. Vom Barock bis zur Gegenwart. Interpretationen, hrsg. v. Benno von Wiese, Bd.I, Düsseldorf 1958, S. 61-78, Helmut Arntzen, Von Trauerspielen. Gottsched, Gryphius, Büchner, in: Rezeption und Produktion zwischen 1570 und 1730. Festschrift f. Günther Weydt, hrsg. v. Wolfdietrich Rasch, Hans Geulen und Klaus Haberkamm, Bern, München 1972, S. 571-587, S.572f., Schulz, Tugend, Gewalt und Tod, S. 88, Anm. 98

[2] Gottsched, Sterbender Cato, hrsg. v. Horst Steinmetz, Stuttgart 1984, Vorrede, S.13

dem er festgestellt hatte, daß Addisons Tragödie den strengen aristotelischen Regeln nicht in allen Punkten entsprach. Als problematisch
empfand Gottsched zumal die Zersplitterung der Handlung und die Vermischung von tragischen Geschehenselementen mit galanten Liebes-
szenen, die ihn an die Technik der deutschen „Haupt- und Staatsaktionen" erinnerte. Bereits Deschamps, der Schüler Corneilles, hatte diese
Synthese bemängelt und mit seinem „Caton d'Utique" eine konzentrierte
Kompilation der englischen Vorlage geliefert. Gottscheds Bearbeitung
folgt in den ersten vier Akten fast sklavisch Deschamps' Text und bietet
lediglich einen neuen Schluß, der Catos Selbstmord im Gegensatz zur
französischen Fassung als Akt der sittlichen Selbstbehauptung, nicht als
Reaktion auf seine militärische Niederlage darstellt.[3]

Gottscheds Trauerspiel behandelt Höhepunkt und Ende des politischen Konflikts zwischen Cäsar und Cato dem Jüngeren, wie er in
Plutarchs „Vitae parallelae" und Lucans „Pharsalia" besonders ausführlich beschrieben ist.[4] Cato, der römische Statthalter im afrikanischen
Utica, überzeugter Anhänger der Republik und Repräsentant einer dezidierten stoischen Morallehre, widersetzt sich Cäsars diktatorischem
Anspruch auf Alleinherrschaft, muß aber schließlich, nachdem ihn sein
vermeintlicher Bundesgenosse Pharnaces im Stich gelassen hat, die
militärische Überlegenheit des Gegners anerkennen und gibt sich, um
seine republikanischen Ideale nicht zu verraten, selbst den Tod. Politische und private Welt sind in Gottscheds Trauerspiel eng verknüpft: Cäsar
liebt die parthische Prinzessin Arsene, die sich als Catos totgeglaubte
Tochter Portia erweist und auf Geheiß ihres Vaters dem durchaus
empfindsamen Diktator zu entsagen hat. Anders als Corneilles Don
Rodrigo (im „Cid" <1636>), der den tragischen Konflikt zwischen Herzensneigung und Pflicht schmerzhaft durchlebt, bleibt Gottscheds Portia jedoch von tieferen Zweifeln verschont: als Tochter des Stoikers Cato

---

[3] Ein exakter Fassungsvergleich ist, soweit ich sehe, von der Forschung noch nicht
geleistet worden. Ansätze dazu bei Renate von Heydebrand, Johann Christoph
Gottscheds Trauerspiel „Der sterbende Cato" und die Kritik. Analyse eines Kräftespiels, in: Rezeption und Produktion zwischen 1570 und 1730, S. 553-571, bes.
S. 555f.

[4] Plutarch, Vitae parallelae, Vol. II, Fasc. 1, zu Cato bes. 65ff.; Lucan, De bello civili
(= Pharsalia), I, 128ff.

weiß sie das unbedingte Gebot der Entsagung (fast) klaglos zu akzeptieren.[5] ( = Rosolia - Problem )

Gottsched hat, wie es seiner eigenen Theorie entspricht, größten Wert
auf den regelmäßigen Bau seines Trauerspiels gelegt. Deschamps' „Caton
d'Utique", der ganz an den strengen Gesetzen Corneilles orientiert bleibt,
bot diesbezüglich eine geeignete Vorlage. Deutlich ist Gottscheds Bemühen zu erkennen, nicht nur die Einheit von Zeit, Ort und Handlung
zu wahren, sondern auch Anagnorisis und Peripetie als die nach Aristoteles zentralen Elemente der tragischen Fabel schulmäßig einzusetzen.
Wie wesentlich gerade für die zeitgenössischen Kritiker das Problem der
Regeln war, demonstriert die pedantisch wirkende Analyse, die der Jenaer
Universalgelehrte und Gelegenheitsdichter Gottlieb Stolle dem „Cato"
ein Jahr nach dessen Publikation widmete. Sie gilt den Fragen des Handlungsaufbaus, der Szenenfolge und Dialogführung ebenso wie dem
Wahrscheinlichkeitsgebot, der Verstechnik und den sprachlichen Mitteln der Figurenrede. Gottsched antwortet Stolle in größter Ausführlich-
keit und zeigt damit sein ausgeprägtes Interesse an poetologischen Normen, über die er nicht müde wird zu debattieren. Der „Sterbende Cato"
ist für ihn, so betont er, vor allem ein Versuch, der tragischen Gattung
in Deutschland wieder Ansehen zu verschaffen und originellere Arbeiten auf diesem Feld anzuregen.[6]

Stolles Kritik gilt nicht allein den Regeln des Aufbaus, sondern auch
der Charakterisierung Catos, der „gar zu eigensinnig" erscheine und durch
seinen Selbstmord „nur wenige zum Mitleiden"[7] bewege. Die Bewertung des Titelhelden führt fraglos ins Zentrum des Trauerspiels, weil
von ihr auch die Einschätzung seines Standorts in der Gattungsgeschichte selbst abhängt. Nicht zuletzt betrifft sie das Wirkungskalkül Gottscheds
und die inneren Widersprüche der mit ihm verbundenen Affektenlehre.

Schon die erste Charakterisierung Catos durch Arsene macht den Protagonisten als Stoiker kenntlich:

= Phil.

---

[5]  Vgl. Pierre Corneille, Der Cid (1636). Deutsch von Arthur Luther, Stuttgart 1987,
    I,7 (Rodrigos Monolog über den Konflikt zwischen Liebe und Ehre); dagegen
    Gottsched, Sterbender Cato, IV,2, v. 1198ff. (Portia entsagt Cäsar)
[6]  Zur Kontroverse mit Stolle die Quellendokumentation in: Gottsched, Sterben-
    der Cato, S. 91-114
[7]  <Gottlieb Stolle>, Eines ungenannten Gönners Gedanken über den sterbenden
    Cato (1733), in: Gottsched, Sterbender Cato, S. 93

„(...) Er steht noch immer fest:
Weil ihn sein starker Mut nicht einmal wanken läßt.
Er bleibet gleichgesinnt bei allen ihren Schlägen
Und setzet ihrem Zorn nichts als sich selbst entgegen." (I,1, v.67f.)

Cato ist als standfester Charakter der exemplarische Vertreter jener ‚constantia', die den stoischen Weisen auszeichnet. Zu ihr gehören Gemütsfreiheit, Affektkontrolle, Großmut und Gelassenheit noch in höchster Not. Nicht zufällig lobt Seneca, neben Epiktet und Marc Aurel einer der drei großen Vertreter des römischen Stoizismus, den jüngeren Cato in seinen Schriften immer wieder als mustergültigen Vertreter dieser Tugenden.[8] Gottscheds Trauerspiel läßt keine Gelegenheit aus, die Charakterstärke seines Protagonisten zu profilieren. Ihr entscheidendes Element bildet die Unterdrückung der Affekte und die damit verbundene Seelenruhe, jene ‚tranquillitas animi', von der ein programmatischer Traktat Senecas handelt (der wiederum auf Cato explizit Bezug nimmt[9]). Keinesfalls darf, wie der Titelheld seiner Tochter Arsene-Portia erklärt, „die Natur der Tugend Eintrag tun" (IV,2, v. 1214), weil nur derjenige, der Herr seiner Leidenschaften ist, gegen Laster jeglicher Art gefeit bleibt.

Zum stoischen Affektverdikt gehört auch die Kritik des Mitleids, das als Ausdruck der Verweichlichung und Passivität gilt. „Kein Mitleid nimmt ihn ein", weiß Phenice über Cato zu sagen; „weil er selbst nicht fehlt, so will er nie verzeihn." (V, 4, v. 1530f.) Senecas Abhandlung „De clementia" – an Kaiser Nero adressiert und ein Musterstück dialektisch-eloquenter Fürstenerziehung – verdeutlicht, durchaus in Übereinstimmung mit den Maximen von Gottscheds Cato, daß das Mitleidsverbot keineswegs rücksichtslose Härte impliziert. An den Platz des rührseligen, passiven Mitleids (‚misericordia') soll vielmehr die Mildtätigkeit (‚clementia') treten, die aktive Bereitschaft zur Unterstützung Unglücklicher.[10] Noch der christlich bestimmte niederländische Neostoizismus des 17. Jahrhunderts, dem das deutsche Barockdrama wichtige Impulse verdankt, stützt sich auf diese Differenzierung. Für Justus Lipsius ist die ‚Erbarmung' (als Pendant des ‚Mitleids') Symptom larmoyanten Selbstgenusses, hingegen die ‚Barmherzigkeit' (in Übereinstimmung mit Senecas ‚clementia') Zeichen tätiger Hilfsbereitschaft im Geiste der christlichen

---

8  Seneca, De providentia 2,10: Ad Lucilium epistolae morales I,11,9
9  Seneca, De tranquillitate animi, 15
10 Seneca, De clementia, 2. Teil, II, 4f.

Lehre.[11] Wenn Gottscheds Cato als Gegner des Mitleids und Feind falscher Anteilnahme ohne praktische Konsequenzen bezeichnet wird, so deckt sich das mit der altstoischen Lehre ebenso wie mit den Prinzipien des späteren Neostoizismus. Da der Mitleidsbegriff für Gottscheds eigene Interpretation des „Sterbenden Cato" größte Bedeutung besitzt, ist es notwendig, seine negative Bewertung im Kontext der vom Protagonisten exemplarisch vertretenen stoischen Lehre hier bereits in Erinnerung zu rufen.

Zur Bedingung seiner Gemütsfreiheit wird Cato nicht nur die vollständige Beherrschung der Affekte, sondern auch die politische Unabhängigkeit. Weil ihm die römische Republik und deren Prinzip der Machtverteilung als Nonplusultra gilt, muß er Cäsars verlockendes Bündnisangebot ausschlagen (III, 3) und den einsamen Kampf gegen dessen militärische Übermacht wagen. „Von dir", so wirft er Cäsar vor, „wird Rom und mir die Freiheit selbst geraubt." (III,3, v.981) ‚Freiheit' bedeutet hier Unabhängigkeit des Gemüts von äußeren Zwängen ebenso wie Autonomie des politischen Individuums. Cäsars Ehrgeiz bedroht diese beiden Dimensionen des Freiheitsbegriffs gleichermaßen. Sein Angebot, Cato an der Macht zu beteiligen und „zum Bürgermeister" (III,3, v.836) zu ernennen, möchte dessen stoische Prinzipientreue mit Hilfe weltlicher Verlockungen untergraben und die Unabhängigkeit des verantwortungsbewußten Pflichtmenschen einschränken.

Catos stoizistisch geprägte Philosophie besitzt von vornherein eine politische Nuance; in seinem Weltbild verbindet sich das sittliche mit dem republikanischen Prinzip zu einer untrennbaren Einheit. Cato ist weder reiner Homo politicus (wie Corneilles Cinna oder der Rodrigo des „Cid") noch weltfremder Stoiker und Märtyrer. Wenn er Cäsars Angebot ausschlägt, so demonstriert er damit, daß Moral und Politik für ihn unauflöslich zusammengehören. „Mein Schicksal heißt: Sei frei!" (III,3, v.945) – mit diesem Leitspruch demonstriert Cato aufs deutlichste die für ihn gültige Synthese von Stoizismus und Republikanismus. Politische Losung und metaphysische Vorsehung lassen sich in Catos Weltbild eben-

---

11 Justus Lipsius, Von der Bestendigkeit (De Constantia), Faksimiledruck der deutschen Übersetzung des Andreas Viritius nach der zweiten Auflage von c. 1601 mit den wichtigsten Lesarten der ersten Auflage von 1599, hrsg. v. Leonard Forster, Stuttgart 1965, S.34 (v)

Phil. verhilft letztlich ein tyrann. Prinzip (macht die Opfer des kriegs. sinnlos)

sowenig voneinander trennen wie republikanischer Freiheitsgedanke und
stoische Gemütsfreiheit.

„Mein Schicksal lenkt mich stets, die Bosheit zu bestreiten, | Und sollt
ich mir dadurch mein eigen Grab bereiten!" (I, 2, v.141f.) Catos hell-
sichtige Prognose verdeutlicht bereits in der Exposition des Trauerspiels,
daß er seinen politischen Moralismus, der aufs engste mit dem stoischen
Prinzip der Beständigkeit verknüpft ist, als Element des ihm von höheren Mächten auferlegten Fatums betrachtet. Zu dessen innerer Folgerichtigkeit gehört es auch, daß Cato am Schluß bereitwillig für seine republikanischen Ideale stirbt und den Freitod für die logische Konsequenz
der noch in äußerster Not behaupteten Willensfreiheit hält. Wenn der
Protagonist im Schlußakt vom stoischen ‚Weisen' zum Märtyrer seiner
politischen Auffassungen wird, so bezeichnet das sehr genau den Kreuzungspunkt, an dem Gottscheds Trauerspiel anzusiedeln ist. Einerseits
folgt es den Spuren der tragédie classique, indem es einen erhabenen
Helden vorführt, der das Herz der Pflicht bedingungslos unterordnet,
andererseits orientiert es sich am barocken Märtyrerdrama eines Gryphius
und Hallmann, dessen stoische Helden – Papinian, Catharina von Georgien, Mariamne, Sophia – mutig für die von ihnen vertretene Idee in
den Tod gehen.

Mit seinen französischen Vorläufern – dem Cinna Corneilles, dem
Titus Racines – teilt Cato die Bereitschaft, private Neigungen politischen
Interessen zu unterwerfen und im Konflikt zwischen Kopf und Herz der
Vernunft jederzeit Vorrang einzuräumen.[12] Gleichwohl ist Cato kein
Homo politicus nach dem Muster der klassizistischen Heroen, sondern
ein stoischer Weiser, der einzig seinen verinnerlichten Prinzipien folgt.
Während für die Helden Corneilles die Ehre als ranghöchster Begriff an
der Spitze der gesellschaftlich anerkannten Werthierarchie steht, akzeptiert Cato allein die moralische Pflicht als Orientierungspunkt aller
Handlungen. Ist die Ehre eine gleichsam öffentliche Tugend, an deren
unerbittlichem Gesetz sich die Römer Corneilles bedingungslos ausrichten, so bildet Catos Pflichtbegriff keinen sozialen, sondern einen privaten Maßstab, ein moralisches Prinzip, das weder äußerliche Reputation

---

[12] Zu den Heldenfiguren der französischen Klassik und ihren Vorbildern Walther
    Rehm, Römisch-französischer Barockheroismus und seine Umgestaltung in
    Deutschland, in: Götterstille und Göttertrauer. Aufsätze zur deutsch-antiken
    Begegnung, München 1951, S. 11-61

noch politischen Einfluß fördert. Bezeichnend ist, daß Cato an Cäsar
zumal den rücksichtslosen Egoismus und die Pflichtvergessenheit seiner
Usurpationsabsichten tadelt; die Konzentration auf die ‚Ehre', die das
Leitmotiv für Cäsars Handeln bildet, schlägt leicht in den sittlich verwerflichen ‚Ehrgeiz' des brutalen Machtmenschen um.[13]

Cato wird dort zum Märtyrer, wo er die Gesetze des politischen Kräftespiels durchbricht und jeglichen militärischen Widerstand gegen Cäsar verweigert. Anders als Corneilles Horatius und Rodrigo kämpft er
nicht für seine Ideen, sondern zieht den Selbstmord als Mittel der passiven Resistenz vor:

> „Mit was vor einer Stirn, mit welchem Angesicht
> Würd ich, und Rom dazu, durch ungerechte Waffen
> Des angemaßten Reichs, der Freiheit Hülfe schaffen?
> Da schlüge Jupiter mit Blitz und Donner drein!
> Vielmehr soll Utica mein Scheiterhaufen sein." (I,4, v. 240f.)

Das Stichwort ‚Scheiterhaufen' signalisiert deutlich, daß Cato sich schon
hier als Märtyrer seiner republikanischen Ideen, nicht aber als aktiven
Kämpfer für die von ihm vertretene politische Sache betrachtet. Mehrfach legt er im Verlauf des Dramas seine Selbstmordpläne offen, wobei
er sich durchaus in Übereinstimmung mit den Prinzipien der stoizistischen Lehre weiß, die den Suizid als letztes Mittel des passiven Wider-
stands gegen weltliche Versuchungen und Angriffe auf die moralische
Integrität des Individuums sanktioniert.

In der Rolle des Märtyrers unterscheidet sich Cato jedoch an wesentlichen Punkten von seinen barocken Vorgängern. Während die Helden

---

[13] Während Cäsar immer wieder von seiner ‚Ehre' spricht (III,2, v.722, 765), bringt
Cato das Prinzip der Pflicht ins Spiel (v.877); vgl. auch IV,2, v.1183 (Verwerfung
von Liebe und Ehre als weltliche Werte). Catos negative Einschätzung des Ehrbe-
griffs entspricht, wie schon Schulz angemerkt hat, Gottscheds eigenem Urteil
(„Erste Gründe der gesammten Weltweisheit. Praktischer Teil". Abdruck nach
der Ausgabe von 1762, in: Ausgewählte Werke, Bd.V/2, S.493f. <§228>; vgl.
Schulz, Tugend, Gewalt und Tod, S.94, Anm.122). Bereits Gottscheds Lehrmei-
ster Christian Wolff kritisiert das rücksichtslose Streben nach Ehre und äußerer
Reputation („Vernünfftige Gedancken von dem gesellschafftlichen Leben der
Menschen", S. 405 <§397>). Zur Begriffsgeschichte vgl. den Artikel „Ehre" in:
Handwörterbuch der deutschen Rechtsgeschichte, hrsg. v. Adalbert Erler und
Ekkehard Kaufmann. Mitbegründet von Wolfgang Stammler, Berlin 1971ff., Bd.I,
Sp. 846ff.

von Gryphius und Hallmann im Vertrauen auf die Erfüllung des christlichen Erlösungegedankens und in Erwartung eines Lebens nach dem Tod
ihre irdischen Plagen standhaft erdulden, bleibt Catos Handeln ausschließlich motiviert durch seine weltlich-politischen Wertvorstellungen.[14] Cato ist kein christlicher Märtyrer, keine jener Exempelgestalten,
deren Schicksale die Autoren des 17. Jahrhunderts in spätrömischen
Heiligenviten und den hagiographischen Schriften der Kirchenväter
beschrieben fanden. Mit seinem Selbstmord verstößt er gegen ein ele-
mentares christliches Moralgesetz, demzufolge die Macht über Leben
und Tod allein dem Schöpfergott zufällt.[15] Während sich Gryphius'
Papinian, eine der wenigen heidnischen Märtyrerfiguren des barocken
Trauerspiels, fast ständig auf „deß Höchsten Schluß"[16] und einen der
christlichen Erlösungsidee vergleichbaren Unsterblichkeitsgedanken
beruft, stehen die metaphysischen Aspekte menschlicher Existenz für
Gottscheds Cato nicht mehr im Vordergrund. Lediglich an einer Stelle,
kurz vor seinem Selbstmord, äußert er sich über die Möglichkeit eines
Lebens nach dem Tod. Aus der Lektüre Platons, die ihm Mut und Seelen-
stärke vermitteln soll, zieht er die Konsequenz, daß der „Geist" des
Menschen „unsterblich sein" müsse:

> „Woher entstünde sonst das Hoffen und Verlangen,
> Ein unaufhörlich Glück und Leben zu empfangen? (...)

---

[14] Zum Märtyrerdrama des Gryphius und seinen Quellen Hans-Jürgen Schings, Die
patristische und stoische Tradition bei Andreas Gryphius. Untersuchungen zu
den Dissertationes funebres und Trauerspielen, Köln, Graz 1966, bes. S. 182ff.;
vgl. auch die Darstellung von Elida Maria Szarota, Geschichte, Politik und Gesellschaft im Drama des 17. Jahrhunderts, Bern, München 1976, S.85ff. (zu
Hallmann)

[15] Diese traditionell christliche Position vertritt auch Gottsched selbst (Weltweisheit. Praktischer Teil, in: Ausgewählte Werke, Bd. V/2, S. 176f., §§ 201f.), wobei
sich stoizistische Elemente in die Argumentation mischen: „(...) so sind noch andre
Mittel vorhanden, die Größe des Leidens zu mildern, als der Selbstmord; nämlich
die Geduld und Standhaftigkeit." (S. 177, § 202)

[16] Andreas Gryphius, Großmüttiger Rechts=Gelehrter / Oder sterbender AEmilius
Paulus Papinianus. Trauer=Spil (1659). Text der Erstausgabe, besorgt v. Ilse-Marie
Barth, mit einem Nachwort v. Werner Keller, Stuttgart 1983, IV,v.232. Zu den
christlichen Elementen in Papinians paganem Weltbild die Deutung von Schings,
in: Die Dramen des Andreas Gryphius. Eine Sammlung von Einzelinterpretationen, hrsg. v. Gerhard Kaiser, Stuttgart 1968, S.170-203, bes. S.195f., 202f.

> Ja, ja, es wohnt in uns ein göttlich-hoher Trieb;
> Der Himmel macht uns selbst die stete Dauer lieb
> Und führt uns aus der Welt in ungleich größre Schranken."
>
> (V, v.1421f.)

Die Platon-Lektüre – vermutlich ist die Schrift „Phaidon" gemeint[17] – erfüllt die Funktion eines Therapeutikums in großer psychischer Not. Sie verschafft Cato die nötige Seelenruhe, indem sie seine Hoffnung auf Wiedergeburt und Unsterblichkeit der Seele wachhält. Dennoch kann nicht davon die Rede sein, daß Catos Weltsicht durch eine metaphysische Lehre der Erlösung bestimmt ist, wie sie Gryphius' Märtyrer Papinian zum Maßstab seines Tuns erhebt. Während Papinian als Heiliger im Geist eines fast christlich zu nennenden Jenseitsvertrauens stirbt, bleibt Catos Handeln dem weltlichen Gesetz der von ihm verinnerlichten politischen Pflichtmoral unterworfen.[18]

Cato ist weder ein reiner Märtyrer im Sinne des barocken Trauerspiels noch ein stolzer Heros nach dem Muster der französischen Tragödie. Als stoischer Philosoph und politischer Denker steht er zwischen beiden Vorbildern, ohne einem von ihnen vollauf zu entsprechen. Gottscheds Eklektizismus bestimmt damit, so scheint es, nicht nur seine Dramentheorie, sondern auch die Figurengestaltung in der Trauerspielpraxis.

Ähnlich ambivalent wie Cato wirkt sein Gegenspieler Cäsar. Einerseits offenbart er sich als trotziger Usurpator und skrupelloser Machtpolitiker, als Repräsentant des Absolutismus in reinster Form; andererseits trägt er genuin bürgerliche Züge, die ihm durchaus die Sympathie des Publikums sichern dürfen. Cäsar zeigt sich fähig zu Liebe und Zuneigung – kaum zufällig tritt er zuerst als Werbender auf, der um Arsenes Hand anhält (III,1), erst danach als Anwalt der politischen Botschaft, die er Cato zu übermitteln hat. Bürgerlich erscheint Cäsar jedoch nicht nur in der Rolle des liebenden Privatmenschen, sondern auch dort, wo er die

---

[17] Plato, Phaidon, 102a8 – 103a3

[18] Auf eine weitere Differenz zwischen Gryphius und Gottsched hat Arntzen, Von Trauerspielen, S. 579 hingewiesen: während Papinian den Tyrannen Bassian durch sein Martyrium ‚zerstört', indem er ihn in Gewissensnöte treibt (eine Konstellation, die Hallmann in der „Mariamne"<1670>, bezogen auf Herodes, wiederholt), kann Cato mit seinem Selbstmord den Aufstieg Cäsars nicht verhindern; die ‚Erfolglosigkeit' des Märtyrers ist laut Arntzen ein Indiz für den Niedergang einer literarischen Gattung im Zeichen der Säkularisierung.

herkömmliche republikanische Ordnung Roms in Frage stellt und zur
Untermauerung der eigenen Machtansprüche trotzig auf seine militärischen Leistungen verweist:

> „Die Meere waren mir kein Hindernis im Siegen,
> Ich bin den Ozean der Briten überstiegen;
> Und doch versaget mir der ungerechte Rat,
> Weil mich Pompejus haßt, ein schlechtes Konsulat?" (III,3, v.855f.)

Cäsar ist ein gemischter Charakter, ein bürgerlich argumentierender
Diktator, der gegen die überkommene soziale Hierarchie rebelliert, allein die Leistung als Prämisse des Erfolgs akzeptiert und mit dem Vertrauen
in die Durchsetzbarkeit der eigenen Ziele einen politischen Optimismus
an den Tag legt, der die Allianz zwischen Privatinteresse und Gemeinwohl für möglich hält: „Wo Cäsar herrscht, wird alles glücklich sein."
(III,3, v.926) An die Stelle der republikanischen Tradition treten die dy-
namischen Prinzipien von Leistung und Erfolg, auf die sich die politische Philosophie des Usurpators stützt. Daß ausgerechnet diese bürgerlichen Werte zur Verteidigung der Diktatur und gegen die republikanische
Ordnung ins Feld geführt werden, macht die unfreiwillige Dialektik im
Denken des machtbewußten Herrschers Cäsar aus.

Man mag die ambivalente Charakterzeichnung Cäsars als einen Reflex der politischen Unsicherheit Gottscheds betrachten, als Ausdruck
der Orientierungslosigkeit im Vorfeld einer echten bürgerlichen Emanzipationsbewegung. Für diese Vermutung spricht, daß der Autor selbst
nirgends eindeutig Stellung gegenüber dem sozialen Gehalt seines Trauerspiels bezogen und dessen ‚politische' Aspekte nicht näher kommentiert hat.[19] Zugleich zeichnet sich aber in den Antinomien, die Cäsars
Denken bestimmen, ein Vorschein dessen ab, was man später als ‚Dialektik der Aufklärung' betrachtet hat: der Umschlag von individuellem
Freiheitsanspruch in egoistische Herrschaftpraxis. Daß der Tyrann hier

*Philol.*

---

19  Schulz, Tugend, Gewalt und Tod, S. 92 vermutet zu Recht, daß Gottsched an
    Cäsar nicht den Absolutismus in jeglicher Form, sondern nur dessen unaufgeklär-
    te Variante kritisieren wollte, ganz im Sinne des Hobbesschen „Leviathan" (1651),
    der die Regelung der bestehenden Herrschafts- durch Vertragsverhältnisse vor-
    sieht (gerade dieser Lösung entzieht sich Cäsars usurpatorischer Ehrgeiz); auf
    explizite Kommentare zur politischen Philosophie Cäsars hat Gottsched jedoch
    verzichtet.

zugleich Bürger ist, verweist schon auf die Möglichkeit der Umkehrung, auf die tyrannischen Züge, die der bürgerliche Held spätestens bei Lessing an den Tag legen wird.[20]

Ein gemischter Charakter ist Cäsar aber auch im Sinne der aristotelischen Theorie. Er verkörpert nicht den klassischen Typus des rücksichtslosen Despoten, der durch keinerlei moralische Verpflichtungen gebunden scheint, sondern zeigt sich als Mensch mit Fehlern, als Liebender und Empfindender ebenso wie als Ehrgeiziger und Machtbesessener. Schon die zeitgenössischen Kritiker sahen in ihm weitaus eher als in Cato ein Exempel des aristotelischen Helden, jenen ‚mittleren Charakter‘, dessen Schicksale die Anteilnahme des Publikums provozieren. Gottlieb Stolle bemerkt diesbezüglich: „So kommt es sowohl mir als noch dreien Freunden, denen ich diese Tragödie vorgelesen, für, als wenn Cäsar, wo nicht größer, doch ebenso groß als Cato charakterisiert sei. Cäsar scheint billiger als Cato. Man tadelt gleichsam bei sich selbst den Cato, daß er so eigensinnig alles verwirft und dem so schön vorgestellten Cäsar mit solcher Grobheit begegnet."[21]

Die Bewertung der beiden Hauptfiguren führt unmittelbar zu den wirkungspoetischen Aspekten von Gottscheds Trauerspiel. In der rasch einsetzenden Diskussion über dessen künstlerischen Wert konzentrierte man sich vor allem auf die Frage, inwiefern Cato als Stoiker geeignet sei, beim Publikum die von Aristoteles geforderten Leidenschaften freizusetzen und deren Reinigung anzubahnen. Jakob Immanuel Pyra, erbitterter Gegner Gottscheds und seiner Regelpoetik, faßt in einer Streitschrift aus dem Jahr 1744 die Einwände gegen die Figurengestaltung des Trauerspiels zusammen: „Hieraus folgt dann zugleich, da Cato wegen seines stoischen Wesens sich nicht zu einer Hauptperson schicket, daß auch nicht ein rechtes Schrecken und Mitleiden in dieser Tragödie herrsche. Diese beiden Gemütsbewegungen müssen deswegen in dem Zuhörer erregt werden, daß er solche Taten, als in der Tragödie vorgestellet werden, fürchten und scheuen lerne."[22]

---

[20] Vgl. Arntzen, Von Trauerspielen, S. 581 (mit dem Hinweis auf Lessings „Emilia Galotti" und die Ersetzung des absolutistischen „Machtzwang<s>" durch den bürgerlichen „Tugendzwang")

[21] <Stolle>, Critische Gedanken, in: Gottsched, Sterbender Cato, S. 92

[22] Jakob Immanuel Pyra, Fortsetzung des Erweises, daß die G*ttsch*dianische Sekte den Geschmack verderbe, Berlin 1744, S. 89f.

Als Stoiker, so lautet der immer wieder erhobene Hauptvorwurf, provoziert Cato die Bewunderung seines Publikums, nicht aber Schrecken und Mitleid. Anders als die Tragödientheoretiker des italienischen Cinquecento und ihre deutschen Gefolgsleute, anders auch als Corneille und der gesamte französische Klassizismus nimmt man im 18. Jahrhundert die aristotelischen Wirkungsbegriffe wieder außerordentlich ernst. Es genügt nicht, so erklärt Pyra, wenn das Trauerspiel vorbildliche Charaktere zeigt und den Zuschauer zur Nachahmung sittlich mustergültiger Handlungen bewegt, mithin ein Resultat herbeiführt, das dem moralisch gedeuteten Katharsiseffekt durchaus ähnlich ist, ohne zuvor Schrekken und Mitleid wachzurufen.[23] Dieser Lösungsweg, den zahlreiche Dramentheoretiker des 17. Jahrhunderts favorisieren, weil er die schon von Platon gerügte Erregung der Affekte meidet und direkt zum moralischen Endzweck der Tragödie führt, verstößt laut Pyra gegen die aristotelische Regeln und ignoriert die Wirkungsmacht der tragischen Leidenschaften. Die Hauptperson eines Trauerspiels muß ein Mensch sein, der Schmerz empfindet und dadurch die Anteilnahme des Publikums provoziert: „Wann sie nun selbst nicht so beschaffen ist, daß man über sie erschrecken und Mitleiden haben kann, weil sie selbst kein Leid über ihr Unglück sehen läßt, so fällt der Endzweck der Trauerspiele, so fallen die Mittel zugleich hin."[24]

Anders als Corneille, der die Bewunderung für den zentralen Wirkungsbegriff gehalten hatte, an dem der Aufbau der tragischen Handlung und die Charakterisierung des Protagonisten ausgerichtet werden sollte, konzentriert sich Pyra auf die ursprünglichen aristotelischen Kategorien ‚eleos' und ‚phobos', ohne die nach seinen Vorstellungen eine echte Reinigung der Leidenschaften im Sinne einer moralischen Besserung nicht möglich ist. Gottsched selbst vertritt bekanntlich in seiner Tragödientheorie einen vermittelnden Standpunkt: er versucht die nichtaristotelische ‚Bewunderung' mit Schrecken und Mitleid zu verbinden und eine Trias der Wirkungsbegriffe zu begründen, die in sich jedoch höchst widerspruchsvoll bleibt. Die innere Spannung, die Gottscheds Trauerspieldoktrin bestimmt, beherrscht auch den „Sterbenden Cato",

---

[23]  Zur Katharsislehre in der Dramentheorie des 17. Jahrhunderts Schings, Consolatio Tragoediae, S. 35f.

[24]  Pyra, Fortsetzung, S. 90

der weder ein reines Märtyrerdrama noch eine Tragödie nach aristoteli-
schem Muster ist.

Gottsched hat die Ambivalenz seiner wirkungspoetischen Orientierung unfreiwillig in der „Cato"-Vorrede offengelegt. Hier schon setzt er
sich gleichsam präventiv mit Einwänden auseinander, wie sie später dann
tatsächlich von Pyra und anderen Kritikern erhoben wurden. „Endlich
muß niemand denken, als wenn die Absicht dieses Trauerspieles diese
wäre, den Cato als ein vollkommenes Tugendmuster anzupreisen, nein,
den Selbstmord wollen wir niemals entschuldigen, geschweige denn loben.
Aber eben dadurch ist Cato ein regelmäßiger Held zur Tragödie geworden, daß er sehr tugendhaft gewesen, doch so wie es Menschen zu sein
pflegen; daß sie nemlich noch allezeit gewisse Fehler an sich haben, die
sie unglücklich machen können. So will Aristoteles, daß man die tragischen Hauptpersonen bilden soll."[25] Cato ist für Gottsched, so registriert
man überrascht, kein Held ohne Makel, sondern ein mittlerer Charakter. Bemerkenswert bleibt daran, daß das Prinzip der ‚hamartia' mit der
Ausrichtung an einem exemplarischen Heroentypus offenbar harmonisiert werden soll: „Durch seine Tugend erwirbt sich Cato unter den
Zuschauern Freunde. Man bewundert, man liebt und ehret ihn: man
wünscht ihm daher auch einen glücklichen Ausgang seiner Sachen. Allein, er treibet seine Liebe zur Freiheit zu hoch, so daß sie sich in einen
Eigensinn verwandelt. Dazu kommt seine stoische Meinung von dem
erlaubten Selbstmorde. Und also begeht er einen Fehler, wird unglücklich und stirbt: Wodurch er also das Mitleiden seiner Zuhörer erwecket,
ja Schrecken und Erstaunen zuwege bringet."[26]

Die logischen Widersprüche dieser Erklärung liegen deutlich zutage.
Sie schreiben sich aus dem Bemühen her, heroischen Protagonisten und
mittleren Charakter im Zeichen der Versöhnung von Märtyrerdrama
und aristotelischer Lehre zusammenzuführen. Die Schwierigkeit besteht
darin, daß Gottsched das, was Catos Tugend ausmacht – seine Beständigkeit – zugleich als Prämisse der ‚hamartia' anlegen muß, will er seinen
Helden gleichermaßen bewunderungs- und mitleidswürdig erscheinen
lassen. Catos vermeintliche ‚hamartia' ist nicht Auslöserin der tragischen
Katastrophe, die am Schluß die Affekte des Publikums mobilisiert, son-

---

[25] Gottsched, Sterbender Cato, Vorrede, S. 17
[26] Gottsched, Sterbender Cato, Vorrede, S. 17

dern stellt diese Katastrophe als dramatischen Höhepunkt selbst bereits
dar. Während Aristoteles die Erregung von ‚eleos' und ‚phobos' an eine
Situation bindet, in die der Held aufgrund seines Fehlers schuldhaft gerät,
mutet Gottsched dem Zuschauer zu, daß er Mitleid mit dem Fehler selbst
empfindet, der hier nicht Movens der Verstrickung, sondern schon das
Ende der Tragödie ist. Unklar bleibt außerdem, wo die Grenze zwischen
Catos stoischer Beständigkeit und dem ‚Eigensinn' liegt, den ihm sein
Autor kritisch vorhält. Auch hier begegnet ein logischer Widerspruch,
weil die Tugend des Helden, die Bewunderung erregen soll, gleichzeitig
als Fehler betrachtet wird, der zur Evokation von Mitleid zu führen hat.
Die Forschung bewertet Gottscheds Selbstkommentar gewöhnlich als
problematischen Versuch, sein weltliches Märtyrerdrama nachträglich
auf aristotelischen Kurs zu bringen.[27] Für diese Interpretation spricht,
daß im Trauerspiel selbst kaum ein Anhaltspunkt für eine negative
Deutung von Catos Charakter zu finden ist. Den sterbenden Helden *tablea*
umstehen am Schluß Sohn, Tochter und engste Vertraute in erklärter
Bewunderung; ihm wird ein erhabener Tod zuteil, ohne daß sich Spuren
moralischen Tadels in die Szene mischen. Immer wieder rühmt man Catos
moralische Unbestechlichkeit und seinen Mut, dem selbst Cäsar höchsten Respekt zollt (III,3, v.1009f.). Von einer Demontage des stoischen
Helden Cato, von Kritik und Distanz kann keine Rede sein.

Zwischen dramatischer Praxis und theoretischem Anspruch klafft also
ein erheblicher Widerspruch. Er wird genährt durch die doppelte wirkungsästhetische Orientierung Gottscheds, mit deren Hilfe Märtyrerdrama und aristotelische Doktrin miteinander verbunden werden sollen. Daß diese Intention praktisch kaum umzusetzen war, zeigt der
„Sterbende Cato" geradezu exemplarisch. Das verworrene Bild, das das
Drama hier abgibt, wird nicht klarer, wenn man eine Quelle hinzuzieht,
die die Forschung bisher weitgehend ignoriert hat, obwohl sie für die
Einschätzung des Selbstkommentars von außerordentlicher Bedeutung
ist. Es handelt sich um die akademische Rede über den jüngeren Cato,
die Gottsched im Jahr 1726 vor der „Deutschübenden-poetischen Gesellschaft" in Leipzig gehalten hat. Ihre Hauptthese lautet, daß Cato von

---

[27]  Conrady, Sterbender Cato, S. 76f., v.Heydebrand, „Der sterbende Cato" und die
     Kritik, S. 560f., Koopmann, Drama der Aufklärung, S.77, Schulz, Tugend, Gewalt
     und Tod, S. 95f.

den römischen Geschichtsschreibern überschätzt worden und keineswegs als vorbildlicher Charakter einzustufen sei. „Mein Satz ist dieser: Cato ist von seinen eigenen Leidenschaften beunruhiget, bestürmet und besieget worden: folglich ist er nicht unüberwindlich gewesen: folglich ist sein Tod aus Verzweifelung, Furcht und Zaghaftigkeit entstanden, folglich ist er einem großmüthig sterbenden Sokrates, Phocion, Cicero und Seneca gar nicht an die Seite <zu> setzen.“[28]

Mit unermüdlichem Eifer versucht Gottsched nachzuweisen, daß Cato kein stoischer Weiser, sondern letzthin ein eitler Blender gewesen sei. Verwerflich ist vor allem sein Selbstmord, der nicht aus innerer Gewissensnot (und damit im Sinne der stoizistischen Lehre) erfolgt, sondern reinem Geltungsdrang entspringt: „Die Liebe zur römischen Freyheit, muß seinem Eigensinne zum Vorwande dienen; und die Begierde, sich durch eine unerhörte That einen unsterblichen Namen zu erwerben, muß mit dem Deckmantel einer stoischen Großmuth verhüllet werden.“[29] Im Licht der skeptischen Diagnose, die der Leipziger Vortrag dem Verhalten des Römers stellt, läßt sich auch Gottscheds Dramenkommentar neu bewerten. Was ohne Kenntnis der Rede wie eine nachträgliche Abwertung des Protagonisten zum mittleren Helden im Sinne der aristotelischen Lehre erscheint, deckt sich tatsächlich mit Gottscheds älterer Einschätzung, die durchweg negativ ausfällt und entschiedene Kritik an Catos Passivität einschließt: „Was ist Rom mit seinem Tode gedienet? Wer wird durch seinen Selbstmord gebesssert? Wird auch sein kalter Leichnam Wälschland von einem Tyrannen erlösen?“[30]

Die Leipziger Rede kann den Widerspruch zwischen Theorie und Praxis der „Cato“-Tragödie nicht beseitigen, sondern nur in neues Licht rükken. Sie legt den Eindruck nahe, daß Gottsched in Cato tatsächlich ei-

---

[28] Gottsched, Cato ist nicht als ein unüberwindlicher Weiser gestorben, in: Ausgewählte Werke, Bd. IX/2, S. 483-491, hier S. 487. Kurze Erwähnung findet Gottscheds Cato-Rede bei v. Heydebrand, „Der sterbende Cato“ und die Kritik, S. 559 und Schulz, Tugend, Gewalt und Tod, S. 96, Anm.127. Ruedi Graf, Das Theater im Literaturstaat. Literarisches Theater auf dem Weg zur Bildungsmacht, Tübingen 1992 versucht neuerdings, den Widerspruch zwischen Gottscheds Cato-Rede und der Figurenkonzeption im Trauerspiel zu harmonisieren, indem er die Kritik am Selbstmord als Versuch einer christlichen Korrektur des paganen Stoizismus interpretiert (S. 184).

[29] Gottsched, Ausgewählte Werke, Bd. IX/2, S. 489

[30] Gottsched, Ausgewählte Werke, Bd. IX/2, S. 490

nen mittleren Charakter vorführen wollte, dessen redliches Bemühen um tugendhaftes Handeln durch persönliche Schwäche, Eitelkeit und Hang zur Passivität unterlaufen wird. Daß diese Intention im Blick auf die geschichtlichen Quellen bedenklich bleibt – nicht nur Seneca, sondern nahezu sämtliche Historiker der Kaiserzeit loben den jüngeren Cato als Musterbeispiel stoischer Tugend –, mag aus literarischer Perspektive vertretbar sein. Entscheidender ist, daß der Schematismus der Gottschedschen Charakterisierungstechnik die Ausbildung psychologischer Facetten kaum zuläßt und die ursprüngliche Konzeption konterkariert. Unter der Hand gerät das Trauerspiel derart wieder zur heroischen Tragödie aus dem Geist Corneilles, zur Exemplifizierung eines mustergültigen Helden, der als mittlerer Charakter angelegt war, aber nur als stolzer Heros alten Schlages kenntlich ist.

Gottscheds „Cato" war in den Jahren zwischen 1730 und 1740 ein gewaltiger Bühnenerfolg beschieden. Das Trauerspiel wurde an den großen europäischen Fürstenhöfen, in Petersburg, Potsdam und Wien, aufgeführt und galt über eine ganze Dekade als vorbildliches Regeldrama französischer Prägung.[31] Die widerspruchsvolle Charakterzeichnung des Titelhelden und die ihr zugrundeliegende Unentschiedenheit der wirkungspoetischen Orientierung konnten die lebhafte Rezeption von Gottscheds Trauerspiel nicht verhindern. Erst seit dem Beginn der 40er Jahre, als der Stern des Leipzigers zu sinken begann, regten sich die Stimmen der Kritiker, die den „Sterbenden Cato" als langweiliges Produkt einer rationalistischen Dramaturgie am Reißbrett verwarfen.[32] Das methodische Fundament, auf dem sie operierten, war jedoch von Gottsched selbst gelegt worden. Seine in vielen Punkten inkonsistente Tragödientheorie wurde zum Auslöser für fruchtbaren Widerspruch und originellere dramatische Versuche.

---

[31] Zur zeitgenössischen Wirkungsgeschichte der Bericht des Gottsched-Schülers Christian Gottlob Köllner, Nachricht von den Schicksalen dieses sterbenden Cato in Frankreich und Deutschland, in: Gottsched, Ausgewählte Werke, Bd. II, S. 154-191

[32] Ein besonders markantes Beispiel für die gegen Gottsched gerichtete Polemik bietet Bodmers „Sinnliche Erzehlung von der mechanischen Verfertigung des deutschen Original=Stückes von Cato" (in: Sammlung Critischer Poetischer und andrer geistvoller Schriften zur Verbesserung des Urteils und Witzes in den Werken der Wohlredenheit und der Poesie, Zürich 1741-44, Bd. II, 8. Stück, S. 80-96). Von

## 2. Der Heros zwischen Rebellion und Loyalität.
### J.E. Schlegels „Canut" (1746)

Bereits seinen Zeitgenossen galt Johann Elias Schlegel als eigentlicher
Erneuerer des deutschen Trauerspiels. Lessings 16. Literaturbrief (1759)
bezeichnet ihn als denjenigen Dramatiker, der „bis itzt dem deutschen
Theater die meiste Ehre gemacht"[33] habe. Christian Heinrich Schmid
bemerkt in seiner „Theorie der Poesie" (1767-69): „(...) er zog der deutschen Muse zuerst den Cothurn an; und wollte nicht länger unerwiesen
lassen, daß eine Nation, die Barden und Helden gehabt, eine tragische
Bühne haben könne, anständig und würdig der heroischen Thaten, die
auf ihr geschildert werden."[34] Fünf Trauerspiele hat der früh verstorbene
Schlegel hinterlassen, darunter mit dem „Hermann" und dem „Canut"
die fraglos bedeutendsten Dramen der 40er Jahre, die Gottscheds „Cato"
und „Agis" an künstlerischer Reife entschieden überlegen sind.

Schmids lobende Charakterisierung hebt ausdrücklich das ‚nationale'
Element in Schlegels Tragödien hervor. In der Tat unterscheidet sich
sein dramatisches Œuvre von dem Gottscheds zumal darin, daß es sich
erstmals auch auf Stoffe aus der deutschen und skandinavischen Geschichte stützt. Schlegel setzt damit seine eigene Erkenntnis von der Differenz der Nationalkulturen in die literarische Praxis um: einem deutschen
Publikum bleiben die heroischen Charaktere der Römer, Spanier und
Franzosen, so hatte der Aufsatz über das „Dänische Theater" konstatiert,
weniger zugänglich als die Shakespeares und der germanischen Sagen.
Schon in einer frühen theoretischen Abhandlung über „die Trauerspiele
der Alten und Neuen" (1739) warnt Schlegel vor der modisch gewordenen Ausrichtung am Tragödiengeschmack der Franzosen, den er im

---

Bodmer stammt auch „Der parodirte Cato" (entstanden 1751, publiziert 1765),
in dem Gottsched seine eigene Dichtung als Schlafmittel empfiehlt. In seiner
Vorrede zur Edition von Thomsons Trauerspielen (1756) erklärt Lessing, er wolle
„unendlich lieber der Urheber des ‚Kaufmanns von London' <Verf. George Lil-
lo>, als des ‚Sterbenden Cato' sein, gesetzt auch, daß dieser alle die mechanischen
Richtigkeiten hat, derentwegen man ihn zum Muster für die Deutschen hat machen
wollen." (Werke, Bd. IV, S. 144) Ein Jahr später heißt es im Blick auf die vermeintliche Makellosigkeit des Gottschedschen Protagonisten: „(...) Cato als ein
Stoiker ist mir ein schlechter tragischer Held." (Werke, Bd. IV, S. 165)

[33] Lessing, Briefe, die neueste Literatur betreffend, in: Werke, Bd. V, S. 69
[34] Christian Heinrich Schmid, Theorie der Poesie , Bd. I, S. 490f.

Gegensatz zu Gottsched nicht als generell gültigen Maßstab für die europäische Dramatik akzeptieren möchte.[35]

Seit dem Jahr 1743 lebt Schlegel in Dänemark, weil ihm in Deutschland angemessene Wirkungsmöglichkeiten versagt bleiben; zunächst amtiert er als Sekretär des sächsischen Gesandten von Spener, später als Professor an der Ritterakademie von Sorø, wo er Vorlesungen über historische und staatsrechtliche Themen hält. Die Begegnung mit dänischen Sagen und Traditionen veranlaßt bald ein intensives Studium der skandinavischen Geschichte, das im „Canut" seinen künstlerischen Ausdruck findet. In der Vorrede zum Trauerspiel hat Schlegel selbst auf Saxos umfangreiche „Gesta Danorum" (12. Jh.) als Quelle des „Canut" hingewiesen und die Prinzipien offengelegt, nach denen er seinen Stoff aussuchte: „Ich habe diejenigen Umstände gewählet, die mir am bequemsten geschienen, Charaktere ins Licht zu setzen und Gemütsbewegungen zu erwecken, und dieses mit einer Freiheit, die schon längstens in Gedichten vergönnet gewesen."[36] Schlegel hat von dieser poetischen Freiheit reichlich Gebrauch gemacht und seinen Titelhelden Canut, den Dänenkönig Knud den Großen (995-1035), gegenüber der historischen Überlieferung an zahlreichen Punkten idealisiert. Canut avanciert bei Schlegel zum mustergültigen Vertreter eines aufgeklärten Absolutismus, zur vorbildlichen Exempelfigur, die die Prinzipien moralisch-vernünftiger Regierungskunst in die politische Praxis umgesetzt hat.

Die Ära des Dänenkönigs Knud war eine Übergangsperiode, in der die christliche die heidnisch-archaische Weltsicht noch nicht vollends verdrängt hatte.[37] Schlegels Trauerspiel bezieht seine tragische Substanz aus der Kollision zwischen alter und neuer Wertsphäre, ohne daß es dabei

---

[35] Schlegel, Gedanken zur Aufnahme des dänischen Theaters, S. 99; ders., Auszug eines Briefes, welcher einige kritische Anmerkungen über die Trauerspiele der Alten und Neuern enthält, in: Werke, Bd. III, S. 203-213, bes. S. 209

[36] Schlegel, Canut. Ein Trauerspiel, hrsg. v. Horst Steinmetz, S. 8. Problematisch hier die Einschätzung Sengles, der in Schlegels Orientierung an der skandinavischen Sagenwelt das Aufleben eines ‚gemeingermanischen Gefühls' erkennen möchte. Es gibt jedoch keine Indizien dafür, daß Schlegels Stoffwahl einem wie immer gearteten Pangermanismus Vorschub hatte leisten wollen (Friedrich Sengle, Das historische Drama in Deutschland. Geschichte eines literarischen Mythos, Stuttgart 1969 (2. Aufl., zuerst 1952).

[37] Zu den historischen Hintergründen näher Georg-Michael Schulz, Die Überwindung der Barbarei. Johann Elias Schlegels Trauerspiele, Tübingen 1980, S.101

den historischen Konflikt nur nachgestaltet. Der „Canut" thematisiert den für Knuds Regierungszeit bestimmenden Gegensatz von Christen- und Heidentum lediglich am Rande und rückt stattdessen eine politische Dimension ins Zentrum der Ereignisse. Dem Titelhelden als Repräsentanten des aufgeklärten Absolutismus steht mit Ulfo ein verwegener Einzelkämpfer, ein Vertreter des alten Heroentums und seiner ausschließlich auf Stärke, Tapferkeit und Machtstreben gegründeten Wertvorstellungen entgegen. Die mittelalterliche Welt des Dänenkönigs Knud bildet damit die Kulisse für einen aus Schlegels Sicht höchst aktuellen Konflikt zwischen aufgeklärter und unaufgeklärter Herrscherkunst, zwischen Legitimität und Gesetzlosigkeit politischer Macht.

Die äußere Handlung des Trauerspiels bleibt arm an Spannungselementen und kunstvoll gefügten Szenenfolgen. Der Feldherr Ulfo, der durch eine List Canuts Schwester Estrithe geheiratet hat, kehrt nach Dänemark mit der Absicht zurück, den König zu stürzen und die Macht an sich zu reißen. Obwohl ihn Estrithe und Canuts getreuer Gefolgsmann Godewin von seinen Usurpationsplänen abzubringen suchen, verfolgt Ulfo unbeirrt sein Ziel: er mobilisiert ein ihm von Canut anvertrautes Heer, an dessen Spitze er seinen brennenden Ehrgeiz befriedigen soll, gegen den König, wird dabei jedoch verraten und schließlich, da er sich unfähig zur Reue zeigt, zum Tode verurteilt; ehe man die Exekution vollstrecken kann, stirbt Ulfo in einem von ihm selbst provozierten offenen Zweikampf mit dem Canut ergebenen Slawenprinzen Godschalk.

Für den machtbesessenen Ulfo ist die Ehre der höchste Wert auf Erden, dem er sein gesamtes Handeln unterwirft. Ehre kann nach seiner Ansicht allein erringen, wer Macht besitzt: „Gehorchen ist ein Ruhm, doch nur für schlechte Seelen. | Für größre Geister ist die Ehre, zu befehlen." (II,4, v. 511f.) Das Streben nach Ehre bedeutet für Ulfo, daß er sich nicht mit dem militärischen Ruhm begnügen kann, den ihm seine Erfolge als Feldherr verschaffen, sondern höhere Ziele avisieren muß:

> „O Ehre! wer nur dich einmal geschmecket hat,
> Wird stets von dir gereizt und niemals von dir satt.
> Ein Sieg ist nicht genug, um Helden zu vergnügen." (III,5, v.911f.)

Ulfo rebelliert gegen die bestehende Ordnung, weil er nicht verstehen kann, daß er trotz seiner militärischen Erfolge vom Zentrum der Macht ausgeschlossen bleibt. Nach seinen Vorstellungen muß die Königswürde demjenigen zufallen, der Stärke und Tapferkeit im Krieg bewiesen hat. Ulfo folgt damit einer archaischen Praxis politischer Machtverteilung, bei der egoistischer Interessenkampf und Usurpation auf der Tagesordnung stehen, moralische Prinzipien und Verpflichtungen jedoch keine Rolle spielen. Die Position des Herrschenden ist ständig disponibel, weil jeder, der sich dazu befähigt fühlt, Anspruch auf das höchste Staatsamt erheben kann. Beredt klagt Ulfo darüber, daß die alten Heroentugenden im Wert gefallen seien:

> „Die Ehre des Canut sucht jeder zu erheben;
> Doch keiner hat das Herz, nach gleichem Ruhm zu streben.
> Sind diese Zeiten denn so ganz von Helden leer?" (II,4, v.491f.)

Mut und Stärke bilden für Ulfo nicht nur heroische Eigenschaften, die im Krieg benötigt werden, sondern begründen auch den Anspruch auf Beteiligung an der Macht, der wiederum die Subordination unter einen als Souverän akzeptierten Herrscher ausschließt. Ganz im Sinne Canuts entwirft dagegen die Dänenkönigin Gothrika in Schlegels gleichnamigem Trauerspiel-Fragment das Bild des idealen Untertans, der Heroentum und Pflichtbereitschaft miteinander verbindet: „Ich hoffe noch endlich die Zeit zu sehen, da die Tapferkeit bey euch in ihre wahren Pflichten eingeschlossen bleibt; da sie nicht eine Störerinn der öffentlichen Ruhe, sondern eine Wächterinn und Beschützerinn des Friedens seyn wird (...)[38]

Ulfos Frage nach den wahren Helden bezieht sich explizit auf Godewin, der als treuer Untertan und loyaler Gefolgsmann seines Königs einen ganz eigenen Ehrbegriff vertritt. Für ihn deckt sich die Ehre mit der Pflicht, die er gegenüber seinem Herrscher zu erfüllen hat:

> „Ich fodre keinen Ruhm, der aus dem Unrecht grünet,
> Der sich durch Unglück nährt und der nur Fluch verdienet.
> Eh roste dieses Schwert in unberühmter Ruh,
> Eh es, bekannt zu sein, der Pflicht zuwidertu.
> Such nur aus Heldenmut des Landes Glück zu stören:
> Ich will verzagter sein und meinen König ehren." (II,4, v.520f.)

---

[38] Schlegel, Unvollendeter Entwurf der Gothrika, eines Trauerspiels in drey Aufzügen, in: Werke, Bd. II, S. 545-568, S. 551 (I,1)

Estrithe, die Schwester Canuts und Gattin Ulfos, formuliert die Quintessenz von Godewins Ehrbegriff besonders prägnant, wenn sie erklärt:
„Was Ehre bringt, das muß auf Recht gegründet sein." (III,1, v. 660)
Während Ulfos Ehrvorstellung die Verteidigung eines schrankenlosen
Machtstrebens einschließt (das verbindet ihn mit Gottscheds Cäsar),
ordnet Godewin das Gesetz der Ehre jenem der Treue unter. Im Namen
der Ehre wird damit für und gegen das Loyalitätsprinzip argumentiert;
der Begriff, so scheint es, besitzt zwei gänzlich verschiedene Bedeutungsnuancen, die den im Trauerspiel entfalteten Wertkonflikt exemplarisch
bezeichnen.[39]

Während Ulfo nach sozialer Anerkennung strebt, vertraut Godewin
auf die Macht der Persönlichkeit, die gegen ungezügelte Geltungssucht
immunisiert: „Die Ehre bleibt allein des Herzens Eigentum." (III,4, v.896)
Wenn Godewin die Ehre als verinnerlichten Wert betrachtet, den ihm
niemand nehmen kann, so bewegt er sich damit in den Bahnen der aufgeklärten Diskussion über die moralpraktischen Aspekte des Ehrbegriffs.
Ihre Quintessenz lautet, daß die Ehre sich nicht im gesellschaftlichen
Rang einer Person manifestiere, sondern innerer Besitz des einzelnen
Menschen sei und als solcher an die Erfüllung moralischer Grundsätze
jenseits der sozialen Reputation gebunden bleibe. Gottscheds „Weltweisheit" betont, übereinstimmend mit Christian Wolffs Verhaltenslehre,
die praktische Dimension des Ehrbegriffs und dessen Bedeutung für den
gesellschaftlichen Nutzen; nur wer die ihm zugewiesenen Pflichten erfüllt und moralisch handelt, kann nach Gottscheds Ansicht Ehre gewinnen.[40] Zedlers „Universal=Lexicon" hebt hervor, daß „wir den Grund
der Ehre bey uns selbst haben"[41] und wendet sich energisch gegen das
Duell als ritualisierte Form des Ehrenwettstreits.

---

[39] Zur Ambivalenz des Ehrbegriffs bereits sehr prägnant Schlaffer, Der Bürger als
Held, S. 88ff., ferner Schulz, Die Überwindung der Barbarei, S.96, ders., Tugend, Gewalt und Tod, S.155f. u. Dieter Borchmeyer, Staatsräson und Empfindsamkeit. Johann Elias Schlegels ‚Canut' und die Krise des heroischen Trauerspiels,
in: Jahrbuch der deutschen Schillergesellschaft 27 (1983), S.154-171, bes. S.164
[40] Gottsched, Erste Gründe der gesammten Weltweisheit. Praktischer Teil. Abdruck
nach der Ausgabe von 1762, in: Ausgewählte Werke, Bd. V/2, S. 493f. Vgl. Wolff,
Vernünfftige Gedancken von dem gesellschaftlichen Leben der Menschen, S. 405
(§ 397)
[41] Johann Heinrich Zedler, Grosses vollständiges Universal-Lexicon aller Wissenschaften und Künste (...), 64 Bde. und 4 Supplement-Bde., Halle, Leipzig 1732-

Während Godewins und Estrithes Ehrbegriff auf der Höhe von Schlegels eigener Zeit ist, erweist sich Ulfo als Vertreter einer voraufklärerischen Ordnung, in der die zwischenmenschlichen Verhältnisse durch Rücksichtslosigkeit, Gewalt und ungezügelten Interessenkampf geprägt werden. Canut repräsentiert vor allem deshalb den Typus des aufgeklärten Monarchen, weil er seine Macht zum Wohl und Schutz seiner Untertanen nutzt. Als Gegenleistung fordert er von ihnen Loyalität und Pflichtgehorsam, Tugenden, die ihrerseits Garanten der staatlichen Ordnung sind:

> „Ich will nicht, daß mit mir Gewalt und Zwist regieren
> Und Bürger meines Reichs mit Bürgern Kriege führen
> Und daß man den erhebt und noch mit Ruhm bekrönt,
> Der der Gesellikeit geweihte Rechte höhnt." (III,2, v.669f.)

Im Hintergrund steht hier, wie auch die ältere Forschung schon bemerkt hat, die Staatsphilosophie von Hobbes' „Leviathan" (1651), derzufolge der absolute Souverän auf der Grundlage eines Herrschaftsvertrags die Interessen seiner Bürger schützt, Konflikte zwischen ihnen unterbindet und dafür deren unbedingte Loyalität verlangen darf.[42] Wenn Canut nachdrücklich auf ‚der Gesellikeit geweihte Rechte' verweist, so kennzeichnet ihn das als aufgeklärten Monarchen, der seine Regierungsmacht nicht nur als Ausdruck des Gottesgnadentums betrachtet, sondern aus der ihm zufallenden unbeschränkten Befehlsgewalt auch die Verpflichtung zur Interessensicherung seiner Untertanen ableitet. Aus diesem Rollenverständnis, das sich an Hobbes' Idealbild des vernünftigen Regenten ausrichtet, resultiert auch der Konflikt mit Ulfo, der in seinem blinden Ehrgeiz die Prinzipien des Herrschaftsvertrags ignoriert, weil er in ihnen

---

1750, 1751-1754, Bd.LXIV, Sp.1336 (Stichwort ‚Zweykampf'); zum Ehrbegriff Bd.VIII, Sp.415-422

[42] Thomas Hobbes, Leviathan oder Stoff, Form und Gewalt eines bürgerlichen und kirchlichen Staates (1651), übers. v. Walter Euchner, hrsg. u. eingel. v. Iring Fetscher, Frankfurt/M., Berlin, Wien 1976, Teil II, Kap. 21, S. 171f.; vgl. auch Teil I, Kap.10, S. 70f. Zu den Spuren von Hobbes' Staatslehre im „Canut" knappe Hinweise bei Schulz, Tugend, Gewalt und Tod, S.155 u. Borchmeyer, Staatsräson und Empfindsamkeit, S.161. Auch Schlegels staatsphilosophische Schriften orientieren sich an Hobbes' Souveränitätstheorie und deren praktischen Geboten (vor allem: „Daß die Belohnung der Verdienste das wahre Kennzeichen einer löblichen Regierung sey", in: Werke, Bd. III, S. 323-337)

die objektive Beschränkung seiner Machtinteressen erblicken muß. Für Canut wiederum verstößt Ulfo gegen die elementaren Grundsätze der staatlichen Ordnung, wenn „sein zanksüchtig Schwert aus falschem Heldenmute" die „Ehre" durch „Unrecht sucht" (III,2. v.675f.); mit dem Gebot der Loyalität ist seine entfesselte Ruhmsucht nicht mehr vereinbar.

Während Ulfo Canuts Position in Frage stellt und gegen die innere Logik des Souveränitätsprinzips rebelliert, betont Godewin den Zusammenhang von Gottesgnadentum und vernünftiger Herrscherpraxis. Canut ist deshalb ein unanfechtbarer Regent, weil er das ihm von höherer Macht zugewiesene Amt würdig ausfüllt; ihn legitimiert das Naturrecht ebenso wie die moralische Vorbildlichkeit, mit der er regiert:

> „Verehr die Macht, zu der ihn Recht und Gott erheben.
> Der Himmel konnte sie nie einem Größern geben.
> Zum Herrscher braucht man mehr als Ruhmbegier und Mut.
> Die Wut entstellet dich, die Huld schmückt den Canut.
> In wem die Billigkeit bei edlem Ehrgeiz wohnet,
> Wer stets voll Mitleid straft, stets freudenvoll belohnet,
> Den hat selbst die Natur zum Throne schon bestimmt."
>
> (V,2, v.1317f.)

Ulfos Rebellion richtet sich nicht allein gegen die Person Canuts, sondern auch gegen das von ihm repräsentierte Ideal eines durch Verdienst und göttliche Gnade gleichermaßen gerechtfertigten Königtums. Während Ulfo Souveränität nur demjenigen zuerkennen möchte, der seine Interessen besonders rücksichtslos vertritt, stützt sich Canuts Herrschaft auf moralische und naturrechtliche Grundsätze gleichermaßen; als absoluter Monarch weiß er sich legitimiert durch himmlische ‚Huld', als aufgeklärter Regent im Sinne der Hobbesschen Staatslehre kennt er seine moralischen Pflichten gegenüber den Untertanen.

Zum Vertreter eines aufgeklärten Absolutismus wird Canut auch dort, wo er ‚stets voll Mitleid straft' und als höchster Richter menschliche Urteile fällt. Die „empfindsame Unterwanderung des heroischen Trauerspiels"[43], die Dieter Borchmeyer als entscheidendes Kennzeichen des „Canut" ausgemacht hat, findet ihre Ursache in der besonderen Psychologie des aufgeklärten Monarchen, dessen Regierungskunst menschenfreundliche

---

[43] Borchmeyer, Staatsräson und Empfindsamkeit, S. 170

Züge trägt und an der Empathie ihre moralische Stütze besitzt. Anders als Gottscheds Cato und die von ihm vertretene stoische Philosophie kann Schlegels Canut im Mitleidsvermögen nichts Anrüchiges erkennen; die emotionale Teilnahme am Schicksal anderer – und seien es potentielle Usurpatoren wie Ulfo – gehört zu jenen menschlichen Zügen, die den aufgeklärten Regenten auszeichnen.

Daß Schlegel Ulfo als Negativfigur und amoralischen Bösewicht verstanden hat, verdeutlicht ein Blick auf sein Trauerspiel „Lucretia" (1740). Ähnlich wie im „Hermann" (1741) wird hier die römische Welt als Inbegriff des Lasters dargestellt (was bereits eine deutliche Abkehr vom Römerheroismus Corneilles, Racines und Gottscheds signalisiert): Sextus Tarquin, der jüngere Sohn des Kaisers, hat die verheiratete Bürgerin Lucretia, während ihr Mann im Krieg stand, brutal vergewaltigt und damit die ganze Familie ins Unglück gestürzt. Die private Tragödie wird, in Übereinstimmung mit der historischen Überlieferung, zum Auslöser für die Rebellion gegen den Kaiser, der das unsittliche Treiben seines Sohns gedeckt hat. „Erwache Rom", so ruft Brutus dem Ehemann der Lucretia zu. „Setze dich in Freyheit! Verjage deine Tyrannen, und beherrsche dich selbst!"[44]

Der Sohn des Kaisers illustriert durch seine Lasterhaftigkeit den maroden Zustand der römischen Diktatur. Sextus Tarquin ist wie Ulfo ein rücksichtsloser Egoist, der keine moralischen Gesetze akzeptiert und allein seinen eigenen Interessen folgt. Zwar unterliegen beide recht verschiedenen Motiven – Sextus bleibt ein dekadenter Wollüstling ohne politische Ambitionen, Ulfo strebt ehrgeizig nach königlicher Macht –, doch gleichen sie sich in der moralischen Skrupellosigkeit, mit der sie ihre Ziele verfolgen. Ulfo und Sextus repräsentieren jeweils den Typus des rücksichtslosen Immoralisten, der eine Gefahr für die sittliche Ordnung darstellt. Ihr Scheitern bedeutet zugleich den Sieg der Tugend über das Laster, den Triumph der Aufklärung über die Despotie.

Daß Schlegel seinen Ulfo als Negativfigur konzipiert hat, gilt es auch deshalb zu betonen, weil man in ihm gern einen Vorläufer der trotzigen Sturm-und-Drang-Helden gesehen hat, einen erhabenen Verbrecher vom Schlage des Klingerschen Guelfo (aus den „Zwillingen", 1776), des Leisewitzschen Guido („Julius von Tarent", 1776) oder des Schillerschen

---

[44] Schlegel, Lucretia. Ein Trauerspiel, in: Werke, Bd.II, S. 1-44, hier S. 44 (V,3)

Karl Moor.[45] Derartige Bewertungen werden durch die problematische
Konzeption von Schlegels Trauerspiel und die Ambivalenz seiner Figurenkonstellation gestützt. Es läßt sich kaum leugnen, daß Canut als leuch-
tendes Exempel aufgeklärter Tugenden gegenüber dem facettenreiche-
ren Charakter Ulfos eher uninteressant wirkt. In dem Maße, in dem sich
die Gewichte vom Titelhelden auf seinen Gegenspieler verlagern, provoziert dessen Schicksal die erhöhte Aufmerksamkeit des Publikums,
während der eigentliche Protagonist an Profil verliert.

Diese Akzentverschiebung begründet mancherlei Mißverstände der
„Canut"-Rezeption und hat bereits die Zeitgenossen irritiert. Die Frage
nach der Bewertung der beiden Hauptfiguren führt unmittelbar ins
Zentrum der wirkungsästhetischen Probleme, die der „Canut" aufwirft.
Friedrich Nicolai hat sie in einem Brief an Lessing vom 31. August 1756
exemplarisch erörtert und dabei auch die aristotelische Tragödienlehre
zu Rate gezogen. Zentrale Bedeutung für Nicolais Theorie des Trauerspiels besitzt die Evokation des Affekte; die Erregung der Leidenschaften
ist nach seiner Ansicht das entscheidende Merkmal, durch welches sich
die Tragödie von sämtlichen anderen Gattungen unterscheidet. Tragisch
sind laut Nicolai allein solche Handlungen, die Schrecken und Mitleid
hervorrufen; eine besondere Variante stellt hier das heroische Trauerspiel dar, das diese beiden Effekte nur herbeiführt, um Bewunderung für
seinen Helden zu wecken. Eine ausschließlich auf die Bewunderung
abzielende Tragödie, die das gesamte Interesse auf einen vorbildlichen
Helden lenken möchte, hält Nicolai jedoch für ein Paradoxon: „Trauerspiele, welche ohne Hülfe des Schreckens und Mitleidens Bewunderung erregen sollen, sind nicht praktikabel, weil der Held im Unglücke
die größte Bewunderung, aber auch zugleich Mitleiden erregt." Und
lakonisch heißt es weiter: „Der Canut könnte ein mißratenes Beispiel
von dieser Gattung sein."[46]

---

45  So Kurt May, Johann Elias Schlegels „Canut" im Wettstreit der geistesgeschicht-
    lichen und formgeschichtlichen Forschung, in: K.M., Form und Bedeutung.
    Interpretationen deutscher Dichtung des 18. und 19. Jahrhunderts, Stuttgart 1972
    (3.Aufl., zuerst 1957), S.13-42, bes. S.37f., George, Deutsche Tragödientheori-
    en, S.209, Steinmetz, Das deutsche Drama von Gottsched bis Lessing, S.56f.
    Differenzierter dagegen Schulz, Die Überwindung der Barbarei, S.99f. (mit dem
    Hinweis auf Schlegels eigene Konzeption) und Graf, Das Theater im Literatur-
    staat (Ulfo als „Sprengsatz gegen das Leibnizianisch-Wolffsche Weltbild", S.254)
46  Lessing, Mendelssohn, Nicolai, Briefwechsel über das Trauerspiel, in: Werke,

Nicolais zügige Argumentation ist von gehörigem Scharfsinn und bedarf eines näheren Kommentars. Da die Tragödie ihre Helden als standhafte Charaktere in Extremsituationen zu profilieren pflegt, bleibt es ein Gebot der Logik, daß ihr Schicksal nicht nur Bewunderung, sondern auch Schrecken und Mitleid beim Zuschauer provoziert. Trauerspiele, die allein Bewunderung hervorrufen möchten, verfehlen mithin die aristotelischen Gattungsnormen, weil sie diesen Effekt einzig dann isoliert erzielen können, wenn sie darauf verzichten, ihre Protagonisten in Leidenssituationen vorzuführen. Nennt Nicolai den „Canut" ein Exempel für diese problematische Variante, so bedeutet das auch, daß er ihm den Tragödiencharakter generell abspricht. Aus der Sicht einer konsequent aristotelischen Gattungstheorie ist diese Auffassung in der Tat zwingend: Canut bleibt psychisch und physisch unbeschädigt, er leidet nicht und provoziert folglich auch kein Mitleid. Ulfo wiederum entspricht dem Typus des Bösewichts, dessen Untergang einen Triumph der Gerechtigkeit bedeutet, ohne daß dabei die tragödienspezifischen Affekte freigesetzt werden.[47] Schlegels Drama fehlt damit, ähnlich wie auch seinem „Hermann", das wirklich tragische Profil, weil es zwar einen spannungsgeladenen Wertkonflikt, aber keine pathoshaltigen Situationen entwikkelt, die Schrecken und Mitleid hervorrufen.

Nicolai hält den vorbildlichen Charakter für untragisch, da ihm jene ‚hamartia' fehlt, die erst die affektive Anteilnahme des Publikums mobilisiert. Im Zweifelsfall ist ein Verbrecher, der nicht nur negative Züge trägt, für die Tragödie geeigneter als der makellose Held: „Die tragischen Charaktere sind, ein tugendhafter Mann, welcher durch einen Fehler, den er begeht, unglücklich wird, und ein Bösewicht, der auch unglücklich wird, aber der durch ein falsches System von Sittenlehre uns gewisser Maßen für sich einnimmt (...)"[48]

---

Bd. IV, S. 157. Zu Nicolais Kritik an Schlegels Trauerspiel Schulz, Die Überwindung der Barbarei, S. 87f.

[47] Vgl. Aristoteles, Poetik, 1453a (In Fuhrmanns Übersetzung: „Andererseits darf man auch nicht zeigen, wie der ganz Schlechte einen Umschlag vom Glück ins Unglück erlebt. Eine solche Zusammenfügung enthielte zwar Menschenfreundlichkeit, aber weder Jammer noch Schaudern.")

[48] Lessing, Mendelssohn, Nicolai, Briefwechsel über das Trauerspiel, in: Werke, Bd. IV, S. 157f.

Was Nicolai hier avisiert, entspricht dem Typus des ‚erhabenen Verbrechers‘, dessen Untaten sich aus durchaus ehrenwerten Motiven speisen. In diese Kategorie, als deren berühmteste Repräsentanten Schillers Karl Moor und Kleists Kohlhaas gelten dürfen, ordnet Nicolai explizit Schlegels Ulfo ein. Bleibt Canut letzthin ein untragischer Held, „weil er keinen Fehler begeht“, so vermag sein Gegenspieler immerhin die Emotionen des Publikums zu schüren: „Ulfo hingegen, seiner Gottlosigkeit ungeachtet, nimmt uns durch sein falsches System von Ehre so ein, daß er uns auf gewisse Weise heroisch scheinet; eben darum ist er tragisch.“[49]

Während Ulfo das Zeug zum Trauerspiel-Protagonisten hat, kann Canut als makelloser Charakter nicht die nötigen Affekte entfachen, um sich dauerndes Interesse zu sichern. Ein tragödienwirksamer Charakter wäre der Titelheld erst geworden, wenn der Autor das ‚Hamartia‘-Prinzip berücksichtigt hätte: „Der Fehler in einem Charakter ist nichts Böses, sondern eine Handlung oder Neigung, welche eben dadurch, daß sie für den Helden unglücklich ausschlägt, ein Fehler wird (...) Eben so hätte auch Schlegel Canuts Gütigkeit selbst zu dem Fehler machen können, wodurch sein Trauerspiel ein ganz anderes Ansehen bekommen haben würde. Nämlich die Gütigkeit Canuts, daß er dem Ulfo bei seiner Versöhnung ein Heer anzuführen gibt, müßte (wie schon die Anlage dazu da ist) die Folge haben, daß Ulfo den Canut ermordete, und Canut dem Ulfo auch noch im Sterben vergäbe (...)“[50]

Mit der ursprünglichen Konzeption Schlegels hat Nicolais Korrekturvorschlag nichts mehr gemein, weil er die Vorbildfunktion des aufgeklärten Monarchen bewußt übersieht. Ist Canut für Schlegel gerade aufgrund seines Mitleidsvermögens eine moralische Exempelfigur, so soll diese Eigenschaft nach Nicolais Vorstellungen die Voraussetzung seines Fehlers, nämlich einer übertriebenen Verzeihensbereitschaft vorstellen.

---

49 Lessing, Mendelssohn, Nicolai, Briefwechsel über das Trauerspiel, in: Werke, Bd. IV, S. 158.

50 Lessing, Mendelssohn, Nicolai, Briefwechsel über das Trauerspiel, in: Werke, Bd. IV, S. 158. Wenn Nicolai im Interesse der tragischen Fallhöhe aus Canuts Mitleidsvermögen einen ‚Fehler‘ machen möchte, so mißachtet er dabei Schlegels Intention, einen menschlichen Herrscher vorzuführen, der den „empfindsam aufgelockerten und aufgeweichten Absolutismus“ (May, Schlegels „Canut“, S. 15) repräsentiert.

Der aristotelischen Wirkungslehre wäre damit Genüge getan, weil sich
Canut derart vom makellosen zum mittleren Helden gewandelt hätte,
die Intention Schlegels aber bliebe auf der Strecke. Ganz offenkundig
lassen sich politische Moraldidaxe nach dem Muster des „Canut" und
aristotelische Affektdramaturgie noch nicht miteinander verbinden. Erst
Schillers Konzeption des Pathetischerhabenen wird eine derartige Synthese möglich machen und an Figuren wie Posa und Demetrius exemplarisch vor Augen führen, daß die Tragödie die Bedeutung politisch-
sittlicher Ideale gerade im Prozeß ihres praktischen Scheiterns unter Beweis
zu stellen vermag.

Lessing hat Nicolais Kritik am „Canut" zugestimmt und betont, daß
diejenige Figur eines Trauerspiels, die moralisch besonders integer sei,
einen Fehler begehen sollte, um die volle tragische Wirkung zu erzielen:
„Der Held oder die beste Person muß nicht, gleich einem Gotte, seine
Tugenden ruhig und ungekränkt übersehen. Ein Fehler des Canuts, zu
dessen Bemerkung Sie auf einem andern Wege gelanget sind."[51] Später
übernimmt Lessing sogar Nicolais Korrekturvorschlag und erklärt, Canut
hätte nur dann zum tragischen Helden avancieren können, wenn seine
„Güte" als übertriebene Milde kenntlich und zum Auslöser einer Katastrophe geworden wäre.[52]

Daß Schlegel kein sonderlich überzeugender Anwalt der aristotelischen
Tragödienpoetik ist, zeigen bereits seine dramentheoretischen Schriften.
Im Vordergrund steht für ihn die Auseinandersetzung mit der Psychologie der dramatischen Charaktere und den Prinzipien des Handlungsaufbaus, nicht aber die tragische Affektenlehre und die Katharsis, die in
seinen Aufsätzen fast keine Rolle spielt. Bereits die erste tragödienthe-
oretische Schrift, die 1739 entstandene Studie über die „Trauerspiele der
Alten und Neuern", konzentriert sich ausschließlich auf Fragen der szenischen Gestaltung, ohne wirkungsästhetische Probleme zu berühren.[53]
In seiner Vorrede zur Neuedition von Johann Klajs „Herodes"-Drama
betont Schlegel zwar einleitend, daß die „Regeln der Schaubühne" aus
„dem Begriffe einer menschlichen Handlung" und „aus dem Endzwek-

---

[51] Lessing, Mendelssohn, Nicolai, Briefwechsel über das Trauerspiel, in: Werke,
Bd. IV, S. 164
[52] Lessing, Mendelssohn, Nicolai, Briefwechsel über das Trauerspiel, in: Werke,
Bd. IV, S. 192f.
[53] Schlegel, Auszug, in: Werke, Bd. III, S. 203-213

ke" des Trauerspiels abzuleiten seien, aber systematisch erörtert wird nur
der Aufbau der Handlung, während die ‚Endzwecke' keine nähere Berücksichtigung finden.[54]

In seiner Abhandlung „Von der Würde und Majestät des Ausdruckes
im Trauerspiele" (1747), die die Vorrede zu einer Sammlung seiner Dramen bildet, räumt Schlegel immerhin ein, daß die „Erweckung und Verbesserung der menschlichen Leidenschaften"[55] Ziel jeder Tragödie sei.
Statt jedoch über den Zusammenhang zwischen Evokation der Affekte
und kathartischer Reinigung genauer nachzudenken und damit einen
Beitrag zur Deutung der aristotelischen Wirkungsbegriffe zu liefern, nutzt
Schlegel seinen eigenen Hinweis zu einem längeren Exkurs über das
Verhältnis von Charakter, Gemütsverfassung und Sprache, der lediglich
die schon der antiken Rhetorik geläufige Einsicht bekräftigt, daß die Wahl
der stilistischen Mittel nicht allein Sache der Ratio, sondern ebenso Produkt des affektiven Zustands ist.

Nach einer Theorie der Katharsis, wie sie, mit unterschiedlichen Ak-
zentuierungen, Gottsched, die Schweizer und Curtius geliefert haben,
sucht man in Schlegels Schriften vergebens. Sein Interesse gilt offenkundig nicht der Affektenlehre (als Kernzone der aristotelischen Tragödienpoetik), sondern der Figurenpsychologie. Diese Akzentuierung findet
auch in Schlegels Trauerspielen ihren deutlichen Ausdruck. Die Entwicklung möglichst facettenreicher Charaktere ist dem Autor wichtiger
als die Erweckung der tragischen Affekte und die präzise Abstimmung
der wirkungspoetischen Intentionen. In seiner Vorrede zu den „Theatralischen Werken" demonstriert Schlegel, daß er vom aristotelischen
‚Hamartia'-Prinzip wenig hält und stattdessen die Verwendung vorbildlicher Charaktere favorisiert: „Wollen wir aber Leidenschaften und besonderes Mitleiden erregen, so müssen wir Hochachtung gegen diejenigen Personen erwecken, durch die wir diese Leidenschaften erregen
wollen."[56] Nur mustergültige Charaktere fesseln laut Schlegel die Aufmerksamkeit des Zuschauers und mobilisieren seine Bereitschaft zur
emotionalen Anteilnahme an fremden Schicksalen. Daß gerade der

---

54  Schlegel, Herodes der Kindermörder, in: Werke, Bd. III, S. 7f.
55  Schlegel, Von der Würde und Majestät des Ausdruckes im Trauerspiele, in: Werke,
    Bd. III, S. 217-240, S. 217
56  Schlegel, Von der Würde und Majestät, in: Werke, Bd. III, S. 221f.

Mitleidseffekt Aristoteles zufolge allein durch einen mittleren Helden hervorgerufen wird, scheint für Schlegel keine Rolle zu spielen. Die Inkonsistenz seiner Überlegungen erklärt sich aus einem generellen Desinteresse an Fragen der Affektpsychologie und der tragischen Wirkungslehre, aus einer auffälligen Unbekümmertheit gegenüber der aristotelischen Doktrin und ihrer inneren Logik.

Als Tragödienautor ist Schlegel mit den durch Aristoteles aufgebrachten Normen nicht angemessen zu würdigen. Den Geboten der tragischen Affektpsychologie folgen seine Trauerspiele ebensowenig wie dem Prinzip der ‚hamartia'. Ihre Protagonisten – allen voran der Canut, aber auch der Germanenheld Hermann – geben makellose Exempelfiguren, nicht jedoch jene mittleren Charaktere ab, von deren besonderer Tragödientauglichkeit selbst Gottsched, trotz seiner Orientierung an den Mustern der tragédie classique, fest überzeugt war. Es läßt sich aus guten Gründen bezweifeln, ob der „Canut" angesichts einer Handlung, die dem Helden jede Art von Leid erspart, überhaupt als Trauerspiel zu bezeichnen ist. Eher scheint es so, als präludiere Schlegels Drama bereits die späteren Schauspiele des Sturm und Drang, die „Zwillinge" Klingers und Leisewitz' „Julius von Tarent" zumal. Mit ihnen teilt der „Canut" den Umstand, daß das Interesse des Zuschauers nicht auf den makellosen, sondern auf den fehlerhaften Charakter gelenkt wird, auf den erhabenen Bösewicht, der, wie Nicolai bemerkt hat, ‚durch ein falsches System von Sittenlehre' die besondere Aufmerksamkeit der Zuschauer beanspruchen darf. Zu dieser Akzentverschiebung, die Ulfo in den Mittelpunkt des Dramas rückt, gehört auch, daß das Trauerspiel zwar einen spannungsgeladenen Wertkonflikt, aber kein tragisches Heldenschicksal darstellt, das die Leidenschaften des Publikums entfesselt und schließlich zur Katharsis führt. Schlegel zeigt sich damit als Vertreter einer gattungsübergreifenden nicht-aristotelischen Dramenpoetik, die für Klinger und Leisewitz ebenso bestimmend werden wird wie für Lenz und Büchner. Ihr Vorbild ist die facettenreiche Charakterisierungskunst Shakespeares, nicht mehr die Tragödienlehre des Aristoteles.[57]

---

[57] So betrachtet, ist Schlegels Tragödienkonzept kein Bruch mit der Gottschedschen Regelpoetik (Steinmetz, Das deutsche Drama, S. 56), sondern ein entscheidender Beitrag zu einer nicht-aristotelischen Dramaturgie.

## 3. Ende einer Gattungstradition.
## Zu Lessings „Philotas" (1759)

Über wenige Dramen Lessings gehen die Meinungen der Forschung derart
weit auseinander wie über den „Philotas". Hatte man den Einakter früher als Beitrag zur Heldenverherrlichung, als friderizianisches Trauerspiel im zeitlichen Umfeld des Siebenjährigen Krieges interpretiert, so
herrscht inzwischen wenigstens Einigkeit darüber, daß Lessing mit seinem Drama, im Gegensatz zu Gleims „Preußischen Kriegsliedern" (1758),
keine Glorifizierung des patriotischen Heroentums hatte liefern wollen,
sondern offenbar eine skeptische Reflexion über dessen Bedingungen
anzuregen suchte.[58] Die distanzierte Auseinandersetzung mit den Idealen soldatischen Heldenkults schließt bei Lessing formale Konsequenzen
ein; der „Philotas" liefert das praktische Exempel für die kritische Rezeption des heroischen Trauerspieltyps, wie sie Lessings dramentheoretische Äußerungen der 50er Jahre bereits deutlich demonstrieren. Eine
differenzierte Bewertung des Einakters muß sich auf die Analyse dieser
Äußerungen stützen, insbesondere auf die Kritik am Wirkungsbegriff
der ‚Bewunderung', die Lessings Briefe an Nicolai und Mendelssohn Ende
des Jahres 1756 formulieren.

Lessings Beschäftigung mit dem Prinzip der ‚Bewunderung' wird angeregt durch Nicolais Typologie der Trauerspielformen, von der hier
bereits die Rede war. Ausgangspunkt ist Nicolais Hinweis auf die Gat-

---

[58] Zu nationalistischen Deutungen des „Philotas" vgl. die Zeugnisse bei Horst Steinmetz (Hrsg.), Lessing – ein unpoetischer Dichter. Dokumente zur Wirkungsgeschichte Lessings in Deutschland, Frankfurt/M., Bonn 1969, S. 442f. Neuere
Forschung: Conrad Wiedemann, Ein schönes Ungeheuer. Zur Deutung von
Lessings Einakter „Philotas", in: Germanisch-Romanische Monatsschrift. Neue
Folge, Bd. XVII (1967), S. 381-397 (Abrechnung mit dem Menschenbild der
tragédie classique), Wilfried Barner, Produktive Rezeption. Lessing und die Tra-
gödien Senecas, München 1973, S. 54f. („Philotas" im Kontext der dramatischen
Fragmente Lessings), Volker Riedel, Lessings „Philotas", in: Weimarer Beiträge
25 (1979), Hft.11, S. 61-89 (Kritik am preußischen Patriotismus), Dieter Liewer-
scheidt, Annäherung an Lessings "Philotas", in: Wirkendes Wort 31 (1981),
Hft. 5, S. 290-296 (Dialektik des im „Philotas" gewählten Verfahrens) u. Robert
E. Norton, „Ein bitteres Gelächter". Tragic and Comic Elements in Lessing's
„Philotas", in: Deutsche Vierteljahrsschrift für Literaturwissenschaft und Gei-
stesgeschichte 66 (1992), S.450-465 („Philotas" als Tragikomödie)

tung der heroischen Trauerspiele, „welche durch Hülfe des Schreckens und Mitleidens Bewunderung erregen"[59]. Mit Lessings tragischem Wirkungsideal ist dieser Typus nicht vereinbar. Die Bewunderung, so betont der Brief vom November 1756, darf nur als begleitender Affekt gelten, als subordinierter Wirkungsbegriff, dem keine zentrale Funktion zufällt. Die Gründe, die Lessing zur Ablehnung der heroischen Tragödie und seiner bewundernswürdigen Helden führen, sind außerordentlich vielschichtig. Sie speisen sich zunächst aus seiner knappen Gattungsdefinition, derzufolge „das Trauerspiel durch Erzeugung der Leidenschaften bessern kann."[60]

Das Stichwort ‚bessern' berührt die Dimension der Katharsis und bezeichnet die Reinigung der Affekte, die hier als Akt der moralisch-sittlichen Erziehung gilt. Für Lessing ist es evident, daß allein das Mitleid eine derartige Reinigungsfunktion zu versehen vermag. Während die Bewunderung nur dann moralischen Zwecken dient, wenn sie durch die Reflexion über die sittlichen Werte begleitet wird, denen sich der bewundernswürdige Held verpflichtet weiß, stellt das Mitleid eine Haltung dar, die selbst schon moralische Valenzen birgt. Die Bewunderung bedarf ihrerseits stets der Vermittlung mit den Kräften der Vernunft, damit sie nicht zum leeren, an falschen Beispielen sich entzündenden Affekt wird; Mitleidsfähigkeit ist jedoch für Lessing a priori ein Vermögen, das moralischen Charakter trägt: ein Affekt, der immer schon ein kathartisches Element enthält. „Das Mitleiden hingegen bessert unmittelbar; bessert, ohne daß wir selbst etwas dazu beitragen dürfen; bessert den Mann von Verstande sowohl als den Dummkopf."[61]

Nicht nur funktionale, sondern auch inhaltliche Einwände treffen das Prinzip der Bewunderung. Während das Mitleid die innere Anteilnahme des Zuschauers am Bühnengeschehen einschließt, scheint zum Affekt der Bewunderung stets ein gewisser emotionaler Abstand zu gehören. Distanz ist die Voraussetzung der Bewunderung: der bewundernswürdige Held provoziert Erstaunen über seine Standfestigkeit, und sein

---

[59] Lessing, Werke, Bd. IV, S. 157
[60] Lessing, Werke, Bd.IV, S. 161. Zu Lessings Position im Briefwechsel mit Mendelssohn und Nicolai sowie zur Kritik am heroischen Drama vgl. Wölfel, Moralische Anstalt, S. 115f. u. George, Deutsche Tragödientheorien, S. 267ff.
[61] Lessing, Werke, Bd. IV, S. 175
[62] Lessing, Werke, Bd. IV, S. 173

Handeln zeugt von eben jenem ungerührten Gleichmut, den auch der
Zuschauer des heroischen Trauerspiels idealiter erlernen soll. Weder der
heroische Charakter noch die mit ihm verbundene wirkungspoetische
Programmatik entsprechen jedoch Lessings eigenem Konzept: „Ich will
nur diejenigen großen Eigenschaften ausgeschlossen haben, die wir unter
dem allgemeinen Namen des Heroismus begreifen können, weil jede derselben mit Unempfindlichkeit verbunden ist, und Unempfindlichkeit
in dem Gegenstande des Mitleids, mein Mitleiden schwächt."[62]

Mitleid und Bewunderung, die Nicolais Typologie für wirkungspoetische Komplemente gehalten hatte, stellen laut Lessing einander wider-
sprechende Affekte dar. Begründet wird diese Einschätzung am Beispiel
von Corneilles „Polyeuct" (1642), dessen Titelheld als typischer Heros
nach dem Geschmack der tragédie classique keine Identifikationsfigur
des Zuschauers sein soll, sondern ein mustergültiges Vorbild, das man
wie ein Monument bewundern kann: „Polyeukt strebt ein Märtyrer zu
werden; er sehnet sich nach Tod und Martern; er betrachtet sie als den
ersten Schritt in ein überschwenglich seliges Leben; ich bewundere den
frommen Enthusiasten, aber ich müßte befürchten, seinen Geist in dem
Schoße der ewigen Glückseligkeit zu erzürnen, wenn ich Mitleid mit
ihm haben wollte."[63]

Vollkommene Charaktere, die Bewunderung erregen, bleiben auch
mit der aristotelischen ‚Hamartia'-Regel unvereinbar, wie Lessing weiß.
Der Rekurs auf Aristoteles, der der gesamten Darstellung eine noch
klarere Linie hätte verleihen können, erfolgt jedoch erst am Schluß,
nachdem die entscheidenden Argumente schon ausgespielt sind.[64] Als
orthodoxer Aristoteles-Kommentator möchte Lessing nicht gelten; seine Kritik der Bewunderung und der heroischen Tragödie leitet sich
ihrerseits aus einer höchst eigenwilligen Reformulierung des aristotelischen Katharsisgedankens ab, die an anderer Stelle detaillierter erörtert
werden muß.

---

[63] Lessing, Werke, Bd. IV, S. 188
[64] Lessing begründet die Notwendigkeit der ‚hamartia' nicht wirkungsästhetisch,
sondern psychologisch. Der Held muß einen Makel aufweisen, „weil ohne den
Fehler, der das Unglück über ihn zieht, sein Charakter und sein Unglück kein
*Ganzes* ausmachen würden, weil das eine nicht in dem andern gegründet wäre,
und wir jedes von diesen zwei Stücken besonders denken würden." (Lessing, Werke,
Bd. IV, S. 192)

Auf den ersten Blick hat es den Anschein, als konterkariere Lessing im
„Philotas" seine eigene Kritik am heroischen Trauerspiel. Das Drama
präsentiert den Zuschauern eine jugendliche Heldenfigur, die bereit ist,
für übergeordnete, prinzipielle Interessen das Leben in die Waagschale
zu werfen, und ohne Furcht aufrecht in den Tod geht. Philotas, der im
ersten Kriegseinsatz an seinem Ungestüm gescheitert und den Soldaten
des feindlichen Königs Aridäus in die Hände gefallen ist, befindet sich
keineswegs in einer ausweglosen Situation; das Glück hat es gewollt, daß
zur gleichen Zeit auch der Sohn des Aridäus gefangengenommen wurde,
so daß eine strategische Parität besteht, die den raschen Austausch der
Geiseln erlaubt. Philotas denkt jedoch anders: durch seinen Selbstmord
möchte er dem eigenen Vater eine militärisch günstige Position verschaffen, indem er ihn der Notwendigkeit enthebt, den Sohn des Aridäus auszuliefern.

Wenn am Schluß des Einakters Strato, der Feldherr des Aridäus, den
toten Philotas als „wunderbare<n> Jüngling"[65] bezeichnet, so scheint das
ganz der Logik des heroischen Trauerspiels zu gehorchen: der Protagonist, der ohne Furcht für das von ihm vertretene Prinzip in den Tod geht,
erntet die Bewunderung seiner Mitspieler ebenso wie die der Zuschauer
und bekräftigt durch sein Handeln die Priorität des politischen Interesses vor privaten Neigungen. So gesehen ist Philotas tatsächlich nur ein
verspäteter Nachfolger von Corneilles Polyeuct und Gottscheds Cato –
ein Held ohne Fehler, der kein Mitleid, sondern bestenfalls distanzierte
Bewunderung auf sich zieht.

Lessings Trauerspiel enthält jedoch einige Elemente, die dem aufmerk-
samen Leser signalisieren, daß die Tradition der heroischen Tragödie
hier nicht bruchlos fortgeführt werden soll. Dem von soldatischen Tapfer-
keitsidealen begeisterten Titelhelden stehen mit König Aridäus und Parmenio zwei Figuren entgegen, die menschliche Werte wie Verzeihensbereitschaft, Liebesvermögen und Nachgiebigkeit ins Spiel bringen. Nicht
zufällig sind beide auch Väter halbwüchsiger Söhne und insofern Repräsentanten der familiären Sphäre, die für Philotas bedeutungslos bleibt:
nicht an seinen Vater als Privatperson denkt er, wenn er den Selbstmord

---

[65] Lessing, Werke, Bd. II, S. 125 (8. Auftritt)

plant, sondern an den König und Machtpolitiker, dem er militärische Vorteile verschaffen möchte.[66]

Während Aridäus in der aktuellen strategischen Parität die Chance zu einer dauerhaften friedlichen Lösung des kriegerischen Konflikts erblickt, richtet sich Philotas' gesamtes Streben auf die Zerstörung des Gleichgewichts, das zwischen beiden Parteien herrscht. Sein Freitod ist der unmittelbare und zugleich extremste Ausdruck seines ausschließlich militärischen Denkens, das Übermacht und Dominanz um jeden Preis avisiert. Aridäus betrachtet die entstandene Situation als Werk der Götter: „So wollt' es das Schicksal! Aus gleichen Waagschalen nahm es auf einmal gleiche Gewichte, und die Schalen blieben noch gleich."[67] Philotas hingegen möchte die gegebene Parität der Kräfte, die Aridäus für eine glückliche Fügung hält, nicht hinnehmen, sondern setzt ihr seinen Willen zur Tat entgegen: „Folglich, wenn ich, ich elender Gefangener, meinem Vater den Sieg noch in die Hände spielen will, worauf kömmt es an? Aufs Sterben."[68] Votiert Aridäus für den friedfertigen Ausgleich der Interessen, so profiliert sich Philotas als Vertreter eines blindwütigen Heroismus, der das militärische Kalkül über die Menschlichkeit stellt und dabei auch vor dem letzten Schritt, dem Selbstmord, nicht zurückschreckt.

Die von Lessing geschaffene Figurenkonstellation zeigt an, daß der Autor selbst den Werten, die sein Titelheld repräsentiert, recht distanziert gegenübersteht. Durch Aridäus' menschliches Auftreten erfahren die heroischen Ideale des Protagonisten ihre entschiedene Relativierung; sichtbar wird jetzt das moralische Defizit, das Philotas' Heldentum bestimmt – die fehlende Kompromißbereitschaft, die Mißachtung familiärer Bindungen und Pflichten, die im kaltsinnigen Reflektieren über Macht und Stärke ihren deutlichen Ausdruck findet.

Die Fragwürdigkeit des Philotasschen Heldentums beleuchtet Lessing zudem durch die Einarbeitung komischer Elemente, durch die Verwendung von Kontrastmotiven, die satirisch-parodistische Effekte herbeiführen. Schon die Expositionsszene bietet ein Beispiel für diese Technik, wenn der Titelheld über den Ort seiner Gefangenschaft nach-

---

66  Zum Gegensatz zwischen Familie und Politik im „Philotas" Hinrich C. Seeba, Die Liebe zur Sache. Öffentliches und privates Interesse in Lessings Dramen, Tübingen 1973, S. 62f.

67  Lessing, Werke, Bd. II, S. 108 (3. Auftritt)

68  Lessing, Werke, Bd. II, S. 110 (4. Auftritt)

denkt: „In was für ein Zelt hat er mich bringen lassen! Aufgeputzt, mit
allen Bequemlichkeiten versehen! Es muß einer von seinen Beischläfe-
rinnen gehören."[69] Daß man dem trotzigen Helden nur ein ‚Weiberzelt'
zugewiesen hat, mag eine Reaktion auf seine fast kindliche Erscheinung
darstellen. Immer wieder erwähnen die übrigen Figuren das jugendliche
Alter des Protagonisten, der eben erst mit der Toga virilis eingekleidet
wurde, folglich das 17. Lebensjahr knapp vollendet hat.[70] Aridäus sieht
in Philotas das Beispiel einer „wunderbaren Vermischung von Kind und
Held"[71]; ähnlich äußern sich Parmenio und Strato.[72] Die Ostentationen
des Soldatenmuts werden damit als unverarbeitetes Produkt einer militärischen Erziehung kenntlich; sie sind nicht Reflex von Erfahrung und
ausgewogenem Urteil, sondern gedankenlos übernommene Bruchstük-
ke eines Weltbildes, dessen Konsequenzen der Protagonist selbst kaum
überschauen kann. Im Licht dieser Einsicht erscheint der „Philotas" vor
allem als Erziehungstragödie, als Lehrstück gescheiterter Pädagogik.[73]
Der Protagonist ist auf das Sterben, aber nicht auf das Leben vorbereitet;
seine Entschlußkraft und sein Mut entfalten eine destruktive Energie,
die sich ausschließlich an heldischen Idealen verzehrt. Die einzige Freiheit, die Philotas kennt, ist die Freiheit zum Tode.[74]

Im zeitlichen Umfeld von Lessings „Philotas" lieferten Gleims Gre-
nadierlieder (1758) und Thomas Abbts Abhandlung „Vom Tode fürs
Vaterland" (1762) jene friderizianischen Dithyramben, deren bedin-
gungsloser Patriotismus Lessing nach eigener Aussage entschieden zuwi-
der war. In einem Brief an Gleim vom 14. Februar 1759 heißt es: „Ich
habe überhaupt von der Liebe des Vaterlandes (...) keinen Begriff, und
sie scheinet mir aufs höchste eine heroische Schwachheit, die ich recht

---

[69] Lessing, Werke, Bd. II, S. 103 (1. Auftritt)
[70] Lessing, Werke, Bd. II, S. 105 (2. Auftritt). Mit dem Hinweis auf die Toga hat
Lessing ein römisches Element in die griechische Welt des Trauerspiels transponiert. Zur Vermischung beider Stoffbereiche näher Barner, Produktive Rezeption, S. 57
[71] Lessing, Werke, Bd. II, S. 123 (8. Auftritt)
[72] Lessing, Werke, Bd. II, S. 113 (5. Auftritt), S. 106 (2. Auftritt)
[73] Ähnlich auch Peter Pütz, Die Leistung der Form. Lessings Dramen, Frankfurt/
M. 1987, S. 116f.
[74] „Sollte", so fragt der tödlich verwundete Philotas, „die Freiheit zu sterben, die uns
die Götter in allen Umständen des Lebens gelassen haben, sollte diese ein Mensch
dem andern verkümmern können?" (Werke, Bd. II, S. 124 <8. Auftritt>)

gern entbehre."[75] Gegen den grassierenden Patriotismus der Zeit, der Lessings Freunde erfaßt hatte, wird nüchtern das Ideal vom „Weltbürger"[76] gesetzt, jene übergeordnete Perspektive, die auch im „Philotas" als vernünftige Ordnungsinstanz vor einer Verherrlichung des Heroentums schützt.

Lessings Kritik trifft nicht allein Philotas' Heldenideal, sondern den gesamten Habitus seines Denkstils. Schon Conrad Wiedemann hat in seiner vielbeachteten Interpretation des Trauerspiels darauf hingewiesen, daß Philotas' Monologe von Elementen aufklärerischer Erziehung bestimmt sind.[77] Deren Reflexe zeigen sich zumal dort, wo der Titelheld Begriffe präzis definiert und logisch voneinander abgrenzt: „Jedes Ding, sagte der Weltweise, der mich erzog, ist vollkommen, wenn es seinen Zweck erfüllen kann. Ich kann meinen Zweck erfüllen, ich kann zum Besten des Staats sterben: ich bin vollkommen also, ich bin ein Mann."[78] Die Art und Weise, in der Philotas seine Vorstellung vom Heldentum näher umreißt, die logisch-deduktive Strategie des Definierens, nicht zuletzt die dabei verwendete Terminologie erinnern an Wolffs Verfahren der demonstrativischen Vernunftschlüsse und die von ihm genutzte Begrifflichkeit. Mit unerbittlicher rationaler Konsequenz leitet Philotas aus der Analyse seiner Situation die praktische Folgerung ab, daß allein sein Selbstmord den gewünschten militärischen Machtgewinn befördern könne. Weder private Rücksichten noch Zweifel an der moralischen Legitimität des Krieges spielen an diesem Punkt für Philotas eine Rolle. Lessing illustriert am Beispiel seines Protagonisten, daß die Aufklärung des Kopfes, von der die strikte Logik der Argumentation Zeugnis ablegt, in die Irre führt, wenn sie nicht durch die Aufklärung des Herzens ergänzt wird.

---

[75] Lessing, Sämtliche Schriften. 23 Bde., hrsg. v. Karl Lachmann. Dritte, auf's neue durchgesehene und vermehrte Auflage, besorgt durch Franz Muncker, Stuttgart 1886ff. Nachdruck, Berlin 1968, Bd. XVII, S. 158

[76] Lessing, Sämtliche Schriften, Bd. XVII, S. 156

[77] Wiedemann, Ein schönes Ungeheuer, S. 388. Anders dagegen Gisbert Ter-Nedden, Lessings Trauerspiele. Der Ursprung der modernen Dramatik aus dem Geist der Kritik, Stuttgart 1986, S.116ff., der in Philotas den Repräsentanten eines nicht-aufgeklärten Barbarentums sieht.

[78] Lessing, Werke, Bd. II, S. 111 (4. Auftritt)

Mit Hilfe der Komik vollzieht sich auf verschiedenen Ebenen eine weitreichende Depotenzierung des Helden Philotas. Komisch ist jene Szene, in der der todessüchtige Protagonist feststellen muß, daß ihm ein Schwert fehlt, ohne das er seinen Selbstmordplan nicht ausführen kann; komisch ist die kindliche Art, mit der er sich über den Erfolg der List freut, die ihn schließlich in den Besitz der gewünschten Waffe bringt; komisch ist die doppelsinnige Bemerkung Parmenios, er habe den tollkühn kämpfenden Philotas gleichzeitig ,bedauert', ,bewundert' und ,verwünscht'.[79] Lessings Komik lebt aus dem Kontrast zwischen heroischem Anspruch und profaner Wirklichkeit, der Philotas' Handeln bestimmt und zugleich deutlich macht, daß der Protagonist die von ihm vertretenen Ideale nicht wirklich durchdrungen, sondern sich nur mechanisch angeeignet hat.

Es wäre jedoch zu einfach, wenn man Lessings Trauerspiel als durchgängige Satire oder Parodie verstehen wollte. Das hier gewählte Verfahren ist ein dialektisches: indem Lessing ins Innere seines Helden hineinleuchtet, schafft er Nähe und Distanz gleichermaßen. Die in den Monologszenen geleistete Introspektion sorgt dafür, daß Philotas' Handlungsmotive offengelegt werden und der Entscheidungsprozeß, der zum Selbstmordentschluß führt, transparent bleibt. Zugleich veranlaßt diese Technik den Zuschauer aber auch, Philotas' Beweggründe kritisch in Frage zu stellen und sein Tun nüchtern zu bewerten. Die Psychologisierung des heroischen Dramas, die sich hier abzeichnet, verhindert, daß der Zuschauer die Taten des Helden bewundert; sie sorgt für den nötigen Ausgleich zwischen Nähe und Distanz, indem sie den Protagonisten einer präzisen Seelenanalyse unterzieht, die es gestattet, seine Handlungen zu verurteilen, ohne ihn deshalb zu denunzieren.[80]

Die subtile psychologische Gestaltung seiner Hauptfigur unterscheidet Lessings Trauerspiel von anderen Vertretern der Gattung. Am Ende der 50er Jahre hat das Genre der heroischen Tragödie noch einmal Hochkonjunktur. Cronegks „Olint und Sophronia" (1757), Wielands „Lady Johanna Gray", Brawes „Brutus" und Kleists „Seneka" (alle 1758)

---

[79]  Lessing, Werke, Bd. II, S. 119 (6. Auftritt); S. 123 (8. Auftritt); S.112 (5. Auftritt)
[80]  Dazu auch schon Lessings Seneca-Studien von 1754, die eine psychologische Aneignung mythologischer Stoffe fordern (Werke, Bd.IV, S.92f., am Beispiel von Senecas „Hercules furens"); genauer hier Barner, Produktive Rezeption, S. 66f.

versammeln die einschlägigen Motive, die man schon aus der tragédie classique kennt: Heldenpathos und Todesbegeisterung, Verherrlichung stoischer Gemütsfreiheit und Glorifizierung der moralischen Beständigkeit, nicht zuletzt Elemente der christlichen Märtyrertragödie, deren ethischer Rigorismus insbesondere in Cronegks Drama ungebrochen fortlebt. Ehe die Gattung des bürgerlichen Trauerspiels, angeregt durch Lessings „Miß Sara Sampson", in Deutschland ihren Siegeszug antritt, erleben heroische Tragödie und Märtyrerdrama noch einmal eine ungewöhnliche Renaissance.

Lessing selbst hat sich mit den Trauerspielen Wielands und Cronegks höchst kritisch auseinandergesetzt. An der „Johanna Gray", die er im übrigen für ein Plagiat von Rowes „Lady Jane Gray" (1715) hält, bemängelt er zumal die Farblosigkeit der dramatis personae: „Sie sind alle in einer Form gegossen; in der idealischen Form der Vollkommenheit, die der Dichter mit aus den ätherischen Gegenden gebracht hat."[81] Wielands Trauerspiel fehle es an menschlichen Gestalten, die den Zuschauer, statt distanzierte Bewunderung hervorzurufen, emotional bewegen könnten: „(...) er hat das Große und Schöne der Tugend vorgestellt, aber nicht auf die rührendste Art; er hat die Tugend gemalt, aber nicht in Handlungen, nicht nach dem Leben."[82] Wieder begegnet hier die Kritik an den „schönen Ungeheuern"[83] der heroischen Tragödie, die wie Monumente ihrer eigenen Tugend erscheinen, ohne das Gefühl des Publikums anzusprechen.

Ähnliche Einwände formuliert Lessing fast zehn Jahre später gegen Cronegks Trauerspiel „Olint und Sophronia", mit dessen Aufführung am 22. April 1767 das Hamburger Nationaltheater eröffnet worden war. Zwar fällt die Kritik weniger prinzipiell aus – das Märtyrerdrama gilt jetzt immerhin als akzeptable Gattungsform –, doch setzt sie an denselben Punkten an wie im Fall Wielands; auch Cronegk habe es versäumt, seine Kompendienmenschen zu individuellen Charakteren zu formen, die ostentative Todesbereitschaft der beiden Titelhelden provoziere beim Publikum Abwehrreaktionen und schränke die emotionale Anteilnahme

[81] Lessing, Briefe, die neueste Literatur betreffend (1759-1765), in: Werke, Bd. V, 63. Brief, S. 206
[82] Lessing, Werke, Bd. V, S. 207
[83] Lessing, Briefwechsel über das Trauerspiel, in: Werke, Bd. IV, S. 173

ein (die beim heroischen Trauerspiel ohnehin begrenzt sei).[84] Lessings
kritische Auseinandersetzung mit dem Wirkungsprinzip der Bewunderung soll hier durch praktische Exempel erhärtet werden: Trauerspiele,
die vollkommene Helden ohne Tadel präsentieren, erzeugen, so heißt es,
meist Langeweile, weil ihre Protagonisten allzu farblos und eindimensional
bleiben.

Wieland, Cronegk, Brawe und Kleist lassen an der Mustergültigkeit
ihrer Heldenfiguren keinen Zweifel. Die Monologe Johannas, Olints,
Brutus' und Senecas dienen ausschließlich der Selbstprofilierung der
Protagonisten, der Evokation jener ‚Bewunderung', die entscheidender
Wirkungsbegriff des heroischen Trauerspiels ist. Zu den verbindlichen
Regeln der Gattung gehört es außerdem, daß die Vollkommenheit der
Heldengestalten nicht in Frage gestellt werden darf, um ihren Exempel-
charakter durchgängig zu bewahren. Auch dieses Prinzip ist hier konsequent eingehalten worden: die stolzen Märtyrer Wielands, Cronegks
und Kleists erscheinen als leuchtende Beispiele unverfälschter Tugend,
als jene ‚schönen Ungeheuer' ohne Fehler, deren Menschenähnlichkeit
Lessing entschieden bezweifelt hatte. Von Gottscheds Stoiker Cato führt
somit eine direkte Linie zu den Tragödien der späten 50er Jahre, in denen
die makellosen Helden noch einmal reüssieren dürfen.

Im „Philotas" hat Lessing demgegenüber an zwei entscheidenden
Punkten mit den Konventionen des heroischen Trauerspiels gebrochen.
Indem er dem Titelhelden eine positiv besetzte Gegenfigur in Gestalt des
Königs Aridäus konfrontiert, schafft er die nötigen Kontraste und relativiert die soldatischen Ideale, die Philotas in seinen Monologen vertritt;
die sonst für das heroische Drama charakteristische Mittelpunktstellung
des Protagonisten ist damit aufgehoben. Zugleich sorgt Lessing dafür,
daß die Handlungsmotive des Titelhelden psychologisch durchleuchtet
und in kritischer Absicht offengelegt werden, um falsche Heroisierungen
zu vermeiden und dem Zuschauer Gelegenheit zur möglichst distanzierten Auseinandersetzung mit dem Denkstil des Protagonisten zu bieten.
Der „Philotas" ist das kunstvolle Zeugnis für Lessings kritische Rezeption des heroischen Tragödientyps. Sein poetisches Verfahren sucht die
Defizite einer als verfehlt betrachteten Gattungskonzeption aufzudek-
ken, indem es ihre Regeln im Rahmen eines dramatischen Experiments

---

[84] Lessing, Hamburgische Dramaturgie, in: Werke, Bd. IV, S. 237 (1. Stück)

mit kritischem Kalkül vorexerziert.[85] Das Trauerspiel gerät nirgends zur
platten Parodie, sondern widerlegt die traditionelle Wirkungsintention
der heroischen Tragödie mit aufklärerischen Mitteln – durch die Kunst
der psychologischen Reflexion und durch einen versatilen Perspektivis-
mus, der komische und tragische Elemente miteinander vermischt.[86]
Diese Synthese ist es, die bereits auf Lessings künftige Entwicklung als
Dramatiker hindeutet und die facettenreiche Dialogtechnik der „Emilia
Galotti" ahnen läßt.

Die heroische Tragödie scheint in Deutschland nach dem „Philotas"
erledigt. Die beiden Dekaden zwischen 1760 und 1780 stehen ganz im
Zeichen des bürgerlichen Trauerspiels, das den bewundernswürdigen
durch den rührenden Helden ersetzt. An den Platz des moralisch vollkommenen Heroen rückt damit ein Protagonistentypus, der das aristotelische Gebot der ‚hamartia' zu neuer Geltung führt – der Held „aus
dem Mittelstande"[87], in dem sich der bürgerliche Zuschauer selbst erkennen kann.

---

[85]  Francis J. Lamport, Lessing and the Drama, Oxford 1981, S. 105 spricht zu Recht
      von „experimental practice".
[86]  Den dialektischen Charakter des hier gewählten kritischen Verfahrens hat Bod-
      mer offenbar nicht erfaßt. Seine Parodie des „Philotas" erweckt den Eindruck,
      als biete Lessings Trauerspiel eine vorbehaltlose Verherrlichung des Heroentums
      („Polytimet. Ein Trauerspiel. Durch Lessings Philotas, oder ungerathenen Hel-
      den veranlasset" <1760>, abgedruckt in: Philotas. Ein Trauerspiel. Studienaus-
      gabe mit Lessings „Kleonnis", Gleims „Philotas", Bodmers „Polytimet" und Texten
      zur Theorie, Entstehung und Aufnahme, hrsg. v. Wilhelm Grosse, Stuttgart 1979,
      S. 63-79)
[87]  Lessing, Abhandlungen von dem weinerlichen oder rührenden Lustspiele. Vor-
      rede (1754), Werke, Bd. IV, S. 13

# V  Theorie des bürgerlichen Trauerspiels

## 1.  Zwischen Komödie und Tragödie.
## Das bürgerliche Trauerspiel als neues Genre

Im Jahr 1754 veröffentlicht Lessing in der „Theatralischen Bibliothek"
zwei von ihm selbst übersetzte Abhandlungen über das ‚rührende Lustspiel'. Es handelt sich um Chassirons „Reflexions sur le Comique-lar-
moyant" (1749) und Gellerts „Pro comoedia commovente" (1751),
Texte, die das aufklärerische Interesse am Drama auf sehr unterschiedliche Weise dokumentieren.[1] In seiner kurzen Einleitung erläutert Lessing die aktuellen Entwicklungen, die die Diskussion über Leistungen
und Möglichkeiten der dramatischen Gattung neu belebt haben. Die
überlieferten poetologischen Einteilungen hätten, so heißt es, ihre bis-
herige Verbindlichkeit verloren und seien zum Gegenstand von „Neuerungen" geworden: „Weder das Lustspiel, noch das Trauerspiel, ist davon verschont geblieben. Das erstere hat man um einige Staffeln erhöhet,
und das andere um einige herabgesetzt. Dort glaubte man, daß die Welt
lange genug in dem Lustspiele gelacht und abgeschmackte Laster ausge-
zischt habe; man kam also auf den Einfall, die Welt endlich auch einmal
darinne weinen und an stillen Tugenden ein edles Vergnügen finden zu
lassen. Hier hielt man es für unbillig, daß nur Regenten und hohe Stan-
despersonen in uns Schrecken und Mitleiden erwecken sollten; man
suchte sich also aus dem Mittelstande Helden und schnallte ihnen den
tragischen Stiefel an, in dem man sie sonst, nur ihn lächerlich zu machen,
gesehen hatte."[2]
    Lessings knappe Erklärung gilt der Entwicklung zweier neuer Dra-
menformen, die in der Mitte des 18. Jahrhunderts das verstärkte Inter-

---

[1]  Lessing, Abhandlungen von dem weinerlichen oder rührenden Lustspiel, in: Werke,
    Bd. IV, S. 12-58; Chassiron tritt als Gegner der comédie larmoyante auf, Gellert
    als ihr entschiedener Verteidiger.

[2]  Lessing, Werke, Bd. IV, S. 12f.

esse der Autoren auf sich ziehen: dem rührenden Lustspiel nach der Machart der französischen comédie larmoyante und dem bürgerlichen Trauerspiel englischer Prägung. Beide Varianten weichen Lessing zufolge in charakteristischer Weise von der traditionellen Gattungsordnung ab; die rührende Komödie beschränkt sich nicht auf die Darstellung komischer Szenen, sondern möchte auch Mitleid für ihre Figuren wecken, das bürgerliche Trauerspiel bricht mit der gängigen Bestimmung, daß der tragische Held fürstlicher, idealiter sogar königlicher Herkunft sein sollte, und stellt einen mittelständischen Protagonisten ins Zentrum des Geschehens. Für die neue Gattungsentwicklung macht Lessing, nicht ganz ohne ironischen Unterton, die unterschiedlichen Nationalcharaktere verantwortlich. Die Erhöhung des Lustspiels zur comédie larmoyante hält er für das typische Werk des französischen Volkes, „das immer größer scheinen will als es ist", die Umwandlung der heroischen Tragödie zum bürgerlichen Trauerspiel für das charakteristische Produkt der englischen Nation, die „alles große zu sich hernieder ziehen will."[3]

Im distanzierten Rückblick auf die Entwicklung der 40er und 50er Jahre bezeichnet Wieland 1782 die beiden neuen Gattungstypen als kurzlebige Modephänomene, die dem bürgerlichen Bedürfnis nach neuen Unterhaltungsformen entsprungen seien: „(...) wie man in Lustspielen nicht mehr lachen konnte, fing man an es sehr angenehm zu finden, darin zu weinen; als man überdrüssig war, sich für die Mithraditen, die Bajazet, die Orosmane, und die ganze Familie der Atriden, die uns so wenig angingen, in Ausgabe von Mitleiden zu setzen, empfing man das bürgerliche Trauerspiel (...)"[4] Wieland betont zu Recht, daß die beiden neuen Gattungen nur eine relativ kurze Blütezeit erlebten, die schon um 1780 wieder beendet war; er übersieht jedoch die fruchtbaren Anregungen, die von ihnen ausgingen und die dramatische Entwicklung künftiger Epochen entscheidend bestimmten. Laut Wieland, dessen eigene tragische Versuche vom Muster der heroischen Tragödie geprägt bleiben, wartet das bürgerliche Trauerspiel nur mit „dialogisierten Alltagsbegebenheiten"[5] auf, ohne echte künstlerische Gestaltungskraft zu ent-

---

[3] Lessing, Werke, Bd. IV, S. 13
[4] Wieland, Briefe an einen jungen Dichter, in: Aufsätze zu Literatur und Politik, S. 112
[5] Wieland, Briefe an einen jungen Dichter, S.112

wickeln. In solchen Urteilen schwingt die verbreitete Auffassung mit, daß die Wirkung einer Tragödie allein garantiert werde durch den außergewöhnlichen Charakter ihres Stoffs und seine historisch-mythologische Verankerung.

Johann Georg Hamann geht noch weiter als Wieland und hält die neue Gattungsbezeichnung für eine contradictio in adiecto, „weil das Beywort den Bestandtheilen der Erklärung von einem Trauerspiele widersprach, und was dem Merkmale eines Dinges widerspricht, dem Dinge selbst widerspricht (...)"[6] Tragisch können nach Hamanns Auffassung nur solche Begebenheiten sein, die sich unter Personen hohen Standes zutragen, da allein sie die Emotionen des Zuschauers mobilisieren. Es versteht sich, daß damit die Wahl eines genuin ‚bürgerlichen' Stoffs ausgeschlossen bleibt, will man nicht in Widerspruch zu den elementaren Gesetzen der Gattung geraten. Wie Wieland bevorzugt Hamann, ohne daß er dies explizit formuliert, mythologische oder historische Vorlagen als Fundament einer geeigneten Tragödienhandlung.

Die Frühgeschichte des bürgerlichen Trauerspiels ist seit geraumer Zeit gut erforscht. Erstmals taucht die Gattungsbezeichnung 1733 in einem Brief des französischen Autors Michel Linant auf, der vom Plan einer „tragédie bourgoise" spricht. 1741 charakterisiert eine Theaterkritik Paul Landois' Einakter „Silvie" mit eben diesem Terminus, ohne freilich nähere Grundsatzbestimmungen an ihn zu knüpfen. Als wichtigster Prototyp des bürgerlichen Trauerspiels gilt allgemein Lillos „The London Merchant" (1731), der rasch ins Französische übersetzt wird; 1752 erscheint eine deutsche Übertragung von Henning Adam von Bassewitz, die sich nicht auf das englische Original, sondern auf die französische Fassung stützt.[7] Lillos Drama, das keine spezifische Gat-

---

6   Johann Georg Hamann, Fünf Hirtenbriefe das Schuldrama betreffend (1763), in: Sämtliche Werke, hrsg. v. Josef Nadler, Wien 1949ff., Bd. II, S. 351-374, S. 360. Ganz ähnlich heißt es 150 Jahre später bei Hofmannsthal: „(...) ein bürgerliches Trauerspiel ist vollends ein Unding, denn die bürgerliche Welt ist die Welt des sozial Bedingten und die Tragödie entfaltet sich am sozial Unbedingten." (Hofmannsthal, Drei kleine Betrachtungen <1921>, in: Gesammelte Werke, hrsg. v. Bernd Schoeller in Beratung mit Rudolf Hirsch. Reden und Aufsätze II, S.138-148, S.138)

7   Zur Begriffsgeschichte Richard Daunicht, Die Entstehung des bürgerlichen Trauerspiels in Deutschland, Berlin 1965 (2. Aufl., zuerst 1961), S. 192f., Alois Wierlacher, Das bürgerliche Drama. Seine theoretische Begründung im 18. Jahrhun-

tungsbestimmung trägt, versammelt bereits die wichtigsten Elemente
des bürgerlichen Trauerspiels: die Handlung ist im Kaufmannsstand
und damit in einer bisher kaum für tragödienwürdig gehaltenen Mittel-
schicht angesiedelt, der Stoff bleibt ein Produkt der dichterischen Erfindung und stützt sich nicht auf mythologische oder historische Quellen, der dargestellte Konflikt trägt sich in einer privaten Sphäre jenseits
der politisch-öffentlichen Dimension zu, auf die Gestaltung heroischer
Charaktere wird ebenso verzichtet wie auf die Erregung von Bewunde-
rungseffekten, die Sprache wirkt unprätentiös und ist durchgängig in
Prosa gehalten.

Besondere Bedeutung für die neue Gattungsform besitzt die Abkehr
von der Dramaturgie der Bewunderung, wie sie die Gottsched-Ära bestimmt hatte. An ihre Stelle tritt das Wirkungsziel der Rührung, das das
bürgerliche Trauerspiel wiederum von der comédie larmoyante bzw. der
englischen sentimental comedy erbt. Richard Steeles „The Tender Hus-
band" (1704) hatte den Weg in die neue Richtung gewiesen; seine
Komödie setzte nicht mehr nur auf witzig-burleske Effekte, sondern auf
„die positive Darstellung menschlicher Tugend und Tugenden."[8] In
Frankreich ist es vor allem La Chaussée, der mit seinen tränenseligen,
ganz auf die Gefühle der Zuschauer zielenden Lustspielen das Genre der
comédie larmoyante begründete. Als ihr wichtigster deutscher Repräsentant darf Gellert gelten, der in den späten 40er Jahren die Gattung
des Rührstücks zu beträchtlichem Ansehen führte. Unmittelbar verknüpft ist der Erfolg dieses neuen Komödientyps mit den empfindsamen Strömungen der Zeit, mit der neuen Gefühlskultur im Zeichen von
Philantrophie, Sentimentalität und Freundschaftsideal, deren Spuren
sich bekanntlich auch in den Romanen Sternes, Fieldings und Richardsons finden.

In der Vorrede zu einer Sammlung seiner Lustspiele erklärt Gellert
1747: „Sollten einige an der Betschwester, dem Loose in der Lotterie und

---

dert, München 1968, S.29ff., Guthke, Das deutsche bürgerliche Trauerspiel,
S.5f., Martino, Geschichte der dramatischen Theorien I, S.392ff.; zu Lillo ausführlich Peter Szondi, Die Theorie des bürgerlichen Trauerspiels im 18. Jahrhundert. Studienausgabe der Vorlesungen. Bd.I, hrsg. v. Gert Mattenklott, Frankfurt/
M. 1973, S. 48ff.

[8] Horst Steinmetz, Die Komödie der Aufklärung, Stuttgart 1978 (3. Aufl., zuerst
1966), S. 48

den zärtlichen Schwestern überhaupt tadeln, daß sie eher mitleidige Thränen als freudiges Gelächter erregten: so danke ich ihnen zum voraus für einen so schönen Vorwurf."[9] Von der comédie larmoyante übernimmt das bürgerliche Trauerspiel den Anspruch, mit Hilfe einer dem Publikum nahegehenden Handlung die Bereitschaft zur emotionalen Teilnahme am Schicksal anderer Menschen zu steigern und das Empfindungsvermögen der Zuschauer zu verfeinern. Wenn Lessing 1754 in der „Theatralischen Bibliothek" die Genese von bürgerlichem Trauerspiel und rührender Komödie als gleichzeitig ablaufenden Prozeß beschreibt, so trägt er damit der Tatsache Rechnung, daß beide Gattungen ähnlichen wirkungsästhetischen Ambitionen folgen. Ihr Ausgangspunkt ist das wachsende Bedürfnis des Bürgertums, die Vorbilder für seine moralischen Selbstbestimmungsansprüche nicht mehr aus der heroischen Tragödie mit ihrem hohen Personal, sondern aus dramatischen Handlungen zu beziehen, in denen sich seine eigene soziale Situation oder doch zumindest seine Wertewelt dargestellt findet.

Ein früher Reflex dieses gattungspoetischen Entwicklungsprozesses findet sich in Lessings 1749 entstandenem Lustspiel „Die Juden", wo der Bediente Christoph die Magd Lisette über die Reisebibliothek seines Herrn in Kenntnis setzt: „Sie besteht aus Lustspielen, die zum Weinen, und aus Trauerspielen, die zum Lachen bewegen (...)"[10] Während die comédie larmoyante am Ende der 40er Jahre in voller Blüte steht, läßt sich über das neue Trauerspiel nur vage sagen, daß es eine gewisse Ähnlichkeit mit der Tragikomödie alten Schlages aufweist. Der Spott des Bedienten trifft in diesem Punkt eine literarische Modeerscheinung, die sich in Deutschland erst sukzessive herausbildet: die Vorliebe für die Darstellung bürgerlicher Themen und Interessen in einem ernsten Drama.

In der Mitte des 18. Jahrhunderts legt man sich immer häufiger die Frage vor, welche der dramatischen Formen am besten geeignet sei, dieses ständische Interesse wirkungsvoll umzusetzen. Ehe sich eine Theorie des bürgerlichen Trauerspiels herausbildet, die die neue Gattung in verbindlicher Weise zu beschreiben und auf ihre praktische Umsetzung unmittelbar Einfluß zu vernehmen vermag, herrscht jedoch beträchtli-

---

[9] Christian Fürchtegott Gellert, Lustspiele. Faksimile-Neudruck nach der Ausgabe von 1747, mit einem Nachwort hrsg. v. Horst Steinmetz, Stuttgart 1966, Vorrede, Bl. (5)<r>

[10] Lessing, Die Juden, in: Werke, Bd. I, S. 394

che terminologische Verwirrung. Bis zur Mitte der 50er Jahre gibt es keine eindeutige Definition des ‚bürgerlichen Trauerspiels‘, sondern eine Vielzahl von unterschiedlichen Bestimmungsversuchen, die mit der späteren Bedeutung des Begriffs wenig gemein haben.

Im ersten Stück ihrer „Beiträge zur Historie und Aufnahme des Theaters“ (1750) veröffentlichen Lessing und sein Vetter Mylius eine ungnädige Kritik an Voltaires Tragikomödie „Nanine“, die sich vor allem mit dem Problem der Gattungsbezeichnung befaßt. „Es ist“, heißt es über das Drama, „ein bloßes Gespräch ohne Stärke, ohne Salz, ohne Natur, ohne Annehmlichkeit; und überhaupt ist die Materie mehr zu einem bürgerlichen Trauerspiele als zu einer guten Tragikomödie geschickt.“[11] Während Lessing und Mylius das bürgerliche Trauerspiel als ausschließlich ernstes Genre in erklärten Gegensatz zur Tragikomödie rücken, betont Johann Adolf Schlegel die Verwandtschaft mit der rührenden Komödie französischer Prägung. In seinem Aufsatz „Von der Einteilung der Poesie“, den er 1751 im Anhang der deutschen Übersetzung von Charles Batteux’ „Les beaux arts réduits d’un même principe“ (1746) veröffentlicht, schlägt er den Begriff ‚bürgerliches Trauerspiel‘ zur Bezeichnung für eine bestimmte Form des rührenden Lustspiels nach dem Vorbild La Chaussées und Gellerts vor. Schlegel konstatiert, daß die unterschiedlichen Varianten der neuen Gattung mit der traditionellen Komödie wenig Gemeinsamkeiten aufwiesen und daher auch andere Namen verdienten: „Man hätte die eine das bürgerliche Trauerspiel, eine andere das rührende oder zärtliche Schauspiel nennen können.“[12]

Auch Gottsched kennt den Terminus ‚bürgerliches Trauerspiel‘, ohne ihn jedoch als Synonym für die rührende Komödie zu verwenden. Die vierte Auflage der „Critischen Dichtkunst“ (1751) weist kurz auf die

---

[11] Lessing/Mylius, Beiträge zur Historie und Aufnahme des Theaters. Erstes Stück, V (1750), in: Lessings Werke. Vollständige Ausgabe in fünfundzwanzig Teilen, hrsg. v. Julius Petersen und Waldemar von Olshausen, Berlin u.a. 1925ff., Bd.XII, S. 73. Der zweite Teil des Satzes über den tragikomischen Stoff der „Nanine“ ist die wörtliche Übersetzung einer Formulierung aus der niederländischen Literaturzeitschrift „La Bigarure ou Meslange curieux“ (Bd.I, 1749, S.55); vgl. Petersen, Olshausen, Bd. XII, S. 17

[12] Charles Batteux, Einschränkung der Schönen Künste auf einen einzigen Grundsatz; aus dem Frantzösischen übersetzt und mit verschiednen eignen damit verwandten Abhandlungen begleitet von Johann Adolf Schlegeln, Leipzig 1770 (3. Aufl., zuerst 1751), Anhang, S. 269

beiden neuen Gattungsformen hin und dokumentiert dadurch ihr Bestreben, aktuelle literarische Entwicklungen zur Kenntnis zu nehmen
und systematisch zu erfassen: „Noch andere wollen aus der beweglichen
und traurigen Komödie, die von den Franzosen Comedie larmoyante
genennet wird, eine eigene neue Art machen. Allein wenn es ja eine
solche Art von Schauspielen geben kann und soll: so muß man sie nur
nicht Komödien nennen. Sie können viel eher bürgerliche oder adeliche
Trauerspiele heißen; oder gar Tragikomödien, als ein Mittelding zwischen beyden, genennet werden."[13]

Gottsched betrachtet das bürgerliche Trauerspiel als ernsten Ableger
der comédie larmoyante, als Mischform, die weder reine Tragödie noch
echte Komödie ist. Ohne nähere Hinweise auf praktische Exempel umreißt Gottsched hier bereits das Muster des „genre sérieux", das Diderot
wenige Jahre später mit seinen Dramen „Le fils naturel" und „Le père de
famille" (1757-58) zu begründen sucht. Im Anhang der beiden Schauspiele, die Lessing 1760 komplett in deutscher Übersetzung veröffentlicht, druckt Diderot zwei theoretische Essays ab, in denen er das eigenwillige Profil der neuen Gattung beleuchtet. Das ‚genre sérieux' möchte
sich von tragischen und komischen Wirkungskonzepten gleichermaßen
fernhalten und das gesamte Interesse des Zuschauers auf die dramatischen Charaktere lenken. Ziel ist laut Diderot die möglichst perfekte
Erzeugung von Illusionen, durch deren Hilfe die Aufmerksamkeit des
Zuschauers gesteuert und sein Sinn für menschliche Schicksale verfeinert werden soll. Diderot betont dabei ausdrücklich, daß der neue Dramentypus keine Nähe zu den alten Gattungsmustern anstrebe und auch
nicht als Tragikomödie konventioneller Prägung (etwa nach dem Muster des Schultheaters) zu bezeichnen sei. An den Platz von Affekterregung und bloßer Unterhaltung hat die Darstellung der vielfältigen
Nuancen des menschlichen Charakters zu treten.[14] Lessing zollt diesem

---

[13] Gottsched, Critische Dichtkunst, S. 634f. Lessings Ironie trifft Gottsched also zu
Unrecht: „Ein bürgerliches Trauerspiel! Mein Gott! Findet man in Gottscheds
kritischer Dichtkunst ein Wort von so einem Dinge?" (Selbstanzeige der „Miss
Sara Sampson", Werke, Bd. III, S. 246)

[14] <Denis Diderot>, Das Theater des Herrn Diderot. Aus dem Französischen übersetzt von Gotthold Ephraim Lessing (1760), mit einem Nachw. u. Anm. hrsg. v.
Klaus-Detlef Müller, Stuttgart 1986, S.141f. Vgl. Diderot, Œuvres Esthétiques,
ed. par Paul Vernière, Paris 1965, S.137. Zu Diderots Gattungstheorie Wierla-

Ansatz seinen entschiedenen Beifall und bescheinigt Diderots Konzept, daß es „weder Genie noch Geschmack vermissen"[15] lasse. Für seine eigene Dramentheorie wird das psychologische Interesse, das die Abhandlungen des Franzosen bezeugen, eine wesentliche Rolle spielen; Diderots praktischen Vorschlägen, die auf eine Reformation des gattungspoetischen Systems zielen, ist er jedoch nicht gefolgt.

In seiner Abhandlung „De la poésie dramatique" (1758), die im Anhang zum „Père de famille" publiziert wird, ersetzt Diderot den Ausdruck ‚genre sérieux' durch den Begriff „tragédie domestique"[16]. Auch er soll eine mittlere Gattung jenseits der alten Ordnung bezeichnen, eine Art ‚Schauspiel', bei dem es nicht um die tragödienspezifische Dramaturgie der Affekte, sondern um die Erweckung von Interesse für bürgerliche Schicksale geht. Entscheidend bleibt hier, daß das neue Drama einen mittleren Weg zwischen den herkömmlichen Gattungen anvisiert und deren schroffen Gegensatz aufzuheben sucht. Als vergleichbare Mischform scheint bereits Gottsched das bürgerliche Trauerspiel aufzufassen, ohne mit dieser Einschätzung eine explizite Bewertung zu verbinden. Daß ihm Abweichungen von der traditionellen Gattungseinteilung kaum sonderlich sympathisch gewesen sein dürften, wird man aber mit einiger Gewißheit annehmen können.

Bis zur Mitte der 50er Jahre bezeichnet der Begriff ‚bürgerliches Trauerspiel' eine jenseits der Gattungsgrenzen gelegene neue Form des Dramas, die in Prosa gehalten ist, Helden aus dem Mittelstand vorführt und, orientiert an der Wirkungsprogrammatik der französischen comédie larmoyante, ihr Publikum in Rührung zu versetzen sucht. Erst Lessings Vorrede aus der „Theatralischen Bibliothek" verleiht dem Terminus eine klarere Bedeutung, die künftig verbindlich bleiben wird. Ein ‚bürgerliches Trauerspiel' ist für Lessing, anders als für Gottsched und Schlegel, keine Fortentwicklung der Komödie, sondern eine modifizierte Variante der alten Tragödie. Seinen Ursprung markiert das tragische Genre, nicht das komische; die Annäherung der klassischen Gattungen führt zur Herausbildung zweier neuer Formen, die deutlich voneinan-

---

cher, Das bürgerliche Drama, S. 39f. u. Szondi, Die Theorie des bürgerlichen Trauerspiels, S. 110ff.

[15] Lessing, Das Theater des Herrn Diderot, Vorrede des Übersetzers (1760), in: Werke, Bd. IV, S. 148

[16] Diderot, Œuvres Esthétiques, S. 216

der abgegrenzt bleiben, ohne daß es zu synthetischen Verknüpfungen im Sinne der Tragikomödie kommt.

Seit Lessings kurzer Stellungnahme gilt das ‚bürgerliche Trauerspiel‘ als Sonderform der Tragödie, an deren eigentlichem Gattungsstatus kein Zweifel besteht. In einer anonym publizierten Abhandlung über den neuen Dramentyp, die ein Jahr nach Lessings Vorrede erscheint, hat Gottlob Benjamin Pfeil diese Zuordnung nachdrücklich bestätigt. Sein Ausgangspunkt ist der aristotelische Begriff der tragischen Handlung und die mit ihm verbundene Wirkungskonzeption, die über die nähere Verortung des bürgerlichen Trauerspiels entscheidet. Wichtiger als die soziale Festlegung der Personen sei die „Einrichtung des ganzen Inhalts"[17], weil sie den Effekt des jeweiligen Dramas bestimme und derart seine Gattungszugehörigkeit determiniere: „Eben so bleibt ein Stück, welches Schrecken und Mitleiden in uns erregt, allemal ein Trauerspiel, es mögen Könige und Helden oder bloß bürgerliche Personen seyn, welche diese zwo Leidenschaften in uns unterhalten."[18]

Pfeil läßt keinen Zweifel an der gattungstheoretischen Einordnung des bürgerlichen Trauerspiels. Die Tatsache, daß es wie die Tragödie alten Stils auf die Erregung von Schrecken und Mitleid zielt, sichert ihm einen festen Platz im System der tragischen Formen. Die gemeinsame wirkungspoetische Orientierung ist dabei wichtiger als mögliche Differenzen, die natürlich auch Pfeil kennt. „Das erste bestehet darinne: das lyrische und das heroische Trauerspiel, entlehnen ihre Gegenstände aus der Geschichte der Götter und der Helden, sie mag nun wahr oder fabelhaft seyn. Das bürgerliche entlehnt sie wie das Lustspiel bloß aus der Fabel, durch Hülfe der Nachahmung derjenigen tragischen Handlungen, welche sich im gemeinen Leben zutragen können. Das lyrische und heroische hat also jederzeit die Geschichte, das bürgerliche Trauerspiel die Erdichtung allein zum Grunde."[19]

---

17  <Johann Gottlob Benjamin Pfeil>, Vom bürgerlichen Trauerspiele, in: Neue Erweiterungen der Erkenntnis und des Vergnügens. 31.Stück, Leipzig 1755, S.1-25. Wieder abgedruckt in: Karl Eibl, Gotthold Ephraim Lessing. Miss Sara Sampson. Ein bürgerliches Trauerspiel (= Commentatio. Analysen und Kommentar zur deutschen Literatur, hrsg. v. Wolfgang Frühwald, Bd.II), Frankfurt/M. 1971, S. 173-189, S. 176. Zur Frage nach dem Verfasser des anonym publizierten Aufsatzes Martino, Geschichte der dramatischen Theorien, S. 418f.

18  <Pfeil>, Vom bürgerlichen Trauerspiele, S. 177

19  <Pfeil>, Vom bürgerlichen Trauerspiele, S. 178. Der Begriff ‚lyrisches Trauer-

Mit der traditionellen Komödie teilt das bürgerliche Trauerspiel den prosaischen Stil, die Darstellung mittelständischer Charaktere und die Orientierung an erfundenen, nicht-historischen Stoffen. Diese Gemeinsamkeiten wiegen in Pfeils Sicht jedoch weniger schwer als die Ausrichtung der Handlung an einer tragischen Wirkungsintention, die die neue Gattung poetologisch eindeutig verortet. Zwar formuliert Pfeil explizite Zweifel an der unbedingten Autorität der aristotelischen Poetik, deren dramentheoretische Einteilungen ihm allzu grob ausfallen, jedoch übernimmt auch er ihre entscheidende methodische Prämisse: die Konzentration auf die Wirkungslehre und die damit verbundene Ableitung der Tragödiendoktrin aus dem Wesen der tragischen Handlung. Nicht die Charaktere, sondern die wirkungsspezifisch eingesetzten Elemente des Geschehensaufbaus determinieren die nähere Gattungszugehörigkeit eines Dramas. Einmal mehr erweist sich damit die Leistungsfähigkeit der aristotelischen Tragödienlehre, deren methodische Basis auch von den Theoretikern des bürgerlichen Trauerspiels durchgängig akzeptiert wird.

Für Pfeils Argumentation bleibt die Ausrichtung an den aristotelischen Wirkungsbegriffen stets verbindlich: „Die Hauptabsicht des Trauerspiels ist, Schrecken und Mitleiden zu erwecken, oder wenn man lieber will, die Tugend auch ohngeachtet ihres Unglücks liebenswürdig und das Laster allezeit verabscheuungswürdig vorzustellen. Wenn das bürgerliche Trauerspiel eben so wohl als das heroische und lyrische diese Absicht zu erhalten fähig ist: so sehe ich nicht ein, warum man es von der Bühne verbannen wollte."[20] Die Tatsache, daß ein bürgerliches Trauerspiel weder bei Aristoteles noch in den humanistischen und klassizistischen Poetiken vorgesehen ist, spricht keineswegs gegen seine dichtungstheoretische Legitimität. Gerade die universelle Wirkungsformel des Aristoteles bietet einen Maßstab, an dem die Möglichkeiten des neuen Trauerspieltyps abgelesen werden können. Sofern er Schrecken und Mitleid zu erregen vermag, gibt es keinen Grund, ihm die Aufnahme in den traditionellen Kanon zu verweigern.

In seiner „Abhandlung vom Trauerspiele" (1757) zeigt sich Friedrich Nicolai grundsätzlich offen für die Intentionen der neuen Gattung.

---

spiel' bezieht sich wohl auf Gottsched, Critische Dichtkunst, S.623f. und bezeichnet eine Tragödie mit musikalischer Untermalung oder Chorunterstützung.
[20] <Pfeil>, Vom bürgerlichen Trauerspiele, S. 174

Tragische Wirkungen sind bei ihm kein Resultat einer bestimmten ständischen Festlegung der dramatis personae, sondern resultieren aus den Möglichkeiten des gewählten Stoffs: „Die Größe einer tragischen Handlung muß also in ihr selbst liegen, und sie wird alsdenn tragisch groß seyn, wenn sie geschickt ist, heftige Leidenschaften zu erregen. Wenn sie dieses vermag, so ist es nicht nur offenbar, daß sie zum Trauerspiel geschickt ist, sondern es folgt auch natürlich, daß sie keine von den schlechten und geringen Handlungen sein könne (...)"[21] Wieder ist es hier die Orientierung an den tragischen Valenzen der Handlung, die die traditionelle Fixierung auf die heroische Tragödie überwinden hilft. Nicolais Typologie der Dramenformen berücksichtigt dann folgerichtig auch das bürgerliche Trauerspiel, an dessen allgemeiner Gattungszugehörigkeit kein Zweifel besteht. Über sie entscheidet nicht die soziale Zuordnung des Bühnenpersonals, sondern allein die Orientierung an einem tragischen Wirkungsziel, jene Dramaturgie der Affekterregung, die Nicolai auch im Briefwechsel mit Lessing immer wieder als zentrales Merkmal des Trauerspiels bezeichnet.

Trotz aller Liberalität ist Nicolai jedoch kein unbedingter Anhänger der neuen Gattungsform. Deutliche Vorbehalte gelten ihrer Tendenz zum Banalen, zu Liebeshandlungen, komischen Einlagen, rührseliger Sentimentalität und niedrigem Prosastil ohne Kunstanspruch. Nicolai weiß sehr genau, daß comédie larmoyante und bürgerliches Trauerspiel einem ähnlichen Wirkungsinteresse entspringen, das in der Steigerung der menschlichen Empfindungsfähigkeit seinen zentralen Zweck sieht. Verwerflich findet er jedoch diejenigen Autoren, die „zur unrechten Zeit die Liebe in ihre Trauerspiele bringen"[22] und dadurch die hohen Ansprüche der tragischen Gattung unterlaufen. Wird das bürgerliche Trauerspiel zur empfindsamen comédie larmoyante, so gilt es Nicolai als unerfreuliche Mischform, die die notwendige Ordnung der Gattungssysteme stört.

Die Theorie des bürgerlichen Trauerspiels konsolidiert sich in dem Maße, in dem es eine entwickelte literarische Praxis gibt, die die neue

---

21  Nicolai, Abhandlung vom Trauerspiele (1757), in: Gotthold Ephraim Lessing, Moses Mendelssohn, Friedrich Nicolai, Briefwechsel über das Trauerspiel, hrsg. und kommentiert v. Jochen Schulte-Sasse, München 1972, S. 11–44, S. 19
22  Nicolai, Abhandlung vom Trauerspiele, S. 19

Gattung mit Leben füllt. Während Gottsched und Schlegel lediglich Lillos „London Merchant" oder Landois' „Silvie" vor Augen hatten, wenn sie vom ,bürgerlichen Trauerspiel' sprachen, können spätere Autoren auf eine größere Zahl von praktischen Mustern zurückgreifen. Nach dem Vorbild der „Miss Sara Sampson" (1755) werden in den späten 50er und frühen 60er Jahren zahlreiche meist epigonal bleibende Trauerspiele publiziert, die das Attribut ,bürgerlich' im Untertitel führen oder doch zumindest die formalen Merkmale der Gattung aufweisen. Der österreichische Publizist Joseph von Sonnenfels kann 1768 in seinen „Briefen über die wienerische Schaubühne" selbstbewußt erklären, daß der Hinweis auf die alte dichtungstheoretische Ordnung noch kein Argument gegen rührende Komödie und bürgerliches Trauerspiel sei: „(...) die Rechtfertigung dieser Gattung von Schauspielen muß man nicht in der Poetik des Aristoteles, man muß sie in unserm Herzen finden."[23] Mit ganz ähnlicher Begründung verteidigen die meisten zeitgenössischen Rezensenten bereits Lessings „Miss Sara Sampson" gegen eine auf gattungspoetische Konventionen pochende Kritik. Durchgängig erinnert man dabei an die Bedeutung der aristotelischen Wirkungsbegriffe, deren praktische Umsetzung wichtiger scheint als die Einhaltung der Ständeklausel. Zwar liefert die „Poetik" keine direkte Lizenz zur Rechtfertigung des bürgerlichen Trauerspiels, weil ihre Gattungseinteilung zu weit gefaßt ist, doch stellt sie mit ihren grundlegenden Bestimmungen der tragischen Handlung einen nützlichen Maßstab bereit, der von den Theoretikern des neuen Dramas dankbar angenommen wird.

Daß der Begriff der tragischen Handlung für die gattungspoetische Zuordnung des bürgerlichen Trauerspiels wichtiger scheint als der soziale Stand des dramatischen Personals, beweist die Argumentation Karl Wilhelm Ramlers. Seine tragödientheoretischen Überlegungen sind nicht selbständig erschienen, sondern lassen sich nur aus seinen fortlaufenden Anmerkungen zur Übersetzung von Batteux' „Cours de belles-lettres" (1747-50) rekonstruieren. In der vierten Auflage von 1774 ergänzt Ramler seinen Kommentar auch um Hinweise auf die Gattung des bürgerlichen Trauerspiels, mit der sich Batteux selbst nicht näher befaßt hatte. Bereits die Vorrede deutet an, daß Ramler Batteux' traditionelle Konzentration

---

23  Joseph von Sonnenfels, Briefe über die wienerische Schaubühne (1768), Neudruck, hrsg. v. Hilde Haider-Pregler, Graz 1988, S. 144

auf die heroische Tragödie für unzeitgemäß hält: „Auch habe ich zu
seiner Abhandlung von der Tragödie, wozu er einen heroischen Stoff
erfodert, nichts mehr hinzusetzen dürfen, als daß es sehr wohl möglich
sey, ein gutes bürgerliches Trauerspiel zu verfertigen, wenn man die
Geschicklichkeit hat, alles das mit der grössesten Kunst zu verstecken,
was uns bey niedrigen Personen anstößig ist. Ein solches Trauerspiel
aber widerspricht seinen Regeln nicht: kann ich die Handlung auf diese
Weise erhöhen, so gebe ich ihr den Werth der heroischen Handlung."[24]

Die Ausrichtung am Handlungsbegriff verschafft Ramlers Argumentation die nötige Freiheit gegenüber allzu engen poetologischen Normen und einem konventionellen Tragödiengeschmack, wie ihn Batteux' Bevorzugung der tragédie classique verrät. Entscheidender als der
soziale Status des Helden ist für Ramler die Auswahl einer geeigneten
Handlung, die die Leidenschaften des Publikums aktiviert. Auch die
Darstellung von „bürgerlichen Begebenheiten"[25] kann tragische Effekte
erzielen, sofern die poetische Erfindung dem Wirkungszweck angemessen ist: „Die Handlung, die an sich selbst heroisch ist, hat einen unend-
lichen Vorzug vor derjenigen, die es hauptsächlich durch den Stand der
Personen werden soll; ja es giebt Fälle, wo man den niedrigen Stand der
Personen, wegen ihrer edlen Gesinnungen, völlig vergißt, oder sie vielmehr über die Könige der Erde hinwegsetzet."[26]

Die Gattungszugehörigkeit eines Dramas wird bestimmt durch die
besondere Beschaffenheit seiner Handlung und die ‚Gesinnung' der in
ihm agierenden Figuren. Gegenüber der Argumentation von Schlegel
und Gottsched hat Ramlers Begründung den Vorzug, daß sie die aristotelischen Vorgaben präzis umsetzt und die von der „Poetik" betonte
Priorität der Handlung gegenüber den Charakteren ernst nimmt. Wenn
Ramler am Schluß seines Exkurses hervorhebt, daß die Differenz von
heroischer Tragödie und bürgerlichem Trauerspiel geringer ausfalle als
gemeinhin vermutet, weil beide Gattungsformen idealiter durch pathoshaltige Handlungen gekennzeichnet seien, so bewegt sich diese

---

[24]  Charles Batteux, Einleitung in die Schönen Wissenschaften. Nach dem Franzö-
sischen des Herrn Batteux mit Zusätzen vermehrt von Karl Wilhelm Ramler. 4
Bde., Leipzig 1756-58. Vierte und verbesserte Auflage 1774, Vorbericht zur
Deutschen Ausgabe, V-VI

[25]  Batteux/Ramler, Einleitung in die Schönen Wissenschaften, S. 276

[26]  Batteux/Ramler, Einleitung in die Schönen Wissenschaften, S. 273

Erklärung ganz auf der Linie des Aristoteles.[27] Es wird sich zeigen, daß die Autorität der aristotelischen Tragödienlehre auch in der Diskussion über die unmittelbaren Implikationen der Ständeklausel und die Möglichkeiten ihrer Aufhebung eine entscheidende Rolle spielt.

## 2. Helden aus der Mittelschicht. Zur Kritik der Ständeklausel

Bei Aristoteles finden sich kaum nähere Angaben zur sozialen Rolle des tragischen Helden. Zwar wird die Tragödie auf die Darstellung „guter Menschen"[28] verpflichtet (im Gegensatz zur Komödie, die es mit ‚schlechten Menschen' zu tun hat), doch ist sich die Forschung seit geraumer Zeit darüber einig, daß diese Definition eine moralische und keine ständische Eingrenzung (im Sinne einer möglichen Unterscheidung zwischen ‚hoher' und ‚niedriger' Herkunft) bedeutet.[29] Die Hinweise auf die ‚hamartia' und den mittleren Charakter gehören wiederum in den Bereich der Psychologie, ohne daß aus ihnen konkrete Bestimmungen über den gesellschaftlichen Status des Helden abzuleiten wären. Wenn Aristoteles einen nicht ganz makellosen Protagonisten als ideale Tragödienfigur betrachtet, so steht das im Zusammenhang mit seiner Wirkungslehre und hat keine Bedeutung für die soziale Festlegung des tragischen Charakters. Die Forderung, daß der Held eine gewisse Fallhöhe besitzen und daher allgemeines „Ansehen"[30] genießen sollte, erklärt sich aus der Funktion der Peripetie für den Aufbau der Tragödienhandlung: der Sturz in die Tiefen der tragischen Katastrophe muß, um die nötige Publikumswirkung hervorzurufen, von einer gewissen Höhe erfolgen; ob das ‚Ansehen' des Protagonisten idealiter auf soziale Herkunft oder

---

27  Batteux/Ramler, Einleitung in die Schönen Wissenschaften, S. 280

28  Aristoteles, Poetik 1449b („Die Epik stimmt mit der Tragödie insoweit überein, als sie Nachahmung guter Menschen in Versform ist <...>"; Übers. Fuhrmann, S. 17); vgl. auch Poetik 1448a: „(...) die Komödie sucht schlechtere, die Tragödie bessere Menschen nachzuahmen, als sie in der Wirklichkeit vorkommen." <S. 9>)

29  Kommerell, Lessing und Aristoteles, S.113ff., Fuhrmann, Dichtungstheorie der Antike, S. 42f.

30  Aristoteles, Poetik 1453a

‚innere' Werte, auf Macht oder moralische Integrität zurückgehen sollte, erklärt Aristoteles jedoch an keiner Stelle.

Eine präzisere Bestimmung des tragischen Helden bleibt die „Poetik" vor allem deshalb schuldig, weil sie ihr gesamtes Augenmerk auf die dramatische Handlung richtet und den Charakter des Protagonisten demgegenüber für nebensächlich hält. Die Dramenfiguren besitzen keine eigenständige Bedeutung, sondern erfüllen ihre Funktion als Träger einer Handlung, die wiederum die affektive Wirkung der Tragödie sicherstellen soll. An einem ‚Charakterdrama', das den einzelnen Menschen in den Mittelpunkt rückt und eine psychologische Studie über seine innere Disposition liefert, ist Aristoteles nicht interessiert. Für die Tragödie gilt die unbedingte Präponderanz der Handlung gegenüber den Charakteren: „Die Menschen haben wegen ihres Charakters eine bestimmte Beschaffenheit, und infolge ihrer Handlungen sind sie glücklich oder nicht. Folglich handeln die Personen nicht, um die Charaktere nachzuahmen, sondern um der Handlungen willen beziehen sie Charaktere ein."[31] Aus dieser Gewichtung erklärt sich, daß Aristoteles dem tragischen Helden nur einige kurze Bemerkungen widmet, den Aufbau der Handlung aber gründlich, bisweilen fast akribisch erörtert.

Die eigentliche Ständeklausel, derzufolge der Tragödienheld möglichst königlichen, zumindest aber fürstlichen Geblüts zu sein hat, wird nicht von Aristoteles, sondern erst von den Grammatikern der Spätantike formuliert. Ihre Grundlage ist die von Cicero entwickelte Differenzierung der drei Redegattungen (‚genera dicendi') und der ihnen entsprechenden hohen, mittleren und niedrigen Stillage (stilus gravis, stilus mediocris, stilus humilis). Nach Cicero lassen sich den drei Stil- bzw. Redeniveaus wiederum unterschiedliche Themen und Wirkungsziele zuordnen: dem stilus gravis das Gebot des ‚movere', der Gemütsbewegung durch die Darstellung ‚hoher Sachen', dem stilus mediocris das ‚delectare', die Unterhaltung durch die Behandlung angenehmer Sujets, dem stilus humilis die Aufgabe des ‚docere et probare', des Unterrichts vermittels der Erörterung ‚nützlicher Dinge'.[32]

---

[31] Aristoteles, Poetik, 1450a; Übers. Fuhrmann, S. 21
[32] Cicero, Orator 23,75ff.; Quintilian, Institutio oratoria XII,10,66ff. Vgl. Heinrich Lausberg, Elemente der literarischen Rhetorik, München 1987 (9. Aufl., zuerst 1963), S. 154f., Gert Ueding, Einführung in die Rhetorik, Stuttgart 1976,

Die lateinischen Grammatiker der Spätantike – zumal Donatus und Diomedes – transponierten die rhetorische Systematik Ciceros auf gattungspoetische Fragen und damit auch auf die Tragödienlehre. Zum genus humile gehört nach ihren Vorstellungen das belehrende Schäferspiel, zum genus medium die unterhaltsame Komödie, zum genus sublime die Tragödie mit ihrer bewegenden Wirkung. Aus den thematischen Zuordnungen Ciceros wurden im Rahmen dieser Übertragung allgemeine Bestimmungen über den sozialen Status des jeweils in den Gattungen auftretenden Protagonisten: den hohen Sujets des genus sublime entspricht jetzt ein königliches Personal in der Tragödie, den mittleren Themen des genus medium der Bürger der Komödie, den niedrigen Gegenständen des genus humile der Bauer der Schäferspiele.[33] Bei Diomedes (5. Jh.) heißt es dazu exemplarisch: „comoedia a tragoedia differt, quod in tragoedia introductuntur heroes duces reges, in comoedia humiles atque privatae personae (...)"[34]

Daß die Tragödie hohes Personal – nach Diomedes' Definition ‚Helden und Könige' –, die Komödie aber Figuren niedrigen Standes – ‚Privatpersonen' – vorzuführen habe, bleibt bis tief ins 18. Jahrhundert hinein ein ehernes Gesetz der Dichtungstheorie. Die Poetiker des Mittelalters beachten es ebenso wie die gelehrten Aristoteles-Kommentatoren der italienischen Renaissance, die niederländischen Philologen des Späthumanismus und die deutschen Autoren des Barock. Besonders prägnant formuliert es Martin Opitz in seinem „Buch von der Deutschen Poeterey" (1624): „Die Tragedie ist an der maiestet dem Heroischen getichte gemeße / ohne das sie selten leidet / das man geringen standes personen vnd schlechte sachen einführe: weil sie nur von Königlichem willen / Todtschlägen / verzweiffelungen / Kinder- vnd Väter-

---

S. 231ff., Joachim Dyck, Ticht-Kunst. Deutsche Barockpoetik und rhetorische Tradition, Tübingen 1991 (3. erg. Aufl., zuerst 1966), S. 91ff.

[33] Die poetologischen Möglichkeiten der Dreistillehre Ciceros erwies im Frühmittelalter auch die ‚rota Vergilii', die den einzelnen Genera dicendi bzw. Stilcharakteren je typische Werke Vergils zuordnete: den Eklogen entsprach nach dieser Systematik der niedrige, den Georgica der mittlere, der „Aeneis" der hohe Stil.

[34] Diomedes, Ars Grammatici Libri III, in: Grammatici Latini, ed. Heinrich Keil, Bd. I, Leipzig 1857, S. 488; vgl. zur poetologischen Umsetzung der Dreistillehre zwischen Antike und Barock Ludwig Fischer, Gebundene Rede. Dichtung und Rhetorik in der literarischen Theorie des Barock in Deutschland, Tübingen 1968, S. 116f.

mördern / brande / blutschande / kriege vnd aufruhr / klagen / heulen / seuffzen vnd dergleichen handelt."[35] Noch genauer läßt sich der Zusammenhang von Gattungslehre und sozialer Festlegung des Personals an Georg Philipp Harsdoerffers Definition aus dem „Poetischen Trichter" (1648-53) erkennen. Harsdoerffer unterscheidet: „I. Die Trauerspiele / welche der Könige / Fürsten und grosser Herren Geschichte behandeln. II. Die Freudenspiele / so deß gemeinen Burgermañs Leben außbilden. III. Die Hirten oder Feldspiele / die das Bauerleben vorstellig machen / uñ satyrisch genennet werden."[36]

Noch die Frühaufklärung betrachtet die Ständeklausel als absolut verbindlich. Gottscheds „Critische Dichtkunst" verknüpft sie mit der Wirkungslehre und betont, daß nur die „schweren Fälle der Großen dieser Welt"[37] die nötige Gemütsbewegung des Publikums garantierten. Auch Bodmer läßt wenig Zweifel daran, daß die Tragödie des hohen Personals bedarf, um mitreißenden Effekt zu erzielen; ähnlich argumentieren Breitinger und Wieland.[38] Von der opinio communis der Gottsched-Ära weichen in diesem Punkt nur Johann Elias Schlegel und Curtius ab, die die Ständeklausel nicht mehr für das Nonplusultra der Tragödienlehre halten.

Schlegel stellt die Möglichkeit einer normativen Bestimmung der Gattungsgesetze generell in Frage und spricht sich für einen Pluralismus der Formen aus, der auch die soziale Vielfalt der tragischen Charaktere zuläßt: „So vielerlei Arten von sittlichen Handlungen es gibt, welche eine Reihe von Absichten, Mitteln und Folgen in sich enthalten, und so vielerlei die Personen sind, von denen solche Handlungen vorgenommen werden, so vielerlei Arten theatralischer Stücke gibt es."[39] In letzter Konsequenz hält zwar auch Schlegel den Hof für den idealen Ort der Tragödienhandlung, doch zeigt er sich offen gegenüber einer Erwei-

---

[35] Opitz, Buch von der Deutschen Poeterey, S. 27
[36] Georg Philipp Harsdoerffer, Poetischer Trichter (1648-53). Faksimile-Neudruck, Darmstadt 1969, II, S.71. ‚Satyrisch' bezeichnet hier das ‚Satyrspiel', eine im bukolischen Genre angesiedelte Gattung mit komischem Einschlag.
[37] Gottsched, Critische Dichtkunst, S. 606
[38] Bodmer, Critische Betrachtungen über die poetischen Gemählde der Dichter, S. 432. Bodmer, Breitinger, Critische Briefe, S. 47f., Wieland, Theorie und Geschichte der Redkunst und Dichtkunst, in: Wielands Werke, Bd. VI, S. 385
[39] Schlegel, Gedanken zur Aufnahme des dänischen Theaters, S. 90

terung der Ständeklausel, die nicht mehr restriktiv (im Sinne der Ablehnung bürgerlichen Tragödienpersonals) ausgelegt wird, sondern eine
möglichst große Vielfalt der Charaktere gestatten soll. Schlegels ausgeprägtes Interesse an der individuellen Psychologie des Menschen, die
sich, wie man sehen konnte, in seiner eigenen dramatischen Praxis nieder-
schlug, führt hier zu gewissen Freizügigkeiten bei der Regelauslegung,
denen jedoch noch keine dezidiert programmatischen Ambitionen zugrundeliegen.

Als philologisch akkurater Aristoteles-Kommentator meldet sich
Curtius gegen die Ständeklausel zu Wort. Sein Ausgangspunkt ist die
aristotelische Definition, derzufolge die Komödie dem Publikum schlechte, die Tragödie gute Menschen zeigt (Poetik 1448a): „Einige Ausleger
haben geglaubet, Aristoteles habe hier nicht sowohl den moralischen als
den politischen Unterschied der Menschen vor Augen gehabt, und besser oder schlimmer wolle soviel sagen, als vornehmer oder geringer, wie
denn die Tragödie vornehme, die Comödie aber geringe Leute vorstel-
le."[40] Entschieden erklärt Curtius, daß die aristotelische Bestimmung
moralische Dimensionen berühre, aber keine soziale Zuordnung gestat-
te. Der Hinweis auf die Würde der Tragödienfiguren stehe im Zusammenhang mit dem Prinzip der Fallhöhe, das die Konstruktion der tragischen Handlung bestimme. Es sei daher „ein falsches Vorurtheil, daß
das Trauerspiel nothwendig vornehme, und das Lustspiel geringe Personen vorstellen müsse. Die Handlungen machen das Wesen dieser
Geschichte aus, und nicht die Personen."[41]

Curtius' Einwände gegen die Ständeklausel können sich gleich mehrfach auf die aristotelische Argumentation stützen. Sie erinnern an die
moralische Bedeutung der Attribute, mit deren Hilfe Aristoteles den
komischen vom tragischen Helden sondert, und betonen zudem die
untergeordnete Stellung der Charaktere im tragödientheoretischen System der „Poetik". Curtius ist freilich noch weit davon entfernt, seine
Überlegungen systematisch zu formulieren und aus ihnen das Programm

---

40  Aristoteles, Dichtkunst, Anmerkungen, S. 86. Zu den Modifikationen der Stän-
    deklausel im Vorfeld Lessings Klaus R. Scherpe, Gattungspoetik im 18. Jahrhun-
    dert. Historische Entwicklung von Gottsched bis Herder, Stuttgart 1968, S. 98f.,
    Wierlacher, Das bürgerliche Drama, S. 45f. u. Guthke, Das deutsche bürgerliche
    Trauerspiel, S. 9f.
41  Aristoteles, Dichtkunst, Anmerkungen, S. 86

einer neuen Trauerspielgattung zu entwickeln. Erst ab der Mitte der 50er Jahre kommt es zu einer erregten Diskussion über Sinn und Zweck der Ständeklausel, die durch die zeitgenössische dramatische Praxis provoziert wird.

Es ist aufschlußreich, daß sich die Theoretiker des bürgerlichen Trauerspiels zunächst sehr zögerlich auf die argumentativen Möglichkeiten besinnen, die ihnen das aristotelische System an die Hand gibt. Noch Pfeil, der als einer der ersten Autoren ausführlich über die neue Gattung nachdenkt, besitzt offenbar wenig Zutrauen in die Kategorien der „Poetik". Seine Zurückhaltung ist wie bei vielen das Zeichen mangelnder Textkenntnis: man hält die Ständeklausel für ein Gebot der aristotelischen Schrift und verwechselt die Spitzfindigkeiten späterer Kommentatoren mit dem Wortlaut des Originals. Schon Pfeil aber bedient sich, wenn er zur Verteidigung des bürgerlichen Trauerspiels ansetzt, einer genuin aristotelischen Argumentation, die die Priorität des Handlungsaufbaus herausarbeitet und auf die Notwendigkeit verweist, bei der Wahl der Charaktere stets das tragische Wirkungsgebot im Auge zu behalten.

Die Orientierung an der Wirkungsdoktrin bedeutet für Pfeil vor allem, daß die Gestaltung der dramatis personae auf die Interessen der Zuschauer abgestimmt werden muß. Ein bürgerliches Trauerspiel hält er deshalb für effizienter als die heroische Tragödie, weil es der Gemütsverfassung, den Erfahrungen und Wertvorstellungen eines mittelständischen Publikums angemessener ist. „Ich behaupte, daß das bürgerliche Trauerspiel erstlich unser Herz weit stärker rührt und hernach auch weit eher zu bessern fähig ist, als die übrigen Gattungen der Schaubühne. Ich glaube daß es uns mehr rührt, weil es unserer Eigenliebe mehr schmeichelt."[42] Mit vergleichbaren Argumenten macht sich Christian Heinrich Schmid für die ‚tragédie bourgoise' stark: „Im bürgerlichen Trauerspiel sind wir gleich zu Hause, die Verhältnisse, die die Natur stiftet, erregen unsere Sympathie, Tugenden, Laster, Begebenheiten, alles ist uns wahrscheinlicher, weil sie aus der Sphäre unserer eignen Erfahrungen genommen sind."[43] Die Helden des bürgerlichen Trauerspiels ver-

---

42  <Pfeil>, Vom bürgerlichen Trauerspiele, S. 183
43  Schmid, Über das bürgerliche Trauerspiel (1768), in: Die Entwicklung des bürgerlichen Dramas im 18. Jahrhundert. Ausgewählte Texte, mit einem Nachwort hrsg. v. Jürg Mathes, Tübingen 1974, S. 65-71, S. 69

schaffen dem Publikum größere Identifikationsmöglichkeiten als die ungreifbaren Heroen der klassizistischen Tragödie, deren traurige Schicksale nicht in dem Maße das Gemüt ansprechen wie die Leidenserfahrungen von Figuren, die dem Zuschauer ähnlich sind.

Interessant ist, daß die meisten Theoretiker der Gattung die Aufhebung der Ständeklausel aus wirkungspoetischen Notwendigkeiten rechtfertigen. Besonders subtil verfährt hier Pfeil, der die Erregung von Mitleid und Schrecken auf unterschiedliche psychologische Konstellationen zurückführt, die jeweils typisch für die Dramaturgie der neuen Gattung zu sein scheinen. Mitleid wird laut Pfeil ausgelöst durch die Konfrontation mit Unglücksfällen, die dem Zuschauer selbst widerfahren könnten, Schrecken tritt dort auf, wo er Lastern begegnet, gegen die er selbst nicht gefeit ist. Die Schicksale der Bühnenhelden werden vom Publikum idealiter als die eigenen erfahren und durchlitten. In beiden Fällen handelt es sich um einen durch die theatralische Illusion hervorgerufenen Verwechslungseffekt, auf den wenige Jahre später auch Lessing seine ausgeklügelte Dramaturgie der Affekte zu stützen sucht.

Das Mitleid betrachtet Pfeil als unmittelbaren Ausdruck einer emotionalen Rührung, deren Ausmaß durch die Nähe zwischen tragischem Helden und Zuschauer intensiviert wird: „Wir bedauren in den unglücklichen Personen oft uns selbst."[44] Der Schrecken erfüllt für Pfeil dagegen bereits eine moralischen Funktion, weil er direkt zur sittlichen Selbstkorrektur des betroffenen Zuschauers führt: „Wir sehen, daß uns oft nur noch einige Schritte fehlen, um eben der Bösewicht zu seyn, der uns auf dem Theater vorgestellet wird. Wir können nicht anders, wir müssen anfangen, wegen unserer eigenen Person zu zittern, so bald wir ihn gestraft sehen."[45] Die Furcht vor Bestrafung führt zum Bedürfnis nach moralischer Besserung und schließt damit bereits einen läuternden Effekt ein. Der Schrecken enthält schon die Katharsis, sofern sein Auslöser ein tragisches Schicksal ist, mit dem sich der Zuschauer identifizieren kann. Allein ein bürgerlicher Held mit Fehlern stellt sicher, daß das Trauerspiel seinen moralischen Zweck umsetzt. Die aristotelische ‚hamartia‘ wird damit durch eine Standesbestimmung ergänzt, die die tragische Wirkung optimieren soll, indem sie die nötige Ähnlichkeit zwischen tragischem Protagonisten und Theaterpublikum garantiert.

---

44 <Pfeil>, Vom bürgerlichen Trauerspiele, S. 183
45 <Pfeil>, Vom bürgerlichen Trauerspiele, S. 184

Der bürgerliche Held besitzt keine äußere Macht, aber innere Größe. Seine Fallhöhe bezieht er aus einer moralischen Integrität, die auch durch gelegentliche Fehltritte und Irrtümer nicht in Frage gestellt werden kann. In seinen Schwächen und Stärken gleicht er dem durchschnittlichen Zuschauer, der an ihm die eigenen Untugenden und die eigenen moralischen Möglichkeiten gleichermaßen erkennen kann. Außer Zweifel steht für Pfeil, daß Figuren aus den niedrigsten Ständen nicht tragikfähig sind, weil sie weder als sittliche Vorbilder noch als abschreckende Beispiele dienen können: „Der Pöbel ist zu einer großen Tugend zu dumm, und zu einem großen Laster, wie es auf der Schaubühne vorgestellt werden muß, wenn es einen Eindruck machen soll, zu verzagt.“[46] Zum tragischen Protagonisten tauglich ist hingegen der „Kaufmann, der Gelehrte, der Adel, kurz, Jedweder, der die Gelegenheit gehabt hat, sein Herz zu verbessern, oder seinen Verstand aufzuklären (...)“[47] Daß hier der ‚Adel‘ in den Kreis der bürgerlichen Helden einbezogen wird, erklärt sich aus der generellen Frontstellung gegen die heroische Tragödie und deren königliches Personal. Der adlige repräsentiert wie der bürgerliche Protagonist einen neuen Heldentypus, ohne daß nähere soziale Differenzierungen zwischen beiden vorgenommen werden. Lessings „Miss Sara Samspon“ und „Emilia Galotti“ bestätigen, daß derartige Unterscheidungen für die Praxis des bürgerlichen Trauerspiels ohnehin nicht sonderlich bedeutsam sind. Entscheidender als die eigentliche ständische Zugehörigkeit ist die Ausrichtung am bürgerlichen Tugendkatalog, der, wie Lessings Trauerspiele zeigen, auch für Adlige verbindlich sein kann.

Wer bei den Theoretikern der Gattung nach spezifischen Charakterisierungen des idealen tragischen Helden sucht, stellt bald fest, daß man sich vorwiegend mit allgemeinen Attributierungen behilft. Als sittlichen Menschen, nicht primär als Bürger will man den neuen Protagonisten aufgefaßt wissen; die soziale Bestimmung geht meist, wie schon die ältere Forschung bemerkt hat, in moralischen Kategorien auf. In seiner „Abhandlung vom Trauerspiele“ erklärt Friedrich Nicolai, daß ein tragischer Held „niemals eine geringe und gemeine Person ist, sondern entweder durch seinen Stand, oder durch seine Gesinnungen, oder durch

---

46  \<Pfeil\>, Vom bürgerlichen Trauerspiele, S. 187
47  \<Pfeil\>, Vom bürgerlichen Trauerspiele, S. 187

sein Unglück, wichtig und interessierend wird."[48] Fehlt dem Helden die
ständisch bedingte Fallhöhe, so muß er dieses Manko durch die Größe
seiner ‚Gesinnungen' wettmachen. An die Stelle des Königs oder antiken
Heroen tritt bei Nicolai der moralisch integere Charakter, der erst in
zweiter Linie Bürger ist, primär aber als tugendhafter Mensch betrachtet
werden soll.

  Pfeil hatte vom bürgerlichen Helden eine gewisse ‚Erhabenheit' gefordert, Nicolai spricht jetzt von ‚hohen Gesinnungen' als Merkmal des
tragikfähigen Charakters. Johann George Sulzer erklärt in seiner „Allgemeinen Theorie der Schönen Künste" (zuerst 1771-74) ganz ähnlich,
daß das Trauerspiel Protagonisten verlange, „deren Gemüthskräfte das
gewöhnliche Maaß überschreiten."[49] Die entscheidende Frage ist hier
nicht mehr, ob ein Trauerspielautor gegen die bekannten Gebote der
Ständeklausel verstoßen darf, sondern ob die gewählten Charaktere die
nötige innere Größe aufweisen, die sie zu tragischen Helden tauglich
werden läßt.

  Joseph von Sonnenfels verdeutlicht in seinen „Briefen über die wienerische Schaubühne", welche wichtige wirkungspoetische Funktion
dieser inneren Größe des bürgerlichen Protagonisten zufällt. Während
die Heroen der klassizistischen Tragödie Bewunderung erregen, ohne
daß der Zuschauer sich selbst tatsächlich betroffen fühlt, mobilisiert das
Unglück eines Helden aus dem Mittelstand sehr viel tiefere Empfindungen: „(...) wenn ich einen weisen Mann das Opfer eines Vorurtheils
werden sehe; wenn die Unschuld der Raub der Verführung wird, welche
mit der Tugend Mummerey spielt: wenn ich solche Begebenheiten erblik-
ke: dann kehre ich mein Aug von der Bühne auf mich: ich habe einen
Sohn, eine Tochter: sie sind eben diesen Fällen ausgesetzt – Hier, wo ich
nicht selten eine Aehnlichkeit der Handlung finde, wo mir die Folgen
meiner Nachsicht vor Augen stehen, hier kann Schrecken mich befallen,
wenn ich mich, wenn ich die Meinigen dem Sturze so nahe erblicke,
wenn ich eben dieselben Folgen zu befürchten habe (...)"[50]
  Wieder ist es die Identifikation mit dem auf der Bühne vorgeführten
Schicksal, die die Wirkungsintensität des bürgerlichen Trauerspiels ga-

---

[48]  Nicolai, Abhandlung vom Trauerspiele, S. 19
[49]  Johann George Sulzer, Allgemeine Theorie der Schönen Künste. Neue vermehrte
      zweyte Auflage, Leipzig 1792-99 (zuerst 1771-74), Bd. IV, S.563
[50]  Sonnenfels, Briefe über die wienerische Schaubühne, S. 144f.

rantiert. Ganz ähnlich wie Sonnenfels hat Jean François Marmontel in der „Poétique française" (1763) den Effekt einer wahrhaft rührenden, Mitleid erregenden Trauerspielhandlung beschrieben. In der Übersetzung Lessings aus dem 14. Stück der „Hamburgischen Dramaturgie" lautet der entscheidende Passus: „Was liegt daran, welches der Rang, der Geschlechtsname, die Geburt des Unglücklichen ist, den seine Gefälligkeit gegen unwürdige Freunde und das verführerische Beispiel ins Spiel verstrickt, der seinen Wohlstand und seine Ehre darüber zugrunde gerichtet, und nun im Gefängnisse seufzet, von Scham und Reue zerrissen? (...) Man zeige mir in der Geschichte der Helden eine rührendere, moralischere, mit einem Worte, tragischere Situation!"[51] Für Marmontel und Sonnenfels ist der bürgerliche Held der tragödienwirksamste Charakter, weil er beträchtliche Identifikationsmöglichkeiten bietet und sein unglückliches Schicksal eher zu Mitleid Anlaß gibt als der Sturz eines Mächtigen: „In der hohen Tragödie liegt – wenn ja ein Antheil darinnen liegt, der Antheil eines Standes, der dazu nicht so zahlreich ist – in dem bürgerlichen Trauerspiele, wie man es zu nennen pflegt, liegt der Antheil des ganzen menschlichen Geschlechts."[52]

In der zweiten Auflage der „Briefe" von 1784 ergänzt Sonnenfels sein Plädoyer für das bürgerliche Trauerspiel durch einen Hinweis auf die aristotelische „Poetik", der der Argumentation die nötige Rückendeckung geben soll: „‚Schrecken', sagt Aristoteles ‚empfinden wir nur bei den niedrigen Zufällen solcher Personen, deren Umstände mit den unsrigen Ähnlichkeit haben.' Durch diesen Ausspruch des kunstrichterischen Philosophen ist die bürgerliche Tragödie nicht bloß geschützet: Korneille und Dacier sahen sich dadurch sogar eingetrieben, der Stelle des Aristoteles durch eine Erklärung nachzuhelfen, wann das hohe Trauerspiel seinen Platz behaupten solle (...)"[53] In die Defensive geraten nun die Vertreter der heroischen Tragödie, denen Sonnenfels recht unver-

---

[51]  Lessing, Hamburgische Dramaturgie (14. Stück), in: Werke, Bd. IV, S. 294f.; Jean François Marmontel, Poétique française. 2 Bde., Paris 1763, Bd. II, S. 148
[52]  Sonnenfels, Briefe über die wienerische Schaubühne, S. 144f.
[53]  Sonnenfels, Briefe über die wienerische Schaubühne. Erg. der Hrsg., S. 393f. Sonnenfels' Vorwurf trifft den Sachverhalt nur teilweise: zumindest Corneille hatte im „Discours de la tragédie" darauf hingewiesen, daß der tragische Held nicht zwangsläufig königlichen Gebläts sein müsse (Théâtre, S. 34), und damit eine liberale Auffassung der Ständeklausel vertreten.

hüllt vorwirft, sie hätten sich die aristotelische Lehre nach ihren Vorstellungen zugeschnitten. Fadenscheinig findet er es, wenn die Darstellung von Königsschicksalen im Trauerspiel durch den Hinweis auf deren allgemeinmenschlichen Charakter gerechtfertigt wird. Die heroische Tragödie steht laut Sonnenfels auf schwankendem Boden, weil sie die aristotelischen Anmerkungen über den mittleren Charakter nicht ernstnimmt. Daß sich die „Poetik" hier in psychologischem Terrain bewegt und mit der Lehre von der ‚hamartia' keine sozialständische Festlegung verbindet, interessiert den forsch argumentierenden Autor wenig. Erneut zeigt sich, wie vielfältig die Möglichkeiten der Aristoteles-Interpretation ausfallen können; die „Poetik" liefert den Vertretern von tragédie classique und bürgerlichem Trauerspiel gleichermaßen Munition.

Als Mensch, dessen Schicksal Aufmerksamkeit erregt, und nicht als Vertreter eines bestimmten Standes avanciert der Bürger bei den Theoretikern der Gattung zum neuen Helden. Christian Heinrich Schmid betont sogar, daß die Differenz zwischen bürgerlichem und heroischem Trauerspiel letzthin unerheblich sei, weil beide den ‚privaten' Menschen zeigen, er sei Bürger oder König: „Nicht das Diadem, nicht das Ordensband macht den Helden. Im heroischen Trauerspiel selbst interessieren wir uns für die Großen meistens nur als für Menschen, und eben dadurch ist es die Schule derselben, daß es sie lehrt, daß sie Menschen sind."[54] Auch Lessing erklärt in der „Hamburgischen Dramaturgie", daß die heroische Tragödie nur dort Wirkungen erziele, wo sie nach dem Muster des bürgerlichen Trauerspiels funktioniere und das private Schicksal des Menschen jenseits von Standesaspekten darstelle: „Das Unglück derjenigen, deren Umstände den unsrigen am nächsten kommen, muß natürlicher Weise am tiefsten in unsere Seele dringen; und wenn wir mit Königen Mitleiden haben, so haben wir es mit ihnen als Menschen, und nicht als mit Königen."[55]

In seinen „Gedanken über das Interessierende" (1771) geht Christian Garve noch einen Schritt weiter und fordert die endgültige Abkehr von der heroischen Tragödie. Wenn der König auf der Bühne ohnehin nur

---

54  Schmid, Über das bürgerliche Trauerspiel, S. 68
55  Lessing, Hamburgische Dramaturgie, in: Werke, Bd. IV, S. 294 (14) Stück). Zum hier sich manifestierenden Begriff des bürgerlichen Privatinteresses Habermas, Strukturwandel der Öffentlichkeit, S. 107f.

als Mensch, nicht aber als Vertreter der Macht unsere Aufmerksamkeit fesselt, dann ist es konsequent, die Requisiten seines Standes gänzlich zu ignorieren: „Was soll also hier der Name des Fürsten tun, wenn er nur als Mensch handelt oder leidet?"[56] Für die Grundform der Gattung hält Garve ebenso wie Sonnenfels nicht das heroische, sondern das bürgerliche Trauerspiel, das menschliche Konflikte in voller Intensität vorführt und den ‚ganzen Menschen' jenseits seiner ständischen Determination zeigen kann. So betrachtet, liefert das bürgerliche Trauerspiel keinen Beitrag zur Analyse der sozialen Gegensätze innerhalb einer hierarchisch strukturierten Gesellschaftsordnung, sondern stellt den Versuch dar, diese Gegensätze im Vertrauen auf die versöhnende Kraft des menschlichen Empfindungsvermögens zu überwinden. Garves Kategorie des ‚Interesses' gilt eben dieser Zielrichtung; ‚interessant' wird das Trauerspiel dann, wenn es den Menschen als Gattungswesen und nicht als Standesvertreter charakterisiert. Es wäre jedoch falsch, diese Intention zum Beleg für die fehlende soziale Perspektive des neuen Dramas zu erheben. Entscheidend bleibt vielmehr die Einheit von Psychologie, anthropologischem Optimismus und gesellschaftlicher Verankerung: der allgemeinmenschliche Anspruch des bürgerlichen Dramas ist zugleich sein soziales Ethos.[57]

Recht eigenwillig mutet in diesem Punkt die Argumentation Ramlers an, der zu beweisen sucht, daß die Könige der attischen Tragödie den Bürgern der Gegenwart ähnlicher gewesen seien als den fürstlichen Protagonisten der tragédie classique: „Die ältesten Könige, deren Geschichten die Griechischen und Römischen Poeten am liebsten auf die Bühne brachten, waren im Grunde nichts anders, als die vornehmsten und

---

56 Garve, Einige Gedanken über das Interessierende (1771), in: Die Entstehung des bürgerlichen Dramas im 18. Jahrhundert, S. 73-78, S. 76

57 Zum spezifischen Charakter des ‚Bürgerlichen' in der Mitte des 18. Jahrhunderts vgl. Wierlacher, Das bürgerliche Drama, 46ff., Guthke, Das deutsche bürgerliche Trauerspiel, S. 36ff. Die These von Lothar Pikulik (Bürgerliches Trauerspiel und Empfindsamkeit, Köln, Graz 1966, bes. S.101ff.), daß das ‚bürgerliche' Element in der Dramatik der Aufklärung primär als Ausdruck einer zeittypischen empfindsamen Grundeinstellung jenseits ständischer Ordnungssysteme zu betrachten sei, ignoriert, wie frühzeitig bemerkt wurde, gerade die soziale Dimension des privat-empfindsamen Aspekts (vgl. Eibl, Gotthold Ephraim Lessing. Miss Sara Sampson, S.170f., Szondi, Die Theorie des bürgerlichen Trauerspiels, S. 68f., Sauder, Empfindsamkeit, S.50ff.).

reichsten Personen unter den Bürgern ihrer kleinen Völkerschaft."[58]
Auch für Ramler ist es nur konsequent, wenn man sich vom Muster des
klassizistischen Dramas abwendet und zu jener facettenreichen Figurenpsychologie zurückzufinden sucht, für die die attischen Tragiker mei-
sterliche Exempel liefern. Ihren Ausgangspunkt bildet laut Ramler das
Interesse am Menschen als Gattungswesen jenseits aller sozialen Rollen-
bestimmung.

Der Autor eines bürgerlichen Trauerspiels kann nicht auf mythologische oder geschichtliche Stoffe zurückgreifen, sondern muß sich in der
Regel eigener Erfindungen bedienen. Das bedeutet, wie Garve vermerkt,
daß er sich besonders gut auf die Kunst der nuancierenden Charakterdarstellung verstehen muß, will er die nötigen Bühneneffekte erzielen.
Während die heroische Tragödie über Vorlagen verfügt, die sie nach
ihren Zwecken modifizieren kann, arbeitet der Verfasser eines bürgerlichen Trauerspiels ohne Quellenbasis allein aus den Möglichkeiten seiner
Phantasie. Seine Kunst besteht darin, „die unmerklichern Spiele und
Übergänge der Leidenschaft aus dem Grunde der Seele hervorzuheben;
die feinern Mischungen zu zeigen, durch welche derselbe Hauptcharak-
ter in verschiednen Menschen mannigfaltig abwechseln kann; die Situation nach ihren kleinsten Wirkungen auf die Person, die sich darinnen
befindet, vorzustellen (...)"[59] Daß der Autor eines bürgerlichen Trauerspiels nicht allein „rühren", sondern auch Charaktere „mahlen"[60] sollte,
erklärt bereits Peter Helferich Sturz in der Vorrede zu seiner „Julie"
(1767). Noch der junge Schiller fordert im Avertissement der „Räuber"
vom dramatischen Dichter Bereitschaft und Fähigkeit, sich in die „geheimsten Operationen"[61] der menschlichen Seele einzufinden. Ana-
lytisches Vermögen, Erfahrung, Menschenkenntnis und Einfühlungs-
gabe bilden wichtige Voraussetzungen für die Kunst der Figurengestaltung, der im bürgerlichen Trauerspiel eine besonders zentrale Funktion
zufällt.

---

58  Batteux/Ramler, Einleitung in die Schönen Wissenschaften, S. 277
59  Garve, Einige Gedanken über das Interessierende, S. 77
60  Peter Helferich Sturz, Julie. Ein Trauerspiel in fünf Aufzügen. Mit einem Brief
      über das deutsche Theater an die Freunde und Beschützer desselben in Hamburg
      (1767), in: Schriften, Leipzig 1779-82, S. 153-282, S. 183
61  Schiller, Die Räuber. NA III, S. 5

Die neue Gattung möchte eine Darstellung von menschlichen Schicksalen jenseits aller Standesgrenzen bieten. Die Bestimmungen ihrer Theoretiker lassen das bürgerliche Element meist aufgehen in jenem übergeordneten Interesse am Menschen, das zumal Sonnenfels, Schmid, Lessing und Garve für die entscheidende Antriebskraft der ,tragédie bourgoise' halten. Der tragische Bürger soll weniger der Vertreter eines festgelegten Standes als der Repräsentant hoher sittlicher ,Gesinnungen' sein; daß er gerade in der Funktion des moralischen Helden mit Fehlern ein spezifisch bürgerlicher Sozialcharakter ist, wird von den meisten Theoretikern der Zeit kaum beachtet. Sein eigentliches Profil empfängt er im Kontext einer Wirkungspoetik, die die Tragödie nicht mehr als ,Schule der Könige' betrachtet, sondern mit einer subtilen Psychologie der Affekte in Verbindung bringt, deren Zentrum das Mitleid bildet.

## 3. Mitleidspoetik.
## Die Wirkungslehre des bürgerlichen Trauerspiels

In den Jahren 1756 und 1757 führen Lessing, Nicolai und Mendelssohn einen Briefwechsel über die Möglichkeiten des Trauerspiels, der trotz der freundschaftlichen Verbundenheit der drei Korrespondenten rasch den Charakter eines erbitterten Disputs annimmt. Im Zentrum der Debatte steht Lessings These, daß die Erweckung von Mitleid das vorrangige Ziel des Trauerspiels bleiben müsse, hinter das der Schrecken als untergeordneter Effekt ins zweite Glied zu treten habe. Mendelssohn und Nicolai fühlen sich durch Lessings eigenwillige Theorie des tragischen Mitleids provoziert und setzen dagegen einen Pluralismus der Wirkungsbegriffe, der auch das Prinzip der Bewunderung und damit die alte heroische Tragödie zu ihrem Recht kommen läßt. Die Konsequenz und Akribie der jeweils vorgetragenen Argumente macht den Briefwechsel über das Trauerspiel zu einem Musterstück aufgeklärten Interpretationswillens, zur scharfsinnigen Demonstration des zeittypischen Interesses an den Möglichkeiten der dramatischen Kunst.

Den Ausgangspunkt des Disputs bildet Nicolais „Abhandlung vom Trauerspiele", deren Manuskript im Spätsommer abgeschlossen war. In einem an Lessing gerichteten Brief vom 31. August 1756 faßt Nicolai die

Hauptthesen seines Aufsatzes zusammen und liefert dem Freund damit einen willkommenen Anlaß für eine Replik, die nichts weniger als dessen eigenes dramaturgisches Credo enthält. Nicolai zeigt sich als durchaus liberaler Kopf, der bürgerliches Trauerspiel und heroische Tragödie gleichermaßen in seiner Formtheorie berücksichtigen möchte. Entscheidender als die moralische Funktion der Gattung ist ihre Konzentration auf das Ziel der Affekterregung. Mit nicht nachlassender Intensität betont Nicolai, daß jedes Trauerspiel seine vorzüglichste Aufgabe darin fände, möglichst erschütternde Emotionen im Zuschauer hervorzurufen: „Selbst alsdenn noch, wenn uns die Heftigkeit der Leidenschaften unangenehme Empfindungen verursachet, hat die Bewegung, die sie mit sich führet, noch Annehmlichkeiten für uns; der Zornige in der äußersten Hitze seiner Leidenschaft, der Betrübte, den die Last seines Schmerzes zu Boden drückt, findet Süßigkeiten in den schrecklichsten Ausbrüchen seiner Gemüthsbewegung (...)"[62] Die moralische Wirkung tritt gegenüber der Dramaturgie der Affekte als mögliches, aber nicht notwendiges Kennzeichen der Gattung in den Hintergrund; die Katharsis behandelt Nicolai konsequenterweise nur beiläufig und ohne sonderliches Interesse.

Schon Dubos hatte in seinen „Réflexions critiques" von 1719 die Erregung der Affekte als primäres Wirkungsziel der Tragödie bezeichnet. Für den Sensualisten Dubos muß jede künstlerische Gattung vorrangig die sinnliche Wahrnehmung des Menschen beeinflussen, und zwar ohne direkten Bezug auf eine moralische Wertsphäre und jenseits der Urteilsinstanzen der Vernunft. Dubos versteht seine Wirkungslehre jedoch nicht als Beitrag zur Rechtfertigung enthemmter Leidenschaftsexzesse und ihrer Darstellung auf dem Theater. Die tragischen Affekte bleiben an das System der Moral gebunden, insofern sie verknüpft sind mit Handlungen, die geeignet scheinen, die Tugend zu rühmen und die Laster zu verurteilen. Die Tragödie darf nicht zur Verherrlichung amoralischer Absichten und ungezügelter Passionen beitragen, sondern muß die von ihr freigesetzten Leidenschaften in den Dienst sittlicher Werte stellen. „La Poëte prétend seulement nous inspirer les sentiments qu' il prête à Ceux des personnages qu'il dépeint vertueux, & encore ne veut-il nous faire épouser que ceux de leurs sentiments qui sont

---

62 Nicolai, Abhandlung vom Trauerspiele, S. 13

loüables."[63] Im Gegensatz zu Gottsched und seinen Schülern setzt Dubos'
Tragödientheorie jedoch den entscheidenden Akzent auf die Erregung
der Leidenschaften und nicht auf das Ziel der sittlichen Besserung.
Moralischer Nutzen bleibt für ihn verknüpft mit einer subtilen Dramaturgie der Affekte, an deren psychologisch präziser Umsetzung nach
seiner Ansicht jeder Autor besonders gründlich arbeiten sollte.

Das Interesse für die Psychologie der Leidenschaften und Empfindungen erbt Nicolai nicht nur von Dubos, sondern auch von den Vertretern der englisch-schottischen Moral-sense-Philosophie, von Shaftesbury und Hutcheson zumal. In Deutschland werden die Lehren der
Sensualisten und die Ansichten der ihnen vielfach nahestehenden Mo-
ralphilosophen erst relativ spät fruchtbar; es dauert bis zur Mitte der 50er
Jahre, ehe sie auch die Dichtungstheorie und deren Wirkungskonzeption beeinflussen. Hatten Gottsched und seine Schüler die Affekte als
Gegenspieler der Vernunft aufgefaßt, so werden jetzt neue Zusammenhänge erschlossen, die auch der Tragödienlehre zugute kommen. Als
sittliches Wesen ist der Mensch, so betonen Shaftesbury und Hutcheson, keineswegs nur von der Vernunft gesteuert; vielmehr besitzt er eine
natürliche Disposition zum moralischen Handeln, die wesentlich mit
seinem Empfindungsvermögen verknüpft scheint.[64] Die Fähigkeiten
der sensuellen Wahrnehmung begründen ihrerseits die Bereitschaft zur
einfühlenden Anteilnahme am Schicksal anderer Menschen und damit
eine moralische Fertigkeit, die nach den Vorstellungen der in Deutschland überaus einflußreichen Leibniz-Wolffschen Schulphilosophie allein das Produkt der Vernunft ist, von der neuen Affektenlehre aber als

---

63  Dubos, Réflexions critiques, Paris 1740 (4. Aufl., zuerst 1719), I, S. 428 Vgl. zu
    Dubos' Tragödienlehre Martino, Geschichte der dramatischen Theorien I, S.110f.
    u. Peter Michelsen, Die Erregung des Mitleids durch die Tragödie. Zu Lessings
    Ansicht über das Trauerspiel im Briefwechsel mit Mendelssohn und Nicolai, in:
    Der unruhige Bürger. Studien zu Lessing und zur Literatur des 18. Jahrhunderts,
    Würzburg 1990, S. 107-137, S. 115f.

64  Vgl. zumal Anthony Ashley Cooper, Earl of Shaftesbury, The Moralists, a Phi-
    losophical Rhapsody, London 1705; Francis Hutcheson, An Inquiry into the
    Original of Our Ideas of Beauty and Virtue, London 1725; ders., A System of
    Moral Philosophy, London 1755 (die 1756 publizierte deutsche Übersetzung
    stammt von Lessing). Zum Einfluß der Moral-sense-Philosophie auf die Tragö-
    diendoktrin der Aufklärung Martino, Geschichte der dramatischen Theorien I,
    S. 193f.

synthetisches Vermögen, als Mischung aus sinnlichen und intellektuellen Kräften betrachtet wird.

Sensualismus und Moral-sense-Philosophie führen nicht nur zur Aufwertung der Affektpsychologie, sondern vermehren zudem das Wissen über die Wirkungen der Leidenschaften selbst. Beides kommt der Trauerspieltheorie zugute, wie sich gerade am Streit zwischen Nicolai, Mendelssohn und Lessing zeigt. So unterschiedlich die Positionen der Disputanten auch ausfallen, sie stimmen doch in der Ansicht überein, daß die Wirkungsdoktrin des Trauerspiels gestützt sein muß auf eine differenzierte Kenntnis der menschlichen Affekte und Empfindungen. Nicht schulmeisterliche Moralphilosophie, sondern das Wissen über die Psychologie der Leidenschaften erschließt ihrer Meinung nach das Geheimnis der tragischen Möglichkeiten.

Es ist kein Zufall, daß Nicolai als Schüler von Dubos die moralische gegenüber der rein affektiven Wirkung abwertet und das Trauerspiel primär auf die Evokation der Emotionen jenseits pädagogischen Kalküls festlegt. Die sittliche Belehrung des Zuschauers ist ein denkbarer, durchaus erfreulicher, aber keineswegs für die tragische Gattung konstitutiver Effekt: „Doch folget hieraus nicht, daß das Trauerspiel gar nichts zur Verbesserung der Leidenschaften beytragen, und also gar keinen moralischen Nutzen haben könne; man muß nur diesen entfernten Nutzen des Trauerspiels nicht zu weit ausdehnen und zum Hauptzwecke desselben machen."[65] Ganz folgerichtig ist es, daß Nicolais Deutung der Katharsis den Affekten selbst eine entscheidende Funktion bei der sittlichen Läuterung des Zuschauers zubilligt. Wenn das Trauerspiel überhaupt moralische Wirkung zeitigt, so geschieht das unter aktiver Mithilfe der Leidenschaften. Die heikle aristotelische Formel von der Reinigung der Affekte wird als Genitivus subiectivus ausgelegt, nicht als Vorgang der Separation und Abscheidung, sondern als tätige Eigentherapie der Emotionen, die vermöge der Tragödie ihre eigenen Extremformen an sich selbst und durch sich selbst korrigieren. Aristoteles habe nicht gesagt, „daß wir von Schrecken und Mitleiden, sondern durch die Erre-

---

65  Nicolai, Abhandlung vom Trauerspiele, S. 17. Zur Bedeutung des Sensualismus für Nicolais Position Schulte-Sasse, Der Stellenwert des Briefwechsels in der Geschichte der deutschen Ästhetik, in: Briefwechsel über das Trauerspiel, S.186

gung des Schreckens und Mitleidens, von den Fehlern der vorgestellten Leidenschaften gereinigt werden sollen (...)"[66]

Die Katharsis bezeichnet in Nicolais Sicht einen Prozeß der Selbstreinigung der durch die Tragödie evozierten Affekte. Hinter dieser Lesart verbirgt sich das Wissen über die Bedeutung der Leidenschaften, die jetzt nicht mehr, wie bei Gottsched, einfach eliminiert werden sollen, sondern die Fähigkeit zur Korrektur des sittlich Verfehlten, Extremen und Unvernünftigen aus eigener Kraft aufbringen. Im übrigen ist die Besserung des Menschen für Nicolai ein eher beiläufiger Effekt der Gattung; das Trauerspiel soll keine Schule der Moral, sondern ein Schauplatz der Leidenschaften sein.

Lessing nimmt auf Nicolais unzweideutige Wirkungsformel in seinem Antwortbrief vom November 1756 unmittelbar Bezug. Er akzeptiert Nicolais Vorwurf, daß man in der Vergangenheit das genuin aristotelische Prinzip der tragischen Affekterregung durch einen sturen Rationalismus zugedeckt habe, möchte aber auch die moralischen Möglichkeiten der Tragödie berücksichtigt wissen. Lessings Auffassung, „daß das Trauerspiel durch Erzeugung der Leidenschaften bessern kann"[67], versucht Nicolais Bestimmung mit der seit Gottsched gängigen moralischen Perspektive zu verbinden. Die erzieherischen Aspekte der Tragödie bleiben für ihn, anders als für Nicolai, keineswegs nebensächlich, sondern gehören konstitutiv zum Wesen der Gattung.

Vermittelt werden sinnliche und moralische Ebene durch den Begriff des Mitleids, dem Lessing die unbedingte Priorität gegenüber Schrecken und Bewunderung einräumt. Die Tragödie soll nicht nur mitleidige Empfindungen beim Zuschauer freisetzen, sondern generell *unsre Fähigkeit, Mitleid zu fühlen*, erweitern."[68] Zur unmittelbaren tragischen Emotion gesellt sich damit ein grundsätzlicheres moralisches Wirkungsziel. Im Begriff des Mitleids glaubt Lessing diejenige Kategorie gefunden zu haben, die die eingebürgerte Trennung zwischen tragischen Leidenschaften und sittlicher Besserung aufhebt. Die mitleidige Empfindung stellt nicht nur eine spontane Reaktion auf die unverdienten Unglücksfälle der tragischen Helden dar, sondern bezeichnet bereits eine beson-

---

[66] Nicolai, Abhandlung vom Trauerspiele, S. 14
[67] Lessing, Werke, Bd. IV, S. 161
[68] Lessing, Werke, Bd. IV, S. 163

dere moralische Disposition des Zuschauers, der durch seine Anteilnahme Sensibilität und Einfühlungsvermögen verrät. *„Der mitleidigste Mensch"*, so lautet Lessings berühmt gewordenes Resümee, *„ist der beste Mensch*, zu allen gesellschaftlichen Tugenden, zu allen Arten der Großmut der aufgelegteste. Wer uns also mitleidig macht, macht uns besser und tugendhafter, und das Trauerspiel, das jenes tut, tut auch dieses, oder – es tut jenes, um dieses tun zu können."[69]

Das Problem der Katharsisdeutung löst Lessing auf höchst elegante Weise, indem er die Differenz zwischen tragischer Leidenschaft und moralischer Besserung entschlossen aufhebt. Er überwindet damit auch die logischen Widersprüche, mit denen die gesamte Theorie des heroischen Trauerspiels zu kämpfen hatte: in dem Moment, da das Mitleid nicht nur eine emotionale Reaktion auf tragische Bühnenereignisse darstellt, sondern einen programmatischen Wert für die moralische Erziehung des Menschen im Zeichen von Altruismus und Philanthropie repräsentiert, wird der Akt der sittlichen Besserung zum konstitutiven Element der dramatischen Affekterregung. Gottsched und seine Nachfolger hatten noch nicht plausibel zu erklären vermocht, auf welche Weise die durch das Trauerspiel hervorgerufenen Leidenschaften im moralischen Sinne produktiv werden können. Lessing zieht jetzt die Katharsis in die Wirkungskategorie des Mitleids ein; eine echte Reinigung der tragischen Affekte muß nicht mehr stattfinden, weil diese Affekte selbst bereits jene moralische Funktion erfüllen, die nach herkömmlichem Verständnis erst durch die Katharsis freigesetzt werden sollte. Die Quintessenz von Lessings Ansatz besteht darin, daß sein Mitleidsbegriff nicht nur eine emotionale Reaktion des Zuschauers bezeichnet, sondern auch schon eine ‚gesellschaftliche Tugend' im Zeichen der neuen bürgerlichen Empfindsamkeit.

Gegenüber dem Mitleid rücken der Schrecken und die ungeliebte Katgegorie der Bewunderung in den Hintergrund. Die aristotelische

---

[69] Lessing, Werke, Bd. IV, S. 163. Zur moralischen Programmatik dieses Satzes Kommerell, Lessing und Aristoteles, S. 86f., Schings, Der mitleidigste Mensch ist der beste Mensch. Poetik des Mitleids von Lessing bis Büchner, München 1980, S. 38f., Martin Schenkel, Lessings Poetik des Mitleids im bürgerlichen Trauerspiel ‚Miß Sara Sampson': poetisch-poetologische Reflexionen. Mit Interpretationen zu Pirandello, Brecht und Handke, Bonn 1984, S. 192f., Michelsen, Die Erregung des Mitleids durch die Tragödie, S. 113f.

Doppelformel löst Lessing auf, indem er ihre Glieder als Elemente einer zeitlichen Folge betrachtet. Der Schrecken gilt als Vorstufe der mitleidigen Empfindung, als erste affektive Regung und unmittelbare Reaktion auf eine traurige Bühnenhandlung; das Mitleid selbst bildet das Zentrum der Wirkungsformen, den Höhepunkt der tragischen Effekte, auf dem unmittelbare emotionale Anteilnahme und moralische Disposition zum Altruismus zusammenfallen.

Auch die Bewunderung, die der Aristoteleskenner Lessing ohnehin für ein Relikt der heroischen Tragödie hält, versieht eine untergeordnete Funktion. Sie stellt sich dort ein, wo der Bühnenheld Größe im Unglück zeigt und trotz gewaltiger Schicksalsschläge seine Treue zur Tugend nicht aufgibt. Schrecken und Bewunderung erweisen sich bei Lessing als bloße Ableitungen des Mitleids, denen kein eigenständiger Charakter zugestanden wird: „Das Schrecken braucht der Dichter zur Ankündigung des Mitleids, und Bewunderung gleichsam zum Ruhepunkte desselben. Der Weg zum Mitleid wird dem Zuschauer zu lang, wenn ihn nicht gleich der erste Schreck aufmerksam macht, und das Mitleiden nützt sich ab, wenn es sich nicht in der Bewunderung erholen kann."[70]

Welches ungebrochene Vertrauen in die moralischen Möglichkeiten des Mitleids Lessing besitzt, zeigt sich vor allem dort, wo er zu beweisen sucht, daß es gegen Mißbrauch immun bleibt. Während die Bewunderung nach seiner Ansicht „unfruchtbar" ist, wenn sie falschen Vorbildern gilt, „bessert"[71] das Mitleid in jedem Fall, weil es eine natürliche, unabhängige Fähigkeit zur Menschenliebe impliziert, die vor Manipulationen gefeit scheint. Lessings diesbezüglicher Optimismus ist keine Selbstverständlichkeit: bis zur Mitte des 18. Jahrhunderts war die Affektpsychologie davon ausgegangen, daß es übersteigerte Formen des Mitleids gebe, die Ausdruck moralischer Zügellosigkeit seien. Die ‚joy of grief', das im Zuge der modisch gewordenen Empfindsamkeit kultivierte Vergnügen an der Rührung, galt gemeinhin als Zeichen fehlender rationaler Disziplin, als übertriebene Spielart des Mitleids und sinnlicher Selbstgenuß ohne moralisch-praktischen Nutzen. Zwar ist die zeitgenössische Popularphilosophie weit davon entfernt, mitleidige Empfindungen generell zu verwerfen, wie dies noch der Neostoizismus des

[70] Lessing, Werke, Bd. IV, S. 162
[71] Lessing, Werke, Bd. IV, S. 175

17. Jahrhunderts getan hatte, doch warnt man zumeist vor gesteigerten Formen der Rührung, die ausschließlich kontemplativen Charakter besitzen und keine Konsequenzen für das Handeln des Menschen zeitigen. Das Zedlersche „Universal=Lexicon" grenzt vom vernünftigen das „unvernünftige Mitleiden" ab, das als „wollüstige"[72] Abart emotionaler Teilnahme gilt und weder nach christlichem Maßstab noch unter den Gesichtspunkten einer säkularisierten Morallehre sittlichen Nutzen stiftet. Die Differenzierung des Zedler entspricht der zeittypischen Aufspaltung des Mitleidsbegriffs in bonam et malam partem, in praktisch ergiebigen Altruismus und latent egoistische Larmoyanz.

Von derartigen Vorbehalten scheint Lessing nichts wissen zu wollen; jedenfalls verrät seine These, daß das Mitleid eo ipso moralisch wertvoll sei, wenig Neigung, möglichen Manipulationen und Fehlhaltungen nachzugehen. Erst die „Hamburgische Dramaturgie" wird auch die Form der larmoyanten Rührung berücksichtigen und mit ihren Anmerkungen zur Ausgleichsfunktion des tragischen Mitleids demonstrieren, in welcher Weise übertriebene emotionale Reaktionen auf das Bühnengeschehen korrigiert werden können.[73] Es ist jedoch bezeichnend, daß Lessing es dem Mitleid selbst zugesteht, seine eigenen Verirrungen zu therapieren; auch darin bekundet sich das optimistische Vertrauen in die moralischen Möglichkeiten der Mitleidsempfindung, das bereits die Briefe der Jahre 1756 und 1757 an den Tag legen.

Das Trauerspiel leistet seinen besonderen Beitrag zur Herzensbildung, indem es den Zuschauer zum Altruismus erzieht und seine philanthropische Disposition weiterentwickelt. Im Vordergrund von Lessings Programm steht nicht mehr die einseitige Aufklärung des Kopfes, sondern das anthropologische Ideal eines empfindungsfähigen Menschen, der sich als fühlendes und denkendes Wesen gleichermaßen unter das Patronat der Moral stellt. So klar Lessing diesen allgemeinen Punkt hervorhebt, so ungenau bleibt letzthin das nähere Profil des Mitleidsbegriffs selbst. Die Forschung hat die verschiedensten Vermutungen über seine Quellen und mögliche Berührungspunkte mit der philosophi-

---

72 Zedler, Universal=Lexicon, Bd. XXI, Sp. 552f. Zum Mitleidsverdikt im späten 17. und frühen 18. Jahrhundert Martino, Geschichte der dramatischen Theorien I, S. 190ff.
73 Lessing, Hamburgische Dramaturgie, in: Werke, Bd. IV, S. 593f. (78. Stück); dazu näher Kap. VII,1 dieses Buchs

schen Debatte der Zeit vorgetragen, ohne hier jedoch zu verbindlichen Erklärungen zu gelangen.[74]

Eine wichtige Spur führt fraglos in den Bereich der Affektpsychologie und zur Lehre von den gemischten Empfindungen, wie sie Moses Mendelssohn formuliert hat. 1755 publiziert Lessing unautorisiert und ohne Nennung des Verfassers Mendelssohns „Briefe über die Empfindungen", in denen man auch auf einige interessante Gedanken zum Mitleidsvermögen stoßen kann. Für Mendelssohn repräsentiert das Mitleid das paradigmatische Beispiel einer gemischten Empfindung, in der Lust- und Unlustgefühle zusammenfließen. Es „ist nichts, als die Liebe zu einem Gegenstande, mit dem Begriffe eines Unglücks, eines physikalischen Uebels, verbunden, das ihm unverschuldet zugestoßen. Die Liebe stützt sich auf Vollkommenheiten, und muß uns Lust gewähren, und der Begriff eines unverdienten Unglücks, macht uns den unschuldigen Geliebten schätzbarer, und erhöhet den Werth seiner Vortreflichkeiten."[75] Über den besonderen Charakter derartiger gemischter Empfindungen hatte bereits Gellert in seiner Ende der 40er Jahre entstandenen Abhandlung „Von den Annehmlichkeiten des Mißvergnügens" nachgedacht, ohne dabei aber näher auf den Mitleidsbegriff einzugehen.[76]

Bei Mendelssohn ist das Mitleidsvermögen nicht nur der Ausdruck entwickelter Sensibilität, sondern auch das Produkt moralischer Wert-

---

[74] Daunicht, Die Entwicklung des bürgerlichen Trauerspiels, S.289f. (Mitleidspoetik ohne programmatischen Anspruch), Wierlacher, Das bürgerliche Drama, S. 122f. (Mitleidsbegriff als Resultat der Säkularisierung und Modifikation christlicher Tugenden), George, Deutsche Tragödientheorien, S. 267f. (Mitleidskonzept und psychologisches Interesse), Arnold Heidsieck, Der Disput zwischen Lessing und Mendelssohn über das Trauerspiel, in: Lessing Yearbook XI (1979), S. 7-35 (Hutchesons Moralphilosophie als Quelle des Mitleidsbegriffs), Schings, Der mitleidigste Mensch, S.22ff. (Einfluß Rousseaus), Schenkel, Lessings Poetik des Mitleids, S. 195f. (Mitleid als Möglichkeit zur Selbstreflexion des Menschen), Michelsen, Die Erregung des Mitleids durch die Tragödie, S. 111f. (Lessing zwischen Moralismus und Sensualismus)

[75] Mendelssohn, Über die Empfindungen (1755), in: Ästhetische Schriften in Auswahl, S. 29-111, S. 89f. Zu Mendelssohns Affektpsychologie instruktiv Schulte-Sasse, Der Stellenwert des Briefwechsels in der Geschichte der deutschen Ästhetik, S. 179ff.

[76] Gellert, Von den Annehmlichkeiten des Mißvergnügens (1755), in: Sämtliche Schriften, Berlin, Leipzig 1867. Bd. V, S. 114-122

vorstellungen und Reflex der Liebe zu ‚Vollkommenheiten‘, wie es
in der konventionellen Terminologie der Leibniz-Wolffschen Schulphilosophie heißt. Als „Vermischung von angenehmen und unangenehmen Empfindungen"[77] bildet das Mitleid eine Synthese zwischen
moralischer und sinnlicher Disposition; entsteht das Lustgefühl des Mitleidenden aus der allgemeinen Liebe zur Tugend, so die Unlust aus der
emotionalen Anteilnahme am unglücklichen Schicksal eines mustergültigen Menschen. Verfeinerte Sensibilität und moralisches Urteilsvermö-
gen bilden damit die Voraussetzungen der Mitleidsfähigkeit, die nur
dann gegen Fehlhaltungen immun bleibt, wenn ihre beiden Kompo-
nenten gleichermaßen zur Geltung kommen.

Mendelssohns Analyse legt Zusammenhänge offen, die Lessings poetologische Argumentation stillschweigend vorauszusetzen scheint.
Sie demonstriert den inneren Konnex von Moralität und Sensibilität,
der das Mitleid für die Wirkungsästhetik des Trauerspiels so überaus
attraktiv macht. Der Bezug zu Mendelssohns Abhandlung, deren Thesen Lessing zum Zeitpunkt des Briefwechsels bestens vertraut waren,
erschließt sich vor allem dort, wo es um die Doppelfunktion des Mitleids
als tragische Leidenschaft und Medium der moralischen Besserung geht.
Die Koinzidenz von affektiven und intellektuellen Kräften, die Lessing
im Mitleid anzutreffen meint, entspricht aufs genaueste den Merkmalen
der gemischten Empfindung, wie sie Mendelssohn aufgefaßt hat. In
beiden Fällen geht es um eine Synthese zwischen moralischer und sinnlicher Sphäre, um jene funktionale Allianz, die bei Hutcheson durch den
Begriff des ‚moral sense‘ treffend bezeichnet wird.

Mendelssohns Auffassung vom Mitleid als gemischte Empfindung
entwickelt sich in kritischer Auseinandersetzung mit Rousseaus „Discours sur l'inégalité", den er 1756 ins Deutsche übersetzt. Im Anhang
seiner Übertragung publiziert Mendelssohn ein „Sendschreiben an den
Herrn Magister Lessing in Leipzig", das die Mitleidstheorie Rousseaus
aus der Perspektive einer am Leibniz-Wolffschen System orientierten
Moralphilosophie zu relativieren sucht. Der Schweizer hatte seinen
Mitleidsbegriff eingebunden in die dezidierte Kritik der Zivilisation, wie
sie der „Discours" durchgängig formuliert. Das Mitleid ist für ihn „un

---

[77] Mendelssohn, Über die Empfindungen, S. 89

sentiment naturel"[78], eine natürliche Empfindung, die dem Menschen im Prozeß der modernen kulturellen Entwicklung sukzessive verlorengegangen ist. Besitzt der Wilde ("homme sauvage") laut Rousseau noch eine unverbildete Fähigkeit zur emotionalen Anteilnahme am Unglück anderer, so fördert die zivilisierte Gesellschaft ausschließlich Eigennutz und Rücksichtslosigkeit im Zeichen eines ungehemmten Interessenkampfes. Ein friedliches Zusammenleben der Menschen wird allein durch den Naturzustand ("l'état de nature") garantiert, weil in ihm das Mitleidsvermögen noch nicht vom Egoismus der entwickelten Kulturgesellschaft verdrängt worden ist.

Gegen die zivilisationskritische Auslegung des Mitleidsbegriffs meldet Mendelssohns "Sendschreiben" entschiedene Vorbehalte an. Mitleidige Empfindungen seien, so heißt es in Übereinstimmung mit den Thesen der "Briefe", nicht allein an natürliche Sensibilität gebunden, sondern stets auch das Resultat moralischer Vorstellungsinhalte, wie sie nur eine zivilisierte Gesellschaft hervorzubringen vermöge. "Das Mitleiden selbst, dieses menschliche Gefühl, das Rousseau dem Wilden noch läßt, ist keine ursprüngliche Neigung, dafür er es angesehen hat (...) Mitleiden gründet sich auf Liebe, Liebe gründet sich auf die Lust an Harmonie und Ordnung."[79] Gegen Rousseaus Theorie des Mitleids als ‚sentiment naturel' setzt Mendelssohn eine schulphilosophische Argumentation, die echte Menschlichkeit für eine moralische Errungenschaft der Zivilisation hält. Mitleidsfähigkeit ist abhängig vom Grad der sittlichen Entwicklung des Menschen und ihrerseits das Produkt eines aufgeklärten Tugendverständnisses. Mendelssohn greift in diesem Zusammenhang auf seine Lehre von den gemischten Empfindungen zurück, an der er demonstrieren möchte, daß das Mitleidsvermögen das Resultat einer Kulturleistung darstellt und nicht nur auf die Form der natürlichen Sensibilität im Sinne Rousseaus eingeschränkt werden darf:

---

[78]  Jean-Jacques Rousseau, Discours sur l'origine et les fondemens de l'inégalité parmi les hommes, in: Schriften zur Kulturkritik. Eingeleitet, übers. u. hrsg. v. Kurt Weigand, Hamburg 1983 (4.Aufl., zuerst 1955), S. 61-267, S. 174. Auf Rousseau macht in diesem Punkt zumal Schings, Der mitleidigste Mensch, S.22ff. aufmerksam.

[79]  Mendelssohn, Sendschreiben an den Herrn Magister Lessing in Leipzig (1756), in: Gesammelte Schriften. Jubiläumsausgabe, Berlin 1929ff. Faksimile-Neudruck, Stuttgart, Bad Cannstatt 1972, Bd. II, S. 51-111, S. 86

„Wo wir Vollkommenheiten erblicken, da wünschen wir sie wachsen zu sehen; und sobald sich ein Mangel bey ihnen äusert: So entspinnet sich bey uns darüber eine Unlust, die wir Mitleiden nennen."[80] Moralische ‚Vollkommenheiten' – ein Begriff schulphilosophischer Prägung – evozieren Sympathie, jene Liebe zur Tugend, die schon die „Briefe über die Empfindungen" als positiven Anteil des Mitleids bezeichnet hatten; gerät ein moralisch integerer Mensch ins Unglück, so gesellt sich zu dieser Neigung ein Unlustgefühl, das dann den synthetischen Affekt des Mitleids freisetzt.

Mendelssohns Theorie der gemischten Empfindungen hat, so scheint es, in Lessings Mitleidskonzept deutliche Spuren hinterlassen. Wie weit der Einfluß tatsächlich geht, läßt sich jedoch kaum klären, weil Lessing wenig Neigung zeigt, seinen Mitleidsbegriff näher zu profilieren. Immerhin gibt es einen Passus im Briefwechsel, der auch Distanz zu Mendelssohns Empfindungslehre verrät. „Das Trauerspiel", so heißt es am 18. Dezember 1756 unzweideutig, „soll das Mitleiden nur überhaupt *üben*, und nicht uns in diesem oder jenem Falle zum Mitleiden bestimmen. Gesetzt auch, daß mich der Dichter gegen einen unwürdigen Gegenstand mitleidig macht, nämlich vermittelst falscher Vollkommenheiten, durch die er meine *Einsicht* verführt, um mein Herz zu gewinnen. Daran ist nichts gelegen, wenn nur mein Mitleiden rege wird, und sich gleichsam gewöhnt, immer leichter und leichter rege zu werden."[81] Nach Mendelssohns Theorie wäre eine Mitleidsempfindung, die aus der Orientierung an ‚falscher Vollkommenheit' entspringt, kaum möglich, da gerade die Ausrichtung auf das moralisch Gute konstitutives Merkmal des Begriffs selbst ist. Lessings Mitleid scheint sich jedoch indifferent gegenüber seinem Auslöser zu verhalten: es bleibt zweitrangig, ob es einem würdigen oder einem unwürdigen Objekt gilt, weil für das Konzept der moralischen Besserung weniger die bemitleidete Person als vielmehr die Mitleidsempfindung selbst entscheidend bleibt. Lessings Aufmerksamkeit gilt nicht den sittlichen Werten, die das Mitleid speisen, sondern der Bereitschaft zur emotionalen Teilnahme, der in ihr sich manifestierenden Fähigkeit der Einfühlung jenseits egoistischer Interessen. Wo es um das inhaltliche Profil des Mitleidsbegriffs geht, steht nicht

---

80  Mendelssohn, Sendschreiben, S. 86
81  Lessing, Werke, Bd. IV, S. 189f.

mehr Mendelssohns Lehre von den gemischten Empfindungen Pate, sondern Rousseaus Auffassung vom ‚sentiment naturel‘, mit der Lessing als Rezensent des „Discours sur l'inégalité" zumindest oberflächlich vertraut gewesen sein dürfte.[82]

Mendelssohns Empfindungstheorie liefert Lessings Mitleidskonzept die funktionale Basis, Rousseaus „Discours" aber die inhaltliche Programmatik. Nur mit Hilfe Mendelssohns kann Lessing den Mitleidsbegriff affektpsychologisch und moralisch zugleich fassen, so daß er innerhalb der Trauerspieltheorie einen bisher unbekannten Zusammenhang zwischen Leidenschaftserregung und Katharsis sichtbar machen kann; allein durch den Beistand Rousseaus aber wird es Lessing möglich, das Mitleid unabhängig von seinem Auslöser als Vermögen der Einfühlung zu definieren, das um seiner selbst willen schätzenswert ist. Zwar verzichtet er auf Rousseaus zivilisationskritische Pointierung, jedoch zeichnet sich in seinem Lob des Mitleids eine entschiedene Skepsis gegenüber Mendelssohns Lehre von der moralischen Vollkommenheit ab. Mitleidsfähig wird Lessings Zuschauer nicht durch eine vorgängige Orientierung an Wertvorstellungen der zivilisierten Gesellschaft, sondern durch die rührenden Exempel auf der Bühne, die seine Menschenliebe jenseits eines festen moralphilosophischen Systems entwickeln helfen.

Es gehört zu den Merkwürdigkeiten des Briefwechsels über das Trauerspiel, daß Mendelssohn Lessing gerade dort widerspricht, wo er selbst dessen Gedanken maßgeblich beeinflußt hat. Einwände formuliert er zumal gegen die strikte Hierarchisierung der tragischen Wirkungsbegriffe und die Subordination von Schrecken und Bewunderung, die bei Lessing hinter das Mitleid ins zweite Glied treten. Mendelssohn stört dabei weniger der Bruch mit der aristotelischen Bestimmung, die ‚eleos‘ und ‚phobos‘ zu gleichberechtigten Effekten der Tragödie machte, als vielmehr die logische Inkonsistenz der Argumentation: „Die Art und Weise,

---

[82] Am 10. Juli 1755 erscheint Lessing kurze Anzeige des „Discours" in der „Berlinischen Privilegierten Zeitung" (Werke, Bd. III, S. 251 f.). In einem Brief an Mendelssohn vom Dezember 1755 räumt Lessing ein, er habe Rousseaus Schrift „bis jetzt mehr durchgeblättert, als gelesen" (Sämtliche Schriften, hrsg. v. Lachmann/Muncker, Bd.XVII, S.52); auch ohne nähere Textkenntnis dürften ihm jedoch die Implikationen des Rousseauschen Mitleidsbegriffs vertraut gewesen sein – nicht zuletzt durch das ihm gewidmete Sendschreiben Mendelssohns. Vgl. dazu Schings, Der mitleidigste Mensch, S. 29 f.

wie Sie dieses Schrecken auf ein Mitleiden reduzieren wollen, ist allzu spitzfindig, als daß sie natürlich sein könnte."[83] Noch in seinen „Briefen über die Empfindungen" hatte Mendelssohn selbst dem Mitleid eine Vorrangstellung unter den tragischen Affekten eingeräumt und erklärt: „Das Mitleiden ist die einzige unangenehme Empfindung, die uns reizet, und dasjenige, was in den Trauerspielen unter dem Namen des Schreckens bekannt ist, ist nichts als ein Mitleiden, das uns schnell überrascht; denn die Gefahr drohet niemals uns selbst, sondern unserm Nebenmenschen, den wir bedauern."[84] Lessing übernimmt Mendelssohns Formulierung fast wörtlich, wenn er den Schrecken als „plötzliche Überraschung des Mitleides"[85] bezeichnet und aus dieser Bestimmung seine Stufenfolge der tragischen Affekte ableitet.

Trotz solcher Bezüge möchte Mendelssohn Lessings Begriffshierarchie nicht akzeptieren. Zwar schätzt er die Qualitäten des Mitleids, doch will er Schrecken und Bewunderung nicht auf Nebenfunktionen reduziert wissen. Deutlich läßt sich erkennen, daß sein eigenes Gattungsverständnis von der heroischen Tragödie bestimmt ist und noch ganz am Ideal des unverwundbaren Tragödienhelden orientiert bleibt. Die Monopolstellung des Mitleids darf laut Mendelssohn nicht auf Kosten des Wirkungsbegriffs der Bewunderung gehen, weil derart die Vielfalt der tragischen Effekte verloren geht: „Bitten Sie also die Bewunderung, diese Mutter der Tugend, um Verzeihung, daß Sie von ihrem Werte so nachteilig gedacht haben. Sie ist nicht bloß ein Ruhepunkt des Mitleidens, der nur deswegen da ist, um dem von neuem aufsteigenden Mitleiden wieder Platz zu machen; nein! die sinnliche Empfindung des Mitleidens macht einer höhern Empfindung Platz, und ihr sanfter Schimmer verschwindet, wenn der Glanz der Bewunderung unser Gemüt durchdringt."[86] Die Differenz der Auffassungen ergibt sich offenkundig aus einem unterschiedlichen Verständnis des Mitleidsbegriffs, der für Mendelssohn stets mit moralischen Urteilskategorien in Verbindung steht, bei Lessing aber eine völlig autonome Bedeutung jenseits bestimmter Funktionen besitzt. Während Mendelssohn das Mitleid als Reflex der Liebe zur Tugend betrachtet, wie sie sich auch in der Bewunderung

---

83  Lessing, Werke, Bd. IV, S. 169
84  Mendelssohn, Über die Empfindungen, S. 89
85  Lessing, Werke, Bd. IV, S. 162
86  Lessing, Werke, Bd. IV, S. 168f.

bekundet, suspendiert Lessing es von jeder äußerlichen Zweckorientierung und faßt es als sittliche Qualität an und für sich auf.

Sehr klar tritt Lessings besonderes Mitleidsverständnis auch in der Diskussion über die Gründe des Vergnügens an der Tragödie zutage. Mendelssohn hatte das Thema, das bis zu Schiller und Hegel für die Theoretiker der Gattung von größtem Interesse sein wird, durch seine Lehre von den gemischten Empfindungen auf ein solides Fundament gestellt. Das tragische Vergnügen läßt sich mit ihrer Hilfe als Produkt einer Synthese aus Lust- und Unlustgefühlen auffassen, als Wechselspiel von sympathetischen und schmerzlichen Affekten. Nicolais „Abhandlung vom Trauerspiele" bedient sich der Theorie Mendelssohns, wenn sie das Vergnügen an der Tragödie herleitet aus einer Mischung zwischen objektiv unangenehmen Emotionen und einem subjektiven Selbstgenuß, der durch die Einsicht in den Illusionscharakter der Bühnenhandlung ausgelöst wird: „Von dieser Art sind die Nachahmungen der Leidenschaften, die das Trauerspiel hervorbringt; unser Geist wird gerührt, er empfindet auch Schmerz, aber ein Schmerz, der nicht wirklich, sondern nur nachgeahmt ist, ist eben deswegen nicht vermögend die Rührung, welche wirklich geschieht, zu überwältigen; das Unangenehme der Leidenschaft verschwindet also, und es bleibet uns nichts übrig, als das Vergnügen gerührt zu werden, als das süße Zittern, das von der Bewegung der Leidenschaft hervorgebracht wird."[87]

Mendelssohn hatte das tragische Vergnügen aus einer Synthese zwischen moralischen Wertvorstellungen – der Liebe zum ‚Vollkommenen' – und sinnlichen Unlustgefühlen – der Konfrontation mit dem unverdienten Unglück anderer Menschen – hergeleitet. Nicolai beschränkt sich dagegen auf eine ausschließlich sensualistische Bestimmung jenseits moralischer Kategorien, indem er das Vergnügen an der Tragödie zu einem Resultat des sinnlichen Selbstgenusses der von der Bühnenhandlung erregten Leidenschaften erklärt. Lessing gelingt nun eine Vermittlung zwischen beiden Positionen, die durch den Mitleidsbegriff möglich wird. Einerseits, so heißt es in einem Brief an Mendelssohn vom 2. Februar 1757, setzt die Darstellung unverdienter Unglücksfälle beim Zuschauer Unlustgefühle frei, andererseits löst sie keinen direkten Schmerz aus, weil das Publikum nicht selbst leidet, sondern nur Anteil

---

[87] Nicolai, Abhandlung vom Trauerspiele, S. 13

am Leid anderer nimmt. Das Vergnügen resultiert aus dieser feinen Differenz zwischen Leid und Mitleid; in der mitleidigen Empfindung bleibt der Zuschauer stets Herr seiner Emotionen, ein selbständiges Wesen, dessen Gefühle bewegt werden, ohne daß es seine Gemütsfreiheit dabei verliert: „Die spielende Person gerät in einen unangenehmen Affekt, und ich mit ihr. Aber warum ist dieser Affekt bei mir angenehm? Weil ich nicht die spielende Person selbst bin, auf welche die unangenehme Idee wirkt, weil ich den Affekt nur als Affekt empfinde, ohne einen gewissen unangenehmen Gegenstand dabei zu denken."[88]

Die besondere Bedeutung des Mitleids erweist sich für Lessing erneut darin, daß es einen Wert darstellt, der relativ unabhängig von seinem Auslöser bleibt. Das Mitleid, das die Tragödie freisetzt, bildet das Herz des Zuschauers und schult seine Empfindungsfähigkeit. Am Horizont erscheint die Vision vom „ganzen Menschen"[89], wie sie Schillers Bürger-Rezension beschwören wird: eine optimistische Erwartung, die der Kunst zutraut, nicht nur den Verstand, sondern auch die Leidenschaften des modernen Individuums so zu entwickeln, daß es Denken und Fühlen harmonisieren lernt. Nie zuvor hat man der Tragödie eine derart umfassende Aufgabe zugewiesen, nie zuvor hat man ihre Möglichkeiten in vergleichbarer Weise angespannt. Lessings Mitleidspoetik will dabei nicht als theoretisches Programm verstanden werden, sondern erhebt den Anspruch, unmittelbar auf die dramatische Praxis einzuwirken. Bereits ein Jahr vor dem Beginn der Korrespondenz mit Nicolai und Mendelssohn liefert er die Probe aufs Exempel – das erste bürgerliche Trauerspiel in deutscher Sprache.

---

[88] Lessing, Werke, Bd. IV, S. 203f.
[89] Schiller, Über Bürgers Gedichte, NA XXII, S. 245

# VI  Formen des bürgerlichen Trauerspiels

## 1.  Die Ambivalenz der Affekte.
## Lessings „Miss Sara Sampson" (1755)

Im Frühjahr 1755 zieht sich Lessing in ein Gartenhaus bei Potsdam zurück und bringt innerhalb weniger Wochen sein erstes Trauerspiel zum Abschluß. „Miß Sara Sampson" weist alle Merkmale eines großen Wurfs auf. Bereits kurze Zeit nach der Fertigstellung erscheint das Drama im sechsten Teil von Lessings „Schriften", im Juli wird es mit beträchtlichem Erfolg in Frankfurt an der Oder uraufgeführt, weitere Inszenierungen – in Leipzig, Berlin und Hamburg – folgen nach. Innerhalb der nächsten Jahre erobert sich die „Sara Sampson" eine Spitzenstellung unter den neueren deutschen Originaldramen; die prominentesten Schauspieltruppen der Zeit, die Gesellschaften von Schuch, Schönemann und Koch, zeigen Lessings Drama und machen es dem Publikum rasch bekannt. Bereits 1766 erklärt Johann Friedrich Löwen, „Miss Sara Sampson" sei „auf allen guten und schlechten Bühnen aufgeführt worden".[1]

Die Wirkung ist überwältigend, wie die Inszenierungsberichte von Ramler, Nicolai und Grillo (dem getreuen Anhänger Gottscheds) hinreichend belegen. Die „Zuschauer", so weiß Ramler von der Frankfurter Premiere zu erzählen, hätten „drey und eine halbe Stunde zugehört, stille gesessen wie Statüen, und geweint."[2] Ähnlich beeindruckt äußert sich Nicolai über eine Berliner Aufführung vom November 1756; Lessing gegenüber gesteht er, der Schlußakt habe ihn so stark gerührt, daß es ihm nicht mehr möglich gewesen sei, Tränen zu vergießen.[3] Als „Beklemmung" wird Lessings Antwortbrief vom 29. November diesen affektiven

---

[1]  Löwen, Geschichte des deutschen Theaters, S. 48
[2]  Lessing, Miß Sara Sampson. Erläuterungen und Dokumente, hrsg. v. Veronica Richel, Stuttgart 1985, S.42. Zum Bericht von Johann David Grillo (Brief an Schönaich vom 13.7.1755) vgl. Eibl, Miss Sara Sampson, S. 214
[3]  Eibl, Miss Sara Sampson, S. 215

Erregungszustand bezeichnen, als höchste Steigerung der Mitleidsempfindung, die „Rührung" und „Tränen" nach dem Prinzip einer kunstvollen Gradation in letzter Stufe ablöst.[4]

In der „Miss Sara Sampson" gelingt es Lessing erstmals, die Affektpsychologie der comédie larmoyante auf das Genre des Trauerspiels zu übertragen. Dieser Transformationsprozeß begründet die Originalität des Dramas, seine Vorreiterstellung bei der Entwicklung einer neuen tragischen Gattung. Innovativ ist nicht die Abkehr vom Personal der heroischen Tragödie – sie hatte sich bereits zwei Jahre zuvor in Martinis „Rhynsolt und Sapphira" angedeutet –, sondern die empfindsame Dramaturgie, der man bisher nur in den Rührstücken Gellerts, kaum aber im Trauerspiel begegnen konnte.[5] Als dramatisches Pendant zu den Erfolgsromanen Richardsons, als tragische Variante der comédie larmoyante läßt sich die „Sara Sampson" lesen. Lessings Kunstgriff besteht darin, daß er die Ablösung von der tragédie classique mit den Mitteln der zeitgenössischen Empfindungspsychologie vollzieht und dem poetologischen Kurswechsel dadurch ein programmatisches aufklärerisches Profil verleiht.

Die zeitgenössischen Beobachter wissen einhellig von der gerührten Anteilnahme des Publikums zu berichten, die die Aufführungen der „Miss Sara Sampson" auslösten. Noch nie zuvor hatte ein Drama in Deutschland einen derartigen Wirbelsturm der Emotionen heraufbeschworen, noch nie waren aber auch menschliche Leidenschaften derart facettenreich und nuanciert zur Sprache gekommen wie in Lessings Trauerspiel. Immer wieder kreisen die Reflexionen der dramatis personae um die „Problematik der Empfindungen"[6], um ihre eigenen wechselnden Affektzustände und Gemütsverfassungen. Die Rede ist von

---

[4] Lessing, Werke, Bd. IV, S. 177

[5] Daunicht, Die Entstehung des bürgerlichen Trauerspiels, S. 247f. datiert die Niederschrift von Martinis 1755 publiziertem Drama auf das Jahr 1753. ‚Bürgerlich' ist Martinis Trauerspiel aber wohl nur, insofern es einen Kaufmann zum Helden hat; Standesethos und bürgerliche Affektpsychologie fehlen vollkommen, stattdessen dominiert noch der Stil der heroischen Tragödie (der hier mit Elementen des barocken Märtyrerspiels versetzt ist); ähnlich die Einschätzung bei Guthke, Das deutsche bürgerliche Trauerspiel, S. 24

[6] So Peter Michelsen in seinem instruktiven Aufsatz, dem das folgende Kapitel wichtige Hinweise verdankt (P.M., Die Problematik der Empfindungen. Zu Lessings ‚Miß Sara Sampson', in: Der unruhige Bürger, S. 163-221)

„Schrecken", „Schmerz", „Verzweiflung", „Angst", „Erbarmen", „Reue",
„Zärtlichkeit", „Mitleid", „Rührung", „Bewunderung", „Wut", „Zorn",
„Wollust des Vergebens" und „angenehmen Schmerzen". Tränen werden allenthalben vergossen, Emotionen untersucht, Gefühle geprüft
und genau analysiert; Lessings Trauerspiel ist ein Drama der Seelen-
zergliederung, in dessen Mittelpunkt die gemischten Empfindungen der
beteiligten Figuren stehen. Sie sind es, die die eigentlich tragische Verwicklung in Gang bringen; die Affekte erweisen sich als Auslöser einer
Katastrophe, für deren traurige Logik am Schluß die Protagonisten selbst
das volle Maß der Verantwortung übernehmen. An die Stelle der über-
persönlichen Schicksalsinstanz der antiken Tragödie treten nun die
Empfindungen des Menschen als neue Triebkraft des bürgerlichen
Tauerspiels.[7]

Eine besondere Pointe erhält die Darstellung der Leidenschaften in
Lessings Drama dadurch, daß die Protagonisten bisweilen eben jene
Gefühle ausleben, die der Zuschauer angesichts des Bühnengeschehens
selbst erfahren soll. Das Trauerspiel ist nicht nur Spiel vor Mitleidigen
und Gerührten, wie es das Gebot der Wirkungspoetik verlangt, es zeigt
seinerseits auch mitleidsfähige und gerührte Figuren. Die Expositionsszene, in der Sir William die Tränen angesichts des Schicksals seiner
verführten Tochter nicht zurückhalten kann, demonstriert das ebenso
wie Mellefonts Weinen über Saras Selbstvorwürfe oder die emotionale
Anteilnahme Waitwells und Bettys am Unglück ihrer Herrschaft. Abge-
sehen von Marwood, die allein aus strategischen Gründen zu vorge-
täuschter Rührung und falschen Tränen Zuflucht sucht, zeigen sämtliche Figuren jene altruistischen Gefühle des Mitleids, die auch der
Zuschauer unter dem Eindruck der traurigen Bühnenereignisse entwickeln soll.

Es wäre jedoch zu einfach, wollte man daraus schließen, daß Lessing
mit Hilfe dieser subtilen Figurenpsychologie nur den Zusammenhang
von Mitleidsempfindung und moralischem Handeln habe beglaubigen
wollen, von dem seine Dramenpoetik ausgeht.[8] Gewiß klärt das Trauerspiel über die Phänomenologie seiner eigenen Wirkungsbegriffe auf,

---

[7]  Vgl. Michelsen, Die Problematik der Empfindungen, S. 194
[8]  Dies die Grundannahme von Schenkel, Lessing Poetik des Mitleids, S.74f., 113f.,
130f.

indem es Mitleid und Rührung in unterschiedlichsten Ausprägungen und Ursprungsformen zeigt; es ist aber deshalb noch kein plattes Lehrstück des Altruismus und der natürlichen Moralität, sondern eher ein Drama der emotionalen Verwirrung, eine Tragödie der verfehlten Individuation im Zeichen eines unerhörten moralischen Selbstbestimmungsanspruchs. Gerade die Emanzipation der theatralischen Leidenschaftsdarstellung von einem unmittelbaren poetischen Kalkül macht die besondere Originalität des Lessingschen Trauerspiels aus. Die in ihm reflexiv werdenden Affekte decken sich bisweilen mit den tragischen Wirkungsbegriffen, ohne daß sie vollends in dichtungstheoretischen Kategorien aufgehen. Die Darstellung der emotionalen Zustände, in die die Bühnenfiguren geraten, ist nicht nur plastisches Mittel zum erzieherischen Zweck; in ihr bekundet sich zunächst, unabhängig von wirkungspoetischer Raison, jenes vielschichtige Interesse am Menschen, das die Theoretiker der Gattung als Movens eines wahrhaft fesselnden Trauerspiels immer wieder beschwören.

Mit der Affektpsychologie seiner Zeit war Lessing gut genug vertraut, um von ihr Anregungen für seine dramatische Charaktergestaltung zu beziehen. Er kannte das Œuvre Shaftesburys, des Wegbereiters der Lehre von der natürlichen Moralität des Menschen, er hatte, ein Jahr vor der „Sara", Hutchesons posthum publiziertes „System of Moral Philosophy" ins Deutsche übersetzt und Mendelssohns „Briefe über die Empfindungen" herausgegeben.[9] Die zentralen Fragen nach dem Zusammenhang von Affekt und Moral, von Emotion und Sprache, Leidenschaft und Ratio spielen auch in der „Sara Sampson" eine entscheidende Rolle. Immer wieder begegnet man im Drama jenen gemischten Empfindungen, deren Genese Gellert und Mendelssohn aus einem Wechsel von Lust- und Unlustgefühlen zu erklären versucht hatten.[10] Die zentralen Probleme der von Shaftesbury und Hutcheson begründeten Moral-sense-Philososophie – die Auseinandersetzung mit der natürlichen Disposition des Menschen zum moralischen Handeln – berührt Lessings

---

9  Zur Shaftesbury-Rezeption vgl. vor allem den Anhang des gemeinsam mit Mendelssohn publizierten Aufsatzes „Pope, ein Metaphysiker!" (1755), in: Werke, Bd. IV, S. 667f. (bezogen auf die „Moralists" <1709>)

10  Gellert, Von den Annehmlichkeiten des Mißvergnügens, in: Sämtliche Schriften, Bd. V, S. 114-122, Mendelssohn, Über die Empfindungen, in: Ästhetische Schriften, S. 89f.

Trauerspiel ebenso wie die schon von Mendelssohns „Briefen" thematisierte Frage, wie die Leidenschaften überhaupt auf angemessene Weise sprachlich zum Ausdruck gebracht werden können.

Gemischten Emotionen ist Sara ausgesetzt, nachdem sie den Versöhnungsbrief ihres Vaters gelesen und sich zu einer Antwort entschieden hat: „Weiß ich aber auch schon, was ich schreiben soll? Was ich denke; was ich empfinde. – Und was denkt man denn, wenn sich in einem Augenblicke tausend Gedanken durchkreuzen? Und was empfindet man denn, wenn das Herz, vor lauter Empfinden, in einer tiefen Betäubung liegt?" (III,4, 55)[11] Rührt Saras Irritation aus den gesteigerten Schuldgefühlen her, die ihr die überraschende Verzeihung des Vaters bereitet, so demonstriert Mellefont einen Wankelmut, der zum emotionalen Habitus des Leidenschaftsmenschen gehört. Als „Schalk" bezeichnet er sein „Herz" (IV,2, 65), ein „Närrchen" nennt es, abfälliger schon, Marwood: „Es läßt sich alles bereden, was Ihrer Einbildung ihm zu bereden einfällt." (II,3, 29).

Wechselnde Emotionen bestimmen das Handeln der dramatis personae an den entscheidenden Punkten. Bereits die Vorgeschichte, die für die „Sara"-Handlung nach dem Muster des analytischen Dramas im Stile des sophokleischen „Oedipus Rex" entscheidende Bedeutung hat, dokumentiert diesen Zusammenhang aufs exakteste.[12] Genau besehen resultiert die tragische Katastrophe einzig aus den schwankenden Gefühlen, die die Protagonisten in stets wechselnde Richtungen treiben. Die vermeintlichen Zufälle und Ungereimtheiten der äußeren Handlungsführung – die späte Begegnung zwischen Sara und ihrem Vater, Mellefonts Leichtgläubigkeit, der Erfolg von Marwoods durchsichtiger Intrige –, sind keine technischen Versehen des geübten Dramatikers Lessing. Sie werden plausibel, wenn man sie auf die Rechnung der emotionalen Verwirrung setzt, die die Handlungsbereitschaft sämtlicher Figuren – mit Ausnahme Marwoods – in den zentralen Momenten des

---

11  Zitate aus Lessings Trauerspiel werden nach: Werke, Bd. IV (hrsg. v. Göpfert u.a.) im fortlaufenden Text belegt.
12  Den Bezug zum analytischen Formtypus hat bisher nur Koopmann, Drama der Aufklärung, S. 124 hervorgehoben. Schillers prägnante Charakterisierung des „Oedipus Rex" trifft auch auf Lessings Trauerspiel zu: „Der ‚Oedipus' ist gleichsam nur eine tragische Analysis. Alles ist schon da, und es wird nur herausgewickelt." (Brief an Goethe, 2.10.1797; Briefwechsel, Bd. I, S. 422)

Geschehens lähmt.[13] Die aristotelische ‚hamartia‘, deren Bedeutung der
Lessing des „Briefwechsels" wiederholt einschärft, ist hier in der Ambivalenz der menschlichen Leidenschaften aufgehoben.[14]

Wie stark diese gemischten Empfindungen bereits die Vorgeschichte
determinieren, zeigt Sir Williams selbstkritische Einschätzung seines
früheren Verhaltens gegenüber Sara und Mellefont: „Das Unglück war
geschehen, und ich hätte wohl getan, wenn ich ihnen nur gleich alles
vergeben hätte. Ich wollte unerbittlich gegen ihn sein, und überlegte
nicht, daß ich es gegen ihn nicht allein sein könnte. Wenn ich meine zu
späte Strenge erspart hätte, so würde ich wenigstens ihre Flucht verhindert haben." (III,1, 45) ‚Unerbittlichkeit‘, ‚Strenge‘ im falschen Moment, mangelnde Bereitschaft zum Abweichen von Konventionen bucht
Sir William jetzt auf sein Schuldkonto. Der milde, gerührte Vater war
früher ein autoritärer Hausherr, der durch seine fehlende Flexibilität die
unheilvollen Ereignisse fast zwangsläufig auslöste.

Ein unmittelbares Movens der tragischen Verwicklungen bilden
schließlich die gemischten Gefühle Mellefonts. Nicht die Verführung
Saras, sondern die Unfähigkeit des Verführers, ihre Konsequenzen verantwortlich zu tragen, bestimmen den Verlauf des Geschehens. Auch
daran zeigt sich die Priorität der inneren vor der äußeren Handlung. Es
sind weniger die Ereignisse der Vorgeschichte – Saras ‚Sündenfall‘ und
die gemeinsame Flucht –, die den tragischen Prozeß in Gang bringen,
als die sich in ihnen manifestierenden emotionalen Verwirrungen der
Figuren. Mellefonts Spiel auf Zeit, sein Zögern, die Ehe mit Sara einzu-

---

13  Manfred Durzak, Äußere und innere Handlung in „Miss Sara Sampson". Zur
ästhetischen Geschlossenheit von Lessings Trauerspiel, in: Poesie und Ratio. Vier
Lessing-Studien, Bad Homburg v.d.H. 1970, S. 48f. betont zwar die Präponderanz des ‚inneren Geschehens‘, setzt es jedoch mit einer ‚objektiven‘ Instanz
nach dem Muster des antiken Schicksals gleich. Die Arbeiten von Pikulik, Bürgerliches Trauerspiel und Empfindsamkeit, S. 64ff. und Schulz, Tugend, Gewalt
und Tod, S. 180f. heben zumal den Selbstgenuß der leidenden dramatis personae
als Merkmal einer gewissen Egozentrik hervor. Entscheidend bleibt jedoch vor
allen Bewertungen im Detail, daß die Handlung bei Lessing anders als in der
heroischen Tragödie durch das Innenleben der Protagonisten gesteuert wird.

14  Bereits Lessings Trauerspielfragment „Samuel Henzi" (1753) dokumentiert die
tragischen Möglichkeiten dieser Ambivalenz der Emotionen. Der politische
Konflikt zwischen den Antipoden Dücret und Henzi (bzw. Wernier) läßt sich
auch als Gegensatz der Leidenschaften – hier Rachebedürfnis, dort ‚gerechter‘
Zorn – auffassen (Werke, Bd. IV, S. 371-389, bes. S. 383).

gehen, die Irritation angesichts der Versöhnungsbereitschaft des Vaters dokumentieren seine instabile Affektlage zur Genüge. „Was für ein Rätsel bin ich mir selbst! Wofür soll ich mich halten? Für einen Toren? oder für einen Bösewicht?" (IV,2, 65) Mellefonts Ratlosigkeit ist der genaue Ausdruck seiner tiefgreifenden emotionalen Unsicherheit. Nur sie ermöglicht es Marwood überhaupt, das fast schon konsolidierte Gefüge der zwischenmenschlichen Verhältnisse auf entscheidende Weise zu stören. In dem Moment, da Mellefont ihr gestattet, Sara unter falschem Namen gegenüberzutreten, ist der erste Schritt in die Katastrophe getan. Eine ihrer Voraussetzungen bildet die Unberechenbarkeit von Mellefonts Leidenschaften, jener Wankelmut des Herzens, den Marwood als ,närrisch' apostrophiert.

Emotionale Widersprüche bestimmen, wie man immer wieder festgestellt hat, auch Sara, die zwar am Ende des Trauerspiels, da sie Marwood vergibt, in voller tugendhafter Größe erstrahlt, zunächst aber ebenfalls Merkmale eines ,mittleren' Charakters aufweist. Anders als Richardsons Clarissa, die Lovelace liebt, ohne sich ihm aus eigener Bereitschaft hinzugeben[15], hat Sara Mellefont ihre Unschuld freiwillig geopfert. Weniger als die gesellschaftliche Ächtung, die ihr durch den erotischen Sündenfall garantiert ist, macht Sara jedoch der innere Wertkonflikt zu schaffen, der ihre Aktivität lähmt und jene „Qualen der Einbildung" (I,7, 19) erzeugt, von denen sie bis in ihre Träume verfolgt wird. Die Tendenz zur Verteidigung aller natürlichen Empfindungen kollidiert bei Sara mit einem christlich gefärbten Tugendbegriff, der von ihr – darin wieder konventionell – voreheliche Virginität verlangt.[16] Die Spannung zwischen Apologie der Leidenschaften und Verpflichtung zu ihrer sittlichen Disziplinierung, die die Moral-sense-Philosophie durch die Annahme einer Vermittlungsinstanz – der natürlichen Reflexion – überwunden zu haben glaubte, führt Sara zu jener resignativ-melancholischen Grundstimmung, in der sie der Zuschauer im ersten Akt kennenlernt. Ihre ,gemischten Empfindungen' sind der Widerschein zweier unterschiedlicher Strebensrichtungen, deren Versöhnung im Drama

---

[15] Zur Parallele zwischen Richardson und Lessing Koopmann, Drama der Aufklärung, S. 124f. u. Albert M. Reh, Die Rettung der Menschlichkeit. Lessings Dramen in literaturpsychologischer Sicht, Bern, München 1981, S. 152f.

[16] Zum Konflikt zwischen natürlicher Moralität und religiöser Konvention Michelsen, Die Problematik der Empfindungen, S. 203f.

mißlingt. Die Katastrophe des Schlusses, so unzureichend sie äußerlich motiviert sein mag, trägt dieser Tatsache Rechnung. Sie ist der Reflex des gescheiterten Versuchs, natürliche Emotion und Moralität im Sinne Hutchesons dauerhaft zu harmonisieren.[17]

An sämtlichen der hier erwähnten Beispiele ist zu erkennen, daß das traurige Geschehen der „Sara Sampson" sich vornehmlich auf der inneren Bühne des Menschen ereignet. Hier offenbart sich das düstere Gesetz der Gattung und mit ihm eine neue Logik der tragischen Handlung, die nicht mehr das Schicksal, sondern die menschliche Empfindung als Movens der Katastrophe sichtbar werden läßt. Die Priorität der Leidenschaften gilt fraglos auch für Marwood, die einerseits mit extremer Verstandeskälte zu den verschiedensten Maskierungen greift und Emotionen nur vorschützt, andererseits aber selbst das Opfer ihrer Affekte ist. Die eigentümliche Mischung aus hemmungsloser Leidenschaft und kühl kalkulierender Vernunft teilt sie mit ihren älteren Schwestern, mit Senecas „Medea" (auf deren mythologisches Urbild sie sich selbst beruft), mit den Intrigantinnen Corneilles und den Machtweibern Lohensteins.[18] Im Gegensatz zu diesen Vorläuferfiguren ist sich Lessings Marwood jedoch ihres emotionalen Zustands selbst durchaus bewußt: „Wie hasse ich dich, niedrige Verstellung! Nicht, weil ich die Aufrichtigkeit liebe, sondern weil du die armseligste Zuflucht der ohnmächtigen Rachsucht bist." (IV,5, 72) Zur ‚neuen Medea' (II,7, 40) wird Marwood aus der Not ihrer Gefühle. Sie ist keine Personifikation des Lasters, keine allegorische Figur innerhalb eines festen Schemas der Affekte, sondern eine empfindungsfähige Gestalt, die erst allmählich in den Zustand der Raserei gerät: „Ich bin nun nicht mehr Marwood; ich bin eine nichtswürdige Verstoßene, die durch kleine Kunstgriffe die Schande von sich abzuwehren sucht; ein getretner Wurm, der sich krümmet und dem, der

17  Francis Hutcheson, A System of Moral Philosophy (1755), in: Frances Hutcheson, Collected Works, Glasgow, London 1755. Facsimile Editions prepared by Bernhard Fabian, Vol. V-VI, Hildesheim 1969, Vol. V, S. 125f.; ähnlich bereits Shaftesburys „Inquiry concerning Virtue and Merit" (entst. 1699, publ. 1711), in: Characteristics of Men, Manners, Opinions, Times (1711). Two Volumes, edited, with notes, by John M. Robertson, Indianapolis, New York 1964, Vol.I, S. 237-338, bes. S. 305f.

18  Zur Motivgeschichte Ursula Friess, Buhlerin und Zauberin. Eine Untersuchung zur deutschen Literatur des 18. Jahrhunderts, München 1970, S. 31ff., zum Medea-Motiv Barner, Produktive Rezeption, S. 38ff.

ihn getreten hat, wenigstens die Ferse gern verwunden möchte." (IV,5, 72)

An Senecas „Hercules furens" hat Lessing ein Jahr vor der Niederschrift der „Sara" die fehlende psychologische Begründung der szenisch vorgeführten Leidenschaftsexzesse bemängelt. Die Technik der allegorisch-mythologischen Figuration der Affekte, mit der Seneca (und später auch das Barockdrama) arbeitet, möchte Lessing in eine subtile Handlung auflösen, die geeignet ist, dem Zuschauer Einblicke in die Motivationen der dramatis personae zu verschaffen. Ein moderner Autor hätte laut Lessing die Aufgabe, die entfesselten Emotionen des Herkules nicht einfach nur darzustellen, sondern ihre Genese genau zu begründen: „Ohne Zweifel würde es auf eine feinere Bearbeitung dieses Charakters selbst ankommen. Seine Raserei müßte eine natürliche Folge aus demselben werden."[19]

Bei der Gestaltung der Marwood-Figur hat Lessing seine eigene Maxime konsequent umgesetzt. Marwoods ‚Raserei' ist eine ‚Folge' ihres ‚Charakters', der wiederum – darin liegt die Präzisierung gegenüber dem Postulat der Seneca-Schrift – durch eine Vielzahl wechselnder Emotionen bestimmt wird. Auch Marwood scheint, so zielgerichtet und eindeutig ihre Absichten zunächst wirken, von unterschiedlichen Gefühlen beeinflußt zu sein. Bereits die erste Szene (II,1) zeigt sie als Hoffende und Verunsicherte, in der Rolle der alternden Verführerin, die ihr Vorhaben, den ehemaligen Liebhaber zurückzuerobern, mit gemischten Empfindungen beginnt. Indem Lessing die Genese von Marwoods späterer ‚Raserei' genau darstellt und den emotionalen Furor aus der Enttäuschung der verlassenen Geliebten herleitet, verschafft er seiner Intrigantin ein menschliches Profil, das ihre Taten psychologisch transparent werden läßt. Der Mord an Sara ist der Schlußpunkt einer Entwicklung, die sich auch bei Marwood im innerseelischen Bereich zuträgt. Erneut tritt hier zutage, daß die Leidenschaften das tragische Geschehen motivieren und seine Prozeßlogik steuern.[20]

---

[19] Lessing, Von den lateinischen Trauerspielen, welche unter dem Namen des Seneca bekannt sind, in: Werke, Bd. IV, S. 91. Der Begriff der ‚Folge' erinnert bereits an die Bestimmung der Poesie als Folge von Zeichen (im Gegensatz zur räumlichen Zeichenverknüpfung der Malerei), wie sie der „Laokoon" vornimmt (Werke, Bd. VI, S. 102f.).

[20] Die Priorität des psychischen Entwicklungsprozesses gegenüber einer wir-

Mendelssohns „Briefe über die Empfindungen", die für die Affektpsychologie der „Sara Sampson" höchst bedeutsam sind, thematisieren nicht nur den Zusammenhang zwischen Leidenschaften und Vernunft, sondern berühren wiederholt auch die Frage, wie sich das Wesen der menschlichen Emotionen in angemessener Weise sprachlich erfassen läßt.[21] Ein Abglanz dieser Problematik fällt noch auf Lessings Trauerspiel, dessen Figuren immer wieder bemüht sind, ihre Empfindungen möglichst prägnant auszudrücken, und dabei die Grenzen der Sprache zur Kenntnis nehmen müssen. „Ach, könnte ich Ihnen", sagt Sara zu Mellefont, „nur halb so lebhaft die Schrecken meiner vorigen Nacht erzählen, als ich sie gefühlt habe!" (I,7, 19)

Wenn Sara sich später damit quält, einen Antwortbrief an ihren Vater zu schreiben (III,4), so entspringt das nicht nur ihrem desolaten Gefühlszustand, sondern auch der Tatsache, daß er sprachlich kaum zu erfassen ist. Die unmittelbarste Äußerung der Affekte, die Lessings Trauerspiel kennt, sind die – reichlich vergossenen – Tränen.[22] „O nein", erklärt Sara Mellefont, „diese Träne, die sich aus ihrem Auge schleicht, sagt weit mehr, als Ihr Mund ausdrücken könnte." (III,5,58) Es ist jedoch bezeichnend, daß in den entscheidenden Momenten bei allen dramatis personae das Bedürfnis nach sprachlicher Artikulation die Möglichkeiten der direkten emotionalen Äußerung verdrängt. Statt ihren wenige Zimmer entfernt einquartierten Vater aufzusuchen, setzt sich Sara an den Schreibtisch und konzipiert einen Antwortbrief, für dessen Niederschrift sie dann keine Zeit mehr findet. Der Weg zum happy end, zum Komödienschluß, der sich in der Mitte des dritten Akts förmlich aufdrängt, bleibt ungenutzt, weil anstelle der direkten Versöhnung eine umständliche sprachliche Annäherung gesucht wird, die Marwood die Gelegenheit zur Intervention gibt.[23] Im Vertrauen in die Sprache liegt

---

kungspoetisch begründeten dramaturgischen Funktion der Marwood (als Personifikation des Lasters) arbeitet sehr genau Friess, S. 179ff. heraus.

21  Mendelssohn, Über die Empfindungen, S. 35f.

22  Mattenklott betont zu Recht, die Tränen seien hier „gedacht als eine Ursprache der Natur" (G.M., Drama – Von Gottsched bis Lessing, in: Deutsche Literatur. Eine Sozialgeschichte, Bd. IV, S. 277-299, S. 289).

23  Eibl, Identitätskrise und Diskurs. Zur thematischen Kontinuität von Lessings Dramatik, in: Jahrbuch der deutschen Schillergesellschaft 21 (1977), S. 138-192, S. 164 betrachtet Saras Zögern als Zeichen eines Rollenkonflikts zwischen ‚gefallenem Mädchen' und reuevoller Tochter; für Michelsen, Die Problematik der

zugleich die Furcht vor dem unmittelbaren Ausdruck der Emotionen begründet, der in diesem Fall eine schnelle Lösung herbeigeführt und Marwoods Intrige verhindert hätte.

Die Sprache der „Sara Sampson" scheint von einem unerhörten Kommentar- und Erklärungsbedürfnis gekennzeichnet. Ihr Grundton ist die Rechtfertigung, ihr bevorzugtes argumentatives Mittel die Begründung, ihre dominierende Satzbauform die Hypotaxe. Die Ordnung des sprachlichen Logos wird durch die zum Ausdruck drängenden Empfindungen nicht zerstört, sondern bleibt stets konsequent erhalten. Als Effekt stellt sich eine gewisse Kasuistik und Sophistik ein, die zunächst in eigentümlichem Gegensatz zu den immer wieder betonten leidenschaftlichen Verwirrungen der Figuren steht.[24] Je größer die emotionale Desorientierung ausfällt, desto stärker scheint das Bedürfnis der Personen, sich und anderen Klarheit über den eigenen Zustand zu verschaffen. Exemplarisch wird diese Tendenz in Saras Traumerzählung (I,7), deren äußere sprachliche Ordnung die innere Verunsicherung der Sprecherin verdeckt, und in der Szene mit Waitwell (III,3), in der Sara ihre ambivalenten Empfindungen angesichts der Versöhnungsbereitschaft Sir Williams mit größter intellektueller Disziplin darstellt: „Wenn sein Brief alles enthielte, was ein aufgebrachter Vater, in solchem Falle Heftiges und Hartes vorbringen kann, so würde ich ihn zwar mit Schaudern lesen, aber ich würde ihn doch lesen können. Ich würde gegen seinen Zorn noch einen Schatten von Verteidigung aufzubringen wissen, um ihn durch diese Verteidigung, wo möglich, noch zorniger zu machen. Meine Beruhigung wäre alsdann diese, daß bei einem gewaltsamen Zorne kein wehmütiger Gram Raum haben könne, und daß sich jener endlich glücklich in eine bittere Verachtung gegen mich verwandeln werde. Wen man aber verachtet, um den bekümmert man sich nicht mehr. Mein Vater wäre wieder ruhig, und ich dürfte mir nicht vorwerfen, ihn auf immer unglücklich gemacht zu haben." (III,3, 49f.)

Noch ist die Beschreibung der Emotionen mit der konventionellen Ordnung der Sprache vereinbar. Sara muß zu ihren eigenen Gefühlen

---

Empfindungen, S. 206 drückt sich dagegen hier die „Emanzipation der Empfindung" aus, die Sara daran hindert, die Vergebung des Vaters umstandslos zu akzeptieren.

[24] Zur Sprache des Dramas auch die knappen Ausführungen bei Eibl, Miss Sara Sampson, S. 148f.

Abstand wahren, um sie ausdrücken zu können; die Sprache wird zum Instrument der vermeintlichen Beherrschung des emotionalen Zustands. Die Kasuistik der Formulierungen resultiert aus diesem Akt der Distanzierung, der zugleich die Bedingung der Affektanalyse bildet. Wenn später Emilia Galotti, atemlos und gehetzt, ihrer Mutter von der Annäherung des Prinzen in der Kirche berichtet, so schlägt sich die Verwirrung der Gefühle dagegen im Sprachduktus unmittelbar nieder.[25] Von hier wird es dann nur ein kurzer Weg zur Zertrümmerung der sprachlichen Ordnung in den Dramen der Genieperiode sein, zur neuen Affektdarstellung bei Goethe, Lenz und Leisewitz. Die „Sara Samspon" läßt von dieser Entwicklung jedoch nichts ahnen; die Empfindungen, die die Personen bestimmen, werden einstweilen noch dem Gesetz des Logos unterworfen und dadurch mit rationalen Mitteln domestiziert.

Lessing hat in einem Brief an Mendelssohn vom 14. September 1757 sein Verfahren der Affektbeschreibung im Blick auf theaterpraktische Rücksichten näher begründet. Wie, so lautet seine Frage, kann der Schauspieler dabei unterstützt werden, sich in die von ihm vorgeführte Figur einzufinden? Es handelt sich hier für Lessing um einen intellektuellen Prozeß, der den Akteur in eine „Verfassung des Geistes" führt, „auf welche diese oder jene Veränderung des Körpers von selbst, ohne sein Zuthun, erfolgt. Wer ihm also diese Verfassung am meisten erleichtert, der befördert ihm sein Spiel am meisten. Und wodurch wird diese erleichtert? Wenn man den ganzen Affekt, in welchem der Akteur erscheinen soll, in wenig Worte faßt? Gewiß nicht! Sondern je mehr sie ihn zergliedern, je verschiedener die Seiten sind, auf welchen sie ihn zeigen, desto unmerklicher geräth der Schauspieler selbst darein."[26] Die sprachliche ‚Zergliederung' der Empfindungen bedeutet eine Hilfe für den Darsteller, weil sie die verschiedenen Emotionen genau voneinander abgrenzt und es derart ermöglicht, die Übergänge zwischen ihnen zu erkennen. Die Schauspielkunst ist eine Sache des Verstandes, weniger der Intuition, insofern ihre Ausdrucksformen gebunden bleiben an die

---

25  Lessing, Emilia Galotti II,6, in: Werke, Bd. IV, S. 150f.; dazu genauer Kap. VII,2
26  Lessing, Sämtliche Schriften, hrsg. v. Lachmann/Muncker, Bd. XVII, S. 121. Zu Lessings theaterpraktischen Hinweisen diesbezüglich auch Reh, Die Rettung der Menschlichkeit, S. 149f. u. Michelsen, Die Problematik der Empfindungen, S. 185f.

vorausgehende rationale Einsicht in die vorzuführenden psychischen Prozesse. Die Affektdarstellung der „Sara Sampson" bleibt damit auch aus theaterpraktischen Gründen eine höchst analytische, bisweilen sophistische Angelegenheit. Die logisch gegliederte Diktion des Dramas soll dem Schauspieler den Zugang zu jener innerseelischen Sphäre der Figuren erleichtern, die im Mittelpunkt der tragischen Ereignisse steht. Ein Musterexempel für die exponierte Bedeutung der inneren Handlung in Lessings Trauerspiel bietet der Traum, von dem Sara Mellefont während ihres ersten gemeinsamen Gesprächs berichtet: „Aber noch schlief ich nicht ganz, als ich mich auf einmal an dem schroffsten Teile des schrecklichsten Felsen sahe. Sie gingen vor mir her, und ich folgte Ihnen mit schwankenden ängstlichen Schritten, die dann und wann ein Blick stärkte, welchen Sie auf mich zurückwarfen. Schnell hörte ich hinter mir ein freundliches Rufen, welches mir still zu stehen befahl. Es war der Ton meines Vaters (...) Hören Sie nur, Mellefont; indem ich mich nach dieser bekannten Stimme umsehen wollte, gleitete mein Fuß; ich wankte und sollte eben in den Abgrund herab stürzen, als ich mich, noch zur rechten Zeit, von einer mir ähnlichen Person zurückgehalten fühlte. Schon wollte ich ihr den feurigsten Dank abstatten, als sie einen Dolch aus dem Busen zog. Ich rettete dich, schrie sie, um dich zu verderben! Sie holte mit der bewaffneten Hand aus – und ach! ich erwachte mit dem Stiche. Wachend fühlte ich noch alles, was ein tödlicher Stich Schmerzhaftes haben kann; ohne das zu empfinden, was er Angenehmes haben muß: das Ende der Pein in dem Ende des Lebens erhoffen zu dürfen." (I,7, 19)

Es bedarf keines sonderlichen psychologischen Sachverstands, um zu erkennen, daß dieser Traum den Schluß des Trauerspiels antizipiert. Marwood tötet die ohnmächtige Sara durch ein Gift, das sie ihr anstelle des Kordialpulvers verabreichen läßt; sie gibt sich, wie sie selbst sagt, „gerührt und dienstfertig" (V,10, 97) und vollzieht ihre Tat als vermeintliche Helferin, vergleichbar der ‚Retterin' in Saras Erzählung. Der Traum erfüllt hier, so hat man mehrfach betont, die Funktion des antiken Orakels, indem er die künftigen Ereignisse schon präludiert, ohne dabei ganz eindeutige Aussagen zu vermitteln.[27] An den Platz der Götter-

---

[27] Durzak, Äußere und innere Handlung, S. 51, Reh, Die Rettung der Menschlichkeit, S. 174, Schenkel, Lessings Poetik des Mitleids, S. 84

figuren, die in der antiken Tragödie, bisweilen unterstützt durch den Chor, die weiteren Ereignisse warnend ankündigen, tritt hier erneut das innerpsychische Erleben, das sich in Traumbildern anschaulich manifestiert. Bereits Lessings Seneca-Aufsatz empfiehlt, die mythologischen Erscheinungen, mit denen zumal die lateinischen Dramatiker der Spätantike operieren, durch Traumdarstellungen zu substituieren und die noch im Barock so beliebte Allegorese der menschlichen Affekte in die Beschreibung seelischer Erfahrungen zu überführen.[28] Die „Sara Sampson" setzt dieses Postulat mustergültig um, weil ihre Traumerzählung nicht nur die Funktion des Orakels versieht, sondern bildhaft vermittelter Ausdruck der psychischen Konflikte ist, in die die Titelfigur verstrickt scheint.

Daß Saras Traum mit ihren eigenen Wünschen, Ängsten und Hoffnungen aufs engste verknüpft bleibt, läßt sich an dem Kommentar erkennen, den sie der Erzählung unmittelbar folgen läßt. Der Stich, der ihr im Traum versetzt wird, ist auch nach dem Erwachen noch fühlbar und löst jene gemischten Empfindungen aus, die für Saras affektives Erleben charakteristisch sind. Zwar spürt sie zunächst nur den Schmerz, jedoch betont sie, daß er auch „Angenehmes" bedeute: „das Ende der Pein in dem Ende des Lebens hoffen zu dürfen." Der Traum enthüllt Saras ambivalente psychische Situation, in der Todessehnsucht und Todesfurcht miteinander verschmelzen. Die Grenze zwischen Traum und Realität verfließt, weil beide Sphären von der Wirklichkeit des seelisch-affektiven Erlebens zusammengehalten werden, dessen komplexe Dimensionen die Bilder der Saraschen Erzählung illustrieren.

Saras Traum ist Orakel und Spiegelung psychischer Vorgänge gleichermaßen. Er demonstriert erneut, daß die menschliche Empfindung die tragische Funktion des Schicksals ersetzt hat. Was sich im Trauerspiel fortan ereignet, erscheint nicht als das Werk metaphysischer Mächte, sondern entspringt letzthin den Affekten des Menschen. Sara hat innerlich die Katastrophe des Schlusses schon vorweggenommen und, wie ihr Traum zeigt, in allen Details psychisch durchlebt. Das äußere Geschehen vollzieht damit nur nach, was sich auf der seelischen Bühne bereits zugetragen hat. Bevor Sara zum Opfer der Marwood wird, ist sie in ihren Träumen längst gestorben. Nicht der physische Tod, sondern die psychische Qual ist die ‚wahre Gewalt', der Sara unterliegt.

---

28 Lessing, Trauerspiele des Seneca, in: Werke, Bd. IV, S. 88

Im Hinblick auf die Traumerzählung läßt sich auch die große Ana-
gnorisis-Szene des vierten Akts als dramatischer Reflex innerseelischer
Prozesse interpretieren. Nachdem Marwood ihre Rolle als Lady Solmes
aufgegeben und sich selbst entlarvt hat, ruft Sara „voller Erschrecken"
aus: „Ha! Nun erkenn' ich sie – nun erkenn' ich sie, die mördrische
Retterin, deren Dolche mich ein warnender Traum Preis gab." (IV,8,
83) Saras ,Erkennung' ist kein objektiver Akt, sondern das Resultat einer
sich selbst erfüllenden subjektiven Prophezeiung. Das wird besonders
deutlich, wenn Sara am Schluß in Marwood die Mörderin des Traums
erblicken möchte, die sie hier noch gar nicht ist: „Itzt dringt sie mit
tötender Faust auf mich ein! Hülfe! *(Eilt ab)*" (IV,8, 83) Daß es sich
dabei um eine – freilich folgenschwere – Einbildung Saras handelt, beweist Marwoods anschließender Monolog: „Was will die Schwärmerin?
– O daß sie wahr redte, und ich mit tötender Faust auf sie eindränge!"
(IV,9, 84) Saras Imagination liefert den unmittelbaren Impuls dafür,
daß Marwood ihre bisher wohl nur latent vorhandene Tötungsabsicht
in die Praxis umsetzt.[29] Die Begründung des äußeren Geschehens aus
den inneren Empfindungen Saras ist damit komplett: der Traum bezeichnet die affektive Grundspannung zwischen Furcht, Hoffnung und
Todeswunsch, die Anagnorisis wird zum Akt einer psychischen Self-
fullfilling-Prophecy, welche die Handlung des Traums in der Wirklichkeit wiederzufinden glaubt, die Wahnvorstellung Saras setzt die Mord-
absichten Marwoods frei und bildet damit den letzten Auslöser der
Katastrophe. Die Logik des tragischen Prozesses entspricht der Logik
von Saras Empfindungen, die antizipieren, was bald auf der äußeren
Bühne geschieht.

Saras Traum bezeichnet die ,mördrische Retterin' als „mir ähnliche
Person" – ein Umstand, der zumal dann erklärungsbedürftig ist, wenn
man erkennt, daß Sara selbst später die Marwood mit der Traumfigur
identifiziert. Die ,Ähnlichkeit' könnte sich lediglich auf das Geschlecht
beziehen und die Gestalt als weibliches Wesen ausweisen. Es bleibt jedoch zweifelhaft, ob die recht umständliche Formulierung der Traumerzählung nur einem derart banalen Sachverhalt gilt. Zumindest bietet
sich eine zweite Deutung an, die die ,Ähnlichkeit' auf moralische Ge-

---

[29] Den psychologisch-kausalen Zusammenhang zwischen Saras Einbildung und
Marwoods Tat hat erstmals Durzak, Äußere und innere Handlung, S. 53f. herausgearbeitet.

sichtspunkte bezieht. So hat Manfred Durzak in seiner vielbeachteten Interpretation betont, daß Saras Traum die latente Verwandtschaft zwischen ihr und Marwood aufzeige. Saras Schicksal wiederhole das der jungen Marwood, deren eigener Lebensbericht zur Genüge demonstriere, daß sie keineswegs nur als amoralische, lasterhafte Figur zu betrachten sei.[30] Gegen diese Auslegung ist jedoch die deutliche Differenz der beiden Figuren ins Feld zu führen, die Lessing entschieden herausgearbeitet hat: während Marwood dem Verführer Mellefont nicht ihre – längst verlorene – Unschuld, sondern allein den „guten Namen" (II,7, 40) hingegeben hat, und lediglich an Konventionen orientiert bleibt, ohne moralische Wertmaßstäbe als Leitlinien ihres Handelns zu betrachten, weiß sich Sara trotz ihres Fehltritts den Prinzipien eines tief verinnerlichten Tugendrigorismus verpflichtet. Angesichts derartiger Gegensätze läßt sich, auch wenn man Marwood nicht als Ausgeburt des Bösen auffassen möchte, kaum von ‚Ähnlichkeit' reden. Der Traum Saras ist vielmehr in sämtlichen Punkten streng an der seelischen Wirklichkeit der Träumerin orientiert; er drückt Wünsche, Hoffnungen und Ängste aus, nicht aber reale Verhältnisse zwischen den dramatis personae.

Die ‚Ähnlichkeit', von der Sara spricht, bezieht sich weniger auf die ‚mördrische Retterin' selbst, sondern vornehmlich auf das, was sie tut. Sie ist ein Spiegelbild des Gefühlszustands, in dem sich Sara befindet. Als ‚Retterin' illustriert sie die Hoffnung auf einen Ausweg, als ‚Mörderin' verkörpert sie den Todeswunsch Saras, jene angenehme Empfindung, die ‚das Ende der Pein in dem Ende des Lebens' für sie bedeutet.[31] Insofern ist die Traumfigur zwar eine natürliche Gestalt, jedoch zugleich allegorische Person, sinnbildliche Darstellung der gemischten Affekte, die Sara bestimmen. Die ‚Ähnlichkeit', von der die Erzählung spricht, bezeichnet diese Funktion aufs genaueste: als ambivalente Figur beleuchtet die Traumgestalt Saras problematische Gefühlsdisposition zwischen Hoffnung und Todessehnsucht. In diesem Sinne erkennt Sara später auch Marwood als Spiegelbild ihrer eigenen emotionalen Zerrissenheit: die Bedrohung, die sie von ihr ausgehen fühlt, ist die Objektivierung ihrer eigenen Ängste.

---

[30] Durzak, Äußere und innere Handlung, S. 52 f.; ähnlich auch Ter-Nedden, Lessings Trauerspiele, S. 48 f.

[31] Reh, Die Rettung der Menschlichkeit, S. 184 bezeichnet Saras Traum sogar mit Freud als Wunschtraum.

Dem Tugendbegriff des Lessingschen Trauerspiels hat man wiederholt seinen vermeintlich abstrakten Charakter vorgehalten.[32] Zunächst gilt es zwei unterschiedliche Auffassungen von Tugend zu differenzieren, die im Drama selbst begegnen. Für Marwood zählt allein die Konvention, die die Sittlichkeit des Menschen auf seine gesellschaftliche Akzeptanz beschränkt und die Moral in der sozialen Rollenexistenz verankert. Gegenüber Mellefont erklärt sie: „Was geht dich meine Unschuld an, wann und wie ich sie verloren habe? Habe ich dir meine Tugend nicht Preis geben können, so habe ich doch meinen guten Namen für dich in die Schanze geschlagen. Jene ist nichts kostbarer, als dieser. Was sage ich? kostbarer? Sie ist ohne ihn ein albernes Hirngespinst, das weder ruhig noch glücklich macht." (II,7, 40)

Betrachtet Marwood die ‚Tugend' als leeren Begriff, der allein durch gesellschaftliche Übereinkünfte mit Leben gefüllt werden kann, so ist für Sara die Liebe zur Moral eine natürliche Qualität des Menschen, die sich nicht in seinem ‚guten Namen' manifestiert, sondern belohnt wird durch innere Harmonie und Glücksempfinden. Deutlich stehen die Bestimmungen der Moralphilosophie Shaftesburys und Hutchesons im Hintergrund, wenn Lessings Titelheldin die Tugend als Produkt eines natürlichen Sensoriums auffaßt und in bewußten Gegensatz zu abstrakten moralischen Prinzipien oder gesellschaftlichen Verhaltensregeln konventioneller Observanz rückt. (III,2, 47) Die These, daß tugendhaftes Handeln eine natürliche Fertigkeit des Menschen, das Laster hingegen das Resultat fehlgeleiteter Erziehung sei, konnte man schon in Shaftesburys „Inquiry concerning Virtue and Merit" (1711) finden[33]; Lessing hat die Abhandlung mit einiger Sicherheit gekannt, ebenso wie Hutchesons „Inquiry into the Original of Our Ideas of Beauty and Virtue" (1725), die den berühmten Terminus des ‚moral sense' aufbringt, an welchem sich auch Saras Moralbegriff mit seinem antikonventionellen Impetus auszurichten scheint.[34]

---

[32] Diesen Vorwurf formuliert vor allem die marxistische Literaturwissenschaft: Franz Mehring, Die Lessing-Legende (1893, 1906). Mit einer Einleitung neu hrsg. v. Rainer Gruenter, Frankfurt/M., Berlin, Wien 1972, S.276, Peter Weber, Das Menschenbild des bürgerlichen Trauerspiels. Entstehung und Funktion von Lessings „Miß Sara Sampson", Berlin 1976 (2. Aufl., zuerst 1970), S. 60, 224

[33] Shaftesbury, Characteristics of Men, Manners, Opinions, Times, Vol. I, S. 256f.

[34] Hutcheson, Inquiry into the Original of Our Ideas of Beauty and Virtue, in: Collected Works, Vol.I, S. 107f.

Unterstützt wird Saras Haltung von einem christlichen Moralver-
ständnis, das Menschenliebe und Barmherzigkeit als höchste Werte betrachtet.[35] Bezeichnend ist, daß Sara die religiöse Orientierung mit dem
Glauben an die Selbstbestimmung jedes Menschen zu verknüpfen sucht:
„Klagen Sie den Himmel nicht an! Er hat die Einbildungen in unserer
Gewalt gelassen. Sie richten sich nach unsern Taten, und wenn diese
unsern Pflichten und der Tugend gemäß sind, so dienen die sie beglei-
tenden Einbildungen zur Vermehrung unserer Ruhe und unseres Vergnügens." (I,7, 18) Der latente Quietismus dieser apodiktischen Bemerkung deutet auf die religiöse Ebene der Moralvorstellungen hin,
denen Sara folgt. Weil sie von ihren ‚Pflichten' abgewichen ist, scheint
auch ihr inneres Gleichgewicht gestört, wie die Traumerzählung zur
Genüge beweist.[36] Der Konflikt, in dem sich die Protagonistin befindet,
entspringt jedoch nicht nur dem äußeren Spannungsverhältnis zwischen
praktischer Handlung und moralischem Anspruch. Ihr Leiden resultiert
gerade daraus, daß die Forderung nach sittlicher Eigenverantwortlich-
keit auf einen selbst wieder ambivalenten Moralbegriff gegründet ist.

Diese Zwiespältigkeit läßt sich exemplarisch ablesen an Saras Argu-
mentationsverhalten im Gespräch mit Marwood. Einerseits verteidigt
sie im Sinne des Toleranzgedankens Mellefonts frühere „Flatterhaftig-
keit" als Ausdruck natürlicher Liebesempfindungen, andererseits verwirft sie Marwood als „Lasterhafte" (IV,8, 76), der sie eine ähnliche
Rechtfertigung nicht zubilligen möchte. Saras Moralbegriff zeigt hier
zwei Gesichter und erscheint als Reflex ihrer eigenen Interessen. Damit
gerät er in eben jene Zone des Utilitarismus, den sie vorher abgelehnt
hatte. Wenn moralisches Handeln – gemäß den Prinzipien Shaftesburys
und Hutchesons – zweckfrei bleiben soll, wie Sara selbst mehrfach betont (I,7, 18, II,2, 47), so steht das in Widerspruch zu ihren deutlich

---

[35] Zur traditionell christlichen Basis von Saras Moralbegriff Ferdinand van Ingen,
Tugend bei Lessing. Bemerkungen zu „Miss Sara Sampson", in: Amsterdamer
Beiträge zur Neueren Germanistik 1 (1972), S. 43-73, bes. S. 54f.

[36] Vgl. zu diesem Spannungsverhältnis Fritz Brüggemann, Lessings Bürgerdramen
und der Subjektivismus als Problem (1926), in: Gotthold Ephraim Lessing, hrsg.
v. Gerhard und Sibylle Bauer, Darmstadt 1968 (= Wege der Forschung CCXI),
S. 83-127 u. Wolfram Mauser, Lessings „Miss Sara Sampson". Bürgerliches
Trauerspiel als Ausdruck innerbürgerlicher Konflikte, in: Lessing Yearbook VII
(1975), S. 7-28

subjektiven Urteilen über Mellefont und Marwood, deren erotische
Leidenschaft mit zweierlei Maß gemessen wird.

Saras Moralbegriff ist weder Produkt sozialer Konvention noch ausschließlich auf jene Natürlichkeit gegründet, die sie selbst als Prämisse
tugendhaften Handelns beschwört. Die Vorstellung der Moral-sense-
Philosophie, daß Eigeninteresse und gesellschaftlicher Nutzen, anthropologische Anlage und Erziehung, Empfindung und Vernunft in der
natürlichen Moralität des Menschen vereinigt werden können, erweist
sich im Verlauf der tragischen Handlung als problematischer Anspruch.
Erst am Schluß, angesichts des Todes, gelingt es Sara, diese unterschiedlichen Strebensrichtungen zu verbinden: jetzt sieht sie sich imstande, der
Marwood zu verzeihen und die Ambivalenz ihres doppelten Moralbe-
griffs durch praktische Toleranz zu überwinden. Zum Vorbild wird sie
nicht als „bewährte Tugend" und bewundernswürdige Märtyrerin, sondern gerade als "schwache Tugend" (V,10, 98), die durch ein Wechsel-
bad der Empfindungen gehen muß, ehe sie zur echten Moralität finden
kann.[37] Bedenklich erscheint diese Quintessenz jedoch, weil sie nur um
den Preis der physischen Zerstörung zu gewinnen ist, die Saras Traum
bereits antizipiert hat. Mit den Märtyrern des Barockdramas und der
heroischen Tragödie teilt Sara Sampson den Umstand, daß sie ihre höchste
Vollkommenheit erst als Sterbende erreicht.

Die Kernzone der Tragischen hat sich bei Lessing ins Innere der Protagonisten verlagert. Das äußere Geschehen des Dramas vollzieht nur
nach, was sich im Reich der Leidenschaften und Empfindungen bereits
zugetragen hat. Kein Schicksal und keine christliche Heilsgeschichte
entlasten den Helden des bürgerlichen Trauerspiels vom Druck seines
Selbstbestimmungsanspruchs, der die volle Verantwortlichkeit für das
eigene Unglück einschließt. In einem Brief an Mendelssohn vom 18.
Dezember 1756 findet Lessing eine interessante Erklärung für die Notwendigkeit der aristotelischen ‚hamartia‘, die nicht nur wirkungspoetische

---

[37] Das gilt es gegen jene Interpretationen zu betonen, die den Schlußakt im Widerspruch zu Lessings eigener Kritik des Heroismus sehen möchten (so die Tendenz
bei Gerd Hillen, Die Halsstarrigkeit der Tugend. Bemerkungen zu Lessings
Trauerspielen, in: Lessing Yearbook II <1970>, S.115-134). Anders jetzt Ter-
Nedden, Lessings Trauerspiele, S. 113, der am Ende die „Logik der Rache" über
die „Logik der Vergebung" siegen sieht und die christlichen Nuancen des Schluß-
tableaus außer acht läßt.

Implikationen besitzt, sondern auch das neue Menschenbild der Aufklärung berührt: „Unterdessen ist es doch auch wahr, daß an dem Helden
eine gewisse ημαρτια, ein gewisser Fehler sein muß, durch welchen
er sein Unglück über sich gebracht hat. Aber warum diese ημαρτια,
wie sie Aristoteles nennt? Etwa, weil er ohne sie vollkommen sein würde,
und das Unglück eines vollkommenen Menschen Abscheu erweckt?
Gewiß nicht. Ich glaube, die einzige richtige Ursache gefunden zu haben; sie ist diese: weil ohne den Fehler, der das Unglück über ihn zieht,
sein Charakter und sein Unglück kein *Ganzes* ausmachen würden, weil
das eine nicht in dem andern gegründet wäre, und wir jedes von diesen
zwei Stücken besonders denken würden."[38]

Lessings Forderung nach der Einheit von Charakter und Schicksal ist
nicht nur der poetologische Reflex der neuen psychologischen Verfahrensweise, die – dem Muster der Seneca-Kritik folgend – allegorisches in
inneres Geschehen auflöst und Affekte aus der seelischen Disposition
der dramatis personae herleiten möchte. Sie ist vielmehr auch der Widerschein eines unerhörten Autonomieanspruchs, der dem Menschen
jetzt aufgebürdet wird: wenn das Unglück die Folge individueller Fehler
des Protagonisten ist und aus seinen besonderen affektiven Dispositionen
hervorgeht, dann ersetzt der menschliche Charakter die traditionelle
Kategorie des Schicksals, dann tritt die Psychologie an die Stelle der
Metaphysik. Als Tragödie der Empfindungen dokumentiert Lessings
„Miss Sara Sampson" diesen Entwicklungsprozeß auf eindrucksvolle
Weise.

## 2. Pfeils „Lucie Woodvil" (1756):
### Nachahmung und Modifikation

Lessings bürgerliches Trauerspiel findet rasch Nachfolger. Zwar dominiert die heroische Tragödie alten Schlages noch mehr als eine Dekade
die literarische Landschaft, jedoch ist ihre Vorrangstellung nicht länger
unangefochten. In der Zeit zwischen 1756 und 1772 – jenen Jahren, die
die „Sara Sampson" von der „Emilia Galotti" trennen – erscheinen 13
Dramen, welche die Gattungsbezeichnung ‚bürgerliches Trauerspiel'

---

[38] Lessing, Briefwechsel über das Trauerspiel, in: Werke, Bd. IV, S. 192

im Untertitel führen.[39] Hinzu kommen nochmals 12 Werke, die nicht explizit als bürgerliche Trauerspiele apostrophiert sind, aber den Normen des Genres entsprechen, also mittelständische Protagonisten (einschließlich solche des niedrigen Adels) als Helden auf die Bühne bringen und im weitesten Sinne nach dem Muster Lillos und Lessings Themen des bürgerlichen Privatlebens behandeln.[40]

Ehe sich die Gattung in Deutschland mit ganzer Wirksamkeit durchsetzt, vergehen jedoch annähernd zwanzig Jahre.[41] Seine eigentliche Blüte als Breitenphänomen erlebt das bürgerliche Trauerspiel erst in den 70er Jahren, zu einem Zeitpunkt also, da die literarische Entwicklung im Zeichen der Shakespeare-Rezeption der Geniebewegung bereits neue Wege eingeschlagen hat, die vom ausschließlich tragischen Formtypus abführen. Zwischen 1775 und 1776 erscheinen mehr als 20 bürgerliche Trauerspiele, darunter zahlreiche, die sich selbst explizit dieser Gattung zurechnen; fünf sind es noch 1784, im Publikationsjahr von Schillers „Kabale und Liebe", das man gern als verspätetes Exemplar des Genres betrachtet.[42] Diese Zahlen belegen, daß das bürgerliche Trauerspiel seine eigentliche Bühnenkarriere erst mit zwanzigjähriger Verzögerung antritt. Es ist die große Schar der literarischen Epigonen, die in den 70er und 80er Jahren die formalen Innovationen Lessings mit technischer Versatilität und ausgeprägtem Sinn für sentimentale Publikumseffekte aufgreifen. Als ihr berühmtester Vertreter darf August Wilhelm Iffland gelten, der, geschult durch eigene Bühnenerfahrungen und orientiert an theaterpraktischem Kalkül, die Gattung des bürgerlichen Trauerspiels noch bis ins 19. Jahrhundert hinein kultiviert.[43]

---

39 Dazu die Aufzählung Guthkes, Das deutsche bürgerliche Trauerspiel, S. 60f.
40 Vgl. hier die Bibliographie von Meyer, Das deutsche Trauerspiel des 18. Jahrhunderts, S. 83ff.
41 Daß bürgerliche Trauerspiele „bald, mehr oder weniger direkt von ‚Miß Sara Sampson', jedenfalls aber von der begeisterten Publikumsreaktion auf das Novum angeregt, überall aus dem Boden" schossen (Guthke, Das deutsche bürgerliche Trauerspiel, S. 51), ist nur eingeschränkt richtig, wenn man das gesamte Spektrum der Tragödienproduktion der 50er und 60er Jahre betrachtet: bürgerliche Trauerspiele machen in diesen zwei Dekaden höchstens ein Viertel der publizierten Dramen aus.
42 Meyer, Das deutsche Trauerspiel des 18. Jahrhunderts, S.121f., 152f.
43 Auch wenn der Begriff des Epigonalen seine neuere Geschichte erst im 19. Jahrhundert mit Immermanns Roman beginnt, scheint er hier am Platz. Manfred

In der unmittelbaren Nachfolge Lessings kann von einer Dominanz des neuen Genres noch keine Rede sein. Der Geschmackswandel vollzieht sich nur langsam und etappenweise. Sichtbar wird das Interesse am bürgerlichen Trauerspiel zuerst im Bereich der Übersetzungen, wo seit der Mitte der 50er Jahre die französischen Autoren – mit Ausnahme Voltaires – ihre Sonderstellung an die englischen Dramatiker verlieren. Zu den Favoriten zählen jetzt nicht mehr Corneille, Racine, Crébillon und Pradon, sondern Thomson, Congreve, Dryden, Young, Lillo und Moore. Zwar ist diese Tendenz nicht automatisch gleichzusetzen mit der Orientierung am Muster des bürgerlichen Trauerspiels, aber sie signalisiert, daß sich neben der tragédie classique andere Formvorbilder etablieren, die die Abkehr vom heroischen Tragödientypus anbahnen. Ehe es in Deutschland zur Entfaltung eines bürgerlichen Trauerspiels kommt, gehen die Autoren durch die Schule der Engländer. In stets neuen Fassungen übersetzt man Lillos „London Merchant" (1731) und Moores „Gamester" (1753); der geschmacksgeschichtliche Wandel, der hier zutagetritt, deutet schon auf die spätere literarische Entwicklung hin. Wo es um die eigene dramatische Praxis geht, ist jedoch der Einfluß der englischen Dramatiker geringer als der des Romanciers Richardson und der Rührstücke Gellerts. Das deutsche bürgerliche Trauerspiel orientiert sich in seiner Frühphase an der Empfindsamkeit der „Pamela" und „Clarissa", an der comédie larmoyante und ihrer sentimentalen Affektpsychologie, kaum aber an Lillos Kaufmannstragödie oder Moores „Spieler". Lessings „Sara Sampson" demonstriert dieses empfindsame Interesse aufs genaueste und vererbt es ihren unmittelbaren Nachfolgern. Im Mittelpunkt steht auch bei ihnen bevorzugt ein familiärer Tugendkonflikt, der durch Verführung, Heiratszwang, väterliche Autorität und fehlende moralische Konsequenz ausgelöst wird.[44]

Johann Gottlob Benjamin Pfeils Trauerspiel „Lucie Woodvil" gilt gemeinhin, wenn es die Forschung überhaupt zur Kenntnis nimmt, als unoriginelles Opus, das in Aufbau, Thematik und Figurenkonstellation

---

Windfuhr, Der Epigone – Begriff, Phänomen und Bewußtsein, in: Archiv für Begriffsgeschichte 4 (1959), S.182-210 stellt eine Reihe von Merkmalen epigonalen Stils – technische Routine, Synthese der Formmittel, publikumsbezogenes Wirkungskalkül – zusammen, die durchaus auf die bürgerlichen Trauerspiele des ausgehenden 18. Jahrhunderts anwendbar sind.

[44] Vgl. hierzu Guthke, Das deutsche bürgerliche Trauerspiel, S. 54f.

der „Sara" nachgebildet ist.[45] Bestenfalls wird Pfeils Drama noch zugute gehalten, daß es in der langen Reihe der Lessing folgenden Epigonenwerke den Auftakt macht. Pfeil, der in Leipzig Jurisprudenz studiert hatte und später, als bereits etablierter Justizrat, zum Bekanntenkreis des jungen Johann Wolfgang von Goethe zählte, besaß selbst keinen sonderlichen literarischen Ehrgeiz. Neben der „Lucie Woodvil" publizierte er einen Roman – „Die Geschichte des Grafen von P." (1756) –, den man in Anlehnung an Goethes Charakterisierung in „Dichtung und Wahrheit" als Nachahmung von Gellerts „Leben der Schwedischen Gräfin von G***" (1747-48) zu qualifizieren pflegt.[46] Daß seine „Abhandlung vom bürgerlichen Trauerspiele" (1755), die erste zusammenhängende theoretische Äußerung über die neue dramatische Gattung, ohne Kenntnis der Positionen Lessings abgefaßt ist, wird zwar allenthalben vermerkt, führt aber selten zur Revision der gängigen Urteile über den vermeintlichen Epigonen Pfeil.

Daß die „Lucie Woodvil" in der Tat deutliche Parallelen zu Lessings Trauerspiel aufweist, läßt sich kaum leugnen, sollte jedoch eine Würdigung ihrer selbständigen Stilzüge nicht ausschließen. Gerade im Vergleich mit Lessings Text, der sich dem Interpreten zwangsläufig aufdrängt, werden die Modifikationen sichtbar, die Pfeils Drama kennzeichnen. Sie bestimmen bereits die Vorgeschichte der wechselvollen Handlung: Lucie Woodvil erwartet von dem jungen Karl Southwell, mit dem sie ein geheimes voreheliches Liebesverhältnis eingegangen ist, ein Kind. Der Legalisierung der Beziehung stehen nicht nur der Wankelmut und die Entschlußunfähigkeit des Verführers im Wege, sondern auch die Heiratspläne seines Vaters, des alten Sir Willhelm Southwell, der für

---

[45] Erich Schmidt, Artikel „Pfeil", in: Allgemeine Deutsche Biographie, im Auftrage der Historischen Kommission der Wissenschaften, hrsg. v. Rochus Freiherr von Liliencron. 56 Bde., Leipzig 1875-1912 (= ADB), Bd. XXV, S. 655f., Fritz Brüggemann, Einführung zu: Die Anfänge des bürgerlichen Trauerspiels in den fünfziger Jahren, hrsg. v. Fritz Brüggemann (= Deutsche Literatur. Sammlung literarischer Kulturdenkmäler in Entwicklungsreihen. Reihe Aufklärung, Bd. VIII), Leipzig 1934, S. 9f. Die einzige neuere Arbeit zu Pfeils Trauerspiel verfällt bisweilen ins umgekehrte Extrem und sieht die „Lucie Woodvil" als Weiterentwicklung der „Sara" auf dem Weg zum Sturm und Drang (Nadia Metwally, Johann Gottlob Benjamin Pfeils „Lucie Woodvil" – eine „Schwester der Sara", in: Zeitschrift für deutsche Philologie 103 <1984>, S. 161-177).

[46] Goethe, Dichtung und Wahrheit, HA IX, S. 268

die elternlos aufgewachsene Lucie die Rolle des Erziehers versieht. Nach seinem Willen soll Karl mit Amalie, der Tochter des weltklugen Sir Robert, verehelicht werden. Aus den Gesprächen zwischen Willhelm und Robert geht jedoch andeutungsweise hervor, daß es einen noch gewichtigeren Grund gibt, der gegen eine Heirat zwischen Karl und Lucie spricht: Willhelm ist, was niemand bisher weiß, der uneheliche Vater Lucies, deren Liebesaffaire mit Karl folglich ein inzestuöses Verhältnis bedeutet.

Allein die Weigerung Sir Willhelms, Karl und Lucie die Wahrheit zu offenbaren, löst den traurigen Gang der Handlung aus. Zwar hat es zunächst den Anschein, als ob ein glückliches Ende möglich sei, weil die tugendhafte Amalie trotz eigener Neigung auf Karl verzichtet und sich bei Sir Willhelm für die Heirat der beiden verwendet, doch scheitert diese Intervention am energischen Veto des Vaters. Lucie, emotional stark erschüttert durch den Wechsel der Ereignisse und unter dem schlechten Einfluß ihrer unmoralischen Zofe Betty stehend, tötet Sir Willhelm aus Verzweiflung über dessen für sie völlig unverständliche Hartherzigkeit mit Gift, erfährt von dem Sterbenden die Wahrheit über ihre Herkunft und erdolcht daraufhin erst Betty, dann sich selbst.

„Ach, mein Vater! welches entsetzliche, welches blutige Trauerspiel!" (V,10, 269) ruft Amalie am Ende aus.[47] Man wird ihrer Einschätzung zustimmen können: Pfeils Drama präsentiert seinen Zuschauern eine Handlung, die für die dramatis personae eine Vielzahl der unterschiedlichsten Schmerzen seelischer wie körperlicher Art bereithält – jene „ganze volle Ladung"[48] des Pathos, die Schiller später nachdrücklich von der Tragödie fordern wird. Dabei hält sich Pfeil durchweg an die aristotelischen Regeln, mit denen er bestens vertraut ist, wie auch seine Abhandlung „Vom bürgerlichen Trauerspiele" beweist.[49] Weder der Mord an Betty noch der Suizid Lucies werden auf offener Bühne gezeigt – Lessing war hier weniger puristisch. Die Führung des tragischen Spannungs-

---

[47]  Pfeils Drama wird zitiert nach der Edition Brüggemanns (Die Anfänge des bürgerlichen Trauerspiels in den fünfziger Jahren, hrsg. v. Fritz Brüggemann <= Deutsche Literatur. Sammlung literarischer Kulturdenkmäler in Entwicklungsreihen. Reihe Aufklärung, Bd.VIII>, Leipzig 1934, S.191-271); eine kommentierte Neuauflage des Textes steht noch aus.

[48]  Schiller, Ueber das Pathetische, NA XX, S. 197

[49]  Pfeil, Vom bürgerlichen Trauerspiele, S. 173f.

bogens folgt ganz den Vorgaben der „Poetik": die Handlung ist einheitlich gefaßt, reich an pathetischen Szenen, strukturiert durch mehrere
Glückswechsel im dritten Akt und eine zentrale Anagnorisis am Schluß;
der Aussicht auf ein happy end, das Amalies Vermittlungsversuch anzubahnen scheint, folgt der Sturz in die Desillusionierung, der umso größer ist, als Sir Willhelms ablehnende Haltung gegenüber einer Heirat
weder für Lucie noch für Karl nachvollziehbar sein kann. Die Er-
kennungsszene im letzten Akt löst ein Höchstmaß schweren Leids aus
und bietet jene Verknüpfung der Anagnorisis mit dem Pathos, die Aristoteles für einen Idealfall der tragischen Handlung gehalten hatte.[50]
Auch die Figurengestaltung des Trauerspiels gehorcht den aristotelischen Normen: die Titelheldin ist ebenso wie Sir Willhelm und sein
Sohn Karl trotz guter Anlagen ein mittlerer Charakter, ausgestattet mit
jenem Fehler, der das traurige Geschehen am entscheidenden Punkt
auslöst. Den tragischen Protagonisten hat Pfeil in Amalie eine makellose
Vertreterin moralischer Tugenden zur Seite gestellt, die zumal im Vergleich mit Lucie recht farblos wirkt, auch wenn der Autor spürbar bemüht ist, ihr ein eigenes Empfindungsleben zuzugestehen. Sir Robert,
Amalies Vater, versieht die Rolle des moralisch integeren Kommenta-
tors, des Beraters und Familienfreundes, der sich nach Kräften bemüht,
das drohende Unheil abzuwenden; Leisewitz' Erzbischof im „Julius von
Tarent" und der Geheime Rat von Berg im Lenzschen „Hofmeister"
werden die Tradition dieser Mittlergestalt später fortsetzen. Kein Zufall
ist es, daß Sir Robert am Ende das moralisierende Schlußwort sprechen
darf. Aufklärerische Pädagogik verrät sich an diesem Punkt ebenso wie
stilistischer Eklektizismus; die differenzierte Psychologie des bürgerlichen Trauerspiels wird hier vom wirkungspoetischen Pragmatismus der
Gottschedschen Dramaturgie eingeholt: „Laß uns aus Karls und Luciens
unglücklichem Beispiele lernen, daß demjenigen das größte Laster nicht
weiter zu abscheulich ist, der sich nicht scheut, das allergeringste auszuüben." (V,12, 271)
Pfeil hat sich bei der Darstellung seiner Protagonisten ersichtlich von
Lessings Vorbild leiten lassen, ohne ihm in allen Details zu folgen. Sir
Willhelm gleicht in vielen Punkten dem alten Sampson, Karl ähnelt
Mellefont, Lucie erweist sich als problematischer Charakter zwischen

---

[50] Aristoteles, Poetik, 1453b

Sara und Marwood. Pfeils Figuren erscheinen durchweg als moralisch schwächere Nachfolger der Lessingschen Gestalten. Sir Willhelm hat zur milden Abgeklärtheit des alten Sampson noch nicht gefunden, sondern bleibt beherrscht von einer dubiosen Vergangenheit, die aufzuhellen er sich gegenüber seiner natürlichen Tochter Lucie scheut. Immer wieder verzögert er, trotz dringender Ermahnungen Roberts, die entscheidende Unterredung mit ihr und beschleunigt dadurch die Katastrophe. Der Inzest, den Lucie heimlich mit Karl begangen hat, ist im Grunde nur das Resultat der Verstocktheit Sir Willhelms, der es vorzieht, die Rolle des altruistischen Gönners zu spielen, statt die Wahrheit zu offenbaren: „Kann ich gegen Lucien sagen: Sehen Sie, Lucie, dieser alte Willhelm, der ein so eifriger Freund der Tugend zu sein scheint, der ihnen diese Tugend so oft vorgezeiget, ist ein Bösewicht. Er hat Sie durch seine Laster unglücklich gemachet. Sie können ihn in Zukunft nie ansehen, ohne über ihn zu erröten, so wie er keinen einzigen Blick auf Sie werfen kann, ohne in seinem Herzen tausend Martern zu fühlen." (III,9, 234)

Es ist ein tief in ihm verwurzelter Stolz, der Sir Willhelm an der Offenbarung des Familiengeheimnisses hindert. Die Unehrlichkeit, die sein Verhalten bestimmt, resultiert damit aus einer besonderen psychischen Disposition, die auch Lucie, wie sich noch zeigen wird, in hohem Maße beherrscht.[51] Der Stolz gilt der aufgeklärten Moralphilosophie gemeinhin als Ausdruck egoistischer Borniertheit und undisziplinierter Eitelkeit. Besonders prägnant sind hier die Ausführungen Gellerts, der ab 1744 an der Leipziger Universität regelmäßig „Moralische Vorlesungen" abhielt, in denen die verschiedenen Temperamente, Gemütshaltungen und Seelenverfassungen des Menschen im Hinblick auf seine Erziehung zum tugendhaften Handeln kritisch erörtert wurden. Pfeil, der seit 1752 in Leipzig studierte, wird mit einiger Gewißheit auch Gellerts Vorlesungen besucht haben (laut Goethe gehörten sie zum Pflichtprogramm aller geistig Interessierten[52]); jedenfalls findet sich bei Gellert ein Passus über den Stolz, dessen kritischer Grundton Pfeils Charaktergestaltung entschieden beeinflußt haben dürfte: „Der Stolze

---

51  Das Motiv des Stolzes wird von Brüggemann, Einführung, S. 11 und Metwally, Pfeils „Lucie Woodvil", S.167 kurz erwähnt, aber nicht tiefgreifend genug – nämlich im Kontext der zeitgenössischen Affektpsychologie – analysiert.

52  Goethe, Dichtung und Wahrheit, HA IX, S. 294f.

würde oft lieber das Leben verlieren, als zugeben, daß die Welt seine Irrthümer und begangenen Thorheiten, seine Fehler, seine unedlen und kindischen Neigungen, seine kriechenden Absichten und seine heimlichen Laster erführe (....)"[53]

Tatsächlich muß Sir Willhelm für seine Verbohrtheit mit dem Leben bezahlen: Lucie tötet ihn, ohne über ihr Verwandtschaftsverhältnis im Bilde zu sein. Fehlende Aufklärung bedingt hier das schwere Leid, das am Ende das Haus Sir Willhelms ereilt. Der Stolze, der es vorzieht, den Schein zu wahren, hat das Spiel zu weit getrieben und ist zum Opfer seiner Borniertheit geworden. Pfeils Drama illustriert derart die Verirrungen einer charakterlichen Fehldisposition, die schon Gellert entschieden anprangert: „Alles hingegen ist wider den Stolz. Der Himmel und die Erde, die Vernunft und die Religion. Alles erklärt ihn für Lügen und Diebstal, für Unsinn und Plage. Er verderbt unser Herz, und blendet unsern Verstand."[54]

Ein ‚Verblendeter' ist auch Willhelms Sohn Karl. Getrieben von seinen Emotionen, haltlos den verschiedensten Leidenschaften hingegeben, unreif und ohne eigene Entschlußkraft, erscheint er als Zerrbild seines Vaters, in dem sich dessen Schwächen überdeutlich abzeichnen. Im Gegensatz zu Mellefont durchläuft Karl keinen Entwicklungsprozeß, sondern bleibt jener windige Verführer, als der er sich schon zu Beginn profiliert: „Bin ich nicht Karl Southwell? Ist sie nicht ein Frauenzimmer? Welches Frauenzimmer ist jemals gegen mich und ihre Neigungen unüberwindlich gewesen?" (II, 1, 210) Zwar gelingt es Amalie, Karl an seine Verantwortung für Lucie zu erinnern, jedoch führt das keineswegs zur inneren Läuterung. Bis zum Schluß bleibt der junge Southwell unfähig, seinen eigenen Emotionen einen sittlichen Imperativ entgegenzusetzen. Die Nachricht über seine Verwandtschaft mit Lucie hält er lediglich für eine Finte Sir Willhelms; unfähig, der schrecklichen Wahrheit ins Auge zu blicken, verfällt er schließlich dem Wahnsinn, dem letzten Stadium der irrationalen Verblendung, gegen die er als Leidenschaftsmensch moralisch unzureichend gewappnet ist.

---

53  Gellert, Moralische Vorlesungen (1770), in: Gesammelte Schriften. Kritische, kommentierte Ausgabe, hrsg. v. Bernd Witte u.a., Berlin, New York 1988ff., Bd. VI, S. 219

54  Gellert, Moralische Vorlesungen, S. 219

An Karl Southwell vollzieht sich nicht nur die Tragödie der Affekte, deren ungebändigte Extremformen nach aufgeklärter opinio communis stets verderblich sind, sondern auch das Drama einer gescheiterten Erziehung. Sir Willhelm erweist sich als mehrfach schuldiger Charakter: zu seiner stolzen Verstocktheit, die die Katastrophe erst auslöst, gesellt sich das Versagen in der pädagogischen Praxis. Willhelm trifft die ganze Verantwortung für Karls Leidenschaftsexzesse und insofern noch die Schuld an der Verführung Lucies. Pfeils Trauerspiel ist auch in diesem Punkt von bürgerlichen Wirkungsinteressen bestimmt: es liefert eine anschauliche Fallstudie über einen mißglückten Erziehungsprozeß, an dessen Exempel der aufgeklärte Zuschauer zu lernen hat, daß die Bändigung der Leidenschaften allererstes pädagogisches Ziel sein muß.[55]

Als „übles Amalgam aus Sara und Marwood" hat Erich Schmidt Pfeils Titelheldin bezeichnet.[56] Daß sie der interessanteste Charakter des Trauerspiels ist, steht außer Frage, selbst wenn man gewisse Unstimmigkeiten bei der näheren Gestaltung der Figur kaum übersehen kann. Lucie reagiert auf ihre prekäre Situation – die Tatsache der außerehelichen Schwangerschaft – mit einer hektischen Folge unterschiedlichster Handlungsweisen und Manöver. Karls unverhüllten Vorschlag, sie solle seine Mätresse werden, quittiert sie mit Empörung; wenig später bittet sie ihn fußfällig darum, sie zu töten, damit die Schande ihrer Schwangerschaft nicht ruchbar werde; einem generösen Verzeihungsbrief, in dem sie Karl Glück zur geplanten Verbindung mit Amalie wünscht, läßt sie fürchterliche Racheschwüre folgen; nachdem Amalie interveniert und Karl an seine Pflichten gegenüber der verlassenen Geliebten erinnert hat, bricht ihr Stolz durch, der es für sie unerträglich macht, auf die Unterstützung anderer angewiesen zu sein; statt Erleichterung angesichts der Versöhnung mit Karl empfindet sie schließlich Haß gegen ihre frühere Freundin Amalie, deren selbstlose Tugendhaftigkeit sie als erdrückend erfahren muß.

---

55  Die Problematik des Erotischen – als Ausdruck einer sinnlich manifesten und damit für die Aufklärung verwerflichen Empfindsamkeit –, die Jutta Greis ins Zentrum ihrer Interpretation rückt, ist letzthin nur ein Motivelement der Erziehungstragödie (Greis, Drama Liebe. Zur Entwicklungsgeschichte der modernen Liebe im Drama des 18. Jahrhunderts, Stuttgart 1991, S. 61f.).

56  Schmidt, ADB XXV, S.656. Die doppelte Verwandtschaft mit Sara und Marwood betonen auch Friess, Buhlerin und Zauberin, S. 52 u. Metwally, Pfeils „Lucie Woodvil", S.167

Lucie bleibt in allen Phasen des Trauerspiels zerrissen zwischen den verschiedensten Emotionen, die sie nur unvollkommen kontrollieren kann. Die innere Unruhe ihres Gemüts und den Wechsel ihrer Absichten erklärt sie aus dem Verlust der moralischen Werte, die für sie sonst Gültigkeit besaßen: „Bin ich nicht schon aus einer Sklavin meiner Leidenschaften eine Heuchlerin geworden?" (I,4, 200) Entscheidende Antriebskraft für Lucies Handlungen ist der Stolz, den sie selbst als ihr zentrales Charaktermerkmal betrachtet. Karl gegenüber erklärt sie: „Meine niederträchtige Wegwerfung für Sie gibt Ihnen das Recht, mich zu verachten. Aber Lucie ist stolz, so wenig sie es zu sein Ursache hat." (I,5, 202) Amalie erkennt frühzeitig die Ursachen für Lucies Unglück: „Ihr Herz war edel. Stolz, Hitze der Leidenschaften, Nachsicht gegen diese Hitze beförderten ihren Fall (...)" (I,7, 207)

Es gehört zur besonderen Ausprägung von Lucies Stolz, daß sie gelegentlich den Habitus der Demütigen annimmt, um sich zu verstellen und ihren wahren Charakter zu verbergen: „Warum lieben Sie mich doch, Amalie? Ihre Liebe vermehret meine Martern. Verachten, hassen Sie mich; diejenige, die sonst ohne Ihre Freundschaft, ohne Ihre Liebe nicht zu leben wünschet, bittet Sie darum." (II,6, 204) Hinter Lucies ostentativer Subordination steckt letzthin nur der Stolz, die gekränkte Eitelkeit der moralisch Unterlegenen. Ein „stolzer Demüthiger" ist laut Gellert, dessen Leipziger Vorlesungen Pfeils Charakterdarstellung auch hier geprägt haben dürften, „eine Mißgeburt der Moral", weil er die „Demuth" zur Sache eitler Lippenbekenntnisse werden läßt, ohne ihre Handlungsgebote wirklich ernstzunehmen.[57]

Auch Lucie liefert damit das Beispiel für die bedenklichen Folgen übertriebenen Stolzes. Begründet die ,Hitze der Leidenschaften' ihren ersten Fehltritt – den vorehelichen Beischlaf –, so treibt sie der Stolz schließlich zum schweren Verbrechen, zur Tötung des Vaters. Es ist allerdings zu bedenken, daß ihre Handlungen nicht prinzipiell aus amoralischen Motiven gespeist werden wie die Marwoods. Leitmotiv für Lucies Wertsystem bleibt im Grunde die Tugend, die Amalie so mustergültig vorlebt. Anders als Marwood verfügt Pfeils Protagonistin über einen selbständigen moralischen Anspruch, gegen den zu verstoßen ihr

---

[57] Gellert, Moralische Charaktere. Anhang zu den „Moralischen Vorlesungen", in: Gesammelte Werke, Bd. VI, S. 307

seelische Schmerzen bereitet. Nach einer Unterredung mit Amalie heißt es in einem Monolog: „Darf ich endlich frei Atem schöpfen? Bin ich von dieser beschwerlichen Freundin erlöst? Wie hasse ich, wie verabscheue ich sie! So edel, so weit erhaben über mich! Und ich so klein, so kriechend gegen sie!" (IV,1, 237)

Die Formulierungen des Selbstgesprächs sind deutlich an jene Marwoods vor der Unterredung mit Sara angelehnt: „Bin ich allein? – Kann ich unbemerkt einmal Atem schöpfen (...)?" (IV,5, 71). Lucie unterliegt jedoch ganz anderen Wertvorstellungen als Lessings ‚neue Medea‘, wenn sie ihre moralische Inferiorität gegenüber Amalie beklagt. Die Maßstäbe sittlichen Handelns bleiben für sie weiterhin verbindlich, obwohl sie ihnen nicht mehr genügen kann. Aus der Diskrepanz zwischen Anspruch und Wirklichkeit entspringt ihr Leiden; daß sie dieses Leiden nicht wie Sara immer wieder neu reflektiert, sondern zum Anlaß für Rachephantasien und destruktive Handlungen werden läßt, unterscheidet sie von Lessings Titelheldin auf gravierende Weise. Mit Sara teilt sie die moralische Grundüberzeugung, mit Marwood jedoch die ungezügelte Emotionalität, die jederzeit in Gewalttätigkeit umschlagen kann.

Pfeils Trauerspiel bezieht seine Spannung vorwiegend aus der äußeren Konfliktsituation, die reich an heiklen Konstellationen ist. Bereits die Vorgeschichte weist gegenüber Lessings „Sara" zwei entscheidende Modifikationen auf: die ohnehin prekäre Lage Lucies, in Grundzügen jener Saras vergleichbar, wird zugespitzt durch ihre Schwangerschaft, der erotische Fehltritt selbst gewinnt zusätzliche Brisanz, weil er zugleich den Schritt in den (unbewußten) Inzest bedeutet. Beide Motive scheinen zunächst auf den Bühneneffekt berechnet, den sie im 18. Jahrhundert mit einiger Sicherheit freizusetzen vermochten: voreheliche Sexualität, Schwangerschaft einer Unverheirateten und Geschwisterliebe stellen, jeweils für sich genommen, bereits ein Skandalon dar, das seine Wirkung auf das bürgerliche Publikum kaum verfehlt haben dürfte. Die dramatische Spannung entsteht durch die besondere moralische Brisanz der Konstellation und durch die Unlösbarkeit des tragischen Konflikts. Eine glückliche Fügung ist aufgrund der spezifischen Koinzidenz von Inzest und Schwangerschaft a priori ausgeschlossen; eine Heirat, durch die Lucies bürgerliche Ehre gerettet werden könnte, verbietet sich von selbst, weil sie die Legalisierung des per se illegitimen Inzests bedeutete.

Pfeil verknüpft hier auf sehr geschickte Weise zwei Motive, die die tragische Konstellation der „Lucie Woodvil" gleichermaßen begründen. Die Schwangerschaft Lucies erzeugt Handlungszwang und begrenzt die verfügbare Zeit, in der eine Konfliktlösung gefunden werden muß. Das Motiv steigert die dramatische Spannung, weil es einen Entscheidungsnotstand erzeugt, der den beteiligten Personen nur eingeschränkte Aktionsmöglichkeiten läßt. In diesem Sinne hat Heinrich Leopold Wagner das Sujet später in seinem Trauerspiel „Die Kindermörderinn" (1776) bearbeitet, dessen tragischer Effekt wesentlich aus dem Problem der Zeitverknappung hergeleitet wird: ehe der Verführer von Gröningseck sich nach langem Zögern entschließt, seine Beziehung zu der von ihm geschwängerten Kleinbürgertochter zu legitimieren, ist die moralische Schande des Mädchens öffentlich und ein glücklicher Ausgang unmöglich geworden.[58]

Gewinnt die Schwangerschaft Lucies zumal als Zeitfaktor Bedeutung für die tragische Entwicklung, so erfüllt das Inzestmotiv eine symbolische Funktion, die das Trauerspielgeschehen in eine höhere Ebene überführt. Die Schuld, die Lucie und Karl auf sich häufen, besitzt zwei verschiedene Aspekte: sie verstoßen gegen den herrschenden Moralkodex der Zeit, indem sie ein voreheliches Liebesverhältnis eingehen, und sie verletzen ein kulturelles Tabu, indem sie, unwissentlich, Inzest praktizieren. Der erotische Fehltritt wird durch das Motiv der Geschwisterliebe zu einem besonders schweren moralischen Vergehen, zu einer Schuld, die, ähnlich wie im „König Oedipus" des Sophokles, den dramatis personae nicht bewußt ist, gleichwohl aber von ihnen verantwortet werden muß. Ist der voreheliche Beischlaf aus der Sicht des Aufklärers Pfeil Folge vorsätzlicher Untugend, so bezeichnet das Inzestmotiv eine neue Dimension des Tragischen, die nicht mehr den individuellen Fehler, sondern die moralische Ohnmacht des Menschen als Gattungswesen berührt.

Das Inzestmotiv erfüllt zwei unterschiedliche Aufgaben. Zum einen symbolisiert es den schuldhaften Charakter des sexuellen Fehltritts der Liebenden auf einer höheren Ebene, indem es die erotische Sünde zur Blutschande werden läßt, zum anderen gemahnt es an die Vergehen des

---

[58] Vgl. hierzu grundlegend Pütz, Die Zeit im Drama. Zur Technik dramatischer Spannung, Göttingen 1970, S.74f. (mit Wagners Trauerspiel als Exempel für die tragische Zeitverzögerung)

Vaters, an Sir Willhelms Vergangenheit, die unabgegoltene Schuld seiner früheren Laster und die Verstocktheit, mit der er die heiklen Zusammenhänge der verwickelten Familiengeschichte vor seinen Kindern verbirgt. Das doppelte Verbrechen Karls und Lucies hätte allein er selbst durch die rechtzeitige Offenbarung der Wahrheit verhindern können. Die Kinder büßen im Inzest für die Sünden des Vaters und dessen mangelnde Bereitschaft, seine eigene moralische Schwäche verantwortlich zu erkennen. „Lucie Woodvil" wird so zur Tragödie des unaufgeklärten Menschen, zum Exempel gescheiterter Erziehung im Zeichen fehlender Affektbeherrschung und falschen Stolzes. Auch Pfeils Trauerspiel ist derart ein Lehrstück dafür, daß die Aufklärung des Individuums nicht auf den Kopf beschränkt bleiben darf.

## 3. Das bürgerliche Trauerspiel als Charakterdrama. Brawes „Freigeist" (1758)

Im Frühjahr 1756 schreibt Nicolais „Bibliothek für die Liebhaber der schönen Wissenschaften" einen Preis auf das beste Trauerspiel aus.[59] Unter den drei Einsendungen schätzt die zuständige Kommission Cronegks „Codrus" am höchsten ein, den zweiten Platz erkennt sie Brawes „Freigeist" zu, dem gegenüber Breithaupts „Renegat" als unausgereift und sprachlich fehlerhaft abgewertet wird.[60] Die Entscheidung der Preisrichter verrät äußerst traditionellen Geschmack: mit dem „Codrus" favorisiert man ein heroisches Drama, eine Alexandrinertragödie nach dem Muster der Gottsched-Schule, die den in Prosa gehaltenen Trauerspielen Brawes und Breithaupts einstweilen noch den Rang abläuft. Die Hierarchie entspricht den Wertmaßstäben von Nicolais „Abhandlung", welche das heroische Drama dem bürgerlichen Trauerspiel deutlich vorgezogen hatte.

Brawes Drama wird 1758 im Anhang zum zweiten Band der „Bibliothek" abgedruckt und damit immerhin, anders als die Arbeit Breit-

---

59  Wenig später lautet der Titel der Zeitschrift „Bibliothek der Wissenschaften und der freien Künste".
60  Zu Nicolais Preisausschreiben vgl. August Sauer, Joachim Wilhelm von Brawe. Der Schüler Lessings, Straßburg 1878, S. 19f.

haupts, der Publikation für würdig gehalten. Der junge Autor selbst hat
die Veröffentlichung seines Werkes und dessen späteren Bühnenerfolg
nicht mehr erlebt; er stirbt, gerade zwanzigjährig, im April 1758, von
den Zeitgenossen als ungewöhnliches poetisches Talent gewürdigt, das
zu mancherlei Hoffnungen Anlaß gegeben hatte.[61] Daß Brawe über eine
bemerkenswerte Sprachbegabung verfügte, beweist zumal sein zweites
vollendetes Trauerspiel, der „Brutus", der den heroischen Tragödientypus
repräsentiert, dabei aber auf der formalen Ebene den Werken der Gott-
sched-Schüler deutlich überlegen ist. Auch der „Freigeist" besitzt, trotz
seiner Ausrichtung am Prosastil des bürgerlichen Trauerspiels, lyrisch-
pathetische Elemente, die man sonst eher in der heroischen Tragödie
anzutreffen pflegt.

Als Charakterdrama führt Brawes Werk die Tradition von Schlegels
„Canut" fort. Es unterwirft sich nicht dem aristotelischen Primat der
Handlung, sondern rückt das menschliche Individuum ins Zentrum des
Interesses. Während Lessing in der „Sara Sampson" bestrebt war, äuße-
res Geschehen und inneres Erleben der Figuren spannungsvoll aufeinander zu beziehen, verzichtet Brawe auf die Darstellung einer linear
entwickelten Bühnenhandlung, bei der ein Ereignis konsequent aus dem
nächsten folgt. Brawe möchte stattdessen möglichst außergewöhnliche
Charaktere vorführen, deren Denkformen und Leidenschaften er präzis
durchleuchtet. Die dramatische Aktion entspringt den unterschiedlichen Ambitionen dieser Charaktere, ihre spezifische Tragik ist das Resultat der divergierenden Ansprüche, denen sie unterliegen. Ähnlich wie
Schlegel interessiert sich Brawe vor allem für das problematische Individuum, für den erhabenen Verbrecher und seine eigentümlichen Handlungsmotive.

Thematisch steht Brawes „Freigeist" unter dem Einfluß von Shakespeares „Othello" (1604), Youngs „The Revenge" (1721) und Moores
„Gamester" 1753) (worin sich erneut die literarische Dominanz der
Engländer bekundet).[62] Auslöser des tragischen Geschehens ist wie bei
diesen Vorlagen ein Rachemotiv, das zu Intrigen, Betrug, Verwicklun-

---

[61]  Zur Nachwirkung Sauer, Brawe, S. 16f.
[62]  Auf diese Einflüsse verweisen bereits die Arbeiten von Sauer, Brawe, S. 11f., 42f.,
Arthur Eloesser, Das bürgerliche Drama. Seine Geschichte im 18. und 19. Jahrhundert, Genf 1970 (zuerst 1898), S.43 u. Heitner, German Tragedy, S. 194.

gen und schließlich zur Katastrophe führt. Nach dem Vorbild von Shakespeares Jago, Youngs Zanga und Moores Stuckeley ist Brawes Bösewicht Henley ein Rachsüchtiger, der einen Nebenbuhler mit perfiden Mitteln ins Unglück stürzen möchte. Clerdon, der das Objekt seiner Intrige wird, hat Henleys Haß auf sich gezogen, weil ihm Erfolg, Liebe und Anerkennung zuzufliegen scheinen. Henleys Zerstörungsplan besitzt keinen unmittelbaren pragmatischen Zweck – er möchte sich, anders als Moores Stuckeley, nicht am Besitz des Nebenbuhlers bereichern oder dessen Verlobte verführen –, sondern gilt allein der Befriedigung seiner Rachgier. Zwar spielt persönliche Enttäuschung eine gewisse Rolle – Henley unterlag Clerdon im Ringen um die Gunst der schönen Amalia –, doch hat sich der Haß des Intriganten längst verselbständigt: „So eine gemeine und geringe Rache als der Tod war meiner unwürdig. Ich hätte den Clerdon durchbohrt, ein Augenblick wäre seine Strafe gewesen. Nein, eine empfindlichere, eine langwierigere Strafe, eine Strafe, die mir selbst, da ich sie ausdachte, einen Schauer einjagte, soll meine Schmach ahnden." (I, 1, 275)[63]

Henleys Strategie zielt auf die Störung der Seelenruhe seines Gegners. Er schleicht sich in Clerdons Vertrauen ein und erschüttert dessen christliche Glaubensgewißheit: „Mein erster Versuch war, seine Liebe zur Religion zu bekämpfen, eher durfte ich's nicht wagen, ihn mit dem Laster bekannt zu machen. Ich verstrickte ihn in unendliche Zerstreuungen. Ich verführete ihn zu kleinen Vergehungen, die ihn beunruhigten und bald in ihm einen heimlichen Widerwillen gegen die Religion, die ihn deswegen bestrafte, pflanzten." (I, 1, 275) Unter der Regie Henleys verwandelt sich Clerdon in einen ‚Freigeist‘, der bestimmte christliche Dogmen anzweifelt, um moralischen Freiraum für seine verwerflichen Taten zu gewinnen. Brawe übernimmt hier die polemische Position der Orthodoxie, wie sie auch sein Leipziger Lehrer Gellert entschieden vertreten hat. ‚Freigeisterei‘ gilt ihr zufolge als Laster, als subtile Form des Atheismus jenseits der amtskirchlichen Doktrin. Gemeinhin wurden mit diesem Begriff die Deisten versehen, die zwar Gott als Schöpfer aller Dinge betrachteten, aber die geschaffene Natur als von Eigengesetzen

---

63  Brawes „Freigeist" wird zitiert nach: Die Anfänge des bürgerlichen Trauerspiels in den fünfziger Jahren, hrsg. v. Fritz Brüggemann (= Deutsche Literatur. Sammlung literarischer Kulturdenkmäler in Entwicklungsreihen. Reihe Aufklärung, Bd. VIII), Leipzig 1934, S. 272-232

bestimmte Sphäre auffaßten, deren Bau man, gestützt auf naturwissenschaftliche Erkenntnismethoden, rational analysieren konnte.

Der Deismus, dessen Wurzeln im England des 17. Jahrhunderts liegen (Cherbury, Toland), hat in Matthew Tindals „Christianity as old as creation" (1730) seine für die Aufklärung wichtigste Programmschrift. Religion wird für ihn zur Sache der Moralität, des sittlichen Handelns, wohingegen die Wahrheit der Offenbarung nur noch als eine unter mehreren Möglichkeiten der Naturerkenntnis gilt.[64] Katholizismus und protestantische Orthodoxie machten gegen den Deismus entschieden Front und hielten ihn für eine besonders perfide Spielart des Atheismus, weil er mit seiner Kritik am Offenbarungsgedanken ein Kernelement der christlichen Lehre wenn nicht verwarf, so doch relativierte. Anthony Collins' „Discourse of Free-Thinking" (1713), ein dezidiertes Plädoyer für die Abkehr vom Dogmatismus, stiftete den Begriff, unter dem die Orthodoxie die abweichenden religiösen Bewegungen der Zeit führte. ‚Freigeisterei' wurde der polemische Terminus, mit dem sie jene Strömungen bedachte, die sich in Distanz zu den überlieferten Glaubenswahrheiten setzten und mit aufklärerischen Gedanken sympathisierten.

Die deutsche Frühaufklärung blieb, anders als die englische, durchweg auf orthodoxem Kurs. Deistische Ansichten wären ohnehin als Reflex atheistischer Positionen betrachtet und rigide verfolgt worden. Die Grenze zwischen Traditionalismus und nur taktisch bedingter Zurückhaltung gegenüber der neuen Bewegung war schwer zu ziehen. Wenn Brawes Trauerspiel die Freigeisterei als Immoralismus denunziert, so deckt sich das mit der orthodoxen Linie, die man in Leipzig, der geistigen Hauptstadt der deutschen Aufklärung, konsequent vertrat. Gellerts „Moralische Vorlesungen", die auch Brawe besucht haben dürfte, lassen keinen Zweifel daran, daß Deismus und Atheismus zusammengehören und gleichermaßen verwerfliche Formen des Renegatentums darstellen.[65]

---

[64] Grundlegend hier der Artikel in: Lexikon für Theologie und Kirche, begr. v. Michael Buchberger, hrsg. v. Josef Höfer und Karl Rahner, Freiburg 1957ff. (2. Aufl.), Bd. III, Sp. 195ff. Für das Verhältnis von Aufklärungsliteratur und Deismus instruktiv Hans-Georg Kemper, Deutsche Lyrik der frühen Neuzeit. Bd. V/2 (Frühaufklärung), Tübingen 1991, S. 62ff.

[65] Gellert, Moralische Vorlesungen, in: Gesammelte Schriften, Bd. VI, S. 144f.: „Das System der freygeisterischen Moral ist nicht schwer zu entwerfen. Der widrigste Mensch, der sich seinen Leidenschaften ungestört überläßt, predigt es in seinen

Die Problematik der freigeistigen Bewegungen stößt in der Mitte des 18. Jahrhunderts auf allgemeines Interesse. Vor Brawe hatte sich bereits Lessing literarisch mit dem Thema auseinandergesetzt, ohne dabei sonderlich auf theologische Feinheiten zu achten. Adrast, die Hauptfigur seines Lustspiels „Der Freigeist" (1749), ist zwar ein Kritiker der Kirche, jedoch erweist sich sein Skeptizismus rasch als Element einer misanthropischen Grundhaltung, die gegen jegliche Form des moralischen Anspruchs rebelliert. Die Verknüpfung von psychischer Disposition und antireligiöser Gesinnung scheint geeignet, die Freigeisterei Adrasts gründlich zu desavouieren; seine kritische Haltung besitzt den Charakter einer bloßen Attitüde, die ihm am Schluß mit Hilfe des gesunden Menschenverstands systematisch ausgetrieben wird.

Brawes Trauerspiel unterscheidet sich nicht nur durch die düstere Tönung seiner Handlung von Lessings leichter Komödie. Die gesamte religiöse Problematik ist hier weitaus differenzierter dargestellt, auch wenn sie wiederum nur den Rahmen für die eigentlich tragische Grundkonstellation abgibt. Daß es sich bei Clerdons ‚Freigeisterei‘ um eine Form des Deismus handelt, der die Offenbarungsidee für Aberglaube hält und die Religion auf eine Anleitung zur moralischen Handlungspraxis jenseits schöpfungsgeschichtlicher Erklärungen reduziert wissen möchte, bezeugt schon die Entschiedenheit, mit der er es ablehnt, „in die Klasse der Gottesleugner" (II,6, 293) eingeordnet zu werden. Granville, der große Gegenspieler Henleys, der verzweifelt versucht, Clerdon auf den Pfad der Tugend zurückzuführen, greift denn auch in seiner Replik nicht atheistische, sondern deistische Überzeugungen an: „Sie gehören zu denen, die auf das stolze Bekenntnis einer natürlichen Religion trotzen. Allein, muß ihr System davon nicht das verächtlichste Gespinst sein, das je ein menschlicher Wahn zusammengewebt hat? Vernünfftig handeln wollen und mitten in einem verschwenderisch um uns her ausgegoßnen Überfluß von Licht mit Gewalt sich die Augen zudrücken, einen Schöpfer verehren, ihn erkennen wollen, und doch den vorzüglichsten Weg, uns von ihm zu unterrichten, sogleich im voraus ohne alle Ursache sich verschließen (...)" (II,6, 293) – das, so meint Granville, sei

Handlungen; und seine Handlungen lassen sich leicht in Grundsätze auflösen." (S. 144) Zum Einfluß Gellerts kurz auch Eloesser, Das bürgerliche Drama, S. 38

der fundamentale Widerspruch einer religiösen Position, die Gott von seinem eigenen Werk, der Natur, isolieren wolle. Brawes Attacke gegen die Freigeister besitzt damit eine doppelte Stoßrichtung. Unter rein theologischen Aspekten bildet Clerdons Deismus aus der Sicht des Autors ein inhaltliches Paradoxon, moralisch betrachtet erfüllt er eine bloße Entlastungsfunktion, indem er ein Leben voller lasterhafter Ausschweifungen legitimiert. Spätestens an diesem Punkt geht es auch Brawe nicht mehr um theologische Details, sondern um polemische Zuspitzung.

Der religiöse Konflikt, so aufschlußreich er für das zeitgenössische Interesse an konfessionellen Fragen ist, bildet jedoch nur den Auslöser der tragischen Verwicklung, in die Clerdon gerät. Henleys Ansinnen bleibt es, den verhaßten Nebenbuhler zum Laster zu verführen und dadurch ins Unglück zu stürzen. Zunächst scheint es, als ob sein Plan aufgegangen sei – Clerdon hat das Familienvermögen vergeudet, den Vater zum Bettler gemacht, seine Verlobte Amalia beleidigt und die bürgerliche Reputation verloren; in dieser Phase tritt Granville auf, der Bruder Amalias und frühere Freund Clerdons, der den schwankenden Protagonisten von neuem für die wahre Religion und die Sache der Tugend begeistern möchte. Nach einem erbitterten Kampf der Interessen siegt am Ende der Intrigant Henley, dem es gelingt, Clerdons Mißtrauen gegen Granville zu schüren, bis dieser, im Wahn, betrogen zu werden, den wohlmeinenden Freund in offenem Zweikampf tötet.

Das Mitleid der zeitgenössischen Zuschauer dürfte sich gleichwohl eher auf Clerdon als auf den erhaben sterbenden Granville bezogen haben. Der Protagonist, der von Hause aus tugendhaft ist und durch allzu große Empfänglichkeit für fremde Einflüsse zum Geschöpf Henleys wird, büßt seine Tat mit schwerster Gewissensqual, aus der ihn am Ende allein die Tötung des Intriganten und der Selbstmord zu erlösen vermögen. Das gesteigerte Pathos der Schlußmonologe, in denen Clerdon seine Lage beklagt, gemahnt an die Tradition der heroischen Tragödie, die ein dramatisches Finale mit rhetorischem Furor besonders bevorzugt. Nicht nur hier, sondern auch in der Szene, in der der sterbende Granville seinem Mörder Clerdon verzeiht, setzt sich, so scheint es, die Dramaturgie der Bewunderung gegen die empfindsame Affektkultur des bürgerlichen Trauerspiels durch, auf deren Wirkungsmöglichkeiten Brawe vor allem in den ersten Akten zurückgreift.

Die Konstellation der Charaktere, die Brawes Trauerspiel aufweist, ist von deutlich sichtbarer Symmetrie. Als Zentralfigur des Konflikts steht der schwache Clerdon zwischen dem „Ungeheuer" Henley (V,6, 332) und dem erhabenen Granville, die beide erbittert um die Seele des Protagonisten ringen. Folgt Henley in seinem Handeln allein dem Prinzip der Ehre, so orientiert sich Granville an der moralischen Pflicht, die ihm seine sittliche Weltsicht nahelegt. Als Charakterdrama ist Brawes „Freigeist" zugleich eine Tragödie der Werte, an der man die aufklärerische Auffassung von Ehre und Pflicht exemplarisch ablesen kann.

Henley läßt keinen Zweifel daran, daß gekränkte Ehre die entscheidende Triebfeder der von ihm in Gang gesetzten Intrige ist: „Vielleicht würde ich selbst ein eifriger Verhrer der Religion sein, besäße ich nicht das, was große Geister Ehre, der gemeine Haufe Rachgier nennt. Die Religion verbeut es, ich kann sie nicht lieben. Diese Leidenschaft ist mir so teuer geworden und hat sich meine ganze Seele so unterwürfig gemacht, daß ich eines Feindes Verderben selbst mit meinem eignen erkaufen wollte." (I,3, 280) Die Ehre erweist sich als problematischer Wert, wenn sie nicht durch moralische Zwecke diszipliniert wird. Daß übertriebener Ehrgeiz schade, weil er Egoismus freisetze, ist das unisono vorgetragene Credo der aufgeklärten Popularphilosophie. Gottscheds „Weltweisheit" betont, im Anschluß an die Gesellschaftslehre Christian Wolffs, der Gewinn von Ehre sei abhängig vom Ausmaß der Pflichterfüllung, das der Mensch an den Tag gelegt habe: „Wer nun seinen Pflichten gebührend nachkömmt, der erlanget wirklich Vollkommenheiten, die nicht ein jeder besitzt, und die auch andern Leuten in die Augen fallen. Das Urtheil anderer Leute von unserer Vollkommenheit nennen wir aber die Ehre: so, wie das Urtheil derselben von unserer Unvollkommenheit die Schande heißt."[66] Zedlers „Universal=Lexicon" folgt Gottscheds Argumentation, wenn es Ehre für die Folge erfüllter Pflicht hält, übertriebenen Ehrgeiz aber als Ausdruck eines rücksichtslosen Egoismus bezeichnet, der der sozialen Gemeinschaft schädlich sei.[67] Gellerts „Moralische Vorlesungen" erklären ganz in diesem Sinne: „Der sicherste Pfad der Ehre ist also der Weg der fortgesetzten Pflicht (...)"[68]

---

66  Gottsched, Erste Gründe der gesammten Weltweisheit (Praktischer Teil), in: Ausgewählte Werke, Bd.V/2, S. 182
67  Zedler, Universal=Lexicon, Bd.VIII, Sp. 441 (Artikel „Ehre")
68  Gellert, Moralische Vorlesungen, in: Gesammelte Schriften, Bd.VI, S. 168

Brawes Henley ist gemäß den Maximen der aufgeklärten Moralphilosophie kein Ehrenmann, sondern ein Opfer der Ehrsucht. Fortgerissen von extremem Geltungsdrang und Eitelkeit, setzt er alles daran, seine egoistischen Interessen skrupellos zu verfolgen. Über die Ehrsucht merkt Gellert an: „Diese Neigung, wenn wir ihr nachhängen, erfüllt uns mit Unruhen, reizt uns zu ängstlichen und kindischen Unternehmungen, erzeugt Stolz, Neid, Eifersucht, Kaltsinn gegen fremde Verdienste, Geringschätzung derselben, und, so bald sie gekränkt wird, Rache und Verleumdung. Was aber das meiste ist: sie wendet das Herz von Gott ab."[69] Gellerts Bestimmung liest sich wie eine Charakterisierung des Intriganten Henley, dessen Racheplan das Resultat seines übertriebenen Ehrgeizes darstellt.

Noch Lope de Vega und Calderón haben in ihren Mantel- und Degenstücken, den comedias de capa y espada, die Ehre als höchsten Wert auf Erden gefeiert, dem das private Glück des Menschen unbedingt untergeordnet werden muß.[70] Corneille folgt, zumal im „Cid" (1636) und im „Horace" (1640), dem Exempel der großen Spanier und formuliert ein entschiedenes Plädoyer für die Priorität der Ehre vor allen anderen Prinzipien. Die heroische Tragödie der Gottsched-Zeit setzt hier, wie man sehen konnte, bereits andere Akzente und orientiert sich an einem differenzierten Ehrbegriff, der nur dann als moralisch akzeptable Kategorie gilt, wenn er Loyalität und Pflichtbewußtsein einschließt. Cäsars Traum von unumschränkter Macht ist für die aufgeklärte Tragödie ebenso verwerflich wie Ulfos Usurpatoren-Ehrgeiz.

Zunächst hat es den Anschein, als sei Henley der Wahlverwandte des Schlegelschen Ulfo – ein problematischer Charakterheld wie dieser, moralisch zweifelhaft, aber aus moderner Sicht interessanter als der tugendsame Granville (der die Nachfolge der makellosen Canut antritt). Die Differenz liegt jedoch im Detail: während Ulfo seinen ungeheuren Ehrgeiz auf ein für ihn persönlich wichtiges Ziel – die Eroberung der Macht – richtet, bleibt Henleys Vorgehen ausschließlich von destruktiven Ener-

---

[69] Gellert, Moralische Vorlesungen, in: Gesammelte Schriften, Bd. VI, S. 204

[70] Vgl. vornehmlich Lope de Vega, Der Stern von Sevilla (= La Estrella de Sevilla, ca. 1617), in: Ausgewählte Werke in sechs Bänden. Deutsche Nachdichtungen von Hans Schlegel, Emsdetten (Westf.), 1960ff., Bd.I, S. 1-59, Pedro Calderón de la Barca, Der Arzt seiner Ehre (= El medico de su honra, 1637), in: Werke, Bd. VII-VIII, Berlin 1840f. (= Schauspiele, übers. v. J.D. Gries), Bd. VIII, S. 167-317

gien bestimmt. Letzte Befriedigung zieht er allein aus dem moralische Fall seines früheren Konkurrenten, dem er am Schluß lachend zuruft: „Wie triumphiere ich! wie genieße ich Ihr Unglück? Unaussprechliche Wollust bemächtigt sich meiner, da ich Ihrer Verzweiflung Hohn sprechen kann. Dies ist der schönste Tag meines Lebens (...)" (V,6, 331) Von der Apotheose des Ehrbegriffs, die das spanische Barockdrama in Szene setzt, scheint hier nichts mehr geblieben. Der Ehrgeizige gilt jetzt als das abschreckendste Beispiel skrupelloser Selbstsucht; zeichnete sich Schlegels Ulfo zumindest durch eine fast naive Offenheit der Gesinnungen aus, so ist Brawes Henley ein intriganter Lump ohne jeden Anstand.

Henleys Ehrversessenheit findet in Granvilles bürgerlichem Tugendbegriff sein Gegenstück. Dessen Zentrum bildet der Begriff der Pflicht, der vornehmlich mit christlichen Bedeutungsnuancen versehen ist. Der sterbende Granville verzeiht seinem Mörder: „Nein, Clerdon, ich kann nichts als Sie segnen. Meine Religion befiehlt es, und wie leicht wird diese Pflicht meinem Herzen." (IV,6, 318) Die christliche Vergebung ist kein Gebot des Verstandes, sondern eine Sache des menschlichen Gefühls. Zur religiösen Prägung tritt der bürgerliche Programmwert der Empfindsamkeit. Wenn Granville über den Tod von Clerdons Vaters berichtet, den die Leichtfertigkeit des Sohnes ins Schuldgefängnis brachte, so kann er seine Tränen nicht zurückhalten (II,3, 287). Das Weinen verrät den mitleidsfähigen Charakter, der eben nicht nur als konsequenter Vertreter einer orthodox christlichen Moral, sondern auch als empfindendes menschliches Wesen auftritt. ‚Rührung' und ‚Mitleid' fühlt Granville angesichts des ins Gefängnis geworfenen Vaters, dessen Schicksal ihn veranlaßt, dem Sohn nachzureisen, um ihn zu tugendhaftem Verhalten zu bekehren (II,6, 293).

Steht der lebende Granville für die bürgerliche Wertsphäre ein, so profiliert er sich sterbend als heroischer Charakter, dem Bewunderung, aber kaum Mitleid zuteil werden dürfte. Die empfindsame Affektdisposition verwandelt sich jetzt in den Habitus des Märtyrers, der seinen Tod als Opfer für die Tugend betrachtet. Clerdon kommentiert die Verzeihensbereitschaft Granvilles nicht ohne Zweideutigkeit: „Erhabner, schon den Unsterblichen, die deiner warten, ähnlicher Mann, wenn ein Elender aus seiner Tiefe dich um etwas beschwören darf, o so töte mich nicht mehr durch diese mehr als menschliche Güte! Sie ist Marter, unerträgliche Marter für mich." (IV,6, 319)

Auf den ersten Blick bezeichnet der erhabene Tod Granvilles einen Umschlag vom bürgerlichen Trauerspiel zur heroischen Tragödie, vom Wirkungseffekt des Mitleids zum Prinzip der Bewunderung. Clerdons Bitte verdeutlicht jedoch, daß Brawe als Schüler Lessings die problematischen Aspekte des erhabenen Charakters bestens vertraut sind. Wo die ‚menschliche Güte', weil sie selbst fast inhumane Züge annimmt, zur ‚Marter' für den Schuldigen wird, hat sie ihren moralischen Zweck verfehlt. Granvilles Tod scheint von jener ‚Unempfindlichkeit' zu zeugen, die laut Lessing die Mitleidsbereitschaft des Zuschauers einschränkt und damit den kardinalen Effekt des Trauerspiels schwächt.[71] Die erhabene Sterbeszene bedeutet daher keinen Rückfall in die Wirkungspoetik der heroischen Tragödie, sondern reflektiert die Ambivalenz des ihr zugrundeliegenden Prinzips mit dichterischen Mitteln.

Die tragische Figur des Trauerspiels verkörpert Clerdon, der ursprünglich moralische Charakter, den mangelnde Gemütsstärke zum Intrigenopfer werden läßt. Daß Clerdon im Grunde gute sittliche Anlagen besitzt, betont Granville gegenüber Amalia: „Was ist der Zweck unsrer Reise? Ist es nicht, einen liebenswürdigen jungen Menschen der Tugend und Religion wieder zuzuführen, dessen Herz dieser Bemühung nicht unwürdig ist? Und könnte wohl etwas unserm Vorhaben günstiger sein, als wenn das in ihm wieder entfesselte Gewissen uns den Weg dazu bahnte?" (II,1, 284) Brawe, der sich beim Aufbau der Handlung kaum von aristotelischen Prinzipien leiten läßt (und auch darin Nachfolger Schlegels ist)[72], hat seinen Protagonisten jedoch mit einer ‚hamartia' ausgestattet, die katastrophale Konsequenzen zeitigt. Henleys Intrige kann erfolgreich sein, weil Clerdon eine Charaktereigenschaft besitzt, die ihn für die Einflüsterungen der ‚Freigeister' empfänglich macht: den Stolz. Als ‚stolz' bezeichnet er sich selbst (III,2, 300), ‚stolz' nennt ihn auch Granville (II, 6, 293); Henley selbst beschreibt Clerdons Konflikt aufs genaueste, wenn er erklärt: „Stolz und Gewissen kämpfen in ihm." (III,1, 296)

---

[71] Lessing, Briefwechsel über das Trauerspiel, in: Werke, Bd. IV, S. 173
[72] Das Geschehen entwickelt sich eher wellenförmig als linear, verzichtet auf kunstvolle ‚Verknüpfung' und ‚Lösung' ebenso wie auf Anagnorisis-Szenen; die Dominanz der Monologe bezeugt psychologisches Interesse, schafft aber auch eine gewisse Statik der Handlungsfügung.

Ähnlich wie im Fall Lucie Woodvils führt auch Clerdon der Stolz zu Verblendung und Torheit. Seine freigeistigen Neigungen sind aus Brawes Perspektive nur der Ausfluß des hybriden Stolzes, der in der Religion Opium fürs Volk und im Offenbarungsgedanken ein Produkt des Aberglaubens sieht. „Der Pöbel und Kinder", so erklärt Clerdon seinem Diener abfällig, „mögen die Religion glauben, ich nicht." (I,5, 282) Vom Stolz ist es kein weiter Weg zur Ehrsucht, über die Henley sagt, daß sie dem Laster Tür und Tod öffne: „Jedoch sein Ehrgeiz, den ich zu rechter Zeit rege zu machen weiß, die Zerstreuungen, in denen er durch mich beständig herumirrt, und der Charakter eines Freigeists, den er öffentlich angenommen hat, werden ihm schon den Weg zur Besserung verschließen." (I,3, 279) Gerade das öffentliche Bekenntnis zu freigeistigen Religionsbegriffen, provoziert durch die Bereitschaft zu unsittlichen Ausschweifungen, ist geeignet, die gesellschaftliche Reputation Clerdons zu zerstören.[73] Zur sozialen Isolation tritt schließlich der innere Zwiespalt, weil der Protagonist nicht endgültig Abschied von seinen früheren moralischen Prinzipien nehmen kann, sondern sich ihnen, unter dem Einfluß Granvilles, untergründig verpflichtet fühlt.

Erst das eigene Verbrechen, die Tötung Granvilles, löst in Clerdon jenen Prozeß der Einsicht aus, der ihn zur mitleidswürdigen Figur werden läßt. In einer Reihe von pathetisch gesteigerten Monologen klagt er über sein Leid und die Gewissensqual, die ihm seine Tat bereitet. Einen Ausweg findet er am Ende, wie Lucie und Mellefont, nur im Selbstmord. Die Läuterung, die sich in Clerdon vollzieht, schließt die Rückkehr zu religiösen Werten ein. Seine irdische Schuld werde, so erklärt er Henley, vor einer metaphysischen Instanz verhandelt: „Ja, frohlocke nur, frohlocke, ich fühle den ganzen Grimm und die niederschmetternden Gerichte des Himmels, sie strafen mich, weil ich deinen unseligen Eingebungen folgte und ein Ungeheuer wie du ward." (V,6, 332)

Das Wort ‚Ungeheuer' verweist beziehungsreich auf den Traum, von dem Clerdon Henley in der Expositionsszene erzählt. Die Parallele zu Lessings „Sara Samspon" liegt hier offen zutage; wie Saras Traum ist auch der Clerdons Orakel und Spiegel psychischer Zustände gleichermaßen. Er präludiert den gesamten Verlauf des Trauerspiels, indem er

---

[73] Auf die besondere Brisanz dieses öffentlichen Bekenntnisses verweist auch Eloesser, Das bürgerliche Drama, S. 40

zwei Gestalten vorführt, die erbittert um Clerdon ringen. Auf der einen
Seite steht ein „Ungeheuer", das den Träumenden mit „schmeicheln-
de(r )Stimme" zum „fürchterlichen Abgrunde" lockt, auf der anderen
eine Person, die „die Züge des Granville" besitzt, „nur daß sie mit etwas
Feierlichem und Erhabnem vermischt waren, das über die Menschheit,
selbst in ihrer größten Würde, ist." (I,2, 277) Bleibt die Konstellation an
diesem Punkt noch eindeutig – hier der ‚erhabene' Granville, dort das
‚Ungeheuer' Henley –, so gewinnt sie am Schluß jene Ambivalenz, die
auch Saras Traum auszeichnete. Statt die rettende Hand des Granville
zu ergreifen, stößt Clerdon sie zurück: „(...) und in diesem Augenblick
kam es mir vor, als wenn das Ungeheuer meinen Freund vor meinen
Augen tötete. Wütend stürzte ich mich auf dasselbe los, ihn zu rächen,
als plötzlich (...) der ganze Himmel sich über uns öffnete und Feuer und
Ungewitter ward. Ein stürmender Donner schleuderte mich und den
Vorwurf meiner Rache in den gräßlichen Abgrund hinab, und ich erwachte." (I,2, 277f.) Die apokalyptische Metaphorik des Traums, der
Bilder aus der Johannes-Offenbarung (8,5) zitiert, wiederholt sich in
den Schlußmonologen des von Gewissensqualen gepeinigten Clerdon
(V,3, 327, V,5, 330); die Traumerzählung antizipiert damit die inner-
seelische Situation, in die der Held am Ende des Trauerspiels gerät. Nach
vergleichbarem Muster verfährt später Schiller im letzten Akt der „Räuber", wo Franz Moors Todesängste durch einen Traum mit apokalyp-
tischen Bildmotiven illustriert werden.

Interpretationsbedürftig scheint der Umstand, daß im Traum nicht
Clerdon, sondern das ‚Ungeheuer' Granville tötet. Ganz offenkundig
handelt es sich hier um eine Metamorphose des Protagonisten, wie sie
sich auch in der Dramenhandlung selbst vollzieht. Unter den Einflüsterungen Henleys ist Clerdon seinerseits zum ‚Ungeheuer' geworden, das den eigenen Freund bedenkenlos ermordet. Wenn der Träumer
der schrecklichen Tat aus der Distanz zusieht, so bezeichnet das die
Selbstentfremdung, die ihn im Zustand äußerster emotionaler Erregung
erfaßt hat; in eben diesem Stadium wird sich Clerdon nach der Ermor-
dung Granvilles befinden (IV,5, 314). Schon im Expositionsmonolog
erklärt Henley, sein Ziel sei es, den Widersacher „zum Lasterhaften, zum
Frevler, ja womöglich zum Ungeheuer zu erniedrigen" (I,1, 275); am
Schluß greift Clerdon die Metapher auf und räumt ein, er sei „ein Ungeheuer" (V,6, 332) wie Henley selbst geworden. Der Traum nimmt

folglich nicht nur die Mordszene vorweg, sondern bezeichnet auch sehr genau die komplizierten Beziehungen, die zwischen den Figuren herrschen. Erklärbar wird er aus den frühzeitig entwickelten Gewissensängsten Clerdons, der bereits am Beginn des Dramas zu ahnen scheint, in welcher Gefahr er sich befindet. Daß er diese Gefahr nicht aus eigener Kraft abwenden kann, beleuchtet erneut die Macht der Leidenschaften, gegen die der moderne Protagonist so wenig ausrichten kann wie der antike Held gegen das ihm von den Göttern zugedachte Schicksal.

Brawes Trauerspiel, das die neuere Forschung fast völlig ignoriert, besitzt durchaus wegweisende Bedeutung. Zumal der Typus des Henley wird im Drama des 18. Jahrhunderts rasch Karriere machen. Nach seinem Vorbild sind Leisewitz' Guido, der Bruder des Julius von Tarent, und der Guelfo aus Klingers „Zwillingen" gestaltet; noch in den „Räubern" hat er, bisher kaum bemerkt, seine Spuren hinterlassen. Schillers Neuansatz besteht darin, daß er die Figur des Henley in zwei Gestalten spaltet. Der Typus, den Brawe zeigt, ist bei ihm im Zeichen einer individuellen Personengestaltung aufgelöst und psychologisch verfeinert worden; verkörpert Karl den erhabenen Verbrecher aus verlorener Ehre, so Franz den üblen Intriganten mit unbefriedigtem Ehrgeiz.[74] Sie beide weisen Charakterzüge auf, die Henley in sich vereinigt: die Leidenschaftlichkeit des Enttäuschten und die Rachbegierde des rücksichtslosen Egoisten. Der Läuterungsprozeß jedoch, den Franz und Karl am Schluß von Schillers Drama durchlaufen, bleibt Brawes Henley noch vorenthalten. Er stirbt als verstockter Bösewicht ohne jede Änderung seiner Gesinnung – als Typus, nicht als wirklich individueller Charakter.

---

74 Heitner, German Tragedy, S.194, erinnert zwar an die Namensähnlichkeit der weiblichen Hauptfiguren bei Brawe und Schiller, übersieht aber die eigentlichen Bezüge, die der Ehrbegriff erschließt.

# VII  Perspektiven des Trauerspiels im Ausgang der Aufklärung

## 1.  Die Trauerspiellehre der „Hamburgischen Dramaturgie" (1767-69)

Am Ende des Jahres 1766 erscheint in Hamburg eine Flugschrift von Johann Friedrich Löwen, die den Bürgern der Stadt ein neues Theaterprojekt annonciert. Das kurz zuvor erbaute Schauspielhaus am Gänsemarkt, das bisher unter der Leitung des Prinzipals Conrad Ackermann gestanden hatte, soll fortan von einem Konsortium aus Hamburger Kaufleuten übernommen werden, die bereit sind, den Bühnenbetrieb langfristig auf privater Basis zu finanzieren. Löwens Konzept ist ebenso anspruchsvoll wie revolutionär: der neue Direktor verschreibt sich der Förderung von „Nationalstücken"[1], die entschiedenen Vorzug vor ausländischen Dramen erhalten, verzichtet auf Ballette und seichte Opernaufführungen, favorisiert stattdessen eine seriöse Stückauswahl, bei der nicht allein Unterhaltungsaspekte im Vordergrund stehen, und kündigt ein Repertoire an, das die Vielfalt der zeitgenössischen Dramenliteratur hinreichend widerspiegelt. Zur theaterpraktischen Programmatik gesellen sich Reformbestrebungen, die der Ausbildung und finanziellen Absicherung der Bühnendarsteller gelten. Löwen kündigt regelmäßige Vorlesungen über die Geschichte der Theaterkunst an und plant eine Altersversorgung für Schauspieler, die deren drückende Existenznot mildern soll. Zur Unterstützung der zeitgenössischen literarischen Talente will der neue Direktor nach dem Muster von Nicolais „Bibliothek" ein Preisausschreiben veranstalten, das für die gelungenste Komödie

---

[1] Löwen, Vorläufige Nachricht von der auf Ostern 1767 vorzunehmenden Veränderung des Hamburgischen Theaters (1766), in: Löwen, Geschichte des deutschen Theaters, S.85. Zu Löwens Nationaltheaterprogramm Kindermann, Theatergeschichte Europas. Bd. IV (Von der Aufklärung zur Romantik) (1.Teil), S. 523f.

und „das beste Trauerspiel, es sey heroisch oder bürgerlich"[2], jeweils 50 Dukaten verspricht.

Löwen sichert seinem ehrgeizigen Unternehmen kompetenten Beistand: die Funktion des dramaturgischen Beraters übernimmt Lessing, der seit der „Sara Sampson" als erfolgreichster deutscher Theaterautor gelten darf, selbst wenn er, sieht man vom „Philotas" ab, über 10 Jahre lang kein Bühnenstück mehr vollendet hat. Lessings Aufgabe besteht nicht nur in der Gestaltung des Spielplans, sondern auch in der publizistischen Unterstützung des neuen Projekts. Mehrmals wöchentlich soll er die Aufführungen des Hamburger Nationaltheaters für eine hauseigene Zeitschrift kommentieren, um dem Publikum derart einen Eindruck vom Repertoire, aber auch Einblicke in die bühnenpraktische Arbeit zu vermitteln. Lessing versieht dabei die Doppelrolle des Kritikers und Werbers, der einerseits als Anwalt des neuen Theaterunternehmens figuriert, andererseits aber auch nicht davor zurückschreckt, mäßige Schauspiellerleistungen zu bemängeln, die Dramenauswahl zu tadeln oder Aufführungen zu verreißen.

Lessings Kommentare erscheinen zwischen April und August 1767 zunächst stückweise, meist mehrmals wöchentlich.[3] Im Herbst 1767 tritt eine längere Publikationspause ein, nachdem der Leipziger Buchhändler Schwickert unter dem fingierten Namen „Dodsley und Compagnie" zu Lessings großer Verärgerung einen unlizensierten Nachdruck der ersten 30 Nummern veranstaltet hatte. Zwischen Dezember 1767 und April 1768 werden 50 weitere Stücke in dreitägigem Turnus veröffentlicht; die letzten zwanzig Stücke erscheinen dann nicht mehr separat, sondern erst im Rahmen der zweibändigen Buchausgabe, die Ostern 1769 unter dem Titel „Hamburgische Dramaturgie" in den Handel kommt.

Die unglückliche Druckgeschichte der Schrift ist der Spiegel der Schwierigkeiten, denen das Theaterprojekt insgesamt ausgesetzt war. Nach nur eineinhalb Jahren, im November 1767, muß Löwen sein ehrgeiziges Vorhaben für gescheitert erklären. Nach 522 Aufführungen gibt er die Direktion an seinen Vorgänger Ackermann ab, der wieder auf

---

2  Löwen, Vorläufige Nachricht, S.89
3  Zur Druckgeschichte der Kommentar von Eibl, in: Lessing, Werke, Bd. IV, S. 840f.

die Linie des alten Repertoires einschwenkt und sein Programm an den Unterhaltungsinteressen des Publikums orientiert.[4] Löwen selbst ist in nahezu allen Punkten ein Theaterleiter ohne Fortüne; das hochkarätig besetzte Ensemble, mit Konrad Eckhof an der Spitze, geht im Streit auseinander, das Zuschauerinteresse sinkt drastisch, der Bühnenakademie bleibt die Resonanz versagt, die Schuldenberge wachsen, das Konsortium verstärkt seinen Enfluß auf die Spielplangestaltung und verlangt nach stärkerer Berücksichtigung von Opern und Balletten. Nicht ohne Bitterkeit muß Lessing konstatieren: „Der süße Traum, ein Nationaltheater hier in Hamburg zu gründen, ist schon wieder verschwunden: und so viel ich diesen Ort nun habe kennen lernen, dürfte er auch wohl gerade der sein, wo ein solcher Traum am spätesten in Erfüllung gehen wird."[5]

So verständlich Lessings Groll auf das Hamburger Publikum auch sein mag, so wenig trifft er die wahren Gründe für das Scheitern des Nationaltheaterprojekts. Lokale Besonderheiten waren hier gewiß weniger entscheidend als die generell in Deutschland noch allzu gering ausgeprägte Neigung der Zuschauer, höhere Ansprüche der Bühnenkunst zu akzeptieren und ernstzunehmen.[6] Die Reformbestrebungen Gottscheds und seiner Nachfolger waren nur sehr langsam umgesetzt worden; der Publikumsgeschmack zeigte sich weiterhin den Konventionen des Unterhaltungstheaters verbunden und favorisierte die Opulenz von amüsanten Ausstattungsstücken entschieden gegenüber den Trauerspielen der neueren Autorengeneration. Wirksam wurden die Bemühungen um ein niveauvolleres Theater erst zehn Jahre nach dem Hamburger Projekt, als die Nationaltheateridee in Braunschweig, Weimar, Gotha und Mannheim aufgegriffen und, gefördert von den jeweiligen Landesfürsten, praktisch weiterentwickelt wurde. Nicht zufällig erfuhren die bedeutendsten Originaldramen der Zeit hier ihre Urauf-

---

[4] Informative Aufstellungen über Löwens Spielplan bei John George Robertson, Lessing's Dramatic Theory, Cambridge 1939, S. 44f. Es dominierten die Komödien, die etwa zwei Drittel des Repertoires ausmachten; insgesamt kamen lediglich 24 Tragödien zur Aufführung, darunter 10 deutschsprachige (u.a. von Cronegk, Lessing, Schlegel und Weiße).

[5] Lessing, Hamburgische Dramaturgie, in: Werke, Bd. IV, S. 702 (101.-104. Stück)

[6] Vgl. auch die Einschätzung bei Steinmetz, Das deutsche Drama von Gottsched bis Lessing, S. 117

führung: Lessings „Emilia Galotti" in Braunschweig, Goethes „Iphigenie" (nach der Prosafassung) in Weimar, Schillers „Räuber" in Mannheim.[7]

Seine Aufgabe, die Darbietungen des Hamburger Theaters ausführlich zu kommentieren, hat Lessing nicht in allen Punkten erfüllt. Besprochen werden vom Dramaturgen nur die Premieren der ersten drei Monate, diese jedoch mit einer Akribie und Detailversessenheit, die ihresgleichen sucht. Allein für die Analyse der Aufführungen von Thomas Corneilles „Graf von Essex" (1678) und Voltaires „Merope" (1743) verwendet Lessing mehr als 20 Stücke, fast ein Viertel des gesamten Werks. Die theaterpraktischen Überlegungen werden immer wieder von allgemeinen theoretischen Reflexionen unterbrochen, die vor allem den Problemen der Tragödie gelten. Die Argumentation ist reich an Exkursen, Digressionen und Gedankensprüngen, schwankend zwischen pedantisch anmutender Kasuistik und leichtem Aperçü. Diese eigentümliche Mischung schlägt sich auch im Sprachduktus nieder, der parataktische Reihungen und impulsiv wirkende Satzbrüche ebenso aufweist wie Passagen, in denen die subtile Gliederung der Syntax das analytische Interesse des Autors verrät. Immer wieder fällt sich Lessing selbst ins Wort, wechselt die Tonlage, stellt bohrende Fragen, die nicht nur rhetorischen Charakter tragen. Die temperamentvolle, häufig unkonventionelle Darstellungstechnik der „Dramaturgie" erinnert bisweilen schon an den dithyrambischen Sprachstil des jungen Herder, an Goethes Shakespeare-Rede (1771) und Lenz' „Anmerkungen übers Theater" (1774), in denen sich eine unsystematische, sprunghafte Argumentationsform als unmittelbarer Ausdruck der Genie-Attitüde manifestiert.

Der Rezensent der „Deutschen Bibliothek der schönen Wissenschaften", die von Lessings Intimfeind Christian Adolf Klotz herausgegeben wird, beklagt denn auch mißgelaunt: „Die Digressionen sind daher so oft länger als die Abhandlung der Sache selbst, und die Begierde zu sagen, was noch nicht gesagt worden, leitet den Verfasser von seinem Hauptendzwecke ab."[8] Lessing selbst erklärt über seine Schrift, „daß

---

7 Dazu Hans-Wolf Jäger, Wanderbühne, Hof- und Nationaltheater, in: Deutsche Literatur. Eine Sozialgeschichte, Bd. IV, S. 261-277, S. 272

8 „Bibliothek der schönen Wissenschaften" (1769), 9. Stück, S. 47, zit. nach Horst Steinmetz (Hrsg.), Lessing – ein unpoetischer Dichter. Dokumente aus drei Jahrzehnten, S. 76

diese Blätter nichts weniger als ein dramatisches System enthalten", vielmehr „Fermenta cognitionis ausstreuen"[9] wollten. Die methodische Tendenz zur bewußt unzusammenhängenden Argumentation wird später Friedrich Schlegel als besondere innovative Leistung des Lessingschen Denkstils rühmen. In ihr bekundet sich das Wissen darüber, daß jeder Erkenntnisakt prinzipiell unabschließbar ist und die menschliche Reflexion nicht feststehende Resultate, sondern nur provisorische Einsichten zutage fördern kann.

„Die Summa der ganzen ‚Dramaturgie'", so bemerkt schon der Rezensent in Klotz' „Bibliothek", „ist die ästhetische Untersuchung: Was ist die Tragödie und was sollte sie sein?"[10] Als Beitrag zur Poetik des Trauerspiels will Lessings Schrift Wertmaßstäbe bereitstellen, die der zeitgenössischen Dramenpraxis eine Orientierungshilfe bieten möchten. Von der normativen Dichtungslehre der Frühaufklärung grenzt sie sich dabei ebenso ab wie von den Anwälten einer regelfreien Genieästhetik (gegen die das 96. Stück entschieden Front macht). Lessing weiß genau, daß die Kenntnis poetologischer Prinzipien nicht die alleinige Bedingung für die Abfassung eines gelungenen Trauerspiels ist; aber er hegt keinen Zweifel an der Bedeutung, die bestimmte Normen für die Dramenproduktion besitzen. Sein Geniebegriff trägt dieser methodischen Zwischenstellung Rechnung: Genialität manifestiert sich Lessing zufolge im intuitiven, auf natürlicher Begabung gegründeten Erfassen poetischer Regeln.[11]

Anders als der sture Nachahmer, der Vorbilder mechanisch imitiert, ist das Genie bestrebt, das abstrakte Regelwerk mit individuellen Wirkungsintentionen zu beleben, die theoretischen Prinzipien in unverwechselbarer Manier umzusetzen und den Normen ein eigenes Gepräge zu verleihen: „Mit Absicht handeln ist das, was den Menschen über geringere Geschöpfe erhebt; mit Absicht dichten, mit Absicht nachahmen, ist das, was das Genie von den kleinen Künstlern unterscheidet

---

[9] Lessing, Hamburgische Dramaturgie, in: Werke, Bd. IV, S. 670 ((95. Stück)
[10] „Bibliothek der schönen Wissenschaften" (1769), 9. Stück, S. 47, zit. nach Steinmetz (Hrsg.), Lessing – ein unpoetischer Dichter, S. 76f.
[11] Vgl. zu Lessings Geniebegriff Jochen Schmidt, Die Geschichte des Genie-Gedankens in der deutschen Literatur, Philosophie und Politik 1750–1945. Bd. I (Von der Aufklärung bis zum Idealismus), Darmstadt 1988 (2. Aufl., zuerst 1985), S. 91ff., ferner George, Deutsche Tragödientheorien, S. 296f.

(...)"[12] Lessings „Dramaturgie" möchte kein Regelkompendium der Trauerspieltheorie, sondern einen Beitrag zur Ästhetik der Tragödie liefern, der diejenigen Autoren zu erreichen sucht, die aufgrund ihrer natürlichen Begabung imstande sind, allgemeine Prinzipien der Gattung in die dramatische Praxis zu übertragen und mit individuellem Leben zu erfüllen. Lessings polemische Urteile über die Tragödien der Franzosen, seine unerbittliche Suche nach Bewertungskriterien, nicht zuletzt der unüberhörbare Eifer, mit dem er neue Einsichten verkündet, schreiben sich aus dem Glauben her, daß es derartige Autoren in Deutschland gibt, auch wenn sie noch nicht an die Öffentlichkeit getreten sind. Zumindest in diesem Punkt hat sich der aufgeklärte Enthusiast Lessing nicht geirrt; die Botschaft seiner „Dramaturgie" wurde zur Kenntnis genommen und verstanden, ihre Wirkung auf Spielplangestaltung und Stückauswahl der nächsten Jahrzehnte blieb beträchtlich. Lessings Wertungen prägten fortan die Geschmacksbildung der Theaterpraktiker: die tragédie classique und das Märtyrerdrama verschwanden weitgehend aus dem Repertoire, das bürgerliche Trauerspiel ereichte in den 70er Jahren seine eigentliche Blütezeit. Die Innovationen, die schon die Literaturbriefe mit ihrem Votum für eine neue deutsche Bühne in Gang bringen wollten[13], vollzogen sich jetzt im größeren Ausmaß, nicht zuletzt beschleunigt durch die dezidierten Urteile von Lessings Programmschrift, die trotz ihres hohen theoretischen Anspruchs ein größeres Publikum erreichte. Noch 1799 äußert sich Schiller gegenüber Goethe höchst wohlwollend zu den Qualitäten der Abhandlung: „Ich lese jetzt in den Stunden, wo wir sonst zusammenkamen, Lessings ‚Dramaturgie', die in der Tat eine sehr geistreiche und belebte Unterhaltung gibt."[14]

Der Leitfaden, an dem Lessing seine tragödientheoretischen Überlegungen orientiert, ist die aristotelische „Poetik". Anders als in den Ausführungen des 10 Jahre zurückliegenden „Briefwechsels" steht dabei das Problem der Katharsis im Vordergrund, das jetzt systematisch diskutiert wird. Ausgangspunkt für Lessings Reflexionen ist eine Erörterung des

---

12  Lessing, Hamburgische Dramaturgie, in: Werke, Bd. IV, S. 388 (34. Stück)

13  Lessing, Briefe, die neueste Literatur betreffend. 81. Brief (7. Februar 1760), in: Werke, Bd. V, 259f.

14  Schiller – Goethe, Briefwechsel, Bd. II, S. 217 (4.6.1799). Zur Rezeption generell Klaus L. Berghahn, Nachwort zu: Gotthold Ephraim Lessing, Hamburgische Dramaturgie, Stuttgart 1981, S. 653-696, S. 695

Begriffs ‚phobos', den die gesamte Aufklärungspoetik mit dem Wort ‚Schrecken' zu übersetzen pflegt. Lessing selbst schließt sich im „Briefwechsel" und in den ersten 70 Stücken der „Dramaturgie" dieser Konvention an und entwickelt sogar eine höchst originelle Auffassung vom tragischen Schrecken. Dieser sei, so heißt es im 32. Stück (aus Anlaß der Besprechung von Corneilles „Rodogune"), das Resultat einer Konfrontation mit unseren eigenen Schwächen, mit unseren inneren Abgründen und latenten Lastern; der Zuschauer erschrecke über ein Ereignis auf der Bühne, weil er erkenne, daß er selbst zu eben jenen Fehlern fähig sei, die das tragische Geschehen auslösten.[15] Wie das Mitleid ist der Schrecken Produkt der Identifikation mit dem Schicksal des Helden, Ergebnis jener Selbstverwechslung, die Lessing 10 Jahre zuvor in der Korrespondenz mit Nicolai und Mendelssohn bereits ausführlich beschrieben hatte. Im 74. Stück der „Dramaturgie" schickt sich Lessing an, eine terminologische Korrektur seiner eigenen Übersetzungspraxis vorzunehmen. Der Begriff des Schreckens, so argumentiert er jetzt, sei im Grunde nur ein Derivat des Mitleids und daher ohne Eigenständigkeit. Das entspricht Lessings Position in den Briefen an Nicolai und Mendelssohn, die im Schrecken nur eine Form des ‚überraschten Mitleids' erblicken wollten. Um seine These zu stützen, bedient sich Lessing eines Hinweises Mendelssohns, der in den „Zusätzen zu den Briefen über die Empfindungen" (1761) ebenfalls den engen Zusammenhang der beiden Affekte betont und daraus die Frage abgeleitet hatte, warum die neuere Tragödientheorie sie überhaupt noch unterscheide: „Man sieht hieraus", heißt es bei Mendelssohn, „wie gar ungeschickt der größte Theil der Kunstrichter die tragischen Leidenschaften in Schrecken und Mitleiden eintheilet. Schrecken und Mitleiden! Ist denn das theatralische Schrecken kein Mitleiden?"[16]

Während Mendelssohn die Differenzierung zwischen Schrecken und Mitleid für ein terminologisches Gebrechen der aristotelischen „Poetik" hält, vermutet Lessing einen Übertragungsfehler. Aristoteles habe, so

---

[15] Lessing, Hamburgische Dramaturgie, in: Werke, Bd. IV, S. 377 (32. Stück). Als einziger hat bisher Schulz, Tugend, Gewalt und Tod, S. 277f. auf Lessings originelle Deutung des tragischen Schreckens hingewiesen.

[16] Mendelssohn, Rhapsodie oder Zusätze zu den Briefen über die Empfindungen (1761), in: Ästhetische Schriften in Auswahl, S. 127-165, S. 138f.; vgl. Lessing, Hamburgische Dramaturgie, in: Werke, Bd. IV, S. 577f. (74. Stück)

erklärt er, gute Gründe dafür besessen, an zwei verschiedenen Wirkungsbegriffen festzuhalten: „Man hat ihn falsch verstanden, falsch übersetzt.
Er spricht von Mitleid und Furcht, nicht von Mitleid und Schrecken;
und seine Furcht ist durchaus nicht die Furcht, welche uns das bevorste-
hende Übel eines andern, für diesen andern, erweckt, sondern es ist die
Furcht, welche aus unserer Ähnlichkeit mit der leidenden Person für uns
selbst entspringt; es ist die Furcht, daß die Unglücksfälle, die wir über
diese verhänget sehen, uns selbst treffen können; es ist die Furcht, daß
wir der bemitleidete Gegenstand selbst werden können. Mit einem Worte:
diese Furcht ist das auf uns selbst bezogene Mitleid."[17]

Lessings Übersetzungsvorschlag rückt die beiden tragischen Affekte
enger als bisher aneinander, indem er ihre innere Verwandtschaft betont. Sein logischer Grundwiderspruch besteht jedoch darin, daß die
Einwände, die der Differenzierung zwischen Schrecken und Mitleid
gelten, auch für das neue Begriffspaar in Anschlag zu bringen sind: wenn
Furcht ,auf uns selbst bezogenes Mitleid' ist, so bleibt sie, ähnlich wie der
als ,überraschtes Mitleid' definierte Schrecken ein bloßes Derivat der
mitleidigen Empfindung, ein spezifischer affektiver Modus des Mitleids. Der eigentümliche Charakter der Furcht liegt gerade darin, daß sie
wie das Mitleid das Resultat einer Selbstverwechslung darstellt. In diesem Sinne hatte das 32. Stück der „Hamburgischen Dramaturgie" aber
auch den Schrecken definiert: der Zuschauer erschrickt, weil er erkennt,
zu welchen Lastern er fähig ist, so wie er sich fürchtet, weil er ahnt, daß
das Unglück des Bühnenhelden ihn im wirklichen Leben auch ereilen
könnte.

Der Hiatus, der beide Übersetzungsvorschläge voneinander trennt,
bleibt damit geringer, als Lessing selbst eingesteht. Hinter der Diskussion über begriffliche Nuancen steht jedoch ein grundsätzliches Prinzip,
das die Aristoteles-Rezeption des „Briefwechsels" und der „Dramaturgie"
durchweg beherrscht. Hier wie dort bindet Lessing die Wirkung der
tragischen Leidenschaften an die Identifikation des Zuschauers, der vom
Bühnenautor erst dann erreicht worden ist, wenn er das Schicksal der
dramatis personae als sein eigenes betrachtet. Von entscheidender Bedeutung für die Argumentation ist dabei der Begriff der Ähnlichkeit:
die berühmte Bestimmung, derzufolge die Tragödie Charaktere zeigen

---

[17] Lessing, Hamburgische Dramaturgie, in: Werke, Bd. IV, S. 578 (75. Stück)

müsse, die „mit uns von gleichem Schrot und Korne"[18] seien, umspielt ihn ebenso wie die Interpretation der Furcht als Ausdruck des Selbstmitleids. An die Stelle der Distanz, welche die tragédie classique zwischen Protagonisten und Publikum aufbaute, tritt jetzt die Nähe, an den Platz der Bewunderung rückt die Affektgemeinschaft des Zuschauers mit dem Helden.

Daß es Lessing weniger um das terminologische Problem als vielmehr um eine grundlegende Beschreibung der tragischen Wirkungsmechanik und des sie fördernden Ähnlichkeitsaspekts geht, hat die Forschung gern übersehen. Die Argumentation der „Dramaturgie" ist gerade hier äußerst vertrackt und keineswegs frei von Widersprüchen. Bisweilen gewinnt man den Eindruck, als wollte Lessing seine frühere Poetik des Mitleids in eine Poetik der Furcht umwandeln: „Sobald die Tragödie aus ist, höret unser Mitleid auf, und nichts bleibt von allen den empfundenen Regungen in uns zurück, als die wahrscheinliche Furcht, die uns das bemitleidete Übel für uns selbst schöpfen lassen."[19] Es wäre freilich falsch, aus dieser Erläuterung den Schluß zu ziehen, als habe der Wirkungsbegriff der Furcht dem Mitleid den Rang abgelaufen.[20] Lessing möchte beide Termini nicht gegeneinander ausspielen, sondern demonstrieren, daß sie sich idealiter ergänzen. Die Furcht bildet in seinen Augen das Mittel zur Konservierung des Mitleids; indem der Zuschauer um sich selbst fürchtet, bewahrt er sich zugleich die Sensibilität für das Unglück anderer. Die Furcht allein ist ein latent egoistischer Affekt, der erst durch sein tragisches Komplement, das Mitleid, zum Altruismus geläutert wird.

Bereits hier läßt sich erkennen, daß Lessings tragische Wirkungslehre auf einem affektiven Gleichgewichtssystem beruht, welches das Zentrum des kathartischen Effekts darstellt. Jenseits des Übersetzungsproblems geht es um die Frage, wie sich die vom Trauerspiel evozierten Leidenschaften ergänzen und in welcher Weise sie aufeinander bezogen bleiben. Immer wieder betont die „Dramaturgie" den engen Zusammenhang von Furcht und Mitleid, ohne den die Tragödienlehre des Aristoteles nicht angemessen verstanden werde. Lessing beruft sich da-

---

[18] Lessing, Hamburgische Dramaturgie, in: Werke, Bd. IV, S. 581 (75. Stück)
[19] Lessing, Hamburgische Dramaturgie, in: Werke, Bd. IV, S. 587f. (77. Stück)
[20] So bisweilen die Tendenz bei Schulz, Tugend, Gewalt und Tod, S. 276f. Zur Komplementarität beider Begriffe Kommerell, Lessing und Aristoteles, S. 212f.

bei auf die „Rhetorik", die, deutlicher als die „Poetik", den Konnex der beiden Wirkungsbegriffe hervorgehoben hatte: „Mitleid soll sein ein Kummer über ein offensichtliches Übel, das mit Vernichtung oder Leid jemanden bedroht, der es nicht verdient, und das zu erfahren man auch für sich oder einen der seinen gefaßt sein muß, und dies alles, wenn es nah erscheint."[21] Furcht gilt als Emotion, die das Mitleid fördert, insofern sie einen Zusammenhang zwischen der bemitleideten Person und dem mitleidenden Subjekt herstellt. In diesem Sinne hält die „Dramaturgie" die aristotelischen Begriffe ,eleos' und ,phobos' für eine festgefügte Einheit, deren Auflösung das Trauerspiel um seine Wirkungsmöglichkeiten brächte. Erst die Kooperation beider Leidenschaften bereitet die Läuterung des Zuschauers vor und garantiert einen tiefgreifenderen Effekt der Tragödie.

Vor diesem Hintergrund wird die polemische Schärfe verständlich, mit der Lessing die Aristoteles-Deutung Corneilles attackiert. Die Auslegung des Franzosen sei „falsch und schielend"[22], weil sie gerade die Verknüpfung von Mitleid und Furcht ignoriere. Die Freizügigkeit, die Corneille bei der Bestimmung der idealen tragischen Charaktere walten läßt, entspringt laut Lessing einem mangelnden Verständnis der aristotelischen Wirkungsbegriffe, die der „Discours de la tragédie" isoliert betrachte und damit fehlinterpretiere. Corneilles Bevorzugung des makellosen Helden, seine Mißachtung der ,hamartia' sei, so heißt es, das Resultat einer Tragödienpoetik, die, in Abweichung von Aristoteles, Mitleid und Furcht nicht als Komplementärbegriffe, sondern als Einzeleffekte auffasse, und derart auch solche Handlungen für akzeptabel halte, die nur eine dieser Leidenschaften im Zuschauer hervorrufen.

Die These, daß Furcht und Mitleid unlösbar miteinander verknüpft seien, führt Lessing zu einer Katharsisdeutung, die die Erklärungsversuche seiner Vorgänger an Scharfsinn und Präzision entschieden übertrifft. Gegenüber den Interpretationen von Gottsched und Curtius betont Lessing nachdrücklich, daß die tragische Reinigung nicht den durch das Bühnengeschehen freigesetzten Leidenschaften gelte, sondern der affektiven Grunddisposition, die der Zuschauer von Hause aus mit-

---

21　Aristoteles, Rhetorik, II,8, 35b; Übersetzung von Paul Gohlke (Paderborn 1959). Zum Verhältnis von ,eleos' und ,phobos' in der „Rhetorik" Wagner, Aesthetik der Tragödie, S. 64

22　Lessing, Hamburgische Dramaturgie, in: Werke, Bd. IV, S. 607 (81. Stück)

bringt. Die Aufgabe der Tragödie besteht darin, die je individuelle Neigung des Menschen zu Mitleid und Furcht mit Hilfe von Mitleid und Furcht mäßigend oder fördernd zu regulieren, damit sich ein emotionales Gleichgewichtsniveau einstellt, das seinerseits die Bedingung für Gemütsruhe und moralische Integrität darstellt. Die Wirkungsformel der „Poetik" besagt laut Lessing, „daß unser Mitleid und unsere Furcht, durch das Mitleid und die Furcht der Tragödie, gereiniget werden sollen."[23] Mitleidsvermögen und Furchtsamkeit gehören zur affektiven Grundausstattung aller Menschen, sind jedoch unterschiedlich stark ausgeprägt und müssen durch die tragischen Affekte so korrigiert werden, daß sie jeweils ein mittleres Niveau erreichen, auf dem das Individuum zu jener ruhigen Seelenverfassung findet, die laut Lessing Voraussetzung moralischen Handelns ist.

Die Leistung der Katharsis besteht darin, daß die Furchtsamkeit und das Mitleidsvermögen des Zuschauers durch seine Konfrontation mit furchterregenden und mitleidwürdigen Unglücksfällen auf der Bühne reguliert und ausgeglichen werden. „Da nämlich, es kurz zu sagen, diese Reinigung in nichts anders beruhet, als in der Verwandlung der Leidenschaften in tugendhafte Fertigkeiten, bei jeder Tugend aber, nach unserm Philosophen, sich diesseits und jenseits ein Extremum findet, zwischen welchem sie inne stehet: so muß die Tragödie, wenn sie unser Mitleid in Tugend verwandeln soll, uns von beiden Extremis des Mitleids zu reinigen vermögend sein; welches auch von der Furcht zu verstehen."[24] Übermaß und Mangel an Furchtsamkeit und Mitleidsvermögen sollen laut Lessing durch die tragischen Affekte ausgeglichen werden. Insgesamt ergeben sich aus dieser Bestimmung mehrere Möglichkeiten der Katharsis: „Denn, nach den verschiedenen Kombinationen der hier vorkommenden Begriffe muß der, welcher den Sinn des Aristoteles ganz erschöpfen will, stückweise zeigen, 1. wie das tragische Mitleid unser Mitleid, 2. wie die tragische Furcht unsere Furcht, 3. wie das tragische Mitleid unsere Furcht, und 4. wie die tragische Furcht unser

---

[23] Lessing, Hamburgische Dramaturgie, in: Werke, Bd. IV, S. 593 (78. Stück)

[24] Lessing, Hamburgische Dramaturgie, in: Werke, Bd. IV, S. 595 (78. Stück). Vgl. zu Lessings Differenzierung zwischen tragischen Affekten und vorgegebener Affektdisposition des Zuschauers auch George, Deutsche Tragödientheorien, S. 301f. u. Wagner, Aesthetik der Tragödie, S. 64f.

Mitleid reinigen könne und wirklich reinige.“[25] Bedenkt man, daß die Reinigung jeweils eine Mäßigung oder eine Steigerung der zugrundeliegenden affektiven Disposition bedeuten kann, so ergeben sich acht Katharsis-Varianten. Ziel der Tragödie bleibt es dabei, dem Zuschauer einen ausgeglichenen emotionalen Zustand zu verschaffen, in dem er weder das Opfer seiner Leidenschaften noch ein reines Verstandeswesen, sondern ein empfindungsfähiges Individuum ist. Erst dieser wohltemperierte Charakter, der Lessing als Ideal vorschwebt, garantiert, daß der Mensch die Imperative der Morallehre in praktisches Handeln umzusetzen vermag. Die ‚Verwandlung der Leidenschaften in tugendhafte Fertigkeiten‘ wird ermöglicht durch den inneren Ausgleich der Affekte, den die Tragödie besorgt.[26]

Provokationskraft und Problematik von Lessings Gleichgewichtsmodell liegen darin, daß es ausschließlich auf die Ebene der Emotionen beschränkt bleibt. Das Wirkungskonzept der „Dramaturgie“ geht von der Macht der Affekte aus, ohne die Ratio am Geschäft der Läuterung zu beteiligen. Während in Gottscheds und Curtius’ Katharsisdeutung die Vernunft am Ende die Leidenschaften verdrängte, liegt bei Lessing der umgekehrte Fall vor: die Reinigung repräsentiert einen autonomen Akt der affektiven Selbstregulierung, insofern sie von Emotionen ausgeht und ihnen auch gilt; Verstand und Reflexion spielen hingegen für die Katharsis, wie Lessing sie faßt, keine Rolle. Das ist, im Zeitalter der Vernunft, eine ebenso bemerkenswerte wie heikle Lösung, die nicht frei von inneren Widersprüchen bleibt. Während es durchaus nachvollziehbar scheint, daß das Trauerspiel durch die von ihm entfesselten Emotionen einen affektiven Mangel behebt und das Empfindungsvermögen des Zuschauers steigert, läßt sich nur schwer erklären, in welcher Weise es dämpfend auf ein Übermaß an Mitleidbereitschaft und Furchtsamkeit einwirken soll, wenn es doch Mitleid und Furcht im Publikum zunächst entfacht.

---

25  Lessing, Hamburgische Dramaturgie, in: Werke, Bd. IV, S. 595 (78. Stück)
26  Zum Begriff der ‚Fertigkeit‘ (als Ausdruck einer Habitualisierung von Handlungen, die auf festen Prinzipien beruhen) Mendelssohn, Rhapsodie, S. 159. Schon Curtius hatte formuliert: „Wenn das Unglück eines Fremden auf der Bühne uns lebhaft rührt, so wird das Mitleiden und Erbarmen zu einer Fertigkeit der Seelen (...)“ (Abhandlung von der Absicht des Trauerspiels, in: Aristoteles, Dichtkunst, S. 390); zur ‚moralischen Fertigkeit‘ auch die Hinweise bei Martino, Geschichte der dramatischen Theorien, S. 291f., Anm. 44

Erst Schiller wird es gelingen, den hier bezeichneten Widerspruch
mit Hilfe der Kategorie des Erhabenen zu lösen. Seine großen Abhandlungen zur Ästhetik der Tragödie, die am Beginn der 90er Jahre unter
dem Einfluß der Philosophie Kants geschrieben wurden, lassen sich
auch als Versuch verstehen, die Aporien zu überwinden, in die Lessing
durch seine Lehre von der Katharsis geraten war. Der Aufsatz „Ueber die
tragische Kunst" (1792) unterscheidet mit den Distinktionen der „Hamburgischen Dramaturgie" zu starke und zu schwache Formen des Mitleids als Ausgangspunkt und Gegenstand der tragischen Läuterung.[27]
Die regulierende Funktion des Ausgleichs der Extreme, die Lessing allein den vom Trauerspiel hervorgerufenen Affekten zutraut, wird bei
Schiller nicht nur durch die Emotionen, sondern auch durch sittliche
Prinzipien wahrgenommen, deren näheres Profil die dramatische Darstellung herausarbeiten muß. Ihre höchsten Möglichkeiten entfaltet die
Tragödie, wenn sie dem Zuschauer einen leidenden Protagonisten vorführt, dessen Unglück durch die innere Konsequenz provoziert worden
ist, mit der er seine moralischen Grundsätze auch in Extremsituationen
vertritt. Als Exempel führt Schiller dabei Corneilles „Cid" an, dessen
Held Rodrigo im Konflikt zwischen Neigung und Pflicht am sittlichen
Prinzip orientiert bleibt und das private Interesse den vom ihm akzeptierten höheren Idealen opfert.[28]

Was Schiller hier beschreibt, entspricht der – noch nicht explizit
erscheinenden – Kategorie des Erhabenen. Sein Kunstgriff besteht darin, daß er die aristotelische Wirkungslehre mit einer Kategorie verknüpft,
die den moralischen Gehalt der Tragödie sicherstellen und gleichzeitig
verhindern soll, daß das Spiel der tragischen Emotionen zu einem circulus
vitiosus gerät. Der erhabene Held zeigt Größe im Leid, ohne deshalb
unempfindlich zu sein; seine Konflikte erwachsen ihm nicht zuletzt aus
der Rigidität, mit der er sittliche Wertvorstellungen konsequent vertritt.
Vermöge der Kategorie des Erhabenen gelingt es Schiller, die moralisch
regulierende Funktion der Tragödie präziser zu analysieren, als dies Lessing
getan hatte. Ein Übermaß an Mitleidsbereitschaft wird durch das Beispiel des erhabenen Charakters, der im Unglück Stärke demonstriert,
hinreichend gedämpft, umgekehrt die Fähigkeit zum Mitleid gesteigert,

---

[27] Schiller, Ueber die tragische Kunst, NA XX, S. 154
[28] Schiller, Ueber die tragische Kunst, NA XX, S. 156

wenn ein moralisch integerer Mensch in einen tragischen Entscheidungsnotstand zwischen Pflicht und Neigung gerät. Daß Schiller die
aristotelische Lehre höchst eigenwillig rezipiert – der Begriff der Furcht
entfällt ebenso wie jener der ‚hamartia‘ – und in manchen Punkten sich
der alten Dramaturgie der Bewunderung wieder annähert, wiegt weniger schwer als die traditionelle Orientierung an der Wirkungskategorie
der Katharsis, deren Leistung darin liegt, den Charakter des Zuschauers
zu läutern und seine Leidenschaften in ‚moralische Fertigkeiten‘ zu verwandeln. Schillers Tragödienlehre steht damit nicht, wie man häufig
erklärt hat[29], im Gegensatz zu den Bestimmungen der „Poetik“, sondern
führt sie, geschult durch Longin und Kant, an entscheidenden Punkten
fort, indem sie die Theorie der Katharsis vermöge der Lehre vom Erhabenen als moralisches Wirkungsprinzip näher profiliert.

Die tragische Läuterung kann in Schillers Augen nur dann glücken,
wenn die Evokation der Leidenschaften mit der Darstellung eines sittlichen Prinzips innig verbunden ist. Im Aufsatz „Ueber das Pathetische“
(1793) kritisiert Schiller jene Trauerspiele, die „bloß Ausleerungen des
Tränensacks und eine wollüstige Erleichterung der Gefäße“ bewirken,
den „Geist“[30] aber unbefriedigt lassen und nichts zur sittlichen Disziplinierung des Zuschauers beitragen. Das kathartische Modell muß scheitern, wenn sich die Tragödie ausschließlich auf die Dramaturgie der
Affekte verlegt, ohne ein moralisches Korrektiv zu bezeichnen, das die
Ausgleichsfunktion der Läuterung versieht. Schiller findet dieses Korrektiv in der Kategorie des Erhabenen, die bei Lessing noch keine Rolle
spielt. Die Katharsis, wie sie die „Hamburgische Dramaturgie“ beschreibt,
bleibt ein autonomer Akt, der sich jenseits von moralischen Begriffen
oder Verstandeskräften im Binnenraum der Leidenschaften abspielt.

Lessings Tragödientheorie läßt sich nur dann angemessen würdigen,
wenn man sie im Kontext des Weltbildes betrachtet, das die „Dramaturgie“ umreißt. Von besonderer Aufschlußkraft ist dabei die Auseinandersetzung mit Christian Felix Weißes nach Shakespeare gestaltetem Trauerspiel „Richard III.“ (1759), das im 74. Stück näher besprochen wird.
Lessings Haupteinwand gilt dem Umstand, daß hier ein ausschließlich
negativer, gänzlich amoralischer Charakter in den Mittelpunkt eines

---

29  Vgl. Wolfgang Düsing, Schillers Idee des Erhabenen, Köln 1967, S.156f.,
    Wagner, Aesthetik der Tragödie, S. 7, 87ff.
30  Schiller, Ueber das Pathetische, NA XX, S. 199

Dramas rückt: „Denn Richard der Dritte, so wie ihn Herr Weiße geschildert hat, ist unstreitig das größte, abscheulichste Ungeheuer, das
jemals die Bühne getragen. Ich sage, die Bühne: daß es die Erde wirklich
getragen habe, daran zweifle ich."[31] Entscheidender als die abschrecken-
den Wirkungen, die von Weißes (und Shakespeares) Titelhelden ausgehen, sind die unwahrscheinlichen Züge, die ihm anhaften. Der „einge-
fleischte Teufel"[32] Richard ist für Lessing empirisch unglaubwürdig und
daher auch zur Bühnenfigur nicht geeignet. Eine Handlung, die die
Untaten eines bedenkenlosen Verbrechers darstellt, ohne dabei psychologisch nachvollziehbar zu bleiben, verstößt gegen das Prinzip der dichterischen Nachahmung, deren höchstes Ziel es sein muß, die innere
Ordnung der Schöpfung künstlerisch zu erfassen und transparent zu
machen.

Die Aufgabe des Dramatikers besteht laut Lessing darin, seinen Stoff
so auszuwählen, daß er den vernünftigen Bau der Natur hinlänglich
sichtbar werden läßt: „Aus diesen wenigen Gliedern sollte er ein Ganzes
machen, das völlig sich rundet, wo eines aus dem andern sich völlig
erkläret, wo keine Schwierigkeit aufstößt, derentwegen wir die Befriedigung nicht in seinem Plane finden, sondern sie außer ihm, in dem
allgemeinen Plane der Dinge, suchen müssen; das Ganze dieses sterbli-
chen Schöpfers sollte ein Schattenriß von dem Ganzen des ewigen Schöpfers sein; sollte uns an den Gedanken gewöhnen, wie sich in ihm alles
zum Besten auflöse, werde es auch in jenem geschehen (...)"[33] Es wäre
falsch, wollte man in Lessings Metaphorik bereits einen Vorschein jener
Künstler-Apotheose erkennen, die Herders wenige Jahre später verfaß-
ten Shakespeare-Aufsatz beherrscht.[34] Der Dramatiker ist bei Lessing
nur insofern ‚Schöpfer', als er sich an Gottes vernünftigem Vorbild zu
orientieren hat. Er erscheint nicht als jener divinatorische Genius, den
Herder in Shakespeare erblickt, als „Pan"[35], dessen Werk wie das Gottes
universelle Züge besitzt und die gesamte Natur repräsentiert; seine
Aufgabe bleibt, bescheidener, die möglichst sinnvolle Nachahmung des
vernünftigen Schöpfungsganzen, das in einem künstlerischen Modell

---

[31] Lessing, Hamburgische Dramaturgie, in: Werke, Bd. IV, S. 574 (74. Stück)

[32] Lessing, Hamburgische Dramaturgie, in: Werke, Bd. IV, S. 596 (79. Stück)

[33] Lessing, Hamburgische Dramaturgie, in: Werke, Bd. IV, S. 598 (79. Stück)

[34] Herder, Shakespear (1773), in: Sämmtliche Werke, Bd. V, S. 208-231

[35] Vgl. Herder, Shakespear, in: Sämmtliche Werke, Bd. V, S. 225f.

erfaßt und wie im Schattenriß verkleinert so wiedergegeben muß, daß sein rationales Telos klar hervortreten kann.

Unverkennbar ist, daß sich Lessings Argumentation hier auf das Leibnizsche Theodizee-Konzept stützt, dessen vernünftiger Optimismus die Gedankenführung beherrscht. Weißes Fehler besteht für Lessing darin, daß er eine Figur aus der Geschichte gewählt hat, die, wenn man sie isoliert darstellt, den Eindruck erweckt, als ob Verbrechen und Laster dominante Elemente der Weltordnung seien. Ziel des Dramatikers muß es aber sein, das ,Ganze' der Natur so wiederzugeben, daß ihr grundlegendes Telos, durch das sich ,alles zum Besten' auflöst, deutlich zu Gesicht kommt. Der Reiz von Lessings Überlegungen erklärt sich daraus, daß sie den Theodizee-Gedanken mit psychologischen Argumenten stützen. Die Darstellung Weißes verberge, so heißt es, nicht nur die vernünftige Ordnung der Schöpfung, sondern verstoße auch gegen die Regeln der dramatischen Handlungsführung, die dem Gesetz der Wahrscheinlichkeit unterliegen müsse.

In den Notizen zum „Laokoon" merkt Lessing über die poetische Fabel an: „Das Ideal der Handlung bestehet 1) in der Verkürzung der Zeit 2) in der Erhöhung der Triebfedern, und Ausschließung des Zufalls. 3) in der Erregung der Leidenschaften."[36] Die ,Verkürzung der Zeit' entspricht der Raummetapher vom ,Schattenriß'; beide Stichworte bezeichnen den Modellcharakter der Dichtung, die Natur und Geschichte nur ausschnitthaft nachahmen und wiedergeben kann. Durch den Hinweis auf die ,Erhöhung der Triebfedern' und die ,Ausschließung des Zufalls' wird dieser Nachahmung ihr Grundprinzip angewiesen; sie muß, will sie wahr sein, das Telos zu erfassen suchen, das die Schöpfungsordnung durchwirkt. Erst wenn die Tragödie den vernünftigen Zusammenhang aller Erscheinungen erschlossen und damit das Gesetz der Kausalität bestätigt hat, kann sie auch die Leidenschaften in einer Weise erregen, die der moralischen Ausbildung des Menschen förderlich ist. Nur wo mit den Worten der Weiße-Kritik ,eines aus dem andern sich völlig erkläret', hat der Dramatiker dem Gebot der Naturnachahmung überzeugend Genüge getan. Im 30. Stück der „Dramaturgie" heißt in diesem Sinne: „Das Genie können nur Begebenheiten beschäftigen,

---

[36] Lessing, Laokoon. Aus dem Nachlaß, in: Werke, Bd. VI, S. 603

die ineinander gegründet sind, nur Ketten von Ursachen und Wirkungen."[37]

Theodizee-Gedanke und psychologisches Interesse vereinigen sich in
Lessings Tragödientheorie zu einer durchaus neuen Mischung. Die
„Hamburgische Dramaturgie" läßt den Moralismus Gottschedscher
Prägung hinter sich, ohne dabei seine optimistische Prämisse preiszugeben. Sie baut die Lehre von den Affekten weiter aus, liefert eine
anspruchsvolle, wenngleich nicht vollkommen überzeugende Theorie
der Katharsis und bleibt bei aller Neigung zum Generalisieren stets auf
die dramatische Praxis der Zeit bezogen. Daß es um sie vor allem ging,
beweist Lessing nur drei Jahre später mit seinem letzten Trauerspiel. Die
„Emilia Galotti" ist neben anderem auch der Versuch, die theoretischen
Ansprüche der „Dramaturgie" auf die Füße zu stellen und jene Kritiker
eines Besseren zu belehren, die der Hamburger Programmschrift vorgehalten hatten, sie bleibe ein akademisches Manifest ohne Kontakt zur
Theaterwirklichkeit.

## 2. Die „modernisirte Virginia" und das versteckte „Staatsinteresse": „Emilia Galotti" (1772)

Lessings drittes Trauerspiel erscheint in einer Zeit des literarischen
Übergangs, zu Beginn jener Periode, die Goethe als „Epoche der genia-
len Anmaßung"[38] bezeichnet hat. Am Anfang der 70er Jahre kündigt
sich ein Umbruch an, der vor allem das Verhältnis zu den poetologischen
Normen betrifft. Die Genie-Ära – mit dem bekannten Etikett des ‚Sturm
und Drang' nur unvollkommen charakterisiert – wird eröffnet durch
eine ganze Reihe programmatischer Manifeste, die, meist am Beispiel
Shakespeares, die Geltung dichtungstheoretischer Regeln schlechthin in
Frage stellen. Zur gleichen Zeit, in der Lessing an der „Emilia Galotti"
schreibt, enstehen die dithyrambischen Shakespeare-Aufsätze von Goethe
und Herder, Lenz' „Anmerkungen übers Theater" und sein „Hofmei-

---

[37] Lessing, Hamburgische Dramaturgie, in: Werke, Bd. IV, S. 368 (30. Stück)
[38] Goethe, Schema zum 15. Buch von „Dichtung und Wahrheit", in: Werke, hrsg.
im Auftrag der Großherzogin Sophie von Sachsen. Abt. 1-4. 133 Bde. (in 147
Tln.), Weimar 1887-1919, Bd. I,28, S. 374

ster"; der „Götz von Berlichingen" befindet sich kurz vor dem Abschluß, Gerstenbergs „Ugolino", von Lessing selbst mit einiger Skepsis aufgenommen[39], liegt seit drei Jahren vor. Nur wenig später folgen Klingers „Zwillinge", Leisewitz „Julius von Tarent", Lenz' „Soldaten" und Goethes „Clavigo".

Die Tatsache, daß die „Emilia Galotti" im unmittelbaren zeitlichen Umfeld der wichtigsten Dramen der Genieperiode entsteht, wird gern ignoriert, weil sie schlecht zum philologischen Bestreben paßt, literarhistorische Entwicklungsphasen säuberlich nach Epochen voneinander abzugrenzen.[40] Der junge Werther, auf dessen Pult die „Emilia Galotti" liegt, als man ihn sterbend findet, beweist durch seine Lektüre ausgeprägten Sinn für literarische Aktualitäten: Goethes Roman und Lessings Trauerspiel trennen nur knapp zwei Jahre. Man muß sich diese besondere Konstellation vor Augen halten, will man die „Emilia Galotti" angemessen würdigen. Vergleicht man sie mit den Dramen der Genieperiode, so nimmt sie sich eher konservativ aus; von den gängigen Mustern des bürgerlichen Trauerspiels in der Nachfolge der „Miss Sara Samsson" unterscheidet sie sich wiederum durch eine Vielzahl von Neuerungen und Abweichungen, die zumal die Ebene des Stils betreffen.

Lessings Interesse am Stoff der „Emilia Galotti" reicht bis in die Mitte der fünfziger Jahre zurück. Seine Vorlage stammt, wie man weiß, aus der römischen Historie; es handelt sich um die von Livius in „Ab urbe condita" berichtete Geschichte der Plebejertochter Virginia, die, nachdem sie der Konsul Appius Claudius aus erotischer Begierde hatte entführen lassen, zum Schutz ihrer Tugend durch die Hand ihres Vaters getötet wurde, was, ähnlich wie im Fall der Lucretia-Episode, einen spontanen Volksaufstand gegen die Patrizier provozierte.[41] 1754 übersetzt Lessing eine ausführliche französische Inhaltsangabe von Luyandos

---

[39]  In einem Brief an Gerstenberg vom Februar 1768 erklärt Lessing, im „Ugolino" sei das Mitleid „zu einer gänzlich schmerzhaften Empfindung" geworden (Sämtliche Schriften, Bd. XVII, S. 246).

[40]  Kurze Hinweise zur Parallelität von Lessings Spätwerk und dem Beginn der Genieperiode bei Andreas Huyssen, Drama des Sturm und Drang. Kommentar zu einer Epoche, München 1980, S. 15

[41]  Titus Livius, Ab urbe condita III, 44ff.; vgl. Dionysos von Halikarnass, Antiquates Romanae XI, 28f. Zur Quellen- und Stoffgeschichte Jan-Dirk Müller (Hrsg.), Gotthold Ephraim Lessing, Emilia Galotti. Erläuterungen und Dokumente, Stuttgart 1978, S. 27ff.

spanischer „Virginia" (1750) für die „Theatralische Bibliothek", 1755
rezensiert er in der „Berlinischen Privilegierten Zeitung" Samuel Patzkes
Alexandrinertragödie „Virginia"[42]; Ende des Jahres 1757 trägt er sich,
angeregt durch das Preisausschreiben von Nicolais „Bibliothek", mit
dem Projekt einer „bürgerliche(n) Virginia"[43], die sich ganz auf die
Darstellung des familiären Konflikts beschränken, die politischen Implikationen des Stoffs aber ignorieren möchte. Lessing läßt sich dabei von
der Vermutung leiten, „daß das Schicksal einer Tochter, die von ihrem
Vater umgebracht wird, dem ihre Tugend werther ist, als ihr Leben, für
sich schon tragisch genug, und fähig genug sey, die ganze Seele zu er-
schüttern, wenn auch gleich kein Umsturz der ganzen Staatsverfassung
darauf folgte."[44]

Lessing vollendet sein auf drei Akte angelegtes Trauerspiel nicht ter-
mingerecht (das Preisausschreiben gewinnt Cronegks „Codrus") und
wendet sich einstweilen anderen Arbeiten zu. Erst eine gute Dekade
später, nach dem Scheitern des Hamburger Nationaltheaters, im ersten
Jahr der Wolffenbütteler Bibliothekarszeit, wird das liegengebliebene
Projekt wieder aufgenommen und nun auch abgeschlossen. Am 13.
März 1772 findet die Uraufführung der „Emilia Galotti" zu Ehren des
Geburtstags der Herzogin Philippe Charlotte in Braunschweig statt.
Gegenüber seinem Bruder Karl nennt Lessing das neue Trauerspiel „eine
modernisirte, von allem Staatsinteresse befreyete Virginia"[45]; an den
Herzog schreibt er wenige Tage vor der Premiere, die „Emilia Galotti"
sei „weiter nichts als die alte Römische Geschichte der Virginia in einer
modernen Einkleidung".[46] Man tut gut daran, diese Selbstcharakterisie-
rung kritisch zu durchleuchten und ihre Worte sorgfältig zu wägen. Im
Vordergrund muß dabei die Frage stehen, ob nicht gerade die ‚moderne
Einkleidung' ein neues ‚Staatsinteresse' erschließt, freilich ein subtileres,
als das, welches die Überlieferung des Livius tangierte.

[42] Lessing, Werke, Bd. III, S. 257
[43] Lessing, Brief an Nicolai vom 21.1.1758, in: Sämtliche Schriften, Bd.XVII, S.133
[44] Lessing, Brief an Nicolai vom 21.1.1758, in: Sämtliche Schriften, Bd.XVII, S.133
[45] Lessing, Brief an Karl Lessing vom 1.3. 1772, in: Sämtliche Schriften, Bd.XVIII, S. 22
[46] Lessing, Brief an Herzog Carl von Braunschweig, Anfang März 1772, in: Sämtliche Schriften, Bd. XVIII, S. 23

Mit einer berühmtgewordenen Formulierung hat Friedrich Schlegel die „Emilia Galotti" als „Exempel der dramatischen Algebra" apostrophiert, als ein „in Schweiß und Pein producirte(s) Stück des reinen Verstandes"[47], das man bewundern müsse, ohne von ihm wirklich berührt zu werden. Schlegels Charakterisierung zeichnete die Bahnen vor, in denen sich die Rezeption des Trauerspiels bis ins 20. Jahrhundert hinein bewegte; gelobt wird auch heute noch die kalkulierende Intelligenz, mit der Lessing seine Handlung entwickelt, kritisiert dagegen die Präponderanz der Wirkungsorientierung, die die Entfaltung eines nuancierteren psychologischen Dramas verhindere.[48] Daß „alles nur gedacht" sei und „nicht einmal Zufall oder Caprice"[49] das dramatische Geschehen beeinflußten, hat schon der junge Goethe 1772 in einem Brief an Herder bemängelt; August Wilhelm Schlegel stört sich ganz ähnlich an der Manier, mit der die „Leidenschaften" in Lessings Trauerspiel „mehr scharfsinnig und witzig characterisirt als beredt ausgedrückt"[50] seien; noch Friedrich Hebbel findet 1839 die Psychologie der Figuren „zu absichtlich auf ihr endliches Geschick, auf die Katastrophe, berechnet"[51].

Als Musterstück der ‚dramatischen Algebra' ist Lessings „Emilia Galotti" vor allem eine aristotelische Tragödie, die sich fast durchgängig an die Regeln der „Poetik" hält (und allein deshalb nicht dem Geist der beginnenden Sturm- und Drang-Periode entspricht).[52] Die Bestimmun-

---

47  Friedrich Schlegel, Über Lessing (1797), in: Werke. Kritische Ausgabe, hrsg. v. Ernst Behler unter Mitwirkung v. Jean-Jacques Anstett und Hans Eichner, München, Paderborn, Wien 1958ff. Bd. II, S. 116

48  Zur prosperierenden, kaum noch überschaubaren Einzelforschung die Bibliographien bei Guthke, Das deutsche bürgerliche Trauerspiel, S.75f. und Gerhard Bauer, Gotthold Ephraim Lessing: „Emilia Galotti", München 1987, S. 101f.

49  Goethe, WA IV,2, S. 19; anders dagegen Herder, der sich noch 1793 in den Humanitätsbriefen beeindruckt von der Brisanz der Lessingschen Fürstenkritik zeigt und auch die ästhetischen Qualitäten des Trauerspiels lobt (Sämtliche Werke, Bd. XVII, S. 185f.)

50  August Wilhelm Schlegel, Vorlesungen über dramatische Kunst und Literatur (1809), in: Kritische Schriften und Briefe, Bd. VI, S. 274

51  Friedrich Hebbel, Sämtliche Werke. Historisch-kritische Ausgabe, hrsg. v. Richard Maria Werner, Berlin 1901ff., 2. Abt., Bd. I,  S. 330

52  Unverständlich hier das Urteil von Fred O. Nolte, der  Lessings Trauerspiel für „völlig unaristotelisch" hält (Fred O. Nolte, Lessings ‚Emilia Galotti' im Lichte seiner ‚Hamburgischen Dramaturgie' <1938>, in: Gotthold Ephraim Lessing,

gen zur Einheit von Zeit und Handlung werden ebenso konsequent
eingehalten wie die Regeln über den Aufbau der Fabel, über Verknüpfung und Lösung; Anagnorisis und Peripetie, im vierten Akt durch die
Gräfin Orsina ausgelöst, bleiben eng miteinander verbunden, das Pathos resultiert aus einem Unglücksfall, der sich zwischen Verwandten
zuträgt, die leidenden Helden besitzen jene Ähnlichkeit mit dem Zuschauer, die nicht erst die „Hamburgische Dramaturgie" zur entscheidenden Wirkungsprämisse des Trauerspiels macht. Ignoriert hat Lessing, wie schon in der „Sara Sampson", das Prinzip der Einheit des Ortes,
das kein Gebot der aristotelischen „Poetik" vorstellt, sondern erst im
Zeitalter der tragédie classique aufkommt. Die wechselnde Ortswahl, so
wurde häufig bemerkt, trägt ihrerseits zur Charakterisierung des Geschehens bei: die städtische Residenz des Prinzen, in der die Handlung
beginnt, bezeichnet die Sphäre der Macht, das Wohnhaus der Galottis
im zweiten Aufzug die – gegen Angriffe von außen keineswegs geschützte – familiäre Zone, das Lustschloß Dosalo den Ort der erotischen Verführung, wo der von Gonzaga repräsentierte Absolutismus der Leidenschaften mit Hilfe von Lüge und Intrige zur Erfüllung kommen soll.[53]

Fast sklavisch hält sich Lessing an das Gebot der Zeiteinheit, ohne
deshalb aber ins Fahrwasser des Gottschedschen Schematismus zu geraten. Daß das Geschehen in annähernd 12 Stunden abläuft, geht hinreichend aus den Anmerkungen der dramatis personae hervor: der Prinz
macht „früh Tag" (I,1, 130)[54], vom „Morgen" (II,2, 144) spricht zu
Beginn des zweiten Akts auch Odoardo; die Fahrt nach Sabionetta, wo
die Vermählung von Emilia und Appiani erfolgen soll, findet, wie
Marinelli und Pierro unabhängig voneinander erklären, gegen Mittag
statt, was die Vermutung nahelegt, daß das Geschehen des dritten und
vierten Akts, also die Ereignisse nach dem Überfall auf die Hochzeitsgesellschaft, sich am frühen Nachmittag zutragen; wenn der Prinz gegen
Ende des fünften Aufzugs erklärt, es werde „spät" (V,5, 199), so deutet
das auf das Hereinbrechen des Abends hin, der eine baldige Rückkehr
in die städtische Residenz erfordert. Dem gedrängten Zeitablauf des

---

hrsg. v. Gerhard und Sibylle Bauer <=Wege der Forschung CCXI>, Darmstadt
1968, S. 214-244, S. 239)
[53] Über die charakterisierende Funktion des szenischen Orts zumal Pütz, Die Leistung der Form, S. 152ff.
[54] Textzitate nach Lessing, Werke, Bd. II, S. 127-204

Trauerspiels entspricht das Motiv der Zeitnot der dramatis personae, mit dessen Hilfe sich das formale Prinzip auf höherer Ebene – als inhaltlicher Aspekt des Tragödiengeschehens – spiegeln darf. „Heute sagen sie? schon heute?" (I,6, 140) fragt der Prinz, nachdem ihn Marinelli von der bevorstehenden Verheiratung Emilias in Kenntnis gesetzt hat; in geschäftiger Unruhe macht Odoardo seinen Besuch bei der Familie, als eile ihm die Zeit davon (II,2, 144); Ungeduld treibt auch Appiani und macht ihn zum Sklaven der Uhr: „Ja, wenn die Zeit nur außer uns wäre! – Wenn eine Minute am Zeiger, sich in uns nicht in Jahre ausdehnen könnte!" (II,8, 156)[55]

Die Zeit der Tragödie und die Tragödie der Zeit gehören in Lessings Drama unmittelbar zusammen. Der gedrängten Spielhandlung korrespondiert die innere Unruhe der Figuren, die ständig fürchten, ihr Ziel zu spät zu erreichen und Vorhaben nicht rechtzeitig umsetzen zu können. So spiegelt sich in der äußeren Verknappung der Tragödienzeit und der gespannten Dynamik ihres Fortschreitens ein subjektives Grundgefühl der dramatis personae: die Angst vor der Verfehlung des Geplanten, die Ahnung des Scheiterns, die sich im Vollzug der Handlung auf tragische Weise erfüllt. Das Motiv des Zeitmangels, das allenthalben zur Sprache kommt, verdeckt jedoch nur oberflächlich, daß die Figuren selbst auf jeweils verschiedene Weise für das Mißglücken ihrer Absichten verantwortlich bleiben.

So konservativ Lessings strenge Orientierung an den dramatischen Einheiten wirkt, so originell ist das, was er aus ihr für sein Trauerspiel gewinnt. Ort und Zeit sind in der „Emilia Galotti" nicht nur formale Kategorien, sondern lebendige Größen, die unmittelbar auf das Geschick der Figuren einwirken. Indem Lessing ihnen eine spezifische Motivfunktion im Rahmen der Handlung zuweist, nähert er sich bereits den Bauprinzipien des ‚offenen' Dramas, wie sie von Goethes „Götz" und Lenz' „Hofmeister", später von Büchner, Grabbe und Wedekind praktisch vorgeführt werden.[56] Ort und Zeit sind keine beliebigen Faktoren des tragischen Geschehens, sondern selbst Spiegel der Konflikte, die das Trauerspiel aufwirft.

---

55   Zur inhaltlichen Funktion der Zeit und zum Motiv der Unruhe die Analyse von Ter-Nedden, Lessings Trauerspiele, S. 178f.
56   Grundlegend hier Volker Klotz, Geschlossene und offene Form im Drama, München 1960, S. 67f., 125f.

Auch die Sprache des Dramas hat sich von den Standards der aufgeklärten Tragödie an entscheidenden Punkten bereits entfernt. Im Gegensatz zur distanzierten Diktion der „Sara Sampson" ist der Duktus der
Dialoge jetzt häufig ein Reflex der Gemütsverfassung, welche die Figuren beherrscht.[57] Satzbrüche, Versprecher, Wiederholungen, Gedanken-
sprünge und Assoziationen gehören zum Repertoire dieser neuen Dramensprache, deren Ausdrucksqualitäten entschieden zugenommen
haben. „Desto schlimmer", entfährt es dem Prinzen, als sein Kammerdiener ihm die Ankunft der Orsina in der Stadt meldet (I,1, 130); „Was
für ein Unglück, oder vielmehr, was für ein Glück – was für ein glückliches Unglück verschafft uns die Ehre –" (III,4, 167), so stammelt
Marinelli, wenn ihm Emilia nach dem Überfall auf die Kutsche in Dosalo
entgegentritt; wie gedankenverloren erklärt die Gräfin Orsina Odoardo
die wahren Zusammenhänge der Intrige: „Des Morgens, sprach der
Prinz Ihre Tochter in der Messe; des Nachmittags, hat er sie auf seinem
Lust- Lustschlosse." (IV,7, 188) Die Sprache wird zum bisweilen verräte-
rischen Spiegel des Unbewußten, zum Medium vielfältiger Assoziationen, die rational häufig nicht mehr steuerbar sind. Von „fliegenden
Gedanken"[58] sprechen diesbezüglich Leibniz' posthum publizierte
„Nouveaux essais" (1765), deren subtile Analyse der menschlichen Wahr-
nehmungspsychologie Lessing mit einiger Sicherheit gekannt haben
dürfte.

Mit Hilfe der neuen Dramensprache, die die „Emilia Galotti" vorführt, lassen sich nicht nur Affektzustände facettenreich erfassen, sondern auch Erkenntnisprozesse genauer als bisher wiedergeben. Ein Musterbeispiel dafür bietet Orsinas Gespräch mit Marinelli (IV,5), das der
Gräfin sukzessive Gewißheit über die eigentlichen Zusammenhänge des
Geschehens verschafft. Gedankenstriche, Satzbrüche, Parenthesen, Interjektionen und Wiederholungen kennzeichnen hier den Sprachstil der

---

57  Instruktiv die genaue Analyse bei Jürgen Schröder, Gotthold Ephraim Lessing.
    Sprache und Drama, München 1972, S.191ff.; zum Dialogstil auch Pütz, Die
    Leistung der Form, S. 163f.
58  Gottfried Wilhelm Leibniz, Nouveaux essais sur l'entendement humain (1765),
    in: Philosophische Schriften, Bd. III,1, S. 261 (Kap. XXI, §12; im französischen
    Originaltext deutsch). Auf Leibniz' Schrift verweisen in diesem Zusammenhang
    ohne näheren Kommentar schon v. Wiese, Die deutsche Tragödie von Lessing bis
    Hebbel, S. 35 (mit falscher Datierung) und Koopman, Drama der Aufklärung,
    S. 130

Orsina und charakterisieren in kunstvoller Kombination die allmähliche Entwicklung intellektueller Einsichten beim Reden. Auch an diesem Punkt nähert sich Lessings Trauerspiel bereits den Formmustern des Sturm und Drang, ohne vollends mit ihnen zur Deckung zu kommen. Der Dialog ist jetzt offener für natürliche Ausdrucksnuancen geworden, in denen sich seelische und kognitive Prozesse gleichermaßen spiegeln können. Es gehört freilich zum intellektuellen Selbstverständnis des Aufklärers Lessing, daß er die Sprache weiterhin für das zuverlässigste Instrument der Figurencharakterisierung hält und ihr gegenüber die Möglichkeiten der gestisch-mimischen Darstellung in den Hintergrund drängt. Das vor allem unterscheidet ihn von den Stürmern und Drängern, in deren Dramen das stumme Spiel des menschlichen Körpers entscheidend an Bedeutung gewonnen hat.[59]

Goethe beklagte in seinem Brief an Herder, daß der Zufall in Lessings Tragödie keinen Platz habe, weil das gesamte Geschehen wie am Reißbrett konstruiert sei.[60] Goethes kritisches Diktum bezieht sich zumal auf den Bau der tragischen Handlung und das Prinzip der inneren Kausalität, dessen Bedeutung für die Fabelführung schon die „Hamburgische Dramaturgie" hervorgehoben hatte. Während der junge Goethe im Zufall gerade einen natürlichen Faktor des Geschehens sieht, der dem Drama Lebendigkeit verschafft, hält Lessing ihn für ein irrationales Element, das dem Gebot der poetischen Wahrscheinlichkeit zuwiderläuft. Vom ,Zufall' ist nun allerdings in der „Emilia Galotti" selbst häufig die Rede; er repräsentiert für sämtliche dramatis personae eine zentrale Kategorie, an der Möglichkeiten und Grenzen menschlichen Handelns abgelesen werden.

„Welch ein Zufall!" (III,4, 168) ruft Emilia aus, nachdem sie von Marinelli erfahren hat, daß sie sich auf Dosalo, dem Lustschloß des Prinzen befindet. Bleibt ihre Reaktion ein Zeichen der Naivität, der sich die wahren Zusammenhänge des Geschehens verschließen, so erscheint

---

[59] Zu Pantomime und Körpersprache Gert Mattenklott, Melancholie in der Dramatik des Sturm und Drang, Frankfurt/M. 1985 (2. Aufl., zuerst 1968), S. 67f., 125f.

[60] Goethe, WA IV,2, S.19. Goethe hat diese Ansicht später revidiert, wie überhaupt seine Urteile über die „Emilia Galotti" höchst unterschiedlich ausfallen (vgl. Müller <Hrsg.>, Erläuterungen und Dokumente, S. 71f., Steinmetz <Hrsg.>, Lessing – ein unpoetischer Dichter, S. 230f.).

es bereits bedenklich, wenn in der nächsten Szene der Prinz seine bestens inszenierte Begegnung mit Emilia ihr gegenüber als „Zufall" und „Wink eines günstigen Glückes" (III,5, 169) bezeichnet, obwohl er doch weiß, daß sie das Resultat von Intrige und geplantem Verbrechen ist. Während der Prinz hier in die geschmeidige Sprache der Galanterie verfällt, die Sein und Schein kunstvoll miteinander verknüpft, verwendet Marinelli das Wort vom ,Zufall' einzig aus taktischen Gründen, um die wahren Hintergründe der Ereignisse zu verschleiern; von einem „so traurigen Zufalle" (V,1, 192) spricht er gegenüber Odoardo, ähnlich tückisch nennt er Orsinas Ankunft „Zufall", obgleich er den Brief kennt, der ihr Kommen längst angekündigt hat. Der Gräfin bleibt es vorbehalten, den Begriff des ,Zufalls' scharfsinnig als Mittel der Täuschung zu entlarven, mit dessen Hilfe der Mensch die Verantwortlichkeit für sein Handeln kaschieren möchte: „Glauben Sie mir, Marinelli: das Wort Zufall ist Gotteslästerung. Nichts unter der Sonne ist Zufall; – am wenigsten das, wovon die Absicht so klar in die Augen leuchtet." (IV,3, 181)

Orsinas aufgeklärte Analyse wird bestätigt durch eine Formulierung Marinellis im vertraulichen Gespräch mit dem Prinzen: „Vorsatz und Zufall:", so heißt es da, „alles ist eins." (IV,1, 175) Das bezieht sich explizit auf den Ausgang des Überfalls und die Tötung Appianis, die wie Zufall aussieht, tatsächlich aber eine Folge des Vorsatzes bildet (man wird kaum Zweifel daran hegen, daß sie Marinelli selbst angeordnet hat).[61] Bezeichnend ist hier die Schlußfolgerung des Prinzen, der das recht unverhüllte Bekenntnis seines Kammerherrn als Lizenz zur moralischen Entlastung auslegt und damit fehldeutet: „Nun gut, nun gut. Sein Tod war Zufall, bloßer Zufall. Sie versichern es; und ich, ich glaub' es." (IV,1, 175) Nicht nur hier muß man gemäß Marinellis eigener Erläuterung an die Stelle des Wortes ,Zufall' den Begriff ,Vorsatz' rükken, um die wahren Zusammenhänge zu erfassen. Nichts, was in Lessings Trauerspiel geschieht, ist zufällig; die Ereignisse entwickeln sich

---

[61] Von hier aus relativiert sich die Bedeutung des Zufallsbegriffs für die dramatische Handlung; umso überraschender, daß die Forschung Marinellis Diktum nur selten zur Kenntnis genommen, stattdessen aber bisweilen die ,Zufälligkeiten' des Geschehens gerügt hat (Nolte, ,Emilia Galotti' im Lichte der ,Hamburgischen Dramaturgie', S. 225, Jochen Schulte-Sasse, Literarische Struktur und historisch-sozialer Kontext. Zum Beispiel Lessings „Emilia Galotti", Paderborn 1975, S. 61).

vielmehr mit innerer Konsequenz aus rationalem Kalkül und genau festliegenden Absichten.

Der Begriff des Zufalls berührt drei verschiedene Ebenen, die in der Forschungsdiskussion meist nicht hinreichend getrennt werden. Wenn Lessings Drama deutlich macht, daß sich der Mensch ohne Recht auf ‚Zufälle' beruft, weil sämtliches Geschehen Folge seiner eigenen Vorsätze ist, so entspricht das der aufgeklärten Vorstellung von der Freiheit des Individuums, das durch Gott das Recht auf Selbstbestimmung empfangen hat und aufgerufen bleibt, die ihm gegebenen Handlungsspielräume sinnvoll zu nutzen. Wer seine Verantwortung negiert, indem er dem Zufall zuschreibt, was Produkt autonomer Entscheidungen ist, leugnet die Möglichkeit dieser Freiheit und damit einen Grundzug der weltlichen Ordnung, an deren vernünftigem Bauplan die Aufklärung, belehrt durch Leibniz' Theodizee-Konzept, keinen Zweifel hegt. ‚Gotteslästerung' ist das Wort vom ‚Zufall' aber auch deshalb, weil im Diesseits nichts willkürlich und ohne innere Folgerichtigkeit geschieht. Die pointierte Formulierung der Orsina berührt neben dem Bereich der persönlichen Verantwortlichkeit des einzelnen für sein Schicksal auch den Aspekt der Kausalität, der in Leibniz' Theodizeebegriff eine entscheidende Rolle spielt. Zur besten aller denkmöglichen Welten wird die des Menschen vor allem dadurch, daß in ihr alle Ereignisse dem Gesetz des zureichenden Grundes gehorchen und gerade nicht Resultate von Zufall, Glück oder blindem Fatum darstellen.

Wenn Lessings dramatische Gestaltung auf den Faktor des Zufälligen verzichtet und sämtliche Glieder der Handlung in logischer Konsequenz aufeinander folgen läßt, so bildet dieses Verfahren auf der ästhetischen Ebene die Gesetzmäßigkeiten der vernünftig strukturierten Weltordnung nach. Der Zufall – und das wäre der dritte Aspekt – darf nach Lessing kein dramaturgisches Prinzip werden, weil dieses dem Imperativ der Naturnachahmung widerspräche. Als „Schattenriß von dem Ganzen des ewigen Schöpfers"[62] muß der Autor seine Tragödie anlegen, will er, wie es in der „Hamburgischen Dramaturgie" hieß, den Bestimmungen des Mimesis-Gebots genügen. Das wiederum bedeutet, daß das rationale Telos der Natur im künstlerischen Werk selbst aufgehoben und erfaßt sein muß, der Zufall jedoch in den Hintergrund zu treten hat. Einer

---

[62] Lessing, Hamburgische Dramaturgie, in: Werke, Bd. IV, S. 598 (79. Stück)

Weltordnung, in der der Glaube an Zufälligkeiten Gotteslästerung wäre, entspricht eine dramatische Handlungsführung, die sämtliche Glieder des tragischen Geschehens logisch auseinander hervorgehen läßt.

Die Entlarvung des Zufallsbegriffs durch die Gräfin Orsina provoziert zwangsläufig die Frage nach der moralischen Verantwortung der tragischen Figuren. Daß das Geschehen nicht von höheren Mächten gelenkt, sondern von den dramatis personae gesteuert wird, schließt den Einfluß irrationaler Faktoren keineswegs aus. Der Ausgangspunkt des mit kaltem Verstand in Szene gesetzten Verbrechens, das die Ereignisse ins Rollen bringt, ist die entfesselte Leidenschaft des Prinzen. Am Beginn der tragischen Handlung steht damit die Emotion, nicht der Verstand: „(...) weg ist meine Ruhe, und alles!" (I,1, 129) so erklärt Gonzaga in der Anfangsszene, die ihn als Getriebenen zeigt, der, wie er selbst sagt, zum „Raub der Wellen" (I,6, 140) wird. Die Dominanz des Gefühls führt zur Suspension des Selbstbestimmungsanspruchs: „Liebster, bester Marinelli, denken Sie für mich." (I,7, 140) Wenn der Prinz im Moment leidenschaftlicher Erregung die ihm gegebenen Möglichkeiten, sein Schicksal autonom zu steuern, freiwillig an den Kammerherrn abtritt, so signalisiert das auch, daß er unfähig bleibt, Emotion und Verstand ins Gleichgewicht zu bringen. Seine Bitte bedeutet explizit den Verzicht auf jenes ‚Selbstdenken', das den zentralen Programmwert der Aufklärung bildet; sie ist eine Kapitulationserklärung der Vernunft vor der Macht des Gefühls.

Nicht allein der Prinz wird von Unruhe und unergründlichen Affekten bestimmt. Sämtliche dramatis personae zeigen sich beherrscht durch eine Vielzahl verschiedenster Leidenschaften, irrationaler Ahnungen und gemischter Empfindungen; selbst Marinelli, der fast stets den kühlen Kopf bewahrt, verliert im Laufe des Geschehens, wie das Orsina-Gespräch zeigt, die habitualisierte Contenance des Höflings und verstrickt sich in Widersprüche, die seine beträchtliche Nervosität dokumentieren. Die Gewalt der Emotionen und die unheimliche Dominanz des Irrationalen, das die gesamte Handlung regiert, bekunden sich schon in der Art und Weise, wie die Figuren auftreten. Odoardo „sprengt" zu Pferde in den „Hof" des Galottischen Stadthauses, getrieben von innerer Unruhe und fast manischem Überwachungseifer (II,1, 144); Claudia, nicht ganz angenehm überrascht (auch wenn sie das Gegenteil behauptet), „eilt" (II,1, 144) ihm sogleich entgegen, als wolle sie der Hektik dieses Auftritts die Wucht nehmen, ohne dabei verbergen zu können, daß der Besuch ungelegen kommt und den häuslichen Frieden stört; Emilia „stürzet in einer ängstlichen Verwirrung" (II, 6, 150) auf die Szene, noch außer Atem nach der furchteinflößenden Begegnung mit dem Prinzen, fassungslos und nur langsam zur Sprache findend; Appiani betritt die Bühne gedankenverloren, „mit vor sich hingeschlagnen Augen" (II,7, 154), offenkundig in melancholischer Stimmung und von düsteren Ahnungen gepeinigt; die Gräfin Orsina schließlich übersieht in ihrem Zorn über den unfreundlichen Empfang zu Dosalo, daß Marinelli längst vor ihr steht, und kann ihre innere Erregung nur mühsam verbergen (IV,3, 178). Vorahnungen, Unruhe, Anspannung, Leidenschaft und Ungeduld beherrschen sämtliche dramatis personae, ohne daß sie imstande wären, ihre Emotionen hinreichend zu kontrollieren.

Lessings Figuren werden zwar durch unterschiedliche Wertvorstellungen und gesellschaftliche Gegensätze voneinander getrennt, jedoch vereint sie die Tatsache, daß sie gleichermaßen im Bann der Leidenschaften stehen. Vor allem anderen ist die „Emilia Galotti" zunächst ein Trauerspiel der Emotionen, das die bedrohliche Macht des Irrationalen ebenso darstellt wie die Unfähigkeit des Menschen, Affekt und Vernunft in ein ausgeglichenes Verhältnis zu bringen. Besonders eindringlich zeigt sich diese Malaise an den Antagonisten des Dramas, an Odoardo und dem Prinzen, die zumeist als gegensätzliche Charaktere und Vertreter verschiedener sozialer Wertsysteme interpretiert werden, gleichwohl aber Gemeinsamkeiten aufweisen, die man gern übersieht. Beklagt der Prinz zu Beginn den Verlust seiner Ausgeglichenheit, den ihm der Furor der Leidenschaften beigebracht hat, so muß sich am Ende des Trauerspiels Odoardo zur Ruhe zwingen, nachdem ihn die Orsina über die Hintergründe des Geschehens aufklären durfte: „Gut; ich soll noch kälter werden. Es ist mein Glück – Nichts verächtlicher, als ein brausender Jünglingskopf mit grauen Haaren!" (V,2, 193) Odoardos Zorn scheint nicht allein das Produkt der konkreten Situation, sondern von vornherein Merkmal seines Charakters zu sein. „Als „stolz und rauh" (I,4, 133) bezeichnet ihn der Prinz, von seiner „rauhen Tugend" (II,5, 149) spricht ganz ähnlich Claudia. Odoardo und der Prinz verkörpern a priori Charaktere, die dem Sturm der Affekte wehrlos gegenüberstehen; ist

Gonzaga der ‚Raub' seiner erotischen Leidenschaften, so Odoardo das Opfer eines cholerischen Temperaments.[63]

Vergleichbar liegen die Verhältnisse bei Emilia und der Gräfin Orsina. Auch sie sehen sich in entscheidenden Momenten von Emotionen bestimmt, die die Kräfte der Vernunft lähmen. Die Orsina wird zwar von Marinelli ironisch als „Philosophin" (IV,3, 180) tituliert und beweist ihre Verstandesgaben gerade im Dialog mit dem Höfling aufs beste, steht jedoch wie die anderen dramatis personae ebenfalls unter dem dominierenden Einfluß der Leidenschaft. Eifersucht, gekränkte Eitelkeit und Haß regieren ihre Handlungen und lassen sie zur, freilich gemäßigten, Nachfolgerin der Marwood werden, die das tödliche Geschäft der Rache nicht mehr selbst übernehmen, sondern anderen übertragen möchte.[64] Lessing verdeutlicht hinreichend, daß die Orsina, so vernünftig ihre Einsichten bisweilen auch wirken, ein Opfer unkontrollierter Affekte bleibt und sich außerstande zeigt, ihren Leidenschaften Einhalt zu gebieten. Die Rachgier der gekränkten Mätresse wird zum Funken, der die Lunte in Brand setzt und jene Katastrophe auslöst, die dann nicht dem ‚Staatsinteresse' Genüge tut, sondern die Ohnmächtigen trifft. Eifersucht und Zorn, personifiziert in Orsina und Odoardo, evozieren den exitus infelix, der, genau betrachtet, weniger das Resultat eines moralischen Notstands als vielmehr die Folge verschiedener affektiver Fehldispositionen bildet.

---

63 Die neuere Forschung neigt generell zu einer kritischen Einschätzung der Odoardo-Figur (Durzak, Das Gesellschaftsbild in Lessings „Emilia Galotti", in: Lessing Yearbook I <1969>, S. 60-88, S. 73f., Wierlacher, Das Haus der Freude oder Warum stirbt Emilia Galotti, in: Lessing Yearbook V <1973>, S. 147-162, S. 158, Schulte-Sasse, Zum Beispiel Lessings „Emilia Galotti", S.79, Claudia Albert, Der melancholische Bürger. Ausbildung bürgerlicher Deutungsmuster im Trauerspiel Diderots und Lessings, Frankfurt/M., Bern 1983, S.112f., Ter-Nedden, Lessings Trauerspiele, S.198f., Bauer „Emilia Galotti", S.39f.); anders dagegen noch (mit Hinweis auf den Vorbildcharakter des bürgerlich denkenden Hausvaters) Wilhelm Dilthey, Das Erlebnis und die Dichtung, Dresden 1907 (2.Aufl., zuerst 1905), S. 63f. u. Harry Steinhauer, Die Schuld der Emilia Galotti, in: Interpretationen 2. Deutsche Dramen von Gryphius bis Brecht, hrsg. v. Jost Schillemeit, Frankfurt/M., Hamburg 1965, S. 49-61, S. 51

64 Über Marwood und Orsina vor allem Rolf-Peter Janz, „Sie ist die Schande ihres Geschlechts". Die Figur der femme fatale bei Lessing, in: Jahrbuch der deutschen Schillergesellschaft 22 (1979), S. 207-221

Emilia schließlich, erzogen unter dem Diktat eines strengen Tugend-
begriffs, sieht sich den – zunächst nur rhetorisch bleibenden – Verfüh-
rungsversuchen des Prinzen ebenso wehrlos ausgeliefert wie den sinnlichen Gefühlen, die diese Versuche hervorrufen. Die äußere Erschütterung, von der ihr Bericht über die Szene in der Kirche zeugt, entspringt
nicht eigentlich der Angst vor den konkreten erotischen Konsequenzen
der Nachstellungen Gonzagas (die sie als künftige Ehefrau Appianis
ohnehin kaum zu befürchten hat), sondern einer fundamentalen Unsicherheit im Umgang mit der Sphäre des Sinnlichen schlechthin. Hinter Emilias Entsetzen, das sich in der sprachlichen Diktion ihres Berichts
aufs deutlichste manifestiert, wird weniger die objektive Bedrohlichkeit
von Gonzagas Verführungsabsichten kenntlich als vielmehr die Tragödie einer Erziehung, die auf Restriktionen gründet und Tugend primär
durch die Verdrängung natürlicher Gefühle gewährleistet sieht.

An diesem Punkt tritt sehr genau zutage, wie kunstvoll Lessing das
Trauerspiel der Emotionen mit dem sozialen Drama verknüpft hat.
Movens des tragischen Ausgangs ist die affektive Anlage der Figuren, die
eben nicht jenen wohltemperierten Charakter aufweisen, den die
„Hamburgische Dramaturgie" als Erziehungsideal entwickelt, sondern
durch einseitige Ausprägungen bestimmter emotionaler Dispositionen
gekennzeichnet sind; ungehemmte Sinnlichkeit, Rachgier, Furchtsamkeit und Zorn, personifiziert durch den Prinzen, Orsina, Emilia und
Odoardo, lösen am Schluß, zusammenwirkend und verhängnisvoll einander verstärkend, die tragische Katastrophe aus. Zu dieser problematischen Konstellation unkontrollierter Leidenschaften tritt jedoch das
soziale Profil des Konflikts. Lessing hat sein Trauerspiel nicht im gesell-
schaftsfreien Raum angesiedelt, wie neuerdings einige Interpreten behaupten[65], sondern der Tragödie der Affekte einen genau bezeichneten sozialen Ort angewiesen. Zum Opfer ihrer Emotionen werden die dramatis
personae vor allem als Vertreter von Werten und Normen, in denen sich
auch das Ungleichgewicht der bestehenden Machtverhältnisse widerspiegelt.

Der Prinz figuriert in Lessings Drama nicht allein als Wahlverwandter
von Richardsons Lovelace; der Verführer ist hier zugleich regierender

---

[65]  Besonders strikt hier die (insgesamt anregende) Arbeit von Ter-Nedden, der den
sozialkritischen Impetus der „Emilia Galotti" ganz ausblenden möchte (Lessings
Trauerspiele, S. 187f.)

Duodezfürst mit unbeschränkter Machtvollkommenheit, ein Herrscher, der sämtliche Gewalten auf sich vereinigt und keinerlei legislativer Kontrolle unterliegt. Der empfindsam und bedingungslos liebende Gonzaga profiliert sich in Lessings Trauerspiel als (nicht unsympathischer) Vertreter höfischer Galanterie ebenso wie als absolutistischer Regent, der, wenn ihm der Sinn danach steht, ein Todesurteil ohne nähere Prüfung unterschreibt (I,8, 142), „ein kleines stilles Verbrechen" (IV,1, 176) gutheißt, sofern es ihm nützlich ist, die Freizügigkeit seiner Untertanen nach Belieben einschränkt (V,5, 199) und Gerichtsverhandlungen willkürlich anberaumt, um eigene Interessen zu fördern (V, 5, 198). Vom Prinzen geht eben nicht nur die sinnliche Gewalt der Verführers aus, vor der Emilia zu kapitulieren fürchtet, sondern auch die politische des absolutistischen Herrschers, die seiner Leidenschaftlichkeit ein bedrohliches Profil gibt, weil sie die Emotion zum inkalkulablen Element der Politik werden läßt.[66] Lessings Hinweis, sein Trauerspiel sei ‚eine modernisirte, von allem Staatsinteresse befreyete Virginia', ist vor diesem Hintergrund nichts als ein taktisches Manöver, das von der Subtilität ablenkt, mit der hier Kritik am Absolutismus geübt wird.

Auf der anderen Seite gerät Emilia nicht zufällig in den Sog der Intrige. Zum Opfer scheint sie prädestiniert, weil sie unter dem Einfluß einer Erziehungspraxis steht, die ihr sittlich-religiöse Grundsätze, aber keine natürliche Beziehung zu den Affekten vermittelt hat, Tugend als Negation jeglicher Form von Sinnlichkeit begreift und Erfahrungsentzug für das geeignete Instrument zur Durchsetzung ihres moralischen Rigorismus hält. In Odoardos Argwohn, seiner Neigung zu Überwachungsstragien und Gemütsspionage, im autoritären Habitus des ‚biederen' (I,4, 133) Hausvaters, dem jeder selbständige Schritt der Tochter das Risiko eines moralischen Fehltritts bedeutet (II, 2, 145), treten die Defizite dieser restriktiven Erziehung deutlich zutage. Das Gebot der Selbstbestimmung, das sich aus dem Freiheitsgedanken der Leibnizschen Theodizee ableiten läßt, wird hier im Namen der Tugend pervertiert.[67]

---

[66] Zur Verschränkung von Verführungsgewalt (violentia) und politischer Macht (potestats) hier Schulz, Tugend, Gewalt und Tod, S. 283f.

[67] Leibniz, Die Theodizee von der Güte Gottes, der Freiheit des Menschen und dem Ursprung des Übels, in: Philosophische Schriften, Bd.II/1, S.10 (Erziehung zur vernünftigen Tugend und Frömmigkeit als Erfüllung der von Gott verliehenen Freiheit der Selbstbestimmung)

Schillers Schaubühnenrede bezeichnet, mit offenkundigem Bezug auf Lessings „Emilia Galotti", die Bekämpfung von „Irrthümer(n) der Erziehung" als einen der wichtigsten Zwecke des Dramas: „Keine Angelegenheit ist dem Staat durch ihre Folgen so wichtig als diese, und doch ist keine so Preiß gegeben, keine dem Wahne, dem Leichtsinn des Bürgers so uneingeschränkt anvertraut, wie es diese ist. Nur die Schaubühne könnte die unglücklichen Schlachtopfer vernachläßigter Erziehung in rührenden erschütternden Gemählden an ihm vorüberführen; hier können unsre Väter eigensinnigen Maximen entsagen, unsre Mütter vernünftiger lieben lernen."[68] Zur Erziehungstragödie avanciert die „Emilia Galotti" dort, wo sie zeigt, wie der Anspruch auf die Verwirklichung der persönlichen moralischen Freiheit einem letzthin abstrakt bleibenden Rigorismus geopfert wird. Der Kunstgriff von Lessings Trauerspiel besteht darin, daß es an diesem Punkt keine einseitigen Schuldzuweisungen vornimmt, sondern das Drama der fehlverstandenen bürgerlichen Tugend mit der Tragödie der Leidenschaften und der politischen Problematik verschränkt.[69] Der alte Streit der Forschung, ob die „Emilia Galotti" als Beitrag zur Kritik des Absolutismus oder als Familiendrama zu lesen sei, ist ohne Frage hinfällig; in der Verknüpfung beider Aspekte dokumentiert sich Lessings literarische Meisterschaft, in der Ambivalenz des dargestellten Konflikts die historische Widersprüchlichkeit einer bürgerlichen Emanzipationsbewegung, die an sich selbst und ihrem Gegner gleichermaßen zu scheitern droht.

Kaum eine Frage ist in der Lessing-Forschung so häufig gestellt und so unterschiedlich beantwortet worden wie jene nach den Gründen, die zum selbstgewählten Tod der Titelheldin führen. Die Schlußszene des Trauerspiels hat man als Rückfall in die Märtyrertragödie gedeutet, als Reflex einer politischen Kapitulation des Bürgertums, als Anklage gegen die aristokratische Amoral ebenso wie als Abrechnung mit einem falsch verstandenen Tugendrigorismus.[70] Zunächst wäre festzuhalten, daß

---

68  Schiller, Was kann eine gute stehende Schaubühne wirken? (1785), NA XX, S. 98
69  So auch Seeba, Die Liebe zur Sache, S. 97 u. Ursula Friess, „Verführung ist die wahre Gewalt". Zur Politisierung eines dramatischen Motivs in Lessings bürgerlichen Trauerspielen, in: Jahrbuch der Jean-Paul-Gesellschaft 6 (1971), S. 102-130, S. 123f.
70  Steinhauer, Die Schuld der Emilia Galotti, S. 52f. (Opfer und Märtyrerin der Tugend), Seeba, Die Liebe zur Sache, S. 97, Wierlacher, Das Haus der Freude,

Emilias Sterben keineswegs gleichgesetzt werden darf mit einem Märty-
rertod, wie ihn Corneille im „Polyeuct" (1642), Gryphius in der „Catharina von Georgien" (1657), Hallmann in der „Sophia" (1671) oder
Cronegk in „Olint und Sophronia" (1757) dargestellt haben. Zwar erinnert Emilia selbst an die Heiligen der spätrömischen Antike, die für
ihren Glauben in den Tod gingen (V,7, 203), doch besitzt diese Anspielung vor allem rhetorischen Wert; mit ihrer Hilfe möchte die Tochter
es dem Vater erleichtern, den Dolch gegen sie zu richten und sein blu-
tiges Geschäft zu vollziehen. Es wäre falsch, aus Emilias Hinweis den
Schluß abzuleiten, als wollte Lessing selbst ihr den Status einer Märtyrerin zubilligen. Dagegen spricht zumal das vielzitierte Bekenntnis der
Titelheldin, sie sei nicht immun gegen erotische Verführung: „Ich habe
Blut, mein Vater; so jugendliches, so warmes Blut, als eine. Auch meine
Sinne, sind Sinne. Ich stehe für nichts. Ich bin für nichts gut." (IV,7,
202) Emilia stirbt keineswegs, weil sie an die Unverletzlichkeit des von
ihr vertretenen moralischen Prinzips glaubt; sie wählt den Tod, weil sie,
gerade umgekehrt, die Anfälligkeit ihrer Tugend und die Verführbarkeit
ihrer Sinne kennt.[71] Im Unterschied zur klassischen Märtyrerin, die ihr
sittliches Gesetz bis zum physischen Untergang verteidigt, bleibt dieser
physische Untergang für Emilia die einzige Möglichkeit, das sittliche
Gesetz zu bekräftigen. Emilia ist keine Märtyrerin der Tugend, sondern
einzig als Tote tugendhaft: das moralische Prinzip überlebt hier „nur im
Leichnam"[72].

Lessing hat damit die übliche Konstellation des Märtyrerdramas umgekehrt. Indem er Emilias Tod als letzte Möglichkeit zur Rettung der für

---

S. 158f., Schulte-Sasse, Zum Beispiel Lessings „Emilia Galotti", S.79 (bürgerliche
Resignation), Hermann Hettner, Geschichte der deutschen Literatur im achtzehn-
ten Jahrhundert. 2 Bde., Leipzig 1979, (2.Aufl., zuerst 1879), Bd.I, S.718f.,
Dilthey, Das Erlebnis und die Dichtung, S. 63f. (politische Anklage), Bauer,
„Emilia Galotti", S.39f. (Entlarvung bürgerlicher Tugendautorität)

[71] Insofern ist die immer wieder auflebende Diskussion über den vermeintlichen
Märtyrerschluß des Trauerspiels und mögliche Widersprüche zu Lessings theoretischen Positionen hinfällig; ähnlich argumentiert bisher nur Horst Steinmetz,
Aufklärung und Tragödie. Lessings Tragödien vor dem Hintergrund des Trauerspielmodells der Aufklärung, in: Amsterdamer Beiträge zur Neueren Germanistik I (1972), S. 3–41, S. 34f.

[72] Gert Mattenklott, Drama – Gottsched bis Lessing, in: Deutsche Literatur. Eine
Sozialgeschichte, Bd. IV, S. 295

sie gültigen moralischen Begriffe darstellt, unterzieht er diese selbst der
Kritik. Sein Trauerspiel, das nichts anderes als eine Verfremdung der
Märtyrertragödie vorführt, spricht am Ende das vernichtende Urteil
über eine bürgerliche Erziehung, die ihr eigenes Tugendideal nur im
Tod des Menschen konservieren kann. Als „wahre Gewalt" (V,7, 202)
erscheint zum Schluß nicht, wie Emilia erklärt, die Verführung, sondern
die Tat des Vaters, der seine Tochter ersticht, um sie vor dem Leben in
Schande zu schützen. Ein moralisches Gesetz aber, dessen Geltung nur
durch Mord gesichert werden kann, ist nicht besser als das, wogegen es
sich in diesem Fall richtet: die skrupellose Willkür des Verführers.[73]

Es wäre auf der anderen Seite fatal, wollte man die im Schlußakt
anklingende Kritik des bürgerlichen Tugendrigorismus gegen jene ausspielen, die den Prinzen und seinen Absolutismus des Herzens trifft.
Lessings Drama kämpft auch in diesem Fall an zwei Fronten; es verurteilt die Zwänge fehlverstandener bürgerlicher Moralität ebenso wie die
sittliche Indifferenz einer Aristokratie ohne Verantwortungsbewußtsein.
Daß die Tugend Emilias auf tönernen Füßen steht, weil sie das Resultat
einer restriktiven Erziehung ist, erteilt dem Verführer noch keine Abso-
lution; umgekehrt kann dessen bedenkenloses Handeln kaum davon
ablenken, daß die moralische Integrität der Galottis eher durch Zwang
als durch sittliche Autonomie garantiert wird. Die doppelte Stoßrichtung von Lessings Kritik gemahnt hier erneut an die historische Über-
gangssituation, die Bürgertum und Adel am Vorabend der Revolution
beherrscht; die gesellschaftlichen Antagonismen, die in der „Emilia
Galotti" aufscheinen, sind damit auch das Resultat einer scheiternden
Selbstbestimmung des Menschen, Ausdruck für die Verfehlung jener
freiheitlichen Möglichkeiten, die schon Leibniz' Theodizee-Schrift dem
Individuum zugestanden hatte.

In der Entwicklungsgeschichte des Trauerspiels der Aufklärung bildet die „Emilia Galotti" Höhepunkt und Abschluß zugleich. Geschult
an den Gesetzen der Normpoetik und auf der Grundlage einer streng
aristotelischen Dramaturgie zeigt Lessings Werk noch einmal die be-
trächtlichen Wirkungsmöglichkeiten einer regelmäßig gebauten Tragö-

---

73  So auch Ter-Nedden, Lessings Trauerspiele, S. 234f., der allerdings die politische
    Brisanz des Schlusses entschärft, wenn er Odoardos Tat als Ausdruck eines falsch-
    verstandenen Heroismus, nicht als Reflex bürgerlicher Wertvorstellungen inter-
    pretiert.

die. Der Reiz der „Emilia Galotti" liegt in der Intelligenz der formalen
Konstruktion, dem kühlen Kalkül der szenischen Chronologie, der psychologischen Subtilität der Konfliktdarstellung. Die junge Autorengeneration des Sturm und Drang mochte dem ausgereiften Meisterstück
der dramatischen Rechenkunst den Respekt nicht verweigern; leiden-
schaftlich begeistern konnte sie sich für Lessings Trauerspiel kaum.
Orientiert am großen Vorbild Shakespeare, beschritt man jetzt andere
Wege; sie führten fort von der aristotelischen Wirkungslehre, hinein in
die weitgehend unerschlossenen Reservate des Charakterdramas. Goethes
„Götz" lieferte hier das deutsche Muster, an dem sich vor allem Lenz und
Klinger auszurichten suchten.

Den jungen Autoren der Geniezeit vererbt das aufgeklärte Trauerspiel das Interesse am Menschen und das Sensorium für die subtile
Psychologie der Affekte. An den Platz einer wirkungsorientierten Tragödienlehre rückt jetzt ein neuer Dramentypus, der nicht mehr den
Zwecksetzungen der aristotelischen „Poetik" gehorchen möchte. In seinem Zentrum steht die Darstellung des problematischen Charakters,
die szenische Präsentation außergewöhnlicher Menschen, das Interesse
am Exzeptionellen, das die erzieherische Intention, die das Drama der
Aufklärung bestimmt hatte, vorübergehend verdrängt oder doch, wie
bei Lenz, nur noch im Zusammenhang sozialpsychologischer Fallstu-
dien zur Geltung kommen läßt. Die veränderte Figurenkonzeption
schließt die vorläufige Abkehr vom traditionellen Formmuster des Trauerspiels ein. Anstelle einer linearen Handlungsführung, die festen Wirkungs-
prinzipien unterliegt, möchte man jetzt ein dramatisches Tableau mit
unterschiedlichsten Konstellationen und Gestalten vorführen. Auch in
diesem Punkt hat die Aufklärung der neuen Autorengeneration zugear-
beitet; deren Konzeption des nicht-aristotelisch gebauten Charakterdramas wäre ohne Trauerspiele wie Schlegels „Canut" oder Brawes „Freigeist" kaum denkbar.

Die Abkehr von der Normpoetik, die die Geniebewegung einleitet,
bedeutet freilich noch nicht, daß die entscheidenden intellektuellen
Prämissen der aufgeklärten Tragödientheorie endgültig außer Kraft gesetzt
werden. Der wirkungsästhetische Optimismus, der von Gottsched bis
zu Lessing die wesentliche Antriebskraft des Trauerspiels bildet, lebt
vor allem beim jungen Schiller in eindrucksvoller Weise fort. Seine
Schaubühnenrede demonstriert, daß das aufklärerische Vertrauen in die

pädagogischen Möglichkeiten der Tragödie am Ende des 18. Jahrhunderts noch nicht verlorengegangen ist. Passagenweise liest sie sich wie ein Kompendium jener wirkungspoetischen Ideale, die die Lehre vom Trauerspiel seit Gottsched bestimmt hatten: „Die Schaubühne führt uns eine mannichfaltige Szene menschlichen Leidens vor. Sie zieht uns künstlich in fremde Bedrängnisse, und belohnt uns das augenblickliche Leiden mit wollüstigen Thränen und einem herrlichen Zuwachs an Muth und Erfahrung (...) Aber nicht genug, daß uns die Bühne mit Schicksalen der Menschheit bekannt macht, sie lehrt uns auch gerechter gegen den Unglücklichen seyn, und nachsichtsvoller über ihn richten."[74] Solche Formulierungen zeugen vom kontinuierlichen Einfluß der traditionellen Wirkungsästhetik und ihres programmatischen Optimismus. Schiller selbst hat den Erziehungsanspruch der Tragödie zumal in seinem dramatischen Frühwerk praktisch umzusetzen gesucht – gebrochen durch den emotionalen Furor der Genieperiode, aber im Geiste der Aufklärung.

## 3.  Tragödie der Autonomie.
   Schillers „Kabale und Liebe" (1784)

Als literarisches Breitenphänomen etabliert sich die Gattung des bürgerlichen Trauerspiels erst im Anschluß an Lessings „Emilia Galotti". Bühnenerfolge erzielen seit der Mitte der 70er Jahre nicht mehr die heroischen Tragödien alten Schlages, sondern Dramen, deren Themen und Motive aus der bürgerlichen Welt stammen. Johann Jakob Engels „Eid und Pflicht", Friedrich Wilhelm Gotters „Mariane", Heinrich Leopold Wagners „Die Kindermörderinn" (alle 1776), Christian Felix Weißes „Die Flucht" (1780) und August Wilhelm Ifflands „Albert von Thurneisen" (1781) variieren die durch Lessing und Pfeil eingeführte Grundkonstellation jeweils nur geringfügig: der biedere Hausvater, die gefallene Tochter, der adlige Liebhaber, die ehrgeizige Mutter, der skrupellose Intrigant und die höfische Mätresse gehören in fast sämtlichen dieser Dramen zum kanonisierten Personenbestand, der kaum abgewandelt wird. Spätestens am Beginn der 80er Jahre ist das bürgerliche Trauer-

---

[74] Schiller, Was kann eine gute stehende Schaubühne eigentlich wirken?, NA XX, S. 96f.

spiel fest in den Händen der Epigonen, die sich an bühnenpraktischem Kalkül orientieren und den Anspruch auf künstlerische Originalität dem möglichen Publikumserfolg bereitwillig opfern. Zumal Iffland, Kotzebue und der Burgtheaterdirektor Friedrich Ludwig Schröder treten fast jährlich mit neuen Trauerspielen hervor, die ganz dem herrschenden Zuschauergeschmack und seiner Vorliebe für rührende, melodramatische Stoffe entsprechen.

Schillers „Kabale und Liebe" bildet einen Höhepunkt in der Geschichte des bürgerlichen Trauerspiels, ohne dabei ganz frei von bestimmten Konzessionen an die Neigungen des zeitgenössischen Publikums zu sein. Schillers Drama erfüllt formal nahezu sämtliche Kriterien, denen das Genre unterliegt, erweitert jedoch, geschult durch die neue Dramaturgie der Genieperiode, deren Möglichkeiten auf signifikante Weise. Für die ästhetische Entwicklung des bürgerlichen Trauerspiels bedeutet „Kabale und Liebe" zugleich einen gewissen Endpunkt; die Gattung empfängt nach Schillers Jugenddrama keine wesentlichen neuen Impulse und unterliegt bis weit ins 19. Jahrhundert hinein einer auffallenden künstlerischen Stagnation, aus der sie auch Hebbels „Maria Magdalene" (1844) nicht mehr befreien wird.[75]

Den ersten Plan zu „Kabale und Liebe" faßt Schiller noch in Stuttgart während des vierzehntägigen Arrests, den der junge Regimentsarzt im Juni 1782 auf Anordnung seines Herzogs verbüßen muß, weil er Ende Mai ohne vorheriges Urlaubsgesuch nach Mannheim gereist war, um mit dem dortigen Theaterdirektor Dalberg über dessen Bühnenpläne zu verhandeln. Nach der Flucht aus Stuttgart im Frühherbst nimmt der Entwurf deutlichere Konturen an; in Oggersheim, später in Bauerbach, auf dem Gut der Frau von Wolzogen, treibt Schiller die Niederschrift voran. Die erste Fassung ist im Winter 1783 abgeschlossen, ohne daß sie den Autor vollkommen befriedigt. Das ganze Jahr 1783 hindurch bleibt Schiller, während er sich bereits dem „Don Karlos"-Projekt nähert, mit seiner „Luise Millerin" beschäftigt. Erst im März 1784 erscheint das Trauerspiel zur Ostermesse bei Schwan im Druck; die ersten Aufführungen finden im April in Frankfurt und Mannheim statt, jetzt unter dem modischen Titel „Kabale und Liebe", den Iffland vorgeschlagen hatte.[76]

---

[75] Vgl. dazu kurz Guthke, Das deutsche bürgerliche Trauerspiel, S. 90ff.
[76] Zur Entstehungsgeschichte der Kommentar in Schiller, NA V, S. 192f.

Theaterpraktische Rücksichten leiten Schiller bei der Arbeit an seinem dritten Drama. Nachdem „Die Räuber", vor allem aber der „Fiesko" beim Publikum nur auf schwache Resonanz gestoßen waren, möchte Schiller der Mannheimer Bühne einen gängigeren Stoff liefern. Der Musiker Andreas Streicher, Schillers Gefährte auf der Flucht aus Stuttgart, berichtet über die ersten Entwürfe: „Dieses Trauerspiel (...) wollte er mehr als einen Versuch unternehmen, ob er sich auch in die bürgerliche Sphäre herablassen könne, als daß er sich öfters oder gar für immer dieser Gattung hätte widmen wollen."[77] An den Theaterdirektor Gustav Friedrich Wilhelm Großmann schreibt Schiller am 8. Februar 1784 über sein Drama: „Ich darf hoffen, daß es der teutschen Bühne keine unwillkommene Acquisition seyn werde, weil es durch die Einfachheit der Vorstellung, den wenigen Aufwand von Maschinerie und Statisten, und durch die leichte Faßlichkeit des Plans, für die Direction bequemer, und für das Publikum genießbarer ist als die Räuber und der Fiesko."[78]

In der Tat sollten sich Schillers Erwartungen bestätigen. Im Gegensatz zum „Fiesko", dessen durchaus ambivalentes Plädoyer für die republikanische Freiheit das Publikum mißverstanden hatte[79], wurde „Kabale und Liebe" „unter lautem Beifall und den heftigsten Bewegungen der Zuschauer gegeben."[80] Wie das Mannheimer Soufflierbuch dokumentiert, hatte Schiller sein Trauerspiel aus technischen Gründen, aber auch mit Rücksicht auf die politische Zensur, für die Bühne stark gekürzt.[81] Bei nahezu sämtlichen zeitgenössischen Inszenierungen verzichtete man auf die brisante Kammerdiener-Szene (II,2), deren unverhüllte Kritik absolutistischer Herrscherwillkür als besonders provokativ galt (erst zu

---

[77] Andreas Streicher, Schillers Flucht von Stuttgart und Aufenthalt in Mannheim von 1782 bis 1785 (1836), hrsg. v. Paul Raabe, Stuttgart 1968, S. 94

[78] Schiller, Brief an Großmann vom 8. Februar 1784, NA XXIII, S. 131. Zu weit geht Emil Staiger, Friedrich Schiller, Zürich 1967, S.265, wenn er „Kabale und Liebe" als alleiniges Produkt der Anpassung an den Publikumsgeschmack apostrophiert.

[79] An Reinwald schreibt Schiller am 5. Mai 1784: „Den Fiesko verstand das Publikum nicht. Republikanische Freiheit ist hier zu Lande ein Schall ohne Bedeutung, ein leerer Name – in den Adern der Pfälzer fließt kein römisches Blut." (NA XXIII, S. 137)

[80] Schiller, Brief an Reinwald vom 5. Mai 1784, NA XXIII, S. 137

[81] Herbert Kraft (Hrsg.), Schillers „Kabale und Liebe". Das Mannheimer Soufflierbuch, Mannheim 1963

Beginn der 90er Jahre wagte das Berliner Hoftheater eine annähernd komplette Aufführung, die auch die Rolle des Kammerdieners beibehielt). Nicht ungeteilt fiel die publizistische Reaktion auf Schillers drittes Drama aus. Zu den schärfsten Kritikern von „Kabale und Liebe" zählte Karl Philipp Moritz, der in der „Berlinischen Staats- und gelehrten Zeitung" erklärte, das Trauerspiel sei „voll ekelhafter Wiederholungen gotteslästerlicher Ausdrücke (...), voll crassen, pöbelhaften Witzes, oder unverständlicher Galimathias".[82]

Moritz' Kritik, die sich nicht nur an Stilfragen entzündete, sondern auch den melodramatischen Charakter der Handlungsführung bemängelte, betrachtete Schillers bürgerliches Trauerspiel unabhängig von den Gattungsmustern und Vorbildern, denen es teils offensichtlich, teils verdeckt nacheifert. Sein ästhetischer Rang läßt sich jedoch allein im Blick auf die Traditionen ermessen, die ihm zugrundeliegen. „Kabale und Liebe" lebt vor allem aus der Erbmasse des bürgerlichen Trauerspiels im Gefolge Lessings, ohne deshalb ausschließlich diesem Formtypus zu entsprechen. Zum markanten Einfluß der „Emilia Galotti", der in manchen Szenen mit Händen zu greifen ist[83], tritt eine größere Zahl anderer Vorlagen: Gemmingens „Teutscher Hausvater" (1780), seinerseits stark geprägt durch Diderots „Père de famille" (1760), hat Schiller mit einigen zentralen Motiven versorgt und zumal die Darstellung des Konflikts zwischen Standeszugehörigkeit und Liebesanspruch inspiriert[84]; Goethes „Clavigo" (1774) und Wagners „Kindermörderinn" (1776) liefern Anregungen für die Intrigenhandlung und das Sujet der

---

82  Oscar Fambach (Hrsg.), Schiller und sein Kreis (= Ein Jahrhundert deutscher Literaturkritik <1750-1850>, Bd. II), Berlin 1957, S. 27. „Galimathias" (frz.), polemischer Leitbegriff in der Schwulstdebatte der frühen Aufklärung, bedeutet ‚wirres Gerede' und bezeichnet meist den stylus inflatus, die schon von der antiken Rhetorik als bedenklich erachtete Überhäufung des Stils mit (meist dunklen) Bildern.

83  Besonders deutlich ist die Parallele zwischen den Szenen I,3 (Luises Rückkehr aus der Kirche) und II,6 (Gespräch Claudias mit Emilia über das Erlebnis in der Frühmesse); vgl. auch die Bezüge in der Intrigenhandlung: I,5 (Präsident-Wurm) und I,6 (Prinz-Marinelli)

84  Otto Freiherr von Gemmingen-Hornberg, Der teutsche Hausvater (1780), in: Das Drama der klassischen Periode. Zweiter Teil, erste Abt., hrsg. v. Adolf Haussen, Stuttgart o.J., S. 11-83 (Druck nach der Ausgabe von 1782) (= Deutsche National-Litteratur. Historisch-kritische Ausgabe, hrsg. v. Joseph Kürschner, Bd. 139). Das Schauspiel unterscheidet sich zumal durch die glückliche Lösung der Verwicklun-

Verführung (das Schiller freilich entscheidend variiert); Shakespeares Tragödie „Romeo and Juliette", die der Autor ebenso wie den „Othello" während der Niederschrift seines Trauerspiels gründlicher studiert hat[85], beeinflußt fraglos die Grundkonstellation des Dramas: auch Ferdinand und Luise sind Liebende unter ungünstigen gesellschaftlichen Bedingungen, auch sie suchen ihre Herzensneigung gegen äußere Zwänge durchzusetzen und scheitern im Anspruch, das Gefühl an die Stelle der Konvention treten zu lassen.

Schillers Tauerspiel weist eine fast symmetrische Bauform auf und unterscheidet sich damit von den meisten Dramen der Genieperiode. Noch im „Fiesko" hatte Schiller, geschult an Shakespeare, Goethe und Lenz, rasante Schauplatzwechsel vorgeführt, mit deren Hilfe sich das Bühnengeschehen zu einem farbigen Panorama verschiedenster Stimmungsmomente ausweitete. Die Einleitung der „Räuber" ließ, dem rebellischen Zeitgeist entsprechend, verlauten, daß der Autor nicht bereit sei, sein Drama in die „allzuengen Pallisaden"[86] der aristotelischen Vorschriften zu zwängen. In „Kabale und Liebe" wendet sich Schiller hingegen jenen gemäßigten tektonischen Mustern zu, die auch seine spätere klassische Schaffensperiode bestimmen werden: die Einheit der Handlung bleibt ebenso gewahrt wie die der Zeit, der gelegentliche Wechsel des Ortes unterliegt einem geometrischen Ordnungsprinzip. Anders als im „Fiesko" verzichtet Schiller auf die Darstellung von Nebenereignissen, die vom tragischen Hauptgeschehen ablenken könnten. Das Trauerspiel beginnt am Morgen (die Millerin sitzt in der ersten Szene „noch im Nachtgewand") und endet in der Nacht desselben Tages („Abends zwischen Licht", so lautet die Regieanweisung am Anfang des fünften Akts). Die Handlung wechselt zwischen der Stube der Familie Miller, dem Saal des Präsidenten und den Gemächern der Lady Milford. Mit Ausnahme des Schlußaufzugs, der sich allein im Bürgerhaus zuträgt, findet der Wechsel des Ortes jeweils in der Mitte eines Akts statt, so daß eine durchaus symmetrische Struktur entsteht. Schiller bemüht sich dabei um Kontrasteffekte, indem er auf Szenen in der bürgerlichen Stu-

---

gen von Schillers Drama. Zum Einfluß Gemmingens Guthke, Das deutsche
bürgerliche Trauerspiel, S. 83, zu weiteren möglichen Quellen auch Koopman,
Drama der Aufklärung, S. 143 u. Huyssen, Drama des Sturm und Drang, S. 205
[85] Vgl. Schiller, Brief an Reinwald vom 9. Dezember 1782, NA XXXIII, S. 56
[86] Schiller, Die Räuber, NA III, S. 5

be solche folgen läßt, die in der höfischen Sphäre angesiedelt sind. Aufgrund der klaren Ordnungsmuster, die hier die dramatische Tektonik fundieren, gehört „Kabale und Liebe" weniger dem Typus der offenen Form an, den die Genieperiode kultiviert hatte, als vielmehr einem gemäßigten, punktuell aufgelockerten Klassizismus, wie ihn schon Lessing bevorzugt.

Deutlich geprägt vom Erbe des Sturm und Drang ist die expressive, oftmals atemlose Figurensprache des Trauerspiels. Schiller bedient sich einer Vielzahl von rhetorischen Stilmitteln, Metaphern und Allegorien, um ein Höchstmaß an Ausdruckskraft freizusetzen. Im Vordergrund steht hier nicht die psychologische Nuancierungskunst Lessingscher Manier, die die Motive der dramatis personae für den Zuschauer möglichst transparent machen wollte, sondern ein von unerhörtem Wirkungswillen getriebenes Streben nach anschaulicher Expressivität und pathetischen Effekten. Schon Klingers „Zwillinge" und Leisewitz' „Julius von Tarent" hatten ihre Protagonisten mit einem gewaltigen Reichtum an sprachlichen Darstellungsmöglichkeiten ausgestattet und die spröde prosaische Diktion des realistisch gehaltenen bürgerlichen Trauerspiels in der Nachfolge der „Miss Sara Samspon" durch eine bildertrunkene, bisweilen ins Schwülstige changierende Figurenrede ersetzt.

Schiller übertrifft seine Vorgänger in diesem Punkt um ein Vielfaches, indem er das gesamte Ensemble stilistischer Variationen ins Spiel bringt, das ihm die Rhetorik bietet. Pathetische Überhöhung und lyrisch-gedämpfte Abtönung, Wortwiederholungen am Beginn oder Ende des Satzes (Anapher, Epipher), Reduplikation einzelner Wendungen, Satzbrüche (Hyperbata), Interjektionen, Formen der Gradation und aufschwellenden Steigerung (Klimax), metaphorische Illustration und Ironie gehören zum sprachlichen Repertoire vor allem Ferdinands. Ein besonders charakteristisches Exempel liefert die Schlußszene, in der sich die Enttäuschung des Protagonisten über den vermeintlichen Liebesverrat Luises auf eindringliche Weise entlädt: „Fort! Fort! Diese sanfte schmelzende Augen weg! Ich erliege. Komm in deiner ungeheuren Furchtbarkeit, Schlange, spring an mir auf, Wurm – krame vor mir deine gräßliche Knoten aus, bäume deine Wirbel zum Himmel – So abscheulich als dich jemals der Abgrund sah – Nur keinen Engel mehr

– Nur jetzt keinen Engel mehr – es ist zu spät – Ich muß dich zertreten, wie eine Natter, oder verzweifeln – Erbarme dich!" (V,7, 101)[87]

Die Tiermetaphorik, auf die Schiller schon in den „Räubern" bevorzugt zurückgegriffen hatte und die auch die Namensgebung der „Luise Millerin" beeinflußt[88], verdeutlicht die unvollkommenen Seiten des Menschen, seine irrationalen Instinkte und ungezügelten Triebe. Als „Mittelding von Engeln und von Vieh" charakterisierte bereits Albrecht von Haller, im Anschluß an ein berühmtes Lehrgedicht Alexander Popes[89], den Grundzug des menschlichen Wesens innerhalb eines Schöpfungsgefüges, das nach den Vorstellungen der aufgeklärten Metaphysik vom Gesetz der permanenten Steigerung bestimmt ist. Der Mensch, der zwischen niedrigster und höchster Daseinsstufe eine vermittelnde Position einnimmt, kann Engel und Vieh gleichermaßen sein – Opfer seiner Triebe ebenso wie Herr seiner Vernunft. Ferdinands Metaphorik trägt diesen beiden Möglichkeiten Rechnung: wo das Individuum seinen nackten Instinkten folgt, wird es zu ‚Wurm' und ‚Schlange'; wo es sich dagegen sittlichen Imperativen anvertraut, steigt es zum Gipfel der eigenen Möglichkeiten empor.

Ins Zentrum des Trauerspiels führt die spirituelle Metaphorik, mit der Ferdinand und Luise gleichermaßen aufwarten. Von des „Weltrichters Thron" (II,5, 40) ist da die Rede, von „Kirchenraub" (III,4, 57) und „Erdengöttern", die vor dem „jüngsten Gericht" (III,6, 62) erscheinen, vom „Teufel" im „Himmelreich" (IV,2, 67) und „Richter der Welt" (IV, 4, 71), vom Grab als „Brautbett" (V,1, 86) und ‚verlorenen Paradies' (V, 7, 102). Die metaphysische Dimension, die hier durchweg berührt wird, ist aufs engste mit dem Liebesmotiv des Trauerspiels verknüpft. Ferdinand und Luise suchen ihre Herzensneigung gegen eine soziale Ordnung zu behaupten, die von Standesschranken beherrscht ist und nir-

---

[87]  „Kabale und Liebe" wird zitiert nach dem Text der Nationalausgabe (NA III).
[88]  Man denke an den „Hofmarschall von Kalb", den „Oberschenk von Bock" und den „Sekretär Wurm". Vgl. auch „Die Räuber", I,2 (NA III, S. 21, 31), I,3 (S. 33f.); ferner „Die Verschwörung des Fiesko zu Genua", II,4 (NA IV, S. 44), II,12 (S. 52), V,16 (S.119)
[89]  Albrecht von Haller, Über den Ursprung des Übels (1734), 2. Buch, v. 107 (A.v.H., Die Alpen und andere Gedichte, hrsg. v. Adalbert Elschenbroich, Stuttgart 1984, S. 63). Ähnlich auch Haller, Gedanken über Vernunft, Aberglauben und Unglauben (1729), v. 17 (Die Alpen, S. 24). – Vgl. Alexander Pope, Essay on Man, I, v. 225ff.

gends den nötigen Raum für die Erfüllung emotionaler Bedürfnisse bereitstellt. Nicht allein die unterschiedliche gesellschaftliche Herkunft der Liebenden steht ihren Hoffnungen entgegen; auch *innerhalb* der sozialen Sphäre, der sie jeweils zugehören, wäre es ihnen verwehrt, ihrer Neigung zu folgen: weder die bürgerliche Lebenswelt Luises noch die adlige Ferdinands läßt die Verwirklichung des entfesselten Gefühlsanspruchs zu, wie er sich in den Protagonisten artikuliert. Die „Tragödie der unbedingten Liebe"[90] ist zunächst weniger durch den gesellschaftlichen Hiatus bestimmt, der die Liebenden trennt, als vielmehr durch die Tatsache, daß die bürgerliche und die aristokratische Sozialordnung ihrer Herzensneigung gleichermaßen die nötigen Erfüllungsmöglichkeiten versagt; weder die enge Stube des Musikus Miller noch die weitläufigen Säle des Hofes bieten den Protagonisten den Raum, in dem sie ihren Emotionen leben könnten.

Gegen die gefühlsfeindliche gesellschaftliche Realität setzt zumal Ferdinand ein „Liebesevangelium"[91] mit utopischen Zügen. Der Protagonist betrachtet seine affektive Neigung, ähnlich wie vor ihm Goethes Werther, als Religion des Herzens im Zeichen gesteigerter Empfindsamkeit. Hinter der Apotheose der Emotion, der Vergötterung der Leidenschaft werden Elemente der Säkularisierung sichtbar. An die Stelle des Glaubens tritt der Affekt, an den Platz des himmlischen Erlösers die Geliebte; das zumal vom schwäbischen Pietismus kultivierte Gefühlschristentum, das dem Ideal eines allein in der Emotion aufgehobenen Glaubens huldigt, übersetzt sich hier in eine schwärmerische Liebesreligion, wie sie Schiller auch in der „Theosophie des Julius" aus den „Philosophischen Briefen" (1786), freilich schon durch skeptische Elemente gebrochen, formuliert.[92] Wenn Ferdinand in Luises Augen die

---

[90]  Helmut Koopman, Friedrich Schiller. Bd. I (1759-1794), Stuttgart 1977 (2. Aufl., zuerst 1966) (Sammlung Metzler, Bd. 50), S. 43

[91]  So die treffende Formulierung bei Karl S. Guthke, Kabale und Liebe, in: Schillers Dramen. Neue Interpretationen, hrsg. v. Walter Hinderer, Stuttgart 1983 (2. Aufl., zuerst 1979), S. 58-87, S. 65 (deutet Ferdinands Liebesutopie als „Religion" im „Raum der Säkularisation" <ebd.>); ähnlich schon Benno v. Wiese, Friedrich Schiller, Stuttgart 1963 (3. Aufl., zuerst 1959), S. 199

[92]  Auf den Bezug zur „Theosophie" verweisen bereits Guthke, Kabale und Liebe, S. 79 u. Walter Hinderer, Freiheit und Gesellschaft beim jungen Schiller, in: Sturm und Drang, hrsg. v. Walter Hinck, Frankfurt/M. 1989 (2. Aufl., zuerst 1978), S. 230-257, S. 235

„Handschrift des Himmels" (I,4, 14) erkennt und dem bürgerlichen Mädchen bescheinigt, es werde durch ihn erst vollkommen, so korrespondiert das der Botschaft der „Theosophie", die die Liebe als diejenige Kraft anspricht, welche vermögend ist, „alle Schönheit, Größe, Vortrefflichkeit im Kleinen und Großen der Natur aufzulesen, und zu dieser Mannichfaltigkeit die große Einheit zu finden (...)"[93] Die Neigung des Herzens verbindet das, was in der Vielfalt der Schöpfung getrennt scheint. Die Philosophie der Liebe, die der Julius der „Theosophie" ebenso wie Ferdinand vertritt, hat ihre Quintessenz im Gedanken der Vereinigung der Gegensätze, der Auflösung des Widerstreitenden durch die Macht des Gefühls.

Zwar bleibt die Verbindung der Liebenden in der bestehenden Gesellschaft ein bloßer Traum, doch hegt zumindest Ferdinand keinen Zweifel daran, daß sein Liebesevangelium von einer göttlichen Instanz gesegnet und legitimiert wird. Über Luise sagt er: „Ich will sie führen vor des Weltrichters Thron, und ob meine Liebe Verbrechen ist, soll der Ewige sagen." (II,5, 40) Wenn Luise in Gott den „Vater der Liebenden" (I,3,12) sieht, der die von einer repressiven sozialen Ordnung unterdrückte Herzensneigung sanktioniert, so weist das unmittelbar zum Problem der Theodizee und damit ins Zentrum des von Schiller entwickelten tragischen Konflikts. Zwischen dem Willen des himmlischen ‚Richters' und dem gegebenen Zustand der von ihm geschaffenen Wirklichkeit klafft offenkundig ein Gegensatz. Verfügt die Liebe der Protagonisten über göttlichen Segen, dann müßte, sofern Gott noch Herr seiner Schöpfung ist, die Welt derart eingerichtet sein, daß die Erfüllung dieser Liebe auf Erden möglich bleibt. Da die sozialen Verhältnisse jedoch den Hoffnungen und Ansprüchen der Liebenden fundamental entgegenstehen, muß man daran zweifeln, ob Gott tatsächlich als Souverän seiner eigenen Schöpfung gelten kann.[94] Das Scheitern von Ferdinands Liebesutopie scheint geeignet, auch die Stringenz des Theodizee-Gedankens in Frage zu stellen. Hinter dem durch die sozialen

---

[93] Schiller, Philosophische Briefe, NA XX, S. 121. Vgl. auch das Gedicht „Die Freundschaft" aus der „Anthologie auf das Jahr 1782", NA I, S. 111 (das Schiller in der „Theosophie" auszugsweise wiederholt <NA XX, S. 124>)

[94] Zur Theodizee-Frage Knut Lohmann, Schiller: „Kabale und Liebe", in: Germanistik in Forschung und Lehre, hrsg. v. Rudolf Henß u. Hugo Moser, Berlin 1965, S. 124-130, ferner Guthke, Das deutsche bürgerliche Trauerspiel, S. 85

Verhältnisse zugespitzten Leidenschaftskonflikt, den Schillers Trauerspiel zeigt, tritt als Kernzone der tragischen Verwicklung das Problem zutage, wie sich der Mensch in einer Welt behaupten soll, die von Gott geschaffen worden ist, aber nicht mehr von ihm regiert wird.

Die Abkehr vom Interpretationsmodell der Theodizee, die in „Kabale und Liebe" sichtbar wird, bedeutet jedoch nicht, daß die alten Fragen der aufgeklärten Tragödie endgültig erledigt wären. Schillers bürgerliches Trauerspiel verhandelt sie lediglich auf einem neuen Niveau und unter veränderten Akzentsetzungen. An die Stelle des Theodizee-Gedankens tritt mit einiger Folgerichtigkeit das Postulat individueller Autonomie: wenn Gott nicht mehr der Souverän seiner eigenen Schöpfung ist, dann bleibt der Mensch aufgerufen, den vakant gewordenen Schaltplatz der Macht selbst zu besetzen und sein Schicksal in die eigene Hand zu nehmen. Gerade weil die Welt noch nicht als beste aller möglichen Welten gelten kann, muß das sittlich freie Individuum die bestehenden Verhältnisse im Sinne seiner eigenen Vorstellungen verantwortlich umgestalten. Ferdinands Ankündigung, er werde die sozialen Konventionen überwinden und seine Liebesansprüche gegen die herrschende Ordnung verwirklichen, entspricht eben diesem Auftrag: „Aber ich will seine Kabalen durchbohren – durchreißen will ich alle diese eiserne Ketten des Vorurteils – Frei wie ein Mann will ich wählen, daß diese Insektenseelen am Riesenwerk meiner Liebe hinaufschwindeln." (II,5, 40)

Daß die veränderte Rolle des zur autonomen Durchsetzung seiner Interessen aufgerufenen Individuums erhebliche Widersprüche und Belastungen mit sich bringt, hatte Schiller bereits in den „Räubern" demonstriert. In dem Moment, da der Mensch zum Herren seines Geschicks avanciert, muß er auch die volle moralische Verantwortung für sein Handeln tragen. Am Fall des erhabenen Selbsthelfers Karl Moor führte Schiller vor Augen, wie eng Autonomieanspruch und Vermessenheit, Freiheitsstreben und Hybris miteinander verschwistert sein können: „O über mich Narren", so erklärt Moor am Schluß, „der ich wähnete die Welt durch Greuel zu verschönern, und die Geseze durch Gesezlosigkeit aufrecht zu halten. Ich nannte es Rache und Recht – Ich maßte mich an, o Vorsicht die Scharten deines Schwerdts auszuwezen und deine Parteylichkeiten gut zu machen (...)"[95]

---

[95] Schiller, Die Räuber, NA III, S. 134f. (V,2)

Wie Karl Moor wird auch Ferdinand an den Punkt getrieben, an dem sich das legitime Streben nach Selbstbestimmung in schuldhafte Anmaßung verwandelt. Ist er anfänglich nur der vorbehaltlos Liebende, dessen Sprache freilich schon unbedingte Besitzansprüche verrät[96], so schlägt sein Traum vom irdischen Liebesparadies in hybride Verfügungsabsichten um, nachdem er sich, durch Wurms Intrige irregeführt, von Luise betrogen wähnt. Wenn Ferdinand in rasender Eifersucht verlangt, der „Schöpfer" (IV,4, 71) möge ihm das Amt des Richters übertragen, und sich derart zum Herren von Luises Schicksal ernennt, dann erinnert das an die Vermessenheit, mit der Karl Moor seinen Anspruch auf eine tiefgreifende Korrektur der weltlichen Ordnung zur Geltung brachte. Erklärt Ferdinand Luise zunächst, er wolle sich zwischen sie „und das Schicksal werfen" (I,5, 15), so heißt es nach der Entdeckung des von Wurm erpreßten Briefes: „(...) laß mich allein machen, Richter der Welt! (...) Sollte der reiche vermögende Schöpfer mit einer Seele geizen, die noch dazu die schlechteste seiner Schöpfung ist? – das Mädchen ist mein! Ich einst ihr Gott, jetzt ihr Teufel!" (IV,4, 71) Die Autonomieforderung des Liebenden, die von vornherein nicht frei von Machtansprüchen war, schlägt hier in das Streben nach Herrschaft über Leben und Tod um. Wie Karl Moor, der sich selbst „Himmel und Hölle"[97] ist, erscheint Ferdinand als ‚Gott' und ‚Teufel' zugleich. Aus dem säkularisierten Liebesevangelium und der Vision vom Paradies auf Erden ist die Hybris des Verblendeten geworden, der sich anmaßt, Gottes Richteramt im Diesseits auszuüben, und dabei zwangsläufig scheitern muß.

Im Liebes- bzw. Sozialkonflikt des Dramas scheint damit eine übergreifende tragische Potenz geborgen. Verweist das Motiv der unerfüllten, durch Standesgegensätze behinderten Liebe auf die Zugehörigkeit des Dramas zum Typus des bürgerlichen Trauerspiels, so berührt die hinter ihm stehende Selbstbestimmungsproblematik die eigentlich tragische Dimension der Bühnenereignisse. Odo Marquard hat daran er-

---

[96] Besonders deutlich in I,4 (S.14): „Du bist meine Luise. Wer sagt dir, daß du noch etwas sein solltest?"

[97] Die Räuber, NA III, S. 109 (IV,5). Quelle für dieses Motiv ist Miltons „Paradise Lost" (1667) (I,v. 250-256), das Schiller gut kannte, wie seine Selbstrezension der „Räuber" zeigt (NA VXXII, S.118; vgl. Vorrede, NA III, S. 7). Dazu auch Peter Michelsen, Der Bruch mit der Vater-Welt. Studien zu Schillers „Räubern", Heidelberg 1979, S. 99f.

innert, daß das Autonomiepostulat der idealistischen Philosophie seit
Kant auch als Versuch zu verstehen sei, die Widersprüche des Theodizee-Konzepts im Gedanken der Verantwortlichkeit des Menschen für
seine Welt zu überwinden.[98] Die Theodizee-Vorstellung wird am Ende
der Aufklärung nicht mehr als Beschreibung der bestehenden Wirklichkeit, sondern als Auftrag zur Verbesserung ihrer Ordnung interpretiert:
die Welt ist nicht die beste aller möglichen Welten, sondern muß sich
dazu erst entwickeln. In dem Maße, in dem Gott von der unmittelbaren
Zuständigkeit für sein Werk entlastet scheint, wird jedoch der Mensch
mit neuen Aufgaben belastet. Schillers Drama führt die Risiken des
individuellen Selbstbestimmungsanspruchs mit großer Deutlichkeit vor
Augen: Freiheitsstreben und Hybris sind bei Ferdinand, ähnlich wie bei
seinen Vorgängern Karl Moor und Fiesko, aufs engste verknüpft. Der
Konflikt, den „Kabale und Liebe" behandelt, ist nur vordergründig ein
gesellschaftlicher, wie ihn die Gattung des bürgerlichen Trauerspiels zu
thematisieren pflegt. Jenseits des sozialen Dramas liefert Schiller, indem
er den Umschlag des Autonomiepostulats in Anmaßung darstellt, einen
luziden Beitrag zu jenem Phänomen, das man später als „Dialektik der
Aufklärung" bezeichnet hat.

Ständekonflikt, Liebesmotiv und Autonomieproblematik sind in
Schillers Trauerspiel unmittelbar miteinander verbunden. Es wäre daher falsch, die gängigen Oppositionen der älteren Forschung – hier
‚theologische', dort sozialkritische Deutung – unbedenklich fortzuschrei-
ben.[99] Die drei großen Themen des Dramas dürfen nicht als Gegensätze

---

[98]  Odo Marquard, Schwierigkeiten mit der Geschichtsphilosophie, S. 68f.

[99]  Die ‚theologische' Auslegung, die in „Kabale und Liebe" verschiedene Stufen
religiöser Erfahrung zwischen Liebesevangelium und orthodoxem Gottvertrauen
dargestellt findet, bei Kurt May, Friedrich Schiller. Idee und Wirklichkeit im
Drama, Göttingen 1948, S. 44, Winfried Malsch, Der betrogene Deus iratus in
Schillers Drama „Luise Millerin", in: Collegium Philosophicum. Studien. Joachim
Ritter zum 60. Geburtstag, Basel, Stuttgart 1965, S. 157-209 u. v. Wiese, Die
deutsche Tragödie von Lessing bis Hebbel, S. 190f.; zur sozialkritischen Perspektive vgl. Hermann August Korff, Geist der Goethezeit. Versuch einer ideellen
Entwicklung der klassisch-romantischen Literaturgeschichte, Bd. I, Leipzig 1955
(2. Aufl., zuerst 1923), S. 206f., Erich Auerbach, Mimesis. Dargestellte Wirklichkeit in der abendländischen Literatur, Bern, München 1982 (7. Aufl., zuerst 1946),
S. 405ff., Rolf-Peter Janz, Schillers „Kabale und Liebe" als bürgerliches Trauerspiel, in: Jahrbuch der deutschen Schillergesellschaft 20 (1976), S. 208-229,

verstanden, sondern müssen in ihrer Komplementarität erkannt werden. Die Liebesthematik gewinnt an Brisanz gerade dadurch, daß sie in einen sozialständischen Konflikt eingefügt bleibt, ohne vollends in ihm aufzugehen; die Autonomieproblematik wiederum, zunächst aus dem Liebesmotiv erwachsend, läßt sich kaum von der gesellschaftskritischen Dimension des Trauerspiels lösen, zumal die dramatis personae in sämtlichen Phasen der tragischen Entwicklung als Vertreter ihres Standes handeln.[100]

Im Gegensatz zu Lessings „Emilia Galotti" bietet Schillers bürgerliches Trauerspiel ein recht anschauliches Bild der sozialen Verhältnisse, wie sie in einem deutschen Duodezfürstentum am Vorabend der Französischen Revolution herrschten. Sowohl die bürgerliche als auch die höfisch-aristokratische Sphäre besitzt in Schillers Drama prägnanteres Profil als bei Lessing. Die für die Genieperiode charakteristische Neigung zur Antithetik führt gelegentlich zu melodramatischen Effekten und Überpointierungen, garantiert jedoch anhaltende theatralische Wirkung. Durch die scharfe Kontrastierung der jeweiligen Milieus gelingt Schiller eine farbige, bisweilen naturalistisch anmutende Darstellung, die nicht nur die höfischen Kabalen, sondern auch die kleinbürgerliche Mediokrität im Hause Millers illusionslos zur Anschauung bringt.

Es ist gerade der Realismus der Sprachgestaltung, der Schillers Tendenz zu Pathos und Schwulst an entscheidenden Punkten entgegenwirkt. Ein Musterexempel dafür bietet die plastische Expositionsszene zwischen Miller und seiner Frau, die höchst prägnant das Selbstverständnis des politisch und ökonomisch abhängigen Bürgers illustriert.[101]

---

Huyssen, Drama des Sturm und Drang, S. 206ff. Vermittlungsversuche, die den sozialen Konflikt als Element der Theodizeefrage bzw. des Autonomieproblems betrachten, bei Guthke, Das deutsche bürgerliche Trauerspiel, S. 85 u. Koopman, Drama der Aufklärung, S. 150f.

[100] Das gilt auch für Ferdinand, dessen „Absolutismus der Liebe" (Janz, Schillers „Kabale und Liebe", S. 219) bürgerliche Empfindsamkeit mit aristokratischer Verfügungsgewalt verbindet; vgl. schon Fritz Martini, Schillers „Kabale und Liebe". Bemerkungen zur Interpretation des ‚Bürgerlichen Trauerspiels', in: Der Deutschunterricht 4 (1952), S. 18-39, S. 31

[101] Vorbild für die realistisch wirkende Dialogsprache der Expositionsszene dürfte Wagners „Kindermörderinn" gewesen sein (in: Erich Loewenthal u. Lambert Schneider <Hrsg.>, Sturm und Drang. Dramatische Schriften. Bd. II, München 1972, S. 535-607, bes. I, S. 540f.)

Mit „Gott wie mit Geld (...) gleich schnell zur Hand"[102], ist der alte
Miller keineswegs Repräsentant neuer, womöglich revolutionärer Ideale, vielmehr ein sparsamer Hausvater, der Biedersinn und moralische
Grundsätze zu verbinden sucht. Daß seine sittlichen Prinzipien überaus
anfechtbar sind, beweist er am Schluß durch die Reaktion auf das Geld-
geschenk Ferdinands, das ihm zumindest vorübergehend den gesunden
Menschenverstand raubt. (V,5, 95f.) Wenn er dem Präsidenten entschlossen die Tür weist, so ist das zwar Indiz eines (teuer bezahlten)
bürgerlichen Selbstbewußtseins, sollte aber nicht als revolutionäre Wider-
standsgeste mißverstanden werden (II,6, 43). Zwar findet der rück-
sichtslos-despotische Zugriff des Adels auf die bürgerliche Privatsphäre
im Auftritt des Präsidenten seine bedrohlichsten Ausdruck, doch steht
es dem biederen Hausvater fern, hier mehr zu schützen als die moralische
Integrität seiner Tochter und die Ruhe seines Hauses. Miller ist kein
Verteidiger politischer Freiheitsideale und kein Kritiker der Obrigkeit,
sondern einzig ein Kleinbürger, den die Sorge um die Sicherheit seiner
Familie bewegt. Daß er gerade sie durch seine mutige Intervention entscheidend gefährdet, beleuchtet dann höchst signifikant die bestehenden Machtverhältnisse, hinter denen die ungezügelte Gewalt des Despo-
tismus aufscheint.

Luises Stellung im Personengefüge des Trauerspiels ergibt sich aus
einer doppelten Herzensbindung, die sie mit ihrem Vater (bzw. der von
ihm vertreten Ordnung) und ihrem Geliebten gleichermaßen verknüpft:
„(...) der Himmel und Ferdinand reißen an meiner blutenden Seele"
(I,3, 11). Der Konflikt, den diese zweifache Orientierung provoziert,
trägt vor allem religiöse Züge. Der Himmel Luises ist nicht jener Ferdinands, nicht das Elysium eines säkularisierten Liebesparadieses, sondern
das Sinnbild ihrer orthodoxen christlichen Weltsicht. Für Luise besteht
zwischen dem Willen Gottes und dem Zustand der Schöpfung kein
Gegensatz, der geeignet wäre, den Gedanken der Theodizee in Frage zu
stellen. Zwar sieht auch sie zunächst in Gott den „Vater der Liebenden"
(I,3,12), jedoch wird diese Position im Fortgang des Dramas von ihr
selbst sukzessive relativiert. Der Anspruch auf Ferdinand erscheint ihr
bald als „Kirchenraub", eine gemeinsame Flucht wäre „Frevel", weil sie
„die Fugen der Bürgerwelt auseinander treiben, und die allgemeine ewige

---

[102] Janz, Schillers „Kabale und Liebe", S. 209

Ordnung zu Grund stürzen würde" (III,4, 57). Die „Pflicht" (III,4, 58), auf die sich Luise nachdrücklich beruft, bindet sie nicht allein an den Vater, sondern, im übergeordneten Zusammenhang ihrer religiösen Überzeugung, an einen sozialen Status quo, den sie als gottgewollt und unveränderlich betrachtet.[103] Die einzige Konsequenz, die aus dieser Perspektive zu ziehen ist, muß das moralische Gebot des Verzichts und die Vertagung aller Hoffnungen auf das Jenseits sein: „Ich entsag ihm für dieses Leben." (I,3, 13) An die Stelle von Ferdinands Säkularisierung des Liebesevangeliums tritt bei Luise dessen Spiritualisierung in der Hoffnung auf eine Erfüllung im himmlischen Reich Gottes, wo „die prächtigen Titel wohlfeil werden (...) und die Herzen im Preise steigen" (I,3, 13).

Hat Schiller die Familie Miller gegenüber den Galottis um einige Nuancen herabgestimmt, so zeichnet er in der Lady Milford eine Mätressenfigur, die ihren Vorläuferinnen moralisch deutlich überlegen scheint. Anders als Lessings Gräfin Orsina, deren Handlungsweise noch ganz von subjektivem Rachebedürfnis geprägt scheint, findet die Lady zumindest am Schluß zu einer menschlich überlegenen Haltung, die irrationale Motive und egoistische Interessen ausschließt. In der Lady Milford haben sich die bürgerlich-empfindsamen Züge, die man bei Orsina nur ahnen kann, bereits deutlich ausgeprägt. Ihre Verbindung mit Ferdinand wäre kein Resultat der Hofkabale, sondern die Konsquenz tiefer Neigung (II,1, 27); im Gespräch mit dem Kammerdiener zeigt sie Mitleidsvermögen und Hilfsbereitschaft (II,2), gegenüber dem Hofmarschall demonstriert sie unbestechlichen Verstand und aufgeklärte Vorurteilslosigkeit (IV,9). Einzig in der Auseinandersetzung mit Luise sucht sie die Maske aristokratischer Überlegenheit aufzusetzen, um die bürgerliche Rivalin in ihre Schranken zu weisen (IV, 7, 75f.). Hier blitzen noch Elemente der höfischen Verstellungskunst auf, wie sie zum Verhaltensrepertoire der adligen Mätresse gehören mögen. Es ist jedoch kein Zufall, daß die Milford gerade in dieser Szene auf ganzer Linie scheitert und am Ende ihre moralische Inferiorität erkennen muß. Die Entscheidung, die privilegierte Stellung am Hof preiszugeben und in die

---

[103] Zum daraus resultierenden Konflikt zwischen Liebesbekenntnis und Akzeptanz der sozialen Ordnung Guthke, „Kabale und Liebe", S.82; zur psychologischen Anlage der Figur auch Walter Müller-Seidel, Das stumme Drama der Luise Millerin (1955), in: Goethe-Jahrbuch XVII (1955), S. 91-103

„Arme der Tugend" (IV,8, 80) zurückzukehren, ist auch das Ergebnis der Lektion, die ihr Luise erteilt hat: „Groß, wie eine fallende Sonne, will ich heut vom Gipfel meiner Hoheit heruntersinken, meine Herrlichkeit sterbe mit meiner Liebe, und nichts als mein Herz begleite mich in diese stolze Verweisung[104]." (IV,8, 80)

Erscheint die Gräfin Orsina in ihrem Racheanspruch noch als (gemäßigte) Wahlverwandte Marwoods, so hat Schillers Lady die Rolle der ‚neuen Medea' bereits abgelegt. Die Konversion zu bürgerlichen Tugenden scheint durch die näheren Umstände ihrer Lebensgeschichte, wie sie sie Ferdinand erzählt, plausibel motiviert. Gerade die Tatsache, daß der Zuschauer Einblick ins frühere Schicksal der Lady gewinnt, ermöglicht von vornherein ein gewisses Maß an Identifikation.[105] Auch wenn die Milford-Handlung nicht frei von rührseligen Elementen bleibt, die Schillers Konzession an den sentimentalen Publikumsgeschmack bildeten, sollte man ihre Botschaft ernst nehmen. Als aristokratische Überläuferin ins bürgerliche Lager ist die Lady, ähnlich wie Lessings Appiani, eine Figur mit programmatischem Profil.[106] Schillers Vision wurde einige Jahre später historisch auf ganz andere Weise beglaubigt: nicht wenige der radikalen Jakobiner, die in Paris Ludwig XVI. stürzten und die Republik ausriefen, stammten aus den Kreisen der Aristokratie.

Nicht zu Unrecht hielten schon zeitgenössische Rezensenten dem jungen Schiller eine gewisse Neigung zur allzu schroffen Kontrastierung seiner Charaktere vor. Noch in „Kabale und Liebe" ist diese Tendenz, die vor allem die Figurenpsychologie der „Räuber" bestimmt, stark ausgeprägt. Karikatur und Übertreibung gehören fraglos zu Schillers bevorzugten Stilmitteln, die, gelegentlich ohne die nötige Disziplin verwendet, Kolportageeffekte und melodramatische Wirkungen erzeugen können.[107] So bleibt der Intrigant Wurm im Gegensatz zu Lessings

---

104 ‚Verweisung' bedeutet hier so viel wie ‚Verbannung'; vgl. NA V, S. 224

105 Auch Lessings Marwood liefert einen knappen Lebensbericht, freilich im Rahmen ihres Rollenspiels gegenüber Sara, was die Glaubwürdigkeit der Erzählung a priori einschränkt (Lessing, Werke, Bd. II, S. 77f. <IV,8>).

106 Anders Huyssen, Drama des Sturm und Drang, S.222, der in der Milford-Handlung gerade das Indiz dafür sieht, daß bürgerliche und aristokratische Ordnung unversöhnbar bleiben; vgl. hingegen Ursula Friess, Buhlerin und Zauberin, S. 65f., ferner Inge Stephan, Frauenbild und Tugendbegriff im bürgerlichen Trauerspiel bei Lessing und Schiller, Lessing-Yearbook XVII (1985), S. 1-21, S. 11

107 So schon Auerbach, Mimesis, S. 409. Zur Charakterdarstellung bei Schiller ge-

Marinelli, dessen Bosheit durch Ironie und Witz gebrochen wird, ein eindimensionaler Charakter ohne Tiefenschärfe – eine Figur, die kein psychologisches Interesse auf sich zieht, sondern allein dramaturgischen Zwecken gehorcht. Der Marschall von Kalb erscheint als bloße Karikatur einer Hofcharge, die die oberflächliche Geistlosigkeit aristokratischer Konventionen decouvrieren darf, jenseits dieser Funktion aber kein individuelles Profil gewinnt.

In die Gestalt des Präsidenten mischen sich immerhin ambivalente Züge, die man gern übersehen hat, weil sie nicht ins Bild des gewissenlosberechnenden Technokraten der Macht passen, der ohne Skrupel seine Karriere vorantreibt und dabei auch über Leichen geht.[108] Wenn der Präsident am Ende, von Gewissensqualen gepeinigt, die tödlichen Konsequenzen der durch ihn verantworteten Intrige erkennen muß und sich als „zerschmetterten Vater" (V,8, 107) apostrophiert, so bedeutet das keinen radikalen Widerspruch zu seinem früheren Charakter. Bereits im ersten Gespräch mit Ferdinand zeichnet sich ab, daß auch der Präsident nicht frei von inneren Rechtfertigungszwängen und seelischen Nöten ist: „Lohnst du mir also für meine schlaflosen Nächte? Also für meine rastlose Sorge? Also für den ewigen Skorpion meines Gewissens? – Auf mich fällt die Last der Verantwortung – auf mich der Fluch, der Donner des Richters – Du empfängst dein Glück von der zweiten Hand – das Verbrechen klebt nicht am Erbe." (I,7, 21) Wenn der Präsident seinem Sohn mit allen Mitteln den Weg zur Macht zu ebnen sucht, so muß das nicht ausschließen, daß auch er gelegentlich von Skrupeln und moralischen Bedenken gepeinigt wird. Seine späte Bitte um Vergebung durch den „Schöpfer" (V,8, 107), die häufig als unmotivierter Ausdruck dramaturgischen Kalküls ohne psychologische Grundlage gewertet wird, hat ihren Ursprung in jenen Gewissensnöten, die der Präsident angesichts seiner Intrigen und Verbrechen bereits frühzeitig zu empfinden scheint. In Gestalten wie Octavio Piccolomini („Wallenstein"-Trilogie <1800>) und Leicester („Maria Stuart" <1800>) hat Schiller später die Ambiva-

---

nerell Gert Ueding, Schillers Rhetorik. Idealistische Wirkungsästhetik und rhetorische Tradition, Tübingen 1971, S.160ff.

[108] Vgl. etwa Korff, Geist der Goethezeit, Bd.I, S. 206f., Auerbach, Mimesis, S. 408. Positiver die Deutung von Martini, Schillers „Kabale und Liebe", S. 25 u. Wolfgang Binder, Schiller, „Kabale und Liebe", in: Das deutsche Drama. Interpretationen, hrsg. v. Benno v. Wiese, Düsseldorf 1958, Bd. I, S. 250-270, S. 266

lenz von Charakteren, die ‚krumme Wege'[109] bevorzugen, mit noch
größerer Subtilität gezeichnet.

An der Figur Ferdinands läßt sich besonders prägnant erkennen, daß
Schillers bürgerliches Trauerspiel zwischen Aufklärung und Empfindsamkeit zu vermitteln sucht. Einerseits trägt Ferdinand die Züge eines
sympathischen Enthusiasten, der im Namen des Naturrechts gegen
verfestigte Konventionen und die Torheiten der Ständetrennung zu
Felde zieht.[110] Andererseits erweist er sich als Schwärmer und Verblendeter, der leicht zu täuschen ist und einer maßlosen Hybris unterliegt,
wo er seine eigenen Interessen berührt sieht. Daß die Intrige, die Wurm
gegen ihn inszeniert, ebenso durchsichtig wie lächerlich wirkt, sollte
man nicht für einen Kunstfehler Schillers halten[111]; gerade ihre banale
Dramaturgie verdeutlicht, in welchem Maße Ferdinand aufgrund seiner
spezifischen affektiven Disposition zu Selbsttäuschung und Einbildungen neigt. Ausgerechnet er, der den Scheincharakter gesellschaftlicher
Normen entlarven möchte, wird vom Schein der Intrige in die Irre
geführt. Ferdinands ‚hamartia' liegt in seiner ungebremsten Emotionalität begründet, die ihn am Ende zum Mörder werden läßt, zum Mit-
schuldigen, der zwar durch seinen Vater ins Unglück gestürzt worden
ist, aber selbst nicht frei von Verantwortung bleibt.

Schillers Trauerspiel bietet, anders als die Dramen Klingers und Leisewitz', keine vorbehaltlose Apotheose des Gefühls, sondern ein überraschend abgewogenes Psychogramm des Enthusiasmus. Indem es die
Gefahren ungezügelter Begeisterung und Empfindsamkeit unter Beweis
stellt, setzt es sich, genuin aufklärerisch, von der Programmatik des Sturm
und Drang bereits wieder ab.[112] Ferdinand ist noch weit davon entfernt,

---

[109] So Max Piccolomini zu Octavio in „Wallensteins Tod" (II,7, NA VIII, S. 226):
„Dein Weg ist krumm, er ist der meine nicht."
[110] Ferdinands Kritik an den sozialen Distinktionen der „Mode" (II,3, 37) entspricht
der Formulierung aus der Ode „An die Freude" (1785): „Deine Zauber binden
wieder, | Was der Mode Schwert geteilt" (NA I, S.169, v.5f.). Zur (wohl an
Rousseau orientierten) naturrechtlichen Argumentation gegen die Ständetrennung Koopman, Drama der Aufklärung, S. 149
[111] Noch die zeitgenössische Rezension von Moritz bemängelt, daß die Intrigenhandlung schwach motiviert sei und Ferdinands Eifersucht „aus einer unwahrscheinlichen Ursach" entstehe (Fambach <Hrsg.>, Schiller und sein Kreis, S. 30).
[112] Dazu auch Janz, Schillers „Kabale und Liebe", S. 220, der die Kritik am Ge-

jenem Ideal des „ganzen Menschen"[113] zu entsprechen, das Schiller später als Muster klassischer Anthropologie postulieren wird. Überraschend klarsichtig hat bereits der junge Autor die Defizite der Genieperiode und ihre Verherrlichung des Gefühls analysiert. „Kabale und Liebe" erscheint, so betrachtet, als Versuch, die Grenzen des Sturm und Drang im Geiste einer radikalisierten Aufklärung möglichst deutlich zu markieren. Noch einmal triumphiert damit das seit Gottsched immer wieder beschworene Wirkungsprogramm der Tragödie, das dem Zuschauer vermöge der Rührung seines Gemüts im Namen der Vernunft das nötige Rüstzeug zur sittlichen Vervollkommnung vermitteln möchte. Die Aufwertung der Affekte, die der Sturm und Drang betrieben hatte, bedeutet zumindest bei Schiller keineswegs, daß dieser Auftrag anachronistisch geworden wäre.

Noch der klassische Schiller wird an der aufgeklärten Tragödienästhetik festhalten und sie nur in Details modifizieren. Den wirkungspoetischen Optimismus, den die kurz nach der Niederschrift von „Kabale und Liebe" entstandene Schaubühnenrede an den Tag legt, hat er in späteren Jahren nicht aufgegeben, sondern lediglich konkretisiert. Die tragödienästhetischen Abhandlungen der 90er Jahre, entstanden unter dem Eindruck der Begegnung mit den Schriften Kants (insbesondere der „Kritik der Urteilskraft" <1790>), halten an der alten Überzeugung fest, daß das Trauerspiel wie keine andere Gattung dazu befähigt sei, den Menschen zu rühren, seine Leidenschaften zu reinigen und ihn mit moralischen Ansprüchen zu konfrontieren, die geeignet scheinen, ihn sittlich zu bessern. Grundlegend bleibt dabei die Tragödiendoktrin des Aristoteles, die Schiller zwar um die von Longin stammende Lehre vom Erhabenen ergänzt, aber in ihrem Kernbestand unangetastet läßt. Die Abhandlungen „Ueber die tragische Kunst" (1792) und „Ueber das Pathetische" (1793) ziehen nochmals sämtliche Register der aristotelischen Argumentation. Modifiziert wird sie an zwei, freilich nicht ganz unwesentlichen Punkten: der Wirkungsbegriff der Furcht tritt gegenüber dem Mitleid völlig in den Hintergrund (eine Reduktion, die sich schon bei Lessing andeutet); die ‚hamartia' findet sich ersetzt durch die Funktion des erhabenen Charakters, der noch in der äußersten Not

fühlskult der Genieperiode hier zumal in der Gleichsetzung von „forcierter bürgerlicher Subjektivität" und „aristokratischem Sozialverhalten" verankert sieht.

[113] Schiller, Über Bürgers Gedichte (1791), NA XXII, S. 245

moralische Überlegenheit zeigt und gerade aufgrund seines rigorosen Festhaltens an sittlichen Prinzipien ins Unglück gerät.[114] Im Gegensatz zu Lessing richtet Schiller sein Augenmerk auch auf die ideellen Hintergründe des dramatischen Konflikts und die Motivierung der Katastrophe, die dem tragischen Geschehen die nötige Dynamik verleiht; erstmals rückt damit die Frage des Tragödiengehalts ins Zentrum des theoretischen Interesses, ohne daß jedoch dabei die Dominanz der Wirkungsästhetik in Frage gestellt wird.

Entscheidender als diese Erweiterung der dramenanalytischen Perspektive scheint die Tatsache, daß der klassische Schiller das Erbe der aufgeklärten Aristoteles-Rezeption entschlossen fortführt, indem er die Tragödie ganz auf den kathartischen Effekt und das mit ihm verknüpfte erzieherische Programm einer Perfektibilisierung der sittlichen Fähigkeiten des Menschen verpflichtet. Im ausklingenden 18. Jahrhundert bedeutet seine Dramaturgie des Pathetischerhabenen den letzten gültigen Versuch, die traditionelle Wirkungsästhetik der Tragödie noch einmal in ihre Rechte einzusetzen. Deren Niedergang beschleunigt schließlich auch den literarischen Verfall des Trauerspiels am Beginn einer neuen Epoche.

---

[114] Schiller, Ueber die tragische Kunst, NA XX, S. 156; vgl. auch Schiller, Ueber das Pathetische, NA XX, S. 212. Zur Tragödienlehre des klassischen Schiller instruktiv Klaus L. Berghahn, „Das Pathetischerhabene". Schillers Dramentheorie, in: Deutsche Dramentheorien, hrsg. v. Reinhold Grimm, Bd. I, S. 197-223

# VIII  Resümee und Ausblick

## 1. Das 19. Jahrhundert und die Tragödie

Mit Schillers Theorie der Tragödie im Zeichen des Pathetischerhabenen findet die Tradition der wirkungsästhetisch fundierten Dramenpoetik ihr vorläufiges Ende. Die Tragödienlehre des 19. Jahrhunderts vollzieht eine radikale Abkehr von den methodischen Prinzipien des Aristotelismus, dessen Erbe nach Schiller nicht mehr fortgeführt wird. Die Auseinandersetzung mit dem ideellen Gehalt des Tragischen – verstanden als Ausdruck grundlegender Konflikte der menschlichen Existenz – verdrängt die poetologische Diskussion über Form und Zweck der Tragödie. Deren künstlerische Möglichkeiten werden seit Schelling und Hegel im Rahmen einer philosophischen Ästhetik erörtert, die die Probleme der literarischen Struktur und Wirkungsintention im Zusammenhang übergeordneter geistiger Ordnungssysteme zu behandeln sucht.

Die Tragödie avanciert zum Gegenstand der Philosophie und interessiert dabei nicht allein als poetische Gattung mit bestimmten Formgesetzen, sondern zumal als künstlerisches Mittel zur Darstellung der existentiellen Grundspannungen, denen der Mensch im Widerstreit von Freiheitsbedürfnis und Notwendigkeit unterliegt. Weniger als von der Gattung der Tragödie scheint das 19. Jahrhundert fasziniert vom Phänomen des Tragischen, seinen ideell-metaphysischen oder historisch bedingten Ausprägungen. Die großen philosophischen Systemdenker der Zeit finden im Tragischen ein immer wieder neu fesselndes Untersuchungsgebiet, an dem sie die näheren Implikationen ihrer sei es idealistischen, existentialistischen, nihilistischen oder pessimistischen Weltsicht zu demonstrieren suchen.

Fast keiner der führenden Philosophen des 19. Jahrhunderts hat das Thema ignoriert; bei Schelling, Hegel und Solger, Vischer und Kierkegaard, Schopenhauer und Nietzsche zumal findet man, jeweils im übergreifenden Kontext ihrer philosophischen Systeme, Hinweise auf das Phänomen des Tragischen und die Gattung der Tragödie, die deutlich zeigen, daß sich die Zuständigkeiten verschoben haben. Nicht mehr die Dichtungslehre, die als unabhängige Disziplin nur noch ein Schattendasein fristet, sondern die Philosophie ist nunmehr mit den Fragen des Dramas und seiner ästhetischen Form befaßt. An den Platz der Wirkungspoetik tritt, befördert durch die Frühromantik und die Ausbildung einer allgemeinen Ästhetik im Anschluß an Schelling, die Philosophie der Kunst, die sich nicht auf die Erörterung dichterischer Zwecke und normativer Baugesetze beschränkt, sondern zum ideellen Gehalt der einzelnen Gattungen vorzustoßen sucht. Um den tiefen Einschnitt zu verdeutlichen, der die Entwicklung im 19. Jahrhundert von der aufklärerischen Tragödie trennt, sollen abschließend zumindest die Grundlinien der Gattungsgeschichte nach 1800 und die Hauptmotive ihrer theoretischen Bestimmung skizziert werden.[1]

Zu den immer wiederkehrenden Topoi der Tragödienästhetik des 19. Jahrhunderts zählt die freilich verschieden begründete Ansicht, daß das Tragische ein dialektisches Phänomen sei, bei dem Gegensatz und Einheit, Untergang und Neugeburt, Streit und Versöhnung, Trauer und Hoffnung als gleichursprüngliche Elemente gelten dürfen, hinter deren Differenz letzthin ein höherer, sittlich fundierter Zusammenhang steht, der ihre Identität erweist. Die Tragödie – darin liegt das Hauptargument ihrer philosophischen Bestimmung – zeigt nicht nur die Zerstörung eines Individuums oder einer Idee, sondern bekundet durch die Darstellung solcher Zerstörung das Vertrauen in die Herrschaft eines übergreifenden Prinzips, dessen Sieg wenn nicht Versöhnung der Gegensätze, so doch einen harmonischen Abschluß des tragischen Prozesses auf höherer Ebene bedeutet.

Im Fortgang der Gattungsentwicklung nach 1800 wird diese dialektische Interpretation der tragischen Antinomie freilich auch mit wachsender Skepsis betrachtet. Der Triumph des sittlichen Gesetzes über das unglücklich scheiternde Individuum, den Schelling und Hegel als

---

[1] Grundlegend zur Gattungstheorie des 19. Jahrhunderts: v. Wiese, Die deutsche Tragödie von Lessing bis Hebbel, bes. S. 643ff., Szondi, Versuch über das Tragische, Schriften I, S. 157ff., George Steiner, Der Tod der Tragödie. Ein kritischer Essay. Übersetzt v. Jutta u. Theodor Knust, München 1962, S. 143ff., Grimm (Hrsg.), Deutsche Dramentheorien. Beiträge zu einer historischen Poetik des Dramas in Deutschland, Bd.II (vgl. die Aufsätze v. H.-J. Anders ‹Hebbel› u. U. Fülleborn ‹Grillparzer›).

– letzthin optimistischen – Grundgehalt der Tragödie bestimmen, ist für Grillparzer und Hebbel bereits problematisch geworden, weil er die Möglichkeiten individueller Freiheit in Frage stellt und dem Menschen keine Aussicht auf eine autonome Bestimmung seiner jeweiligen geschichtlichen Gegenwart verheißt. Spätestens ab der Mitte des 19. Jahrhundert, vorbereitet schon durch Büchner, dominiert eine im Zeichen des Pessimismus stehende Tragödienauffassung, der nicht der Sieg eines allgemeinen ideellen Prinzips, sondern die Vergeblichkeit menschlicher Freiheitsbestrebungen als entscheidendes Resultat des tragischen Grundkonflikts gilt.

Zu den zentralen Denkmotiven der Tragödientheorie nach 1800 gehört die Kritik am bürgerlichen Trauerspiel der Aufklärung und die damit verbundene Aufwertung der tragédie classique Corneilles und Racines. Bereits Schiller hatte in einem Xenion von 1797 die Gattung satirisch attackiert und bemängelt, daß das rührende Drama, „populär, häuslich und bürgerlich", partikular bleibende Privatkonflikte ohne echte tragische Dimension darzustellen pflege.[2] Gerade in den ersten drei Dekaden des 19. Jahrhunderts begegnet man einer fast unisono vorgetragenen Kritik der Gattung, die am bürgerlichen Trauerspiel das Fehlen tragischer Tiefe, die Banalität der konventionellen Problemkonstellationen, die Rührseligkeit und den melodramatischen Charakter der Handlungsführung, nicht zuletzt den Verzicht auf die Darstellung substantieller ideeller Konflikte bemängelt. Angegriffen wird damit das dramatische Erfolgsgenre der Zeit, das auf den Bühnen zwischen Hamburg und Mannheim reüssiert, zugleich aber, wie es den Kritikern scheint, deutlich unter den Möglichkeiten der hohen Tragödie bleibt.

In einem Brief vom Spätherbst 1807, der pessimistische Mutmaßungen über das Theaterschicksal der eben beendeten „Penthesilea" anstellt, polemisiert Heinrich von Kleist gegen den oberflächlichen Publikumsgeschmack der Zeit, der, weil er die „Kotzebueschen und Ifflandschen" Charaktere favorisiere, mit seinen „Anforderungen an Sittlichkeit und Moral (...) das ganze Wesen des Drama" zerstöre.[3] Hegels „Vorlesungen über die Ästhetik" finden im bürgerlichen Trauerspiel zwar den

---

[2]  Schiller, Xenien (1797), Nr. 402, NA I, S. 358f.

[3]  Heinrich von Kleist, Sämtliche Werke und Briefe, hrsg. v. Helmut Sembdner, München 1984 (7. Aufl.), Bd. II, S. 796

„Triumph des Moralischen"[4] entfaltet, beanstanden jedoch, daß sich die bereinigende Katharsis, bedingt durch die ausschließlich privat-familiäre Natur der verhandelten Konflikte, nur auf niedrigem sittlichem Niveau bewege. Wo „Geld und Gut, Standesunterschiede, unglückliche Liebschaften, innere Schlechtigkeiten in kleineren Kreisen und Verhältnissen" das thematische Zentrum des Trauerspiels bildeten, müsse auch die „Versöhnung" am „moralischen Ende"[5] des Dramas notwendig von eingeschränktem ideellen Wert sein. Tragisch kann eine Handlung für Hegel allein dann ausfallen, wenn sie sich jenseits gesellschaftlicher und privater Konflikte in einer übergeordneten ethischen Dimension abspielt, wo die dargestellten Spannungen nicht „partikular", sondern „substantiell"[6], mithin ihre Lösungen allgemein gültig, nicht auf bestimmte soziale Problemgehalte zugeschnitten sind.

Auch bei Hebbel klingen derartige Bedenken gegenüber dem bürgerlichen Trauerspiel an, freilich gemildert durch die Vermutung, daß die gravierenden Fehler der Gattung keineswegs unvermeidlich, vielmehr mit dem nötigen Kunstverstand zu beheben seien. Die Vorrede zur „Maria Magdalene" (1844) registriert einen weitreichenden Verfall des bürgerlichen Dramas, das seinen künstlerischen Kredit vor allem deshalb verspielt habe, weil es seine Spannung zumeist „aus allerlei Aeußerlichkeiten"[7] beziehe. Ihre ganzen Möglichkeiten entfaltet die Gattung Hebbel zufolge erst dort, wo dem Zuschauer „nicht mehr die kümmerliche Theilnahme an dem Einzel-Geschick" des tragischen Helden „zugemuthet"[8] werde, sondern die hinter dem individuellen Unglücksfall sich bewegenden sittlichen Mächte ins Zentrum des Geschehens rükken. Hebbel selbst möchte mit der „Maria Magdalene" demonstrieren, daß auch das künstlerisch diskreditierte bürgerliche Trauerspiel einen Ideenkonflikt im Zeichen des Kampfes zwischen individuellem Freiheitsanspruch und moralischer Notwendigkeit darzustellen vermag.

---

4  Georg Wilhelm Friedrich Hegel, Vorlesungen über die Ästhetik III, in: Werke, hrsg. v. Eva Moldenhauer und Karl Markus Michel, Frankfurt/M. 1986, Bd. XV, S. 568
5  Hegel, Werke, Bd. XV, S. 568
6  Hegel, Werke, Bd. XV, S. 554f.
7  Hebbel, Vorwort zur „Maria Magdalene", Sämtliche Werke. 1. Abt., Bd. XI, S.62
8  Hebbel, Vorwort zur „Maria Magdalene", Sämtliche Werke. 1. Abt., Bd. XI, S.64

Trotz Hebbels Erneuerungsversuch, dem man den Respekt nicht versagte, blieb die Kritik am bürgerlichen Trauerspiel auch in der zweiten Hälfte des 19. Jahrhunderts ein Leitmotiv der Tragödientheorie. Franz Grillparzer, selbst eher ein Vertreter des historischen Dramas in der Nachfolge Schillers, vermerkt 1859 lakonisch in seinem Tagebuch, weinerliche Komödie und bürgerliches Trauerspiel seien „die zwei schlechtesten Gattungen <,> die es gibt."[9] Nur wenige Jahre zuvor hatte er bereits die tragédie classique Corneilles gegen die Kritik Lessings verteidigt und entschieden betont, das bürgerliche Trauerspiel sei dem heroischen Drama der Franzosen unterlegen, weil es keine tragischen Qualitäten aufweise, sondern allein auf rührende Effekte setze.[10]

Auch Friedrich Nietzsche gehört, im Kontext seiner Kritik des Mitleidsbegriffs, zu den entschiedenen Gegnern des bürgerlichen Trauerspiels. Der Gattungsterminus erscheint bei ihm zwar nirgends explizit, jedoch ist deutlich zu erkennen, daß seine eigene Philosophie des Tragischen Sympathien mit dem bürgerlichen Drama ausschließt. Wo das Mitleid als Ausdruck von „Selbstgenuß"[11] und Lebensschwäche, von Vitalitätsverlust und Larmoyanz gilt, wird der Lessingschen Dramaturgie der emotionalen Anteilnahme zwangsläufig die Existenzgrundlage entzogen. An die Stelle des rührenden Trauerspiels hat bei Nietzsche die erneuerte Tragödie aus dem Geist der Musik zu treten, die keine Versöhnung des tragischen Konflikts auf sittlicher Ebene, sondern die genußvolle Feier des Lebens und seiner ungebändigten Kräfte in Szene setzt.

Die Philosophie des Tragischen, die das 19. Jahrhundert ausgebildet hat, findet, trotz starker Differenzen zwischen den einzelnen Konzeptionen, einen gemeinsamen Nenner dort, wo sie sich geschlossen von der Tragödienpoetik der Aufklärung abgrenzt. Sie verwirft deren wirkungsästhetische Prinzipien, kritisiert die Gattung des bürgerlichen Trauerspiels als Erfolgsgenre ohne künstlerische Relevanz, konstatiert das Fehlen einer näheren Bestimmung des tragischen Gehalts und bemängelt die monotone Ableitung der Tragödienform aus dem Gesetz der Katharsis. In den Mittelpunkt der Betrachtung rücken jetzt gründliche Reflexionen über das spezifische Wesen der dramatischen Spannung, die Grund-

---

[9] Franz Grillparzer, Sämtliche Werke, hrsg. v. Peter Frank und Karl Pörnbacher, München 1960ff., Bd. III, S. 758 (Tgb. Nr.4256 <1859/60>)

[10] Grillparzer, Sämtliche Werke, Bd. III, S. 376f. (Tgb. Nr. 4040 <1850>)

[11] Nietzsche, Menschliches, Allzumenschliches (1878/86), Werke, Bd. I, S. 510

strukturen des szenischen Konflikts und die besondere Anlage des Menschen zum tragischen Charakter. Das aufgeklärte Wirkungsprogramm, das die Tragödie als ästhetisches Mittel zum moralischen Zweck betrachtete, wird ersetzt durch die theoretische Bestimmung der Gattung aus der tragischen Disposition des Menschen und die Analyse des geschichtlichen Prozesses, in dem er sich zu bewähren hat.

Die Spuren dieser Neuorientierung zeichnen sich bereits im Werk Kleists ab, der keine eigenständige Tragödienlehre vorlegt, aber durch seine dramatischen Arbeiten demonstriert, daß die traditionelle Wirkungspoetik sukzessive an Bedeutung verliert. Im Zentrum seiner Dramen, von denen nur die „Familie Schroffenstein" (1802) und „Penthesilea" (1808) explizit als „Trauerspiel" ausgewiesen sind, steht die Zerissenheit des Menschen zwischen Reflexion und Tat, Sittlichkeit und Sinnlichkeit, Selbstvergessenheit und Bewußtsein, zwischen Autonomie und Heteronomie, Träumerei und Wirklichkeitsvertrauen, Naivität und Schuld.[12] Bereits in den „Schroffensteinern", die, künstlerisch noch nicht vollends gelungen, die zentralen Motive des späteren Werks konzentriert versammeln, bekundet sich der Umschlag von einer wirkungsbezogenen Dramaturgie der Affekte zur Fundierung des Tragischen im dramatischen Gehalt. Zum bestimmenden Thema Kleists wird nicht nur hier eine dreifache Schuld des Individuums, aus deren Verhängnischarakter allein Schmerz und Leid zu folgen scheinen. Grundlegend ist für ihn zunächst die kreatürliche Verstrickung des Menschen im Zeichen des Sündenfalls, die Austreibung aus dem Paradies und der Verlust seiner ursprünglichen Freiheit (ein zentrales Thema von der „Familie Schroffenstein" über den „Zerbrochenen Krug" bis zum Aufsatz „Über das Marionettentheater"); zu ihr gesellt sich die besondere Schuld des zivilisierten Individuums, seine Entfremdung von Natur und Sinnlichkeit, die befördert wird durch die einseitige Ausbildung des Verstandes und die alleinige Konzentration auf die (defizitären) Kräfte der Vernunft (die Diagnose, daß der Prozeß der Zivilisation zu Denaturierung, Haß und Egoismus führe, hat Kleist den Schriften Rous-

---

[12] Zum Verständnis des Tragischen Jochen Schmidt, Heinrich von Kleist. Studien zu seiner poetischen Verfahrensweise, Tübingen 1974, S. 16ff., Walter Müller-Seidel, Versehen und Erkennen. Eine Studie über Heinrich von Kleist, Köln, Graz 1971 (3. Aufl., zuerst 1961), bes. S. 176ff., Wolfgang Wittkowski, Weltdialektik und Weltüberwindung. Zur Dramaturgie Kleists, in: Deutsche Dramentheorien, Bd. I, S. 243-261

seaus entnommen und zumal in den „Schroffensteinern" am Motiv des Erbvertrags dramatisch illustriert[13]); schuldig ist der Mensch schließlich als je einzelnes Wesen, das für sein Tun einstehen muß – weder Penthesilea noch Homburg oder die Oberhäupter der Häuser Rossitz und Warwand (aus der „Familie Schroffenstein") sind bloße Personifikationen kreatürlicher oder zivilisatorischer Schuld, vielmehr bleiben sie als tragische Charaktere auch persönlich verantwortlich für die Verirrungen, denen sie unterliegen.

Die innere Grundspannung zahlreicher seiner Figuren hat Kleist zumindest in Ansätzen selbst durchlebt. Sie ist, wie ein früher Brief an seine Braut Wilhelmine von Zenge verrät, nicht das Produkt dramatischen Kalküls mit wirkungsästhetischen Intentionen, sondern Gegenstand auch der eigenen Erfahrung: „Aber wo Gedanken mit Gedanken, Gefühle mit Gefühlen kämpfen, da ist es schwer zu nennen, was in der Seele herrscht, weil noch der Sieg unentschieden ist. Alles liegt in mir verworren, wie die Wergfasern im Spinnrocken, durcheinander, und ich bin vergebens bemüht mit der Hand des Verstandes den Faden der Wahrheit, den das Rad der Erfahrung hinaus ziehen soll, um die Spule des Gedächtnisses zu ordnen."[14]

Gleichsam die Quintessenz der Kleistschen Anthropologie mit ihren tragischen Implikationen formuliert die Oberpriesterin am Ende der „Penthesilea" angesichts der Leiche der Titelheldin: „Ach! Wie gebrechlich ist der Mensch, ihr Götter! | Wie stolz, die hier geknickt liegt, noch vor kurzem, | Hoch auf des Lebens Gipfeln, rauschte sie!"[15] Es scheint die Zwiespältigkeit des Individuums im Zeichen seiner mehrfachen Schuld als Gattungswesen und je einzelner Mensch zu sein, die diese ‚Gebrechlichkeit' und damit auch die Möglichkeit des Tragischen be-

---

13 Hier vor allem „Discours sur l'inégalité" (1755) (Schriften zur Kulturkritik, S. 113f.); zum Rousseau-Einfluß vgl. Kleist, Sämtliche Werke, Bd. II, S. 632 (Brief an Wilhelmine v. Zenge v. 22. März 1801), S. 655 (Brief v. 3. Juni 1801). Vgl. dazu Hinrich C. Seeba, Der Sündenfall des Verdachts. Identitätskrise und Sprachskepsis in Kleists „Familie Schroffenstein, in: Deutsche Vierteljahrsschrift für Literaturwissenschaft und Geistesgeschichte 44 (1970), S. 64-101, S. 76f.

14 Kleist, Sämtliche Werke, Bd. II, S. 654 (Brief v. 3. Juni 1801)

15 Kleist, Penthesilea, Sämtliche Werke, Bd. I, S. 428 (Szene 24, v. 3037f.). Zum Motiv der ‚Gebrechlichkeit des Menschen' Müller-Seidel, „Penthesilea" im Kontext der deutschen Klassik, in: Kleists Dramen. Neue Interpretationen, hrsg. v. Walter Hinderer, Stuttgart 1981, S. 144-172, S. 156f.

gründet. Nur konsequent bleibt es, wenn Kleist von einer wirkungspoetischen Motivierung der Tragödienhandlung absieht und den Prozeß der Katharsis unmittelbar ins dramatische Geschehen einbindet.
‚Reinigung' von der Schuld, die aus Verblendung, Irrtum und Entfremdung folgt, ist ein Leitthema in der „Familie Schroffenstein"[16]; ‚reinigen'
müssen sich bei Kleist diejenigen, die sich, gegen ihre ursprüngliche
Bestimmung und die Neigung des Herzens, verstrickt haben in Irrtümer
und tragische Täuschung (besonders prägnant vorgeführt wird diese
Reinigung in der „Penthesilea", wenn sich die Titelheldin nach vollen-
detem Mord an ihrem Geliebten das Blut von den Händen waschen
läßt[17]).

Denkbar ist die Katharsis bei Kleist nur als Folge von schwerstem
Leid; sie setzt die ganze Erfahrung des Unglücks voraus, unter dessen
Last das tragische Individuum zusammenbrechen muß, ehe es, verklärt
durch den Schmerz, des Vorscheins einer möglichen Erlösung teilhaftig
werden kann. Individuelle Sühne des Schuldigen scheint immerhin
möglich, kaum aber eine Überwindung der Spannungen und Gegensätze, die den Menschen bestimmen. Die Tragödie empfängt derart ihre
ästhetische Legitimation nicht mehr aus einem erzieherischen Wirkungsanspruch, für dessen genuin aufklärerischen Optimismus bei Kleist kein
Platz ist, sondern aus der tragischen Grundbefindlichkeit des einzelnen
in einer Welt, deren Fragilität weder Harmonie noch Versöhnung zuläßt.

Im Gegensatz zu Kleist, dessen Anmerkungen zu theoretischen Fragen spärlich bleiben, hat sich Grillparzer zeitlebens intensiv mit der
Ästhetik der Tragödie befaßt. Seine Äußerungen über die tragische Kunst,
vorwiegend im Tagebuch als Arbeitsnotizen niedergelegt, sind gekennzeichnet durch auffällige Schwankungen: neben die Orientierung an
den aristotelischen Grundbegriffen, die durch eine genaue Lektüre der
„Poetica" vermittelt ist[18], und das Gebot der dramatischen Läuterung
(das sich im Wunsch manifestiert, die Tragödie möge nach Ende der
Theateraufführung im Inneren der Zuschauer fortwirken[19]) tritt eine

---

[16]  Kleist, Familie Schroffenstein, Sämtliche Werke, Bd. I, S. 86 (<II,3>), 113 (<III,2>),
      122 (<IV,1>)
[17]  Kleist, Penthesilea, Sämtliche Werke, Bd. I, S. 419 (Szene 24, v.2805f.)
[18]  Vgl. Grillparzer, Sämtliche Werke, Bd. III, S. 299f.
[19]  Grillparzer, Sämtliche Werke, Bd. III, S. 303 (Tgb. Nr. 639 <1820>)

dezidierte Kritik an der Konzeption des Trauerspiels als Instrument
moralischer Erziehung; die Verwerfung der Kategorie des Schicksals, die
von einem anachronistisch gewordenen Irrationalismus zeuge, wird relativiert durch das Postulat, die tragischen Figuren sollten sich dem
Glauben an das Fatum unterwerfen (der auf diese Weise als psychologisches Stilmittel in den Dienst der dramatischen Motivierung tritt)[20]; die
Anmerkung, das Geschichtsdrama stelle objektive Ereignisse dar, findet
ihre Abschwächung durch den Hinweis, der historische Prozeß sei immer nur Produkt menschlichen Geistes[21]; der Forderung, daß eine Tragödie sich aus Ideen speisen müsse, steht jene nach dem ‚lebendigen
Faktum' als Ausgangspunkt des dramatischen Werkes entgegen.[22]

In der Phase nach 1850, auf dem Höhepunkt seines freiwilligen Rückzugs aus der literarischen Öffentlichkeit, verstärken sich Grillparzers
Vorbehalte gegen die Wirkungspoetik. Diese Tendenz wird deutlich an
seinen Stellungnahmen zu Lessing, den er als scharfen Denker, nicht
aber als Dramatiker schätzt. 1859 heißt es im Tagebuch, Lessing stütze
sich durchweg auf eine strikt logische Argumentationsführung, gelange
jedoch gerade im Fall seiner Tragödienlehre zu problematischen Resul-
taten, weil er von falschen Prämissen ausgehe. Grillparzer attackiert vor
allem Lessings Überzeugung, daß ein Höchstmaß an tragischer Furcht
und tragischem Mitleid die optimale moralische Wirkung des Trauerspiels garantiere.[23] Im Hintergrund steht erneut eine unterschiedliche
Auffassung vom tragischen Gehalt, den Lessing allein im emotionalen
bzw. kathartischen Effekt des Dramas aufgehoben findet, dem Grillparzer aber stärkere Eigenständigkeit und Substantialität zubilligt. „Das
Theater", so heißt es bereits 1820, „ist kein Korrektionshaus für Spitz-
buben und keine Trivialschule für Unmündige."[24] Bedeutsamer als der
moralische Wirkungszweck, den Grillparzer nicht gänzlich aufgeben
möchte, ist die Gestaltung der tragischen Grundsituation, die idealiter

[20]  Grillparzer, Sämtliche Werke, Bd. III, S. 311 (1817)
[21]  Grillparzer, Sämtliche Werke, Bd. III, S. 304 (Tgb. Nr.1225 <1822>)
[22]  Grillparzer, Sämtliche Werke, Bd. III, S. 305 (Tgb. Nr. 2175 <1834>). Vgl. hier
      Ulrich Fülleborn, Offenes Geschehen in geschlossener Form. Grillparzers Dra-
      menkonzept. Mit einem Ausblick auf Raimund und Nestroy, in: Deutsche Dra-
      mentheorien, Bd.II, S. 1-25 (zu Schicksalsbegriff, Idee und Faktizität S. 7f)
[23]  Grillparzer, Sämtliche Werke, Bd. III, S. 758f. (Tgb. Nr. 4256 <1859/60>)
[24]  Grillparzer, Sämtliche Werke, Bd. III, S. 303 (Tgb. Nr. 639 <1820>)

den Menschen als geschichtliches Wesen im Spannungsfeld von Autonomie und Notwendigkeit zeigt.

Grillparzers dramentheoretische Position bleibt charakterisiert durch
die doppelte Orientierung an Wirkungs- und Gehaltsästhetik. Er kennt
die aristotelische Doktrin und schätzt deren Katharsislehre, polemisiert
aber zugleich gegen die einseitige Konzentration auf den Erziehungsanspruch der Tragödie und deren Subordination unter außerliterarische
Zwecke. An den Platz des antiken Schicksals tritt bei ihm der kausalen
Gesetzen unterworfene, gleichwohl nicht vollends durchschaubare Prozeß der Geschichte als Medium der tragischen Verwicklung. In der
Historie manifestiert sich die lebendige Faktizität, von der laut Grillparzer jeder echte Dramatiker auszugehen hat, ebenso wie die Ideenwelt
des menschlichen Geistes, die hier direkte Spuren hinterlassen und die
Gestalt der höheren Notwendigkeit angenommen hat. Aufgabe der
Tragödie ist es, den Sieg dieser sich in der Geschichte verfestigenden
Notwendigkeit über die Freiheitsbedürfnisse des Individuums darzustellen; ein derartiges Gestaltungsprinzip entspricht den Realitäten des
historischen Prozesses (den Grillparzer voller Skepsis betrachtet) und
bietet zugleich, weil es auf die noch ausstehende Verpflichtung zur
Versöhnung der Gegensätze verweist, die Garantie dafür, daß die Tragödie auch nach dem Ende einer Theateraufführung im Inneren des Zuschauers „fortspielt".[25] Tragischer Gehalt – als Produkt der geschichtlichen Prozeßlogik – und poetische Wirkungsambition – zielend auf die
Gemütserregung im Publikum – scheinen in dieser Konzeption harmonisch miteinander verbunden, ohne daß einer der beiden Aspekte ein
Übergewicht gewinnt.

Die Abkehr von der wirkungspoetischen Tragödienlehre vollzieht
sich insbesondere bei Hegel mit voller Konsequenz. Er liefert damit das
theoretische Fundament für eine Entwicklung, die im Œuvre Kleists
(den er wenig schätzte) bereits in Grundzügen sichtbar wurde. Die
Möglichkeiten der Tragödie ergeben sich, wie die in Heidelberg und
Berlin (ab 1818) entstandenen „Vorlesungen über die Ästhetik" erläutern, aus ihrer Analogie zum dialektischen Verlauf der menschlichen
Geschichte selbst. Hegels philosophisches Denkmodell, demzufolge der
historische Prozeß auf eine Zerstörung des Besonderen durch das Allge-

---

[25] Grillparzer, Sämtliche Werke, Bd. III, S. 303 (Tgb. Nr. 639 <1820>)

meine, den absolute Freiheit schaffenden Weltgeist, zutreibt, bildet das intellektuelle Fundament für die in der „Ästhetik" formulierte Tragödientheorie. Auch das tragische Drama zeigt idealiter den Untergang des einzelnen zugunsten eines allgemeinen sittlichen Gesetzes, in dem zuvor einander widerstreitende Prinzipien auf höherer Ebene harmonisch vereint sind. Das Scheitern des tragischen Helden empfängt eine geschichtsphilosophische Rechtfertigung durch diesen Sieg des Sittlichen, das aus seiner Selbstentzweiung erlöst und zur inneren Geschlossenheit geführt wird.[26] Treten die dramatis personae der Tragödie – Hegel denkt hier zumal an die Werke der attischen Tragiker – als Repräsentanten jeweils isolierter ethischer Ansprüche auf, die unversöhnlich miteinander kollidieren, so findet sich am Ende, im Untergang der Individuen, das freiheitliche Weltgesetz in seiner Einheit wiederhergestellt.[27]

Hinter dem Triumph der göttlichen Schicksalsmacht als Ausklang der antiken Tragödie erkennt Hegel den Sieg des Allgemeinen über das in der konkreten Gestalt des Individuums sich manifestierende Besondere, wie er nach den Vorstellungen der „Phänomenologie des Geistes" (1807) auch im welthistorischen Prozeß als Resultat einer dialektischen Entwicklung erfolgen wird. Von entscheidender Bedeutung bleibt dabei, daß Hegel in der Kollision der dramatis personae – darin liegt die Analogie zum Verlauf der Geschichte – den Reflex der Selbstentzweiung der sittlichen Welt erblickt, den Untergang des tragischen Helden aber als Voraussetzung für die daraus hervorgehende Restitution ihrer Einheit im Sieg eines übergreifenden Prinzips betrachtet.[28]

Abweichend von der antiken Tragödie charakterisiert das moderne Drama seit Shakespeare der „Ästhetik" zufolge seine Figuren nicht mehr als Repräsentanten eines höheren moralischen Imperativs, sondern als isolierte Subjekte, die allein ihren persönlichen Neigungen gehorchen und derart auf den Widerstand der sittlichen bzw. staatlich-rechtlichen

---

[26] Vgl. Hegel, Vorlesungen über die Philosophie der Geschichte I, Werke, Bd.XVIII, S. 414f.

[27] Hegel, Vorlesungen über die Ästhetik III, Werke, Bd. XV, S. 521ff. Zu Hegels Tragödienlehre Szondi, Versuch über das Tragische, Schriften I, S.165f. u. Roland Galle, Hegels Dramentheorie und ihre Wirkung, in: Handbuch des deutschen Dramas, hrsg. v. Walter Hinck, Düsseldorf 1980, S. 259-272

[28] Vgl. Hegel, Phänomenologie des Geistes, Werke, Bd. III, S. 344f (Selbstentzweiung und Einheit des Sittlichen)

Ordnung stoßen. Im negativen Fall bleibt die moderne Tragödie bei der Darstellung subjektiver Überspanntheit stehen, ohne daß hier ethische Prinzipien tangiert werden; Hegel sieht zumal in der „Zerrissenheit und inneren Dissonanz"[29] der Kleistschen Helden den Ausdruck einer modernen Gesinnung, die das Wesen des Tragischen verfehlt, weil sie sich in der Veranschaulichung individueller Antinomien ohne sittliche Allgemeingültigkeit erschöpft. Ähnlich problematisch bleibt das bürgerliche Trauerspiel, das auf die Behandlung von Liebes- und Standeskonflikten spezialisiert ist, dabei aber keine wirklich tragischen Verwicklungen vorzuführen vermag. Entzünden sich jedoch die Geschehnisse des modernen Dramas an der Kollision zwischen einem vom Individuum vertretenen sittlichen Prinzip, das nicht nur partikularen Interessen unterliegt, und einer höheren Notwendigkeit, die am Schluß über den einzelnen triumphiert, so besitzen sie laut Hegel wirklich tragische Dignität; dieses Niveau haben der „Ästhetik" zufolge insbesondere Shakespeare (in „Othello" und „Hamlet") und Schiller (in „Kabale und Liebe" und im „Don Karlos"), nicht aber die Rührstücke Ifflands oder die als exzentrisch geltenden Dramen Kleists erreicht.[30]

Entscheidend ist, daß Hegel die Orientierung an den aristotelischen Wirkungsbegriffen zugunsten einer neuen Vorstellung vom Tragischen aufgibt. ,Furcht' und ,Mitleid' sind für ihn keine kardinalen Kategorien, die über den Wert einer Tragödie entscheiden, weil sie nicht in unmittelbarem Kontakt zur sittlichen Dimension des tragischen Konflikts stehen. Auch die bürgerlichen Trauerspiele, die Hegel so verachtet, erzielen eine starke emotionale Zuschauerwirkung, ohne deshalb auf höherem künstlerischem Niveau zu rangieren. Maßgeblich für die ästhetische Qualität einer Tragödie ist, daß sich am Ende, so Hegel, die ,Versöhnung' einstellt: die Bekräftigung des ethischen Prinzips, das die Ansprüche des Individuums in den Hintergrund treten läßt.[31] Nicht mehr das aufklärerische Katharsisverständnis – die moralische Läuterung der Affekte –, sondern die auf der Ebene der dramatischen Handlung sich konkretisierende Herrschaft des Sittengesetzes über die tragischen Subjekte steht im Zentrum von Hegels Tragödienauffassung. Der Einfluß der aristotelischen Affektdramaturgie ist damit theoretisch durch

---

[29] Hegel, Vorlesungen über die Ästhetik II, Werke, Bd. XIV, S. 202
[30] Hegel, Vorlesungen über die Ästhetik III, Werke, Bd. XV, S. 558ff.
[31] Hegel, Vorlesungen über die Ästhetik III, Werke, Bd. XV, S. 526

eine neue Konzeption der Gattung im Zeichen ihres ideellen Gehalts überwunden worden.

Auf die Entwicklung der Tragödie in der zweiten Hälfte des 19. Jahrhunderts wirkt Hegels Lehre vom Tragischen nicht direkt ein. Die Ausnahme bildet hier das Werk Hebbels, der unter der Regie der Hegelschen „Ästhetik" eine letzte große Rechtfertigung der Tragödie wagt, ehe die Gattung der künstlerischen Bedeutungslosigkeit anheimfällt. Hebbel verzichtet auf den Beistand der veralteten Wirkungsästhetik und bemüht sich, Hegels Gedanken von der Kollision zwischen Individuum und sittlicher Notwendigkeit als Modell der tragischen Handlungsführung zu nutzen. Im Gegensatz zu Hegel hält er jedoch den Untergang des einzelnen für das wesentliche Element des tragischen Prozesses, ohne die Idee der Versöhnung des sittlichen Prinzips als Ausdruck der Wiederherstellung einer ursprünglich bestehenden Einheit ungebrochen zu übernehmen. Ähnlich wie bei Grillparzer dominiert in Hebbels Konzeption der Tragödie ein pessimistischer Grundzug, der sich aus der Einsicht in die Opferrolle des Individuums herschreibt. Zwar wird die dialektische Entwicklungslogik geschichtlicher Vorgänge von Hebbel nicht geleugnet, jedoch besitzt deren Prozeßcharakter bei ihm keineswegs nur positive Züge. Anders als Hegel, der im Geschichtsverlauf die unaufhaltsame Entfaltung einer übergreifenden metaphysischen Idee erkennen wollte, sieht Hebbel auch die Leiden, die dem Individuum aus dem Sieg des allgemeinen Prinzips der Freiheit erwachsen. Die dialektische Perspektive wird bei ihm zur Voraussetzung einer dramatischen Gestaltung, die nicht nur den Triumph der Idee, sondern ebenso – besonders deutlich in der Figur der Judith – den Opferstatus des einzelnen im tragischen (und damit der Geschichte analogen) Prozeß darzustellen sucht.[32]

Entscheidend bleibt auch bei Hebbel die Abgrenzung von der poetischen Wirkungsdoktrin und die Konzentration auf das Problem des Tragischen als Gegenstand einer geschichtsmetaphysischen Betrachtungsweise. Deutlich tritt sie zutage in seiner Kritik am bürgerlichen Trauer-

---

[32] Hebbel, Mein Wort über das Drama! (1843), Sämtliche Werke. 1. Abt., Bd. XI, S. 4f. Instruktiv zum geistesgeschichtlichen Horizont und zu den Einflüssen Hegels bzw. Schellings Hartmut Reinhardt, Apologie der Tragödie. Studien zur Dramatik Friedrich Hebbels, Tübingen 1989, bes. S. 24ff. (vgl. zur „Judith" S.69ff.)

spiel, das, wie die Vorrede der „Maria Magdalene" vermerkt, die Gelegenheit zur Zuspitzung tragischer Konflikte in der „schroffen Geschlossenheit" einer bestimmten Sozialsphäre meist nur unzureichend wahr-
nehme und sich, statt der „schrecklichen Gebundenheit des Lebens"[29]
Ausdruck zu verleihen, mit der Darstellung rein äußerlicher Spannungen begnüge. Hebbels Kritik ist zu verstehen als Hinweis auf den Mangel
an tragischer Substanz, der die meisten bürgerlichen Trauerspiele in der
Nachfolge Ifflands und Kotzebues kennzeichnet. Wenn Hebbel, hier
ganz der Schüler Hegels, die sittliche Substantialität der tragischen
Konflikte als Merkmal der ästhetischen Qualität einer Tragödie betrachtet, so bezeugt er damit die Abkehr von der Wirkungsdoktrin der traditionellen Tragödienpoetik. Nicht der mögliche Bühneneffekt, sondern
die ethische Dimension des Trauerspielgeschehens wird zum Indikator
künstlerischen Rangs; an den Platz der Affektdramaturgie Lessings tritt
der sittliche Rigorismus Hegels, der in der idealen Tragödie die Prozeßlogik der Geschichte modellhaft erfaßt findet.

Im Gegensatz zu Hebbel, der die aufgeklärte Wirkungspoetik hinter
sich läßt, hat Georg Büchner, wie die neuere Forschung feststellen konnte, die Möglichkeiten des Lessingschen Mitleidskonzepts produktiv fortgeführt und einige seiner Aspekte in stark modifizierter Form übernommen.[34] Büchner ist jedoch weit davon entfernt, die Erziehungsprogrammatik des 18. Jahrhunderts mit ihrem philanthropischen Optimismus
wieder in ihre Rechte einzusetzen und die Einübung ins Mitleid zum
alleinigen Zweck der dramatischen Gestaltung zu erheben. Das moralisch aufgeladene Katharsis-Konzept der Aufklärung bleibt ihm ebenso
fremd wie der pädagogische Anspruch Schillers, den er als ‚Idealdichter'
ohne Realitätskontakt verwirft.

Mitleid ist für Büchner zunächst eine jenseits wirkungspoetischer
Berechnung liegende Kategorie, ein kardinales Vermögen, das den Blick
für die Realität schärft, zu genauer Beobachtung und zur Solidarität mit
den Unglücklichen anhält. Nur dort, wo die gegebene Wirklichkeit
illusionslos und ohne idealistische Überhöhung in ihren oft abstoßen-

---

33  Hebbel, Vorwort zur „Maria Magdalene", in: Sämtliche Werke, 1. Abt., Bd. XI,
    S. 62
34  Dazu Wolfgang Wittkowski, Georg Büchner. Persönlichkeit – Weltbild – Werk,
    Heidelberg 1978, S.70f., Schings, Der mitleidigste Mensch ist der beste Mensch,
    S. 68ff.

den Konturen dramatisch erfaßt wird, kann der Zuschauer emotional Anteil nehmen. Der berühmte Brief an die Eltern vom 28. Juli 1835, geschrieben nach dem Abschluß von „Dantons Tod", signalisiert deutlich, daß Büchners ästhetisches Konzept maßgeblich durch die Orientierung an der Publikumswirkung bestimmt ist: „Was noch die sogenannten Idealdichter anbetrifft, so finde ich, daß sie fast nichts als Marionetten mit himmelblauen Nasen und affektiertem Pathos, aber nicht Menschen aus Fleisch und Blut gegeben haben, deren Leid und Freude mich mitempfinden macht, und deren Tun und Handeln mir Abscheu oder Bewunderung einflößt."[35] Auf die realistische Gestaltung „der menschlichen Natur" in ihren unterschiedlichsten Ausprägungen verlegt sich auch Lenz im Kunstgespräch der gleichnamigen Erzählung; im „Danton" erklärt Camille entschieden seine Verachtung für die „Marionetten" des klassizistischen Dramas, die keine lebendigen Charaktere, sondern „hölzerne Kopien" seien.[36] Die Ausrichtung am wirklichkeitsgetreuen Darstellungsverfahren entspringt zunächst der Intention, durch möglichst genaue künstlerische Wiedergabe menschlicher Lebensverhältnisse die Anteilnahme des Publikums zu mobilisieren. Heißt es in „Leonce und Lena", „daß selbst der Geringste unter den Menschen so groß ist, daß das Leben noch viel zu kurz ist, um ihn lieben zu können"[37], so entspricht das aufs genaueste Büchners Mitleidsauffassung, wie sie sich im Brief an die Eltern andeutet: weil auch der Schwächste Anspruch auf Verständnis besitzt, muß das Drama dem ganzen Spektrum des Lebens gerecht werden, will es die Aufmerksamkeit der Zuschauer gewinnen.[38] Mitleid wird derart zur Prämisse des künstlerischen Realismus im Zeichen einer Dramaturgie, die sich zwar vom aufklärerischen Erziehungsprogramm gelöst hat, aber am Zentralbegriff der Tragödienpoetik Lessings noch festzuhalten scheint.

---

[35] Georg Büchner, Werke und Briefe. Münchner Ausgabe, hrsg. v. Karl Pörnbacher, Gerhard Schaub, Hans-Joachim Simm und Edda Ziegler, München 1990 (2. Aufl., zuerst 1988) (= MA), S. 306

[36] Büchner, Lenz, MA 144; Dantons Tod <II,3>, MA 95

[37] Büchner, Leonce und Lena, MA 181 (III,1)

[38] Dazu auch die Aussagen des Darmstädter Mitverschworenen August Becker, der vor dem Weidig-Tribunal „Mitleid" als entscheidendes Motiv für Büchners „Patriotismus" angab (MA 377)

Zu betonen ist nun freilich, daß auch bei Büchner die sich in zahlreichen Zeugnissen dokumentierende Wirkungsabsicht der Mitleidsprovokation nicht mehr zum durchgreifenden Maßstab der dramatischen Gestaltung wird. Besonders klar tritt das am „Danton" zutage, dessen tragischer Gehalt, ganz auf der Linie der ästhetischen Entwicklung seit Kleist, das Produkt einer bestimmten Geschichts- und Weltauffassung bildet, ohne daß ein vorgeordneter Wirkungszweck den Bau der Handlung determiniert. Weder die hier dargestellte Tragödie der Revolution noch die tragische Verstrickung des Individuums Danton lassen sich mit einem mitleidspoetischen Kalkül verrechnen; sie bleiben vielmehr als dramatische Themen selbständige Elemente der Büchnerschen Weltsicht, die in der Kunst ihren anschaulichen Ausdruck findet. Zwar vermag Dantons Schicksal durchaus Mitleid zu erwecken – was offenkundig den Intentionen des Autors entspricht –, doch scheint diese Wirkungsmöglichkeit nicht mehr eingebunden in einen moralischen Anspruch, der auf die sittliche Vervollkommnung des Zuschauers zielt. Die Tragödie des revolutionären Prozesses, der in Terror und Unfreiheit mündet, und das tragische Schicksal des Revolutionärs, der den ihm vom Tribunal zuerkannten Tod schon in der resignativen Schwermut seines Pessimismus vorwegnimmt, gehorchen jeweils, wie Peter Szondi festgestellt hat, einer dialektischen Logik des Umschlags, aus der freilich, anders als bei Hegel, kein neues sittliches Gesetz gestärkt hervorgeht.[39] Das historisch verbürgte Scheitern der Revolution, das sich im Übergang zum diktatorischen Terror der Jakobiner vollzieht, und die tragische Selbstzerstörung der individuellen Existenz, die Dantons nihilistische Todesvisionen illustrieren, bilden autonome Motive des Büchnerschen Dramas, das seine künstlerische Substanz aus dem Gehalt der dargestellten Konflikte bezieht, ohne sich dabei auf wirkungspoetische Ambitionen im Zeichen der aufklärerischen Katharsislehre zu stützen. In diesem Punkt ist auch Büchner, trotz einer gewissen Hochschätzung der Mitleidsdoktrin, Dramatiker des 19. Jahrhunderts: an die Stelle der ästhetischen Erziehungsprogrammatik tritt die Auseinandersetzung mit dem Wesen des Tragischen selbst, das, je nach Perspektive, historisches, politisches oder individuelles Profil annehmen kann, auf jeden Fall aber seine Fundierung im Gehalt, nicht in der Wirkungsabsicht findet.

---

[39] Szondi, Versuch über das Tragische, Schriften I, S. 258f. Vgl. vor allem Dantons Monologe in <II,1> (MA 91), <II,4> (MA 97f.) u. <III,7> (MA 119)

Einen der interessantesten Beiträge zur Ästhetik der Tragödie liefert Arthur Schopenhauer in seinem 1844 erstmals vollständig publizierten Hauptwerk „Die Welt als Wille und Vorstellung". Schopenhauers Lehre vom Tragischen bietet, von der Forschung bisher kaum angemessen gewürdigt[40], eine höchst aufschlußreiche Synthese aus gehalts- und wirkungsästhetischen Argumentationsmustern, bleibt jedoch auch dort, wo sie sich ganz auf die mitleidspoetische Affektdramaturgie einzulassen scheint, geprägt von den tragödientheoretischen Positionen des 19. Jahrhunderts. Das Trauerspiel gilt Schopenhauer als „Gipfel der Dichtkunst"[41], weil es wie keine zweite Gattung geeignet ist, die innerweltlichen Schmerzen des Menschen, sein Leiden an der Vereinzelung (dem principium individuationis) und die Täuschungen, die ihm die Trugbilder der Erscheinungen vermitteln, sinnfällig zu erfassen. Hinter den äußeren Konflikten der Tragödie aber vollzieht sich das Drama des Willens, den Schopenhauer als gefährliche Urkraft des Lebens betrachtet, als nie stillstehendes Bedürfnis, ungebändigten Trieb, Antipoden sittlicher Gesetze, Abgrund von Instinkt und Maßlosigkeit.

In der „Darstellung der schrecklichen Seite des Lebens", durch die „der namenlose Schmerz, der Jammer der Menschheit, der Triumph der Bosheit, die höhnende Herrschaft des Zufalls und der rettungslose Fall der Gerechten und Unschuldigen" vorgeführt werden, bleibt es dem Trauerspiel laut Schopenhauer aufgetragen, das Urgesetz der Existenz zu beleuchten: „Es ist der Widerstreit des Willens mit sich selbst, welcher hier, auf der höchsten Stufe seiner Objektivität, am vollständigsten entfaltet, furchtbar hervortritt."[42] Am Exempel des je unterschiedlichen tragischen Konflikts kommen die zerstörerischen Triebmächte des Willens und die Leiden der Individuation anschaulich zu Gesicht; hinter „Bosheit und Verkehrtheit"[43] der dramatis personae werden die ewig gleichen Kräfte des Lebens, hinter Täuschung und Verblendung die Gesetze der Vereinzelung im Zeichen des principium individuationis erkennbar.

---

[40] Eine der wenigen Ausnahmen bildet die Arbeit von Schings, Der mitleidigste Mensch, S. 81f.

[41] Arthur Schopenhauer, Die Welt als Wille und Vorstellung, in: Werke. Zürcher Ausgabe, hrsg. v. Angelika Hübscher, Zürich 1977 (= ZA), Bd. I, S. 318 (§ 51)

[42] Schopenhauer, Die Welt als Wille und Vorstellung, ZA I, S. 318 (§ 51)

[43] Schopenhauer, Die Welt als Wille und Vorstellung, ZA I, S. 318 (§ 51)

Wenn Schopenhauer durch den Gehalt des Trauerspiels die Grundstruktur menschlicher Existenz bezeichnet findet, so bekundet sich darin zunächst die für die Tragödienästhetik des 19. Jahrhunderts charakteristische Konzentration auf das Wesen des Tragischen selbst. Hinzu tritt nun jedoch eine zweite Komponente, die, vermittelt über die jeweils existentielle tragische Substanz des Dramengeschehens, bemerkenswerte Wirkungsmechanismen mit pädagogischen Konsequenzen für den Zuschauer freisetzt. Das Trauerspiel stellt nicht nur die Leiden der Individuation und die Schmerzen des Lebens dar, sondern weist auch einen Weg aus den Abgründen des irdischen Jammers: „So sehn wir im Trauerspiel zuletzt die Edelsten, nach langem Kampf und Leiden, den Zwecken, die sie bis dahin so heftig verfolgten, und allen den Genüssen des Lebens auf immer entsagen, oder es selbst willig und freudig aufgeben (...)"[44] Über die Erkenntnis der irdischen Leiden führt das Trauerspiel seine Helden zur Resignation, die ihrerseits in „das Aufgeben, nicht bloß des Lebens, sondern des ganzen Willens zum Leben selbst"[45] mündet. Auch Schopenhauer glaubt damit an einen Wirkungszweck der Tragödie, der sich jedoch tiefgreifend von dem der aufklärerischen Gattungskonzeption unterscheidet. Nicht mehr das optimistische Vertrauen in die moralische Vervollkommnung des Menschen durch die kathartische Leistung des Trauerspiels herrscht hier vor, sondern umgekehrt gerade das Gefühl der Resignation, des Pessimismus im Zeichen des Zweifels an der Veränderbarkeit der Welt und ihres Grundprinzips, des Willens.

Schopenhauers Tragödienlehre gewinnt deutlicheres Profil, wenn man sie in einen Zusammenhang mit den Ausführungen über das Mitleid stellt, die sich im letzten Teil seines philosophischen Hauptwerks finden. Mitleid ist für Schopenhauer dasjenige Vermögen, das die inneren Widersprüche der Individuation erkennen hilft und den Weg zur Abkehr vom Leben in der Askese bahnt. Einzig mitleidiges Empfinden im Zeichen der Anteilnahme am Schicksal anderer Menschen führt zur „Durchschauung jenes principii individuationis, welche allein, indem sie den Unterschied zwischen dem eigenen und den fremden Individuen aufhebt, die vollkommene Güte der Gesinnung bis zur uneigennützig-

---

[44] Schopenhauer, Die Welt als Wille und Vorstellung, ZA I, S. 319 (§ 51)
[45] Schopenhauer, Die Welt als Wille und Vorstellung, ZA I, S. 319 (§ 51)

sten Liebe und zur großmüthigsten Selbstaufopferung für Andere, möglich macht und erklärt."[46] Die Analogie zum Wirkungsmechanismus der Tragödie wird hier nicht explizit hergestellt, liegt jedoch offen zutage. Wenn das Trauerspiel die Botschaft der Resignation vermittelt, so tut es das zumal durch das Mitleid, das es im Zuschauer evoziert; erst die Anteilnahme am Schicksal des tragischen Helden führt zur Einsicht in die Grundstruktur des Lebens, die Schopenhauer für unveränderlich und unwandelbar hält. Gilt als wahrer Sinn der Tragödie die Erkenntnis, daß der Held im Untergang „nicht seine Partikularsünden", sondern die „Erbsünde, d.h. die Schuld des Daseyns selbst"[47] abbüßt, so fällt es dem Mitleid zu, eben diesen Zusammenhang zwischen persönlicher Verstrikkung und existentiellem Verhängnis zu erschließen. Allein der Mitleidige scheint imstande, auf dem Wege der Anteilnahme den Kreislauf der Individuation, des Egoismus und des Willens zu durchbrechen.[48] Insofern ist das tragische Mitleid für Schopenhauer, ähnlich wie für Lessing, ein Wert an sich, der keiner kathartischen Läuterung bedarf, sondern von vornherein sittliche Valenzen birgt. Indem das Trauerspiel Mitleid freisetzt, gestattet es dem Zuschauer, die Verpflichtung zur Entsagung als Ausdruck der Lebensverneinung und Möglichkeit der Erlösung von den Schmerzen der Individuation zu erkennen.

Schopenhauer verknüpft seine gehaltsästhetische Bestimmung des Trauerspiels als Darstellung existentieller Leidensverhältnisse mit einem wirkungspoetischen Aspekt, ohne dabei das Erbe der aufklärerischen Tragödiendoktrin zu übernehmen. Die entscheidende Pointe der Schopenhauerschen Mitleidslehre liegt darin, daß sie nicht mehr von der Möglichkeit der Perfektibilisierung des Menschen und seiner Welt, sondern von deren unveränderbarer Disposition zum Bösen ausgeht. An die Stelle des optimistischen Anspruchs, die diesseitige Wirklichkeit mit den Mitteln der Vernunft zu bewältigen, tritt das pessimistische Programm der Askese und des Rückzugs aus dem Leben.[49] Dem Trauerspiel

---

46  Schopenhauer, Die Welt als Wille und Vorstellung, ZA II, S. 468f. (§ 68)
47  Schopenhauer, Die Welt als Wille und Vorstellung, ZA I, S. 319 (§ 51)
48  Vgl. zur Mitleidslehre (mit Kritik an Seneca, Spinoza, Kant und unter Berufung auf Rousseaus „Discours sur l'inégalité") auch die Preisschrift „Über die Grundlage der Moral" (ZA VI, S. 75ff. <§19>)
49  Schings, Der mitleidigste Mensch, S.83 erklärt zutreffend, die Wirkungsästhetik werde „von der Leidensphilosophie aufgesogen." In der Tat bedeutet die Funk-

bleibt es aufgetragen, diesen Rückzug vorzubereiten, indem es die Schmerzen des Menschen in der Welt darstellt, zugleich aber auch schon die Erkenntnis freisetzt, daß deren Ursprung nicht individueller, sondern existentieller Art ist. Von den hochfliegenden erzieherischen Ambitionen der Lessingschen Mitleidskonzeption bleibt bei Schopenhauer einzig die Einsicht in die pädagogischen Möglichkeiten der Affektdramaturgie erhalten, nicht jedoch die optimistische Tendenz, die sie bestimmte. Die Wirkungspoetik der Tragödie hat, so scheint es, im 19. Jahrhundert nur dann noch eine Chance, wenn sie die Postulate der aufklärerischen Trauerspiellehre negiert und das Drama auf die Einübung in den Pessimismus verpflichtet.

## 2. Abschied von der Tragödie?
## Perspektiven der Gattung seit Nietzsche

Dem hohen philosophischen Ehrgeiz, mit dem man sich im 19. Jahrhundert um eine Erneuerung der Tragödie bemüht, kann die literarische Praxis kaum entsprechen. Sieht man von den Werken Kleists, Grillparzers, Hebbels und (mit Einschränkungen) Grabbes ab, so muß man konstatieren, daß der künstlerische Ertrag der Tragödienversuche zwischen Romantik und Naturalismus eher enttäuschend ausfällt und den niveauvollen Bestimmungen der zeitgenössischen Ästhetik praktisch kaum standhält. Vor allem während der zweiten Hälfte des 19. Jahrhunderts, in der Nachfolge Hebbels, beherrschen die Epigonen das Feld, Autoren wie Heinrich Laube, Otto Ludwig, Paul Heyse oder Emanuel Geibel, die die Bühne mit Geschichtstragödien und historischen Schauspielen versorgen, ohne dabei originelle Beiträge zur künstlerischen Entwicklung der Gattung zu leisten.[50] Während der realistisch-psychologisch gehaltene Roman allmählich die Gunst des zeitgenössischen Lesepublikums erobert und die Epoche der Prosa begründet, erfolgt der Niedergang der Tragödie nach 1850 in rapider Geschwindigkeit. Die

tionalisierung des Mitleids im Dienst der Entsagung geradezu eine Kontrafaktur der Lessingschen Konzeption.
[50]  Zu Ludwig und zur Epigonendramatik des mittleren 19. Jahrhunderts v. Wiese, Die deutsche Tragödie, S. 543f.

Gattungstheorie bleibt jedoch weiterhin anspruchsvoll und zeugt vom kontinuierlichen Bestreben, den tieferen Gehalt des Tragischen und die mit ihm verbundenen Möglichkeiten des Dramas genau zu durchleuchten.

Den wohl bedeutsamsten Beitrag zum Thema liefert Nietzsches Debütschrift „Die Geburt der Tragödie aus dem Geiste der Musik" (1872). Auch sie bietet keine poetologische (oder philologische) Erörterung des Themas, sondern eine Philosophie des Tragischen im weitesten (nämlich die Disziplin der Ästhetik einschließenden) Wortsinn. Ähnlich wie Hegel, mit dem ihn sonst wenig verbindet, sieht Nietzsche in der Tragödie einen dialektischen Prozeß dargestellt, der die ursprünglich gegebene Einheit geschichtlicher Antinomien neu hervortreten läßt. Während jedoch Hegel die Gattung darauf zu verpflichten sucht, die Möglickeit der Wiederherstellung eines im Zustand der Selbstentzweiung befindlichen sittlichen Prinzips aus dem Untergang seiner jeweils partikularen, vereinzelten Erscheinungsformen zu erweisen, betrachtet Nietzsche das Tragische allein als ästhetisches Phänomen jenseits aller moralisch-ethischen Bedeutungsnuancen. In der Tragödie bekundet sich für ihn der Wille zum Leben, der in der Zerstörung des Individuellen und der von ihm repräsentierten Reflexionskräfte mit ganzer Macht triumphiert. Nietzsche kehrt die von Schopenhauer entwickelte Metaphysik des Willens am entscheidenden Punkt um, indem er nicht die (durch Askese mögliche) Verneinung, sondern die Bejahung des Lebenstriebs als höchstes Ziel des Menschen beschreibt. Die besondere Vorbildlichkeit der attischen Tragödie besteht laut Nietzsche darin, daß sie, vermittelt durch die ästhetische Leistung des Chors und seiner irrationalen Beschwörungskräfte, die Leiden der Individuation und die aus dem tragischen Zerfallsprozeß hervorgehende Wiedergeburt der ursprünglichen Mächte des Lebens darstellt.[51]

Anhand des Mythos vom Halbgott Dionysos und der ihm entgegengesetzten Figur des Lichtbringers Apoll illustriert Nietzsche die künstlerische Dignität der antiken Tragödie. So wie Dionysos, der Gott des

[51] Nietzsche, Die Geburt der Tragödie, Werke, Bd.I, S.53f. Zur Lebensphilosophie von Nietzsches Schrift Roland Galle, Tragödie und Aufklärung. Zum Funktionswandel des Tragischen zwischen Racine und Büchner, Stuttgart 1976, S. 28f. (Differenz zu Hegels geistmetaphysischer Tragödienkonzeption)

Rausches, nachdem ihn die Titanen zerrissen haben, durch Hilfe seiner Mutter Semele wiedergeboren wird, so erfährt der tragische Held die Schmerzen seiner Vereinzelung, um schließlich, befördert durch das Erlebnis des Leidens in der Welt, zu neuer Einheit jenseits des (von Apoll repräsentierten) Status individuationis zu finden. Laut Nietzsche umfaßt die attische Tragödie in ihrer reinen Form vor Euripides „alle Bestandteile einer tiefsinnigen und pessimistischen Weltbetrachtung"[52], insofern sie Schmerz und Qual als dominierende Kräfte menschlichen Daseins zeigt; zugleich aber erzeugt sie über die künstlerische Form des Chorgesangs und die darin aufgehobene ästhetische Bewältigung des durch den Untergang des tragischen Helden bewirkten Leids einen Vorschein von der möglichen Restitution der früheren Einheit des Lebens. Zur „Mysterienlehre der Tragödie" gehören „die Grunderkenntnis von der Einheit alles Vorhandenen, die Betrachtung der Individuation als des Urgrundes des Übels, die Kunst als die freudige Hoffnung, daß der Bann der Individuation zu zerbrechen sei, als die Ahnung einer wiederhergestellten Einheit."[53]

Im Ausgang des tragischen Prozesses, den Nietzsche wie Hegel als Vorgang der Wiedergeburt eines beschädigten Weltgesetzes begreift, wird das Dionysische – die rauschhafte Feier des Willens zum Leben – als höheres Stadium des Apollinischen sichtbar, insofern auch der Gott Dionysos im Zustand der Zerrissenheit erst die Leiden der Vereinzelung erfahren muß, ehe er in seine alte Gestalt zurückfinden darf. Das Prinzip der Individuation, das durch den Lichtbringer Apoll vertreten wird, ist aufgehoben in der dionysischen Willensmacht und ihren ursprünglichen Kräften. Hinter der Kunstleistung der Tragödie taucht damit das schemenhafte Profil einer Lebensphilosophie auf, die Nietzsche später im Kontext seiner Moralkritik näher entwickelt hat.[54] Entscheidender als die Geschichtsvorstellung, die der Deutung des Dionysos-Mythos zugrunde liegt, ist jedoch die spezifische Ästhetik des Tragischen, die

---

[52] Nietzsche, Die Geburt der Tragödie, Werke, Bd. I, S. 62
[53] Nietzsche, Die Geburt der Tragödie, Werke, Bd. I, S. 62
[54] Vgl. Nietzsche, Jenseits von Gut und Böse (1886), Werke, Bd. II, S. 600f. (Nr.36) (Trieb- und Willensgesetz), 643ff. (Nr. 186ff.) (Geschichte der Moral als Geschichte der Willensunterdrückung), ferner Nietzsche, Zur Genealogie der Moral (1887), Werke, Bd. II, S. 861ff. (Nr. 13f.) (Askese und Niedergang des Lebenstriebs)

Nietzsches Schrift entfaltet. Die Verheißungen des Dionysischen treten nach ihrer Ansicht allein in der Kunst jenseits aller sittlichen Gesetze und Beschränkungen zutage. Nur folgerichtig gilt es daher, die Tragödie fernzuhalten von moralischen Ansprüchen und ethischen Postulaten, die ihren spezifischen Darstellungsfunktionen widerstreiten. Lessing, der „theoretische Mensch"[55], sei ebensowenig wie der (von Nietzsche immer wieder verspottete) Schiller dazu befähigt gewesen, ein neues Trauerspiel zu schaffen; beide standen, so deutet die Tragödienschrift an, im Bann ihres erzieherischen Wirkungskalküls und damit jenseits der künstlerischen Möglichkeiten des Tragischen.

Eine moralische Tragödie bleibt für Nietzsche ein Widerspruch in sich, versieht doch die Gattung keine ethische, sondern einzig eine fernab von Vernunft und sittlichem Gesetz liegende ästhetische Aufgabe, die in der bedingungslosen Feier des Lebens ihren unmittelbaren Ausdruck findet. Im Musikdrama Richard Wagners, nicht aber im Trauerspiel des 18. Jahrhunderts (geschweige denn in den Werken der Schiller-Epigonen seiner eigenen Zeit) findet der junge Nietzsche die künstlerische Leistung der attischen Tragödie auf gültige Weise fortgeführt. Allein die Allianz von musikalischen und poetischen Ausdrucksformen garantiere, so heißt es noch im Wagner-Portrait der „Unzeitgemäßen Betrachtungen" (1876), die Wiederherstellung der attischen Tragödie aus dem Geist der Moderne.[56] Entschieden wendet sich Nietzsche gegen den moralischen Anspruch der Tragödienkonzeption Lessings und Schillers, aber auch gegen das Geschichtsdrama Grillparzers oder die politischen Schauspiele Grabbes, Büchners und der Jungdeutschen (Heine, Gutzkow, Laube). Zwar meidet er es, explizit Namen zu nennen, jedoch ist die Stoßrichtung eindeutig: „Die edleren Naturen unter den Künstlern rechneten bei einem solchen Publikum auf die Erregung moralisch-religiöser Kräfte, und der Anruf der ‚sittlichen Weltordnung' trat vikarierend ein, wo eigentlich ein gewaltiger Kunstzauber den echten Zuschauer entzücken sollte. Oder es wurde vom Dramatiker eine großartige, mindestens aufregende Tendenz der politischen und sozialen Gegenwart so deutlich vorgetragen, daß der Zuhörer seine kritische Erschöpfung vergessen und sich ähnlichen Affekten überlassen konnte, wie in

---

[55] Nietzsche, Die Geburt der Tragödie, Werke, Bd. I, S. 84
[56] Nietzsche, Richard Wagner in Bayreuth, Werke, Bd. I, S. 388f.

patriotischen oder kriegerischen Momenten, oder vor der Rednerbühne des Parlaments, oder bei der Verurteilung des Verbrechens und des Lasters: welche Entfremdung der eigentlichen Kunstabsichten hier und da geradezu zu einem Kultus der Tendenz führen mußte."[57]

Gewicht besitzt für Nietzsche allein die ästhetische Leistung der Tragödie, die man dort verfehlt, wo die Gattung von moralischem Anspruch und erzieherischen Zwecksetzungen belastet wird. Mit seiner nachdrücklichen Ausrichtung am Begriff des Willens als Zentrum des tragischen Gehalts ist Nietzsche der wohl radikalste Verächter einer wirkungspoetischen Begründung der Tragödie und ihrer Einbindung in ein pädagogisches Programm. Seine Lehre des Tragischen markiert die konsequente Abkehr von den Traditionen der aufgeklärten Poetik und zugleich einen zweiten Umschwung innerhalb der tragödientheoretischen Entwicklung des 19. Jahrhunderts: den Übergang von der sittlichen zur rein ästhetischen Begründung der Gattung.

Ähnlich wie Hegel hat auch Nietzsche mit seiner Tragödienlehre zunächst kaum Einfluß auf die literarischen Prozesse der Zeit genommen. Gewisse Spuren lassen sich erst in der Dramentheorie Gerhart Hauptmanns erkennen, der als Vertreter des deutschen Naturalismus einer von Nietzsche selbst scharf bekämpften literarischen Richtung nahesteht. Wenn Hauptmann um 1910 erklärt, der Bühnenautor habe sich bei seiner Gestaltung an Rhythmus und Dynamik des Lebens zu orientieren[58], so bedeutet das zunächst die entschiedene Abkehr vom Neoklassizismus Gustav Freytags, der in seiner weit verbreiteten Abhandlung „Die Technik des Dramas" (1863) eine strenge Poetik der Tragödie nach den Mustern der geschlossenen Form entwickelt hatte. Die Orientierung am Lebensbegriff bereitet bei Hauptmann ein energisches Plädoyer für die Überwindung normativer Baugesetze im Bereich der szenischen Gestaltung vor. Unabhängig davon, ob das Drama eher statisch angelegt ist (nach dem Vorbild der attischen Tragödie) oder,

---

57  Nietzsche, Die Geburt der Tragödie, Werke, Bd. I, S.123. Unüberhörbar ist hier der Zeitbezug: Nietzsches Schrift meint, wenn sie vom Patriotismus als Theaterdonner spricht, fraglos auch die antifranzösischen Emotionen, die der Krieg von 1870/71 neu entfacht hatte.

58  Gerhart Hauptmann, Dramatische Darstellung (ca. 1910), in: Die Kunst des Dramas. Über Schauspiel und Theater. Zusammengestellt von Martin Machatzke, Berlin, Frankfurt/M., Wien 1963, S. 36

bedingt durch die Anreicherung mit epischen Elementen, zur dynami-
schen Entfaltung seiner Handlung tendiert (im Sinne der Dramaturgie
Shakespeares), betrachtet es Hauptmann als vordingliche Aufgabe des
Bühnenautors, dem gewählten Stoff keine allzu künstlichen Strukturge-
setze aufzuzwingen.[59] Der offene Schluß, ein gemäßigtes Aufsteigen und
Fallen der Spannungskurve, Verzicht auf unglaubwürdige Intrigenhand-
lungen und phantastische Motivierungen des Geschehens gehören zu
den zentralen Prinzipien dieses Formtyps. Dessen Theorie impliziert in
gewissem Maße auch eine Überwindung der überlieferten Gattungsdif-
ferenzierungen, die noch in der von Hegel inspirierten Ästhetik eines
Friedrich Theodor Vischer um die Mitte des 19. Jahrhunderts zum
unangetasteten Grundprinzip der Dramentheorie gehörten. Erscheint
bei Hauptmann „die große Dynamik des Lebens"[60] als entscheidender
Maßstab szenischer Gestaltung, so markiert dies zwangsläufig eine methodische Distanz zu den Gattungsdistinktionen der herkömmlichen
Ästhetik, weil nunmehr die Orientierung an möglichst natürlichen
Bühneneffekten, nicht aber die Herrschaft tektonischer Normen das
Darstellungsverfahren leitet. Kaum zufällig avanciert die Tragikomödie
zum bevorzugten Formmuster des naturalistischen Dramas, das sich
selbst auf die getreue Nachahmung des Lebens jenseits aller poetolo-
gisch-ästhetischen Gattungsgrenzen verpflichtet.

Mittelpunkt des von Hauptmann favorisierten Schauspieltyps ist der
Mensch als gesellschaftliches Wesen, das beherrscht wird von den oftmals bedrückenden Bedingungen eines unentwegten Existenzkampfs.
Das soziale Drama bildet zunächst den Versuch, eine, wie Hauptmann
eingesteht, notwendig verkürzende, konzentrierende Darstellung einander widerstreitender Lebensmächte in ihren unterschiedlichen Ausprägungen zu liefern. Von Fall zu Fall, jeweils beeinflußt durch die
besondere Konfliktkonstellation, gerät die Gestaltung tragisch, komisch
oder tragikomisch; diktiert wird die Gattungswahl durch den gegebenen
Stoff und die Phänomenologie der sozialen Beziehungen, die ihn kennzeichnen. Hauptmann selbst hat zumal mit den „Webern" (1892), dem
„Biberpelz" (1893) und den „Ratten" (1911) gültige Beispiele für seine
Auffassung der drei Gattungstypen geliefert und praktisch unter Beweis

---

[59] Hauptmann, Das Problem des Dramatischen (1912), Die Kunst des Dramas,
S. 37
[60] Hauptmann, Dramatische Darstellung, Die Kunst des Dramas, S. 36

gestellt, daß er die Charakterisierung der sozialen Bedingungen menschlichen Lebens für ein künstlerisch vorrangiges Ziel hielt, dem die Wahl der dramatischen Formmittel unterzuordnen war.

Ab 1914 setzt bei Hauptmann eine intensivere Beschäftigung mit der Tragödie ein, die sich aus einer neuen Gewichtung des Lebensbegriffs herschreibt. ‚Leben' ist jetzt, pessimistisch, Chiffre für die scheiternde Suche des Menschen nach einem höheren, womöglich ihm selbst dauerhaft verborgenen Sinn. Hatte Hauptmann schon in seinem früheren Werk vor dem Hintergrund der populären Theorien Darwins soziale Konflikte als Ausdruck des dem Menschen aufgetragenen Lebenskampfes betrachtet, so wird diese Vorstellung nunmehr von der gesellschaftlichen auf eine übergreifende existentielle Ebene transponiert.[61] Als Spiegel des für Hauptmanns Weltbild kennzeichnenden Pessimismus gerät die Tragödie zum künstlerischen Reflex einer Daseinsordnung, in der der Mensch mit dem Schicksal der Unfreiheit und Abhängigkeit geschlagen ist, dessen ehernes Gesetz er kaum durchbrechen, dessen Verhängnischarakter er nicht autonom überwinden kann. Hauptmanns Versuch einer Neufassung der attischen Tragödie im Rahmen der Atriden-Tetralogie („Iphigenie in Aulis" <1944>, „Agamemnons Tod", „Elektra" <beide 1948>, „Iphigenie in Delphi" <1941>) findet seine künstlerischen Grenzen gerade in diesem Pessimismus, der den dramatis personae kein eigenständiges Handeln mehr zugesteht und ihnen die Möglichkeit sittlicher Selbstbestimmung gänzlich vorenthält. In der Hoffnungslosigkeit, die die von Hauptmann vorgeführten dramatischen Konstellationen vermitteln, verliert sich das tragische Wirkungspotential und mit ihm die intellektuelle Spannkraft, derer die Gattung so offenkundig bedarf.[62] An die Stelle der Hegelschen Kollision ideeller Prinzipien tritt die Einsinnigkeit einer vom Chaos regierten Weltordnung, über die ein dunkles Schicksal verhängt ist; der tragische Konflikt wird ersetzt durch die

---

[61] Zur Kontinuität der Tragödienauffassung (unter dem Aspekt des Lebenskampfs als Leitmotiv) vgl. Wilhelm Emrich, Der Tragödientypus Gerhart Hauptmanns (1953), in: W.E., Protest und Verheißung. Studien zur klassischen und modernen Dichtung, Frankfurt/M., Bonn 1968 (3. Aufl., zuerst 1960), S. 193-206

[62] Vgl. hier die kritischen Überlegungen bei Claude David, Gerhart Hauptmanns ‚Iphigenie in Delphi' und die Krise der Kunst des Dramas (1959), in: Gerhart Hauptmann, hrsg. v. Hans Joachim Schrimpf, Darmstadt 1976 (= Wege der Forschung CCVII), S. 278-288

Darstellung von Haß und Unmenschlichkeit als Konstituenten einer Wirklichkeit ohne moralisches Gesetz. Schon 1908 vermerkt Hauptmann ganz im Sinne seiner späteren Gattungsauffassung: „Es kann nicht geleugnet werden, Tragödie heißt: Feindschaft, Verfolgung, Haß und Liebe als Lebenswut! Tragödie heißt: Angst, Not, Gefahr, Pein, Qual, Marter, heißt Tücke, Verbrechen, Niedertracht, heißt Mord, Blutgier, Blutschande, Schlächterei (...) Eine wahre Tragödie sehen hieß, beinahe zu Stein erstarrt, das Angesicht der Medusa erblicken, es hieß, das Entsetzen vorwegnehmen, wie es das Leben heimlich immer, selbst für den Günstling des Glücks, in Bereitschaft hat."[63]

Einen echten Beitrag zur Restitution der Tragödienform kann Hauptmann so wenig leisten wie eine Belebung ihres ästhetischen Gehalts. Seine vom Pessimismus gekennzeichnete Weltsicht begründet ein Gattungsverständnis, das in der tragischen Handlung weniger den sittlichen Konflikt als vielmehr die Unausweichlichkeit menschlichen Schicksals dargestellt findet. Nach Büchners Tragödie des Nihilismus, die zumindest verschiedene Möglichkeiten der Bewältigung historischer Antinomien durchgespielt hatte, bietet Hauptmann ein tragisches Drama unter den Bedingungen des Fatalismus, das für seinen Zuschauer weder moralische Lösungen noch metaphysische Verheißungen, sondern einzig das ‚Entsetzen' im ‚Angesicht der Medusa' bereithält.

Die strukturelle Problematik, die Hauptmanns tragisches Spätwerk bestimmt, zeichnet sich ähnlich auch bei Hugo von Hofmannsthal ab, der, geschult durch Nietzsche, schon um 1900 den Versuch einer Modernisierung der attischen Tragödie unternommen hatte („Elektra" <1904>, „Ödipus und die Sphinx" <1906>). Ganz auf Nietzsches Linie liegt es, wenn Hofmannsthal die Gattung von der Gestaltung sittlicher Konflikte fernhält und das Tragische in der Darstellung widerstreitender existentieller Mächte selbst verankert wissen möchte. Seine Tragödien bieten eine dionysische Feier des Lebens, die sich über alle ethischen Restriktionen hinwegsetzt und den Trieb als Urgrund des Daseins verherrlicht. Elektra und Ödipus erfahren in der Erfüllung des ihnen vorbestimmten Schicksals zugleich die Überwindung ihrer schmerzlich empfundenen Vereinzelung; Elektras Mordphantasien und Ödipus' Orakeltraum erweisen sich jeweils als Ausdruck von unterdrückten

---

[63] Hauptmann, Griechischer Frühling (1908), Die Kunst des Dramas, S. 33

Triebwünschen, zugleich aber als Manifestationen jener ursprünglichen Lebensmächte, die aus dem Untergang des Individuums gekräftigt und in ungebrochener Vitalität hervorgehen. Hofmannsthal hat Nietzsches Tragödienauffassung, unterstützt durch Freuds Lehren über die Macht des Unbewußten und der Libido, in neue künstlerische Formen zu überführen gesucht: er zeigt keine humane Antike nach dem Muster des Klassizismus, sondern eine wilde, dunkle Welt des Mythos, in der die Mächte des Triebs noch nicht unter den disziplinierenden Einfluß von Moral und Sittengesetz getreten sind. Insbesondere seine „Elektra", erklärtermaßen das Gegenmodell zu Goethes ‚verteufelt humaner' „Iphigenie", stellt den (nur teilweise geglückten) Versuch dar, das zentrale Thema der Tragödie im Sinne Nietzsches zu reaktivieren und in der ekstatischen Verherrlichung von Leben, Trieb und Rausch den Sieg einer irrationalen Einheit des Daseins über das untergehende Individuum zu beschwören.[64]

Hofmannsthal und Hauptmann suspendieren die sittlichen Forderungen der Tragödie, indem sie das Tragische als Resultat eines grausamen Lebenskampfes zeigen, an dessen Ende das moralische Individuum scheitert, die Mächte des Schicksals (in den Manifestationen von Trieb und Natur) hingegen ungehindert triumphieren. Weder Tröstung wie im christlichen Trauerspiel des 17. Jahrhunderts noch moralische Reinigung wie in der Tragödie der Aufklärung finden in diesem Gattungsverständnis als Wirkungsziele Platz; die düsteren Diagnosen über die beschränkten Entfaltungsmöglichkeiten menschlicher Individualität werden im Geist einer resignativen Weltsicht vermittelt, die keine Hoffnung auf Harmonie und Versöhnung mehr bietet. Hinter derartiger Skepsis verbirgt sich bereits die tiefgreifende Unsicherheit gegenüber jeglichem moralischen Anspruch, wie ihn die Wirkungsästhetik des 18. und die Gehaltsästhetik des 19. Jahrhunderts, wenngleich auf methodisch unterschiedlichem Wege, der Bestimmung der tragischen Form zugrunde gelegt hatten. Der Verfall der aufgeklärten Metaphysik und

---

[64] Hugo von Hofmannsthal, Elektra, in: Dramen II. Gesammelte Werke, hrsg. v. Bernd Schoeller in Beratung mit Rudolf Hirsch, Frankfurt/M. 1979f., bes. S.197f. (Elektras Mordphantasien), 233f. (Tanz der Protagonistin). Zur antiklassischen Konzeption der Tragödie vgl. Hofmannsthal, Aufzeichnungen aus dem Nachlaß, Reden und Aufsätze III, S. 443f., ferner die Anmerkungen in "Ad me ipsum" (Reden und Aufsätze III, S. 602)

die Krise der ihr nachfolgenden idealistischen Philosophie lassen die
Tragödie des 20. Jahrhunderts zum Zeugnis von Pessimismus, Resignation und Nihilismus im Zeichen des Transzendenzverlusts werden. Daß
man dieser Entwicklung auch produktive Lösungen entgegensetzen
konnte, die auf die dramatischen Möglichkeiten der Tragödie gänzlich
verzichten, beweist dann vor allem das Werk Bertolt Brechts.

Brechts anti-aristotelische Dramaturgie ist erklärtermaßen auch eine
anti-tragische, die sich von der Wirkungspoetik des 18. Jahrhunderts
wie von der ihr nachfolgenden Gehaltsästhetik der Tragödie gleichermaßen abzusetzen sucht. Brechts Kritik des Tragischen gilt zunächst dem
Leitbegriff der „Einfühlung", dem verschiedene poetologische Kategorien subsumiert werden. Zur Einfühlungsästhetik zählt die Erzeugung
von Illusionen durch die dramatische Handlung, das Hervorrufen von
Identifikationsmöglichkeiten mit dem tragischen Helden, nicht zuletzt
die aufgeklärte Affektdramaturgie mit ihrer Provokation von Leidenschaften zum Zweck der moralischen Reinigung.[65] Verwerflich ist diese
Konzeption, die in der Tragödie ihren wirkungsmächtigsten Ausdruck
findet, für Brecht vor allem deshalb, weil sie den Betrachter nicht zum
Nachdenken über die dargestellten sozialen Verhältnisse nötigt, sondern ihm lediglich Mitleid mit deren Opfern abverlangt. „Die Einfühlung", heißt es 1939, „ist ein Grundpfeiler der herrschenden Ästhetik.
Schon in der großartigen Poetik des Aristoteles wird beschrieben, wie die
Katharsis, das heißt die seelische Läuterung des Zuschauers, vermittels
der Mimesis herbeigeführt wird. Der Schauspieler ahmt den Helden
nach (den Oedipus oder den Prometheus), und er tut es mit solcher
Suggestion und Verwandlungskraft, daß der Zuschauer ihn darin nach-
ahmt und sich so in Besitz der Erlebnisse des Helden setzt."[66]

An die Stelle der kathartisch bedingten „Erlösung", die die gezeigten
Konflikte nicht überwindet, sondern verdrängt, tritt bei Brecht, wie
Walter Hinck formuliert hat, die Dramaturgie der „Auslösung"[67], die,
statt im versöhnlichen Sieg eines sittlichen Prinzips das Gemüt des

---

[65] Bertolt Brecht, <Kritik der „Poetik" des Aristoteles>, in: Gesammelte Werke,
hrsg. v. Suhrkamp-Verlag in Zusammenarbeit mit Elisabeth Hauptmann,
Frankfurt/M. 1967, Bd. XV, S. 240f.

[66] Brecht, Über experimentelles Theater, Gesammelte Werke, Bd. XV, S. 298

[67] Walter Hinck, Die Dramaturgie des späten Brecht, Göttingen 1977 (6. Aufl.,
zuerst 1959), S. 32

Zuschauers zu beruhigen, durch die künstlerische Verfremdung beste-
hender Verhältnisse den Intellekt beunruhigen möchte. Nicht das im
tragischen Mitleiden bezeugte Einverständnis mit der Weltordnung oder
die punktuelle Therapie ihrer spezifischen Gebrechen erstrebt das epi-
sche Theater, vielmehr eingreifendes Handeln als Folge jenes Befrem-
dens, das als Zuschauerwirkung der neuen Dramentechnik die aristotelische Einfühlung ersetzen soll. Distanz statt Nähe, Irritation statt
Identifikation, Aktivierung des Verstandes anstelle rührender Empfindung, interessegeleitete (und damit sachlich kontrollierte) Emotionalität am Platz von affektivem Selbstgenuß, Solidarität statt Mitleid – so
lauten die zentralen Oppositionen, die Brechts theatertheoretische
Schriften seit Ende der 20er Jahre mit nicht nachlassendem Engagement
illustrieren. Für das alte Trauerspiel und dessen wirkungspoetisches
Fundament ist hier ebensowenig Platz wie für die Hegelsche Tragödie
des Sittlichen, die gehaltsästhetische Begründung der Gattung im Horizont ihrer geschichtsphilosophischen Relevanz (die Brecht freilich zu-
rückhaltender beurteilt als die Mitleidspoetik Lessingscher Prägung).
Weder das Vertrauen in die Philanthropie noch die Verheißungen einer
idealistisch gedachten Versöhnung jenseits des Untergangs der tragischen Individuen gelten Brecht als akzeptable Bedingungen für die
künstlerische Auseinandersetzung mit Wirklichkeit und Geschichte des
Menschen. Den traditionellen Konzepten gemeinsam ist die Vertrö-
stung auf eine vage umrissene Zukunft, eine Flucht vor der Realität,
deren Mißstände einzig punktuell behoben werden sollen. Die Tragödie
gerät derart zum Symptom einer verfehlten Kunstauffassung, die nicht
die Veränderung, sondern die Bestätigung des sozialen Status quo anstrebt.

Im „Messingkauf" (1939/40) begegnet zumindest der Versuch einer
Rettung der tragischen Wirkungsbegriffe, die, wie die Argumentation
des Philosophen nahelegt, unter bestimmten Voraussetzungen aktua-
lisierbar scheinen: „Die Alten haben das Ziel der Tragödie darin erblickt,
daß Furcht und Mitleid erweckt werde. Auch jetzt wäre das ein gutes
Ziel, wenn bloß unter Furcht Furcht vor den Menschen und unter
Mitleid Mitleid mit Menschen verstanden würde und wenn also das
ernste Theater mithülfe, jene Zustände unter den Menschen zu beseitigen, wo sie voreinander Furcht und miteinander Mitleid haben müssen.

Denn das Schicksal des Menschen ist der Mensch geworden."[68] Dort, wo die Erregung von Mitleid zur aktiven Solidarität mit den Opfern führt, können sogar die tragischen Affekte in die neue dramatische Konzeption integriert werden. Nicht jedoch die Philanthropie Lessings, sondern eine tätige „Hilfsbereitschaft"[69] steht an der Spitze der veränderten Werthierarchie, die Brecht hier skizziert. Geht die Mitleidspoetik der aufgeklärten Tragödie von der prinzipiellen Unveränderlichkeit des menschlichen Schicksals und seiner jeweils konkreten diesseitigen Manifestationen aus, so bleibt es das Hauptanliegen des epischen Theaters, die Wandelbarkeit der gegebenen gesellschaftlichen Strukturen zu erweisen und Möglichkeiten zur praktischen Umsetzung entsprechender Veränderungsmaßnahmen szenisch zu vergegenwärtigen. Die traditionelle Tragödie aufgeklärter Provenienz ist auch dort, wo Brecht ein (modifiziertes) Mitleidsverständnis präsentiert, kaum zu retten. Ihre Grundbegriffe müssen fundamental umgedeutet werden, sollen sie nicht mehr Elemente des „geistigen Rauschgifthandel(s)"[70] im Zeichen dramatischer Illusionsbildung, sondern Motor einer neuen Theaterästhetik auf dem Weg zur Veränderung der bestehenden Wirklichkeit sein.

Brechts Votum gegen die Tragödie hat sich durchgesetzt, wenngleich man vermuten darf, daß die in der zweiten Hälfte des 20. Jahrhunderts zumindest in der deutschsprachigen Literatur so überaus konsequente Abkehr von der Gattung nicht ausschließlich auf die Theorie des epischen Theaters und deren Rezeptionsgeschichte zurückzuführen ist. Die vorherrschende Skepsis gegenüber dem tragischen Pathos und seinem sittlichen Anspruch, der Zusammenbruch der aufgeklärten Metaphysik und der geschichtsphilosophischen Systeme des deutschen Idealismus, der erst dem 20. Jahrhundert in ganzer Deutlichkeit zu Bewußtsein kommt, fördern die Abwendung von der Tragödie ebenso stark wie Brechts Theatertheorie und ihre zumal bei Frisch, Dürrenmatt, Peter Weiss und Heiner Müller nachwirkende Ästhetik der Verfremdung. Zwar mag man auf tragische Elemente im modernen Drama nicht ver-

---

[68]  Brecht, Der Messingkauf, Gesammelte Werke, Bd. XVI, S. 525f.

[69]  Brecht, Über experimentelles Theater, Gesammelte Werke, Bd. XV, S. 301. Zur neuen Funktion eines (gewandelten) Mitleidsbegriffs Hinck, Das moderne Drama in Deutschland. Vom expressionistischen zum dokumentarischen Theater, Göttingen 1973, S.105f., Schings, Der mitleidigste Mensch, S. 15f.

[70]  Brecht, Über experimentelles Theater, Gesammelte Werke, Bd. XV, S. 305

zichten, jedoch scheint die Tragödie als geschlossene Gattung endgültig ausgedient zu haben.[71] Jenseits von Tragikomödie und Groteske, wie sie im Theater der Gegenwart eine gewisse Rolle spielen, vermag die Tragödie in reiner Ausprägung kaum noch zum Zuge zu kommen.

Nicht nur die ästhetischen Wirkungsmöglichkeiten der Gattung stehen heute prinzipiell in Frage; hinzu tritt der tiefgreifende Zweifel daran, ob die Tragödie als künstlerische Form in der Moderne überhaupt noch eine angemessene intellektuelle Basis besitzt. Der „Tod der Tragödie", den George Steiner vor drei Dekaden diagnostiziert hat, dürfte seine Ursache auch in der allenthalben vorherrschenden Krise der Humanitätsbotschaft und ihrer idealistischen Postulate finden.[72] Man kann den derart motivierten Niedergang der Gattung und die Hinwendung zu neuen dramatischen Formen als Ausdruck der Anpassung an veränderte geistige Erwartungshorizonte betrachten, als Reaktion auf das Scheitern der Aufklärung und die Beschädigung ihres optimistischen Menschenbildes. Denkbar wäre freilich auch ein skeptischer Kommentar, wie ihn Friedrich Dürrenmatt bereits in der Mitte der 50er Jahre geliefert hat. Nach seiner Ansicht ist der Verfall der tragischen Gattung in unseren Tagen das beste Indiz für das Fehlen sittlicher Individualität im Zeichen von moralischer Indifferenz und Persönlichkeitsverlust: „Die Tragödie setzt Schuld, Not, Maß, Übersicht, Verantwortung voraus. In der Wurstelei unseres Jahrhunderts, in diesem Kehraus der weißen Rasse, gibt es keine Schuldigen und keine Verantwortlichen mehr. Alle können nichts dafür und haben es nicht gewollt. Es geht wirklich ohne jeden. Alles wird mitgerissen und bleibt in irgendeinem Rechen hängen. Wir sind zu kollektiv schuldig, zu kollektiv gebettet in die Sünden unserer Väter und Vorväter. Wir sind nur noch Kindeskinder. Das ist unser Pech, nicht unsere Schuld: Schuld gibt es nur noch als persönliche Leistung, als religiöse Tat. Uns kommt nur noch die Komödie bei."[73] Aus dieser

---

[71] Vgl. dazu Arnold Heidsieck, Die Travestie des Tragischen im deutschen Drama (1970), in: Volkmar Sander (Hrsg.), Tragik und Tragödie, Darmstadt 1971 (= Wege der Forschung CVIII), S. 456-481, bes. S. 472f. (zu Brecht, Dürrenmatt und Hochhuth)

[72] Steiner, Der Tod der Tragödie, bes. S. 250ff.

[73] Friedrich Dürrenmatt, Theaterprobleme (1954), in: F.D., Theater. Essays und Reden, Zürich 1985, S.62. Symptomatisch, daß Dürrenmatt das Tragische abkoppelt von der Gattung der Tragödie: „Doch ist das Tragische immer noch

Perspektive läßt sich das Ende der aufgeklärten Tragödientradition als Indiz dafür betrachten, daß ihr sittlicher Wirkungsanspruch an der historischen Realität gescheitert ist. Die Geschichte der Tragödie im 18. Jahrhundert zeugt jedoch davon, daß mit den hochgespannten Erwartungen, die man in die Vervollkommnungsfähigkeiten des Menschen setzte, immer schon eine gewisse Skepsis gegenüber seinen moralischen Möglichkeiten verbunden war. Zur geistigen Signatur der Aufklärung gehören daher nicht nur die optimistischen Illusionen, denen sie sich hingab, sondern auch die Zweifel an der Erreichbarkeit der Ziele, die sie anstrebte. Die Tragödie des 18. Jahrhunderts beleuchtet diese Dialektik von Hoffnung und Pessimismus auf künstlerisch gültige Weise, indem sie immer wieder neu demonstriert, daß die Erziehung des Menschen zur Selbstbestimmung ein unerledigter Auftrag ist.

---

möglich, auch wenn die reine Tragödie nicht mehr möglich ist. Wir können das Tragische aus der Komödie erzielen (...)" (S.62f.) Vgl. dazu Reinhardt, Apologie der Tragödie, S.2f. (mit Hinweisen auf Dürrenmatts Gattungskonzept des Grotesken und Tragikomischen)

# Literaturverzeichnis

## Nachschlagwerke und Bibliographien

Allgemeine Deutsche Biographie, im Auftrage der Historischen Kommission der Wissenschaften, hrsg. v. Rochus Freiherr von Liliencron. 56 Bde., Leipzig 1875-1912 (= ADB)

Lexikon für Theologie und Kirche, begr. v. Michael Buchberger, hrsg. v. Josef Höfer und Karl Rahner, Freiburg 1957ff. (2.Aufl.)

Reinhart Meyer, Das deutsche Trauerspiel des 18. Jahrhunderts. Eine Bibliographie, München 1977

<Johann Heinrich Zedler>, Grosses vollständiges Universal-Lexicon aller Wissenschaften und Künste (...) 64 Bde. u. 4 Supplement-Bde., Halle, Leipzig 1732-55; 1751-54

## A  Werke und Quellen

### Wichtige Werkausgaben

Johann Wolfgang v.Goethe, Werke. Hamburger Ausgabe. 14 Bde., hrsg. v. Erich Trunz, München 1973 (8.Aufl.) (= HA)

Johann Christoph Gottsched, Ausgewählte Werke. 12 Bde., hrsg. v. Joachim Birke u.a., Berlin, New York 1968ff.

Johann Gottfried Herder, Sämmtliche Werke. 33 Bde., hrsg. v. Bernhard Suphan, Berlin 1877ff.

Gotthold Ephraim Lessing, Werke. 8 Bde., hrsg. v. Herbert G. Göpfert u.a., München 1970ff.

<Gotthold Ephraim Lessing>, Lessings Werke. Vollständige Ausgabe in fünfundzwanzig Teilen, hrsg. v. Julius Petersen und Waldemar von Olshausen, Berlin u.a. 1925ff.

Gotthold Ephraim Lessing, Sämtliche Schriften. 23 Bde., hrsg. v. Karl Lachmann. Dritte, auf's neue durchgesehene und vermehrte Auflage, besorgt durch Franz Muncker, Stuttgart 1886ff. Nachdruck, Berlin 1968

Friedrich Schiller, Werke. Nationalausgabe. Im Auftrag des Goethe- und Schiller-Archivs und des Schiller-Nationalmuseums, hrsg. v. Julius Petersen u.a, Weimar 1943ff. (= NA)

Johann Elias Schlegel, Werke. 5 Bde., hrsg. v. Johann Heinrich Schlegel, Kopen-
    hagen, Leipzig 1761ff.
Christian Weise, Sämtliche Werke, hrsg. v. John D. Lindberg, Berlin, New York
    1971ff.

## Zu Kapitel I:

Aristoteles, Nikomachische Ethik, hrsg. u. übers. v. Paul Gohlke, Paderborn
    1956
Aristoteles, Poetik. Griechisch/Deutsch, hrsg. u. übers. v. Manfred Fuhrmann,
    Stuttgart 1982
Aristoteles, Politik, hrsg. u. übers. v. Paul Gohlke, Paderborn 1959
Aristoteles, Rhetorik, hrsg. u. übers. v. Paul Gohlke, Paderborn 1959
Aristoteles, Dichtkunst, ins Deutsche übersetzet, mit Anmerkungen und beson-
    deren Abhandlungen versehen von Michael Conrad Curtius, Hannover
    1753
Bertolt Brecht, Schriften zum Theater. Zusammengestellt v. Siegfried Unseld,
    Frankfurt/M. 1985
Johann Jacob Breitinger, Critische Abhandlung von der Natur, den Absichten
    und dem Gebrauche der Gleichnisse, Zürich 1740. Faksimile-Nachdruck,
    mit einem Nachwort hrsg. v. Manfred Windfuhr, Stuttgart 1967
Johann Jacob Breitinger, Critische Dichtkunst. Mit einer Vorrede eingeführt
    von Johann Jacob Bodemer. 2 Bde., Zürich 1740. Faksimile-Nachdruck,
    mit einem Nachwort hrsg. v. Wolfgang Bender, Stuttgart 1966
Pierre Corneille, Trois discours sur le Poème dramatique (1660), in: Théatre
    complet. Texte préfacé et annoté par Pierre Lièvre. Edition complétée par
    Roger Caillois, Paris 1950, Tome I, S.6-82
<André Dacier>, La Poetique d'Aristote (...) Traduite en françois avec des remar-
    ques critiques sur tout l'ouvrage. Par Mr. Dacier, Amsterdam 1733 (zuerst
    1692)
Johann Christoph Gottsched, Versuch einer Critischen Dichtkunst, Leipzig
    1751 (4.Aufl., zuerst 1730). Faksimile-Nachdruck, Darmstadt 1982
<Daniel Heinsius>, Aristoteles, De Poetica liber Daniel Heinsius recensuit,
    ordini suo restituit, latine vertit, notas addidit. Accedit Daniel Heinsius De
    Tragoediae constitutione. Nachdruck der Ausgabe Leiden 1611, Hildes-
    heim, New York 1976
Horaz <= Quintus Horatius Flaccus>, Ars Poetica. Die Dichtkunst. Lateinisch
    und deutsch, übers. u. mit einem Nachwort hrsg. v. Eckart Schäfer, Stutt-
    gart 1984
Friedrich Nietzsche, Die Geburt der Tragödie, in: Werke, hrsg. v. Karl Schlechta,
    München 1960, Bd. I, S. 7-134

Julius Cäsar Scaliger, Poetices libri septem. Faksimile-Neudruck der Ausgabe von Lyon 1561, mit einer Einleitung von August Buck, Stuttgart, Bad Cannstatt 1964

Christian Heinrich Schmid, Theorie der Poesie nach den neusten Grundsätzen und Nachricht von den besten Dichtern nach den angenommenen Urtheilen. 2 Bde., Leipzig 1767-69

Christoph Martin Wieland, Theorie und Geschichte der Redkunst und Dichtkunst (1757), in: Wielands Werke. Bd. VI, hrsg. v. Fritz Homeyer und Hugo Bieber, Berlin 1916, S.303-421

## Zu Kapitel II:

Christian Gryphius, Der deutschen Sprache unterschiedene Alter und Wachsthum, Breslau 1708. Faksimile-Neudruck, hrsg. v. Dietrich Eggers und James N. Hardin, Bern, Frankfurt/M., New York 1985

Christian Friedrich Hunold <=Menantes>, Academische Neben=Stunden allerhand neuer Gedichte. Nebst einer Einleitung zur vernünftigen Poesie, Halle, Leipzig 1713

Adolph Freiherr von Knigge, Über den Umgang mit Menschen (1788), hrsg. v. Gert Ueding, Frankfurt/M. 1977

Gottfried Wilhelm Leibniz, Die Theodizee von der Güte Gottes, der Freiheit des Menschen und dem Ursprung des Übels (1710), in: Philosophische Schriften. 5 Bde., hrsg. und übers. v. Wolf von Engelhardt, Hans Heinz Holz u.a., Darmstadt 1985, Bd.II,1 – II,2

Daniel Casper von Lohenstein, Sophonisbe. Trauerspiel (1680), hrsg. v. Rolf Tarot, Stuttgart 1970

Johann Friedrich Löwen, Geschichte des deutschen Theaters (1766). Mit den Flugschriften über das Hamburger Nationaltheater als Neudruck hrsg. v. Heinrich Stümcke, Berlin 1905

Moses Mendelssohn, Ästhetische Schriften in Auswahl, hrsg. v. Otto F. Best, Darmstadt 1986 (2.Aufl.)

Daniel Georg Morhof, Unterricht von der Teutschen Sprache und Poesie, Lübeck, Franckfurt 1700 (2. Aufl., zuerst 1682)

<Erdmann Neumeister>, Die Allerneueste Art, zur reinen und galanten Poesie zu gelangen, Hamburg 1722

August Wilhelm Schlegel, Vorlesungen über dramatische Kunst und Literatur, in: Kritische Schriften und Briefe, hrsg. v. Edgar Lohner, Stuttgart u.a. 1962ff., Bd.V-VI

Christian Thomasius, Discours Welcher Gestalt man denen Frantzosen in gemeinem Leben und Wandel nachahmen solle (1687), in: Ch.Th., Deutsche Schriften, hrsg. v. Peter von Düffel, Stuttgart 1970, S.5-49

Christian Weise, Politischer Redner, das ist kurtze und eigentliche Nachricht, wie ein sorgfältiger Hofmeister seine Untergebenen zu der Wohlredenheit anführen soll, Leipzig 1681 (zuerst 1677). Faksimile-Neudruck, Kronberg/Ts. 1974

Christian Weise, Trauer=Spiel von dem neapolitanischen Haupt=Rebellen Masaniello (1682), hrsg. v. Fritz Martini, Stuttgart 1972

Christian Wernicke, Epigramme (1704), hrsg. und eingel. v. Rudolf Pechel, Berlin 1909

Christian Wolff, Vernünfftige Gedancken von Gott, der Welt und der Seele des Menschen. Auch allen Dingen überhaupt (...), Halle 1743 (9.Aufl., zuerst 1720 (= Deutsche Metaphysik)

Christian Wolff, Vernünfftige Gedancken von dem gesellschaftlichen Leben der Menschen und insonderheit dem gemeinsamen Leben zu Beförderung der Glückseeligkeit des menschlichen Geschlechtes, Franckfurt, Leipzig 1740 (5.Aufl., zuerst 1721)

Christian Wolff, Ausführliche Nachricht von seinen eigenen Schrifften, die er in deutscher Sprache von den verschiedenen Theilen der Welt=Weißheit herausgegeben (...), Frankfurt am Mayn 1726. Faksimile-Nachdruck der zweiten Auflage von 1733, hrsg. und mit einem Vorwort vers. v. Hans Werner Arndt (= Christian Wolff, Gesammelte Werke, hrsg. und bearbeitet v. H.W. Arndt u.a., Abt.I, Bd.9), Hildesheim, New York 1973

**Zu Kapitel III:**

Alexander Gottlieb Baumgarten, Aesthetica. Pars 1.2., Frankfurt/O. 1750/58

Sigmund von Birken, Teutsche Rede- bind- und Dicht-Kunst. Faksimile-Neudruck der Ausgabe Nürnberg 1679, Hildesheim, New York 1973

Johann Jacob Bodmer, Brief-Wechsel von der Natur des poetischen Geschmakkes, Zürich 1736. Faksimile-Nachdruck, mit einem Nachwort hrsg. v. Wolfgang Bender, Stuttgart 1966

Johann Jacob Bodmer, Critische Betrachtungen über die poetischen Gemählde der Dichter. Mit einer Vorrede von Johann Jacob Breitinger, Zürich 1741. Faksimile-Neudruck, Frankfurt/M. 1971

Nicolas Boileau, L'Art Poétique (1674), hrsg., eingel. und komm. v. August Buck, München 1970

Johann Jacob Breitinger u. Johann Jacob Bodmer, Critische Briefe, Zürich 1746. Faksimile-Nachdruck, Hildesheim 1969

Michael Conrad Curtius, Abhandlung von der Absicht des Trauerspiels, in: Aristoteles, Dichtkunst, ins Deutsche übersetzt, mit Anmerkungen und besonderen Abhandlungen versehen von Michael Conrad Curtius, Hannover 1753, S.389-396

Jean Baptiste Dubos, Réflexions critiques sur la poësie et sur la peinture, Paris 1770 (7.Aufl., zuerst 1719)

Johann Christoph Gottsched, Akademische Vorlesung über die Frage: Ob man in theatralischen Gedichten allezeit die Tugend als belohnt, und das Laster als bestraft vorstellen müsse? (1751), in: J.Ch.G., Gesammelte Schriften, hrsg. v. Eugen Reichel, Berlin 1902ff., Bd.VI, S.265-284

Georg Philipp Harsdoerffer, Poetischer Trichter (1647-53). Faksimile-Neudruck, Darmstadt 1969

Georg Friedrich Meier, Anfangsgründe aller schönen Wissenschaften. 3 Bde., Halle 1754 (2.Aufl., zuerst 1749)

Martin Opitz, Buch von der Deutschen Poeterey, hrsg. v. Cornelius Sommer, Stuttgart 1983

Martin Opitz, Weltliche Poemata (1644). Erster Teil, unter Mitwirkung v. Christine Eisner hrsg. v. Erich Trunz, Tübingen 1967

Jakob Immanuel Pyra, Erweis, daß die Gottschedianische Sekte den Geschmack verderbe, Hamburg, Leipzig 1743

Jakob Immanuel Pyra, Fortsetzung des Erweises, daß die G*ttsch*dianische Sekte den Geschmack verderbe, Berlin 1744

Johann Elias Schlegel, Gedanken zur Aufnahme des dänischen Theaters (1747), in: J.E.S., Canut. Ein Trauerspiel, hrsg. v. Horst Steinmetz, Stuttgart 1980, S.75-111

Christoph Martin Wieland, Briefe an einen jungen Dichter (1782-84), in: Aufsätze zu Literatur und Politik, hrsg. v. Dieter Lohmeier, Reinbek b. Hamburg 1970, S.75-118

**Zu Kapitel IV:**

Pierre Corneille, Der Cid (1636). Deutsch von Arthur Luther, Stuttgart 1987

Johann Friedrich v. Cronegk, Olint und Sophronia. Ein Trauerspiel (1757), in: Lessings Jugendfreunde, hrsg. v. Jakob Minor, Berlin, Stuttgart o.J. (= Deutsche National-Litteratur, hrsg. v. Joseph Kürschner, Bd.72), S.137-199

Johann Christoph Gottsched, Sterbender Cato (1732), hrsg. v. Horst Steinmetz, Stuttgart 1984

<Johann Christoph Gottsched>, Die deutsche Schaubühne nach den Regeln und Mustern der Alten. Sechster und letzter Theil, darinnen sechs neue Stücke enthalten sind, ans Licht gestellet von Johann Christoph Gottscheden, Leipzig 1745

Andreas Gryphius, Großmüttiger Rechts=Gelehrter / Oder sterbender AEmilius Paulus Papinianus. Trauer=Spil (1659). Text der Erstausgabe, besorgt v. Ilse-Marie Barth, mit einem Nachwort v. Werner Keller, Stuttgart 1983

Thomas Hobbes, Leviathan oder Stoff, Form und Gewalt eines bürgerlichen
    und kirchlichen Staates (1651), übers. v. Walter Euchner, hrsg. u. eingel. v.
    Iring Fetscher, Frankfurt/M., Berlin, Wien 1976
Ewald von Kleist, Seneka. Ein Trauerspiel (1757/58), in: Sämtliche Werke,
    hrsg. v. Jürgen Stenzel, Stuttgart 1971, S.116-134
Gotthold Ephraim Lessing, Philotas. Ein Trauerspiel. Studienausgabe mit Les-
    sings „Kleonnis", Gleims „Philotas", Bodmers „Polytimet" und Texten zur
    Theorie, Entstehung und Aufnahme, hrsg. v. Wilhelm Grosse, Stuttgart
    1979
Justus Lipsius, Von der Bestendigkeit (De Constantia), Faksimiledruck der
    deutschen Übersetzung des Andreas Viritius nach der zweiten Auflage von
    c. 1601 mit den wichtigsten Lesarten der ersten Auflage von 1599, hrsg. v.
    Leonard Forster, Stuttgart 1965
Johann Elias Schlegel, Canut. Ein Trauerspiel (1746), hrsg. v. Horst Steinmetz,
    Stuttgart 1967
L. Annaeus Seneca, De clementia (Über die Milde), in: Philosophische Schrif-
    ten. Lateinisch und Deutsch. Bd.V, hrsg. v. Manfred Rosenbach, Darm-
    stadt 1989, S.1-93
Christoph Martin Wieland, Lady Johanna Gray, oder Der Triumph der Religi-
    on. Ein Trauerspiel (1758), in: Sämmtliche Werke in 39 Bänden, Leipzig
    1794-1811, Supplemente IV, S.193-315


**Zu Kapitel V:**

Charles Batteux, Einschränkung der Schönen Künste auf einen einzigen Grund-
    satz; aus dem Frantzösischen übersetzt und mit verschiednen eignen damit
    verwandten Abhandlungen begleitet von Johann Adolf Schlegeln, Leipzig
    1770 (3.Aufl., zuerst 1751)
Charles Batteux, Einleitung in die Schönen Wissenschaften. Nach dem Franzö-
    sischen des Herrn Batteux mit Zusätzen vermehret von Karl Wilhelm Ram-
    ler. 4 Bde., Leipzig 1756-58. Vierte und verbesserte Auflage 1774
Pierre Augustin Caron de Beaumarchais, Essai sur le genre dramatique sérieux
    (1767), in: Théatre complet, Paris 1957, S.5-21
Marcus Tullius Cicero, Orator. Lateinisch-Deutsch, hrsg. v. Bernhard Kytzler,
    München 1975
Denis Diderot, Œuvres Esthétiques, ed. par Paul Vernière, Paris 1965
<Denis Diderot>, Das Theater des Herrn Diderot. Aus dem Französischen
    übersetzt von Gotthold Ephraim Lessing (1760), mit einem Nachwort u.
    Anmerkungen hrsg. v. Klaus-Detlef Müller, Stuttgart 1986
Christian Fürchtegott Gellert, Lustspiele. Faksimile-Neudruck nach der Ausga-
    be von 1747, mit einem Nachwort hrsg. v. Horst Steinmetz, Stuttgart 1966

Johann Georg Hamann, Fünf Hirtenbriefe das Schuldrama betreffend (1763), in: Sämtliche Werke, hrsg. v. Josef Nadler, Wien 1949ff., Bd.II, S.351-374

Hugo v. Hofmannsthal, Drei kleine Betrachtungen (1921), in: Gesammelte Werke. Reden und Aufsätze II, hrsg. v. Bernd Schoeller in Beratung mit Rudolf Hirsch, Frankfurt/M. 1979f., S.138-148

Jean François Marmontel, Poétique Française. 2 Bde., Paris 1763

Jürg Mathes (Hrsg.), Die Entwicklung des bürgerlichen Dramas im 18. Jahrhundert. Ausgewählte Texte, Tübingen 1974

Moses Mendelssohn, Sendschreiben an den Herrn Magister Lessing in Leipzig (1756), in: Gesammelte Schriften. Jubiläumsausgabe, Berlin 1929ff. Faksimile-Neudruck, Stuttgart, Bad Cannstatt 1972, Bd.II, S.51-111

Christoph Friedrich Nicolai, Abhandlung vom Trauerspiele (1757), in: Gotthold Ephraim Lessing, Moses Mendelssohn, Friedrich Nicolai, Briefwechsel über das Trauerspiel, hrsg. und kommentiert v. Jochen Schulte-Sasse, München 1972, S.11-44

<Johann Gottlob Benjamin Pfeil>, Vom bürgerlichen Trauerspiele, in: Neue Erweiterungen der Erkenntnis und des Vergnügens. 31.Stück, Leipzig 1755, S.1-25. Wieder abgedruckt in: Karl Eibl, Gotthold Ephraim Lessing. Miss Sara Sampson. Ein bürgerliches Trauerspiel (= Commentatio. Analysen und Kommentare zur deutschen Literatur, hrsg. v. Wolfgang Frühwald, Bd.II), Frankfurt/M. 1971, S.173-189

Marcus Fabius Quintilian, Institutio oratoria. Lateinisch-Deutsch. 2 Bde., hrsg. v. Helmut Rahn, Darmstadt 1972

Jean-Jacques Rousseau, Schriften zur Kulturkritik. Eingeleitet, übers. u. hrsg. v. Kurt Weigand, Hamburg 1983 (4.Aufl., zuerst 1955)

Joseph von Sonnenfels, Briefe über die wienerische Schaubühne (1768). Neudruck, hrsg. v. Hilde Haider-Pregler, Graz 1988

Peter Helferich Sturz, Julie. Ein Trauerspiel in fünf Aufzügen. Mit einem Brief über das deutsche Theater an die Freunde und Beschützer desselben in Hamburg (1767), in: Schriften, Leipzig 1779-82, S.153-282

Johann George Sulzer, Allgemeine Theorie der Schönen Künste, in einzeln, nach alphabetischer Ordnung der Kunstwörter auf einander folgenden, Artikeln abgehandelt. Neue vermehrte zweyte Auflage, Leipzig 1792-99 (zuerst 1771-74)

**Zu Kapitel VI:**

Joachim Wilhelm v. Brawe, Der Freigeist. Ein Trauerspiel in fünf Aufzügen
(1757), in: Die Anfänge des bürgerlichen Trauerspiels in den fünfziger
Jahren, hrsg. v. Fritz Brüggemann (= Deutsche Literatur. Sammlung literarischer Kulturdenkmäler in Entwicklungsreihen. Reihe Aufklärung, Bd. VIII),
Leipzig 1934, S.272-232

Christian Fürchtegott Gellert, Moralische Vorlesungen (1770), in: Gesammelte
Schriften. Kritische, kommentierte Ausgabe, hrsg. v. Bernd Witte u.a., Berlin,
New York 1988ff., Bd. VI

Francis Hutcheson, A System of Moral Philosophy (1755), in: Frances Hutcheson, Collected Works, Glasgow, London 1755. Facsimile Editions prepared
by Bernhard Fabian, Vol. V-VI, Hildesheim 1969

Christian Leberecht Martini, Rhynsolt und Sapphira. Ein prosaisches Trauerspiel (1755), in: Die Anfänge des bürgerlichen Trauerspiels in den fünfziger
Jahren, hrsg. v. Fritz Brüggemann (= Deutsche Literatur. Sammlung literarischer Kulturdenkmäler in Entwicklungsreihen. Reihe Aufklärung, Bd.
VIII), Leipzig 1934, S.90-111

Johann Gottlob Benjamin Pfeil, Lucie Woodvil. Ein bürgerliches Trauerspiel
(1756), in: Die Anfänge des bürgerlichen Trauerspiels in den fünfziger
Jahren, hrsg. v. Fritz Brüggemann (= Deutsche Literatur. Sammlung literarischer Kulturdenkmäler in Entwicklungsreihen. Reihe Aufklärung, Bd.
VIII), Leipzig 1934, S.191-271

Anthony Ashley Cooper, Earl of Shaftesbury, Characteristics of Men, Manners,
Opinions, Times (1711). Two Volumes, edited, with notes, by John M.
Robertson, Indianapolis, New York 1964

**Zu Kapitel VII:**

Otto Freiherr von Gemmingen-Hornberg, Der teutsche Hausvater (1780), in:
Das Drama der klassischen Periode. Zweiter Teil, erste Abt., hrsg. v. Adolf
Haussen, Stuttgart o.J., S.11-83 (= Deutsche National-Litteratur. Histo-
risch-kritische Ausgabe, hrsg. v. Joseph Kürschner, Bd.139)

Johann Wolfgang von Goethe, Werke, hrsg. im Auftrag der Großherzogin Sophie
von Sachsen. Abt. 1-4. 133 Bde. (in 147 Tln.), Weimar 1887-1919 (= WA)

Albrecht von Haller, Die Alpen und andere Gedichte, hrsg. v. Adalbert Elschenbroich, Stuttgart 1984

Friedrich Hebbel, Sämtliche Werke. Historisch-kritische Ausgabe, hrsg. v. Richard Maria Werner, Berlin 1901ff.

Gottfried Wilhelm Leibniz, Nouveaux essais (1765), in: Philosophische Schriften. 5 Bde., hrsg. und übers. v. Wolf von Engelhardt, Hans Heinz Holz u.a.,
Darmstadt 1985, Bd.III,1 u. III,2

Friedrich Schlegel, Werke. Kritische Ausgabe, hrsg. v. Ernst Behler unter Mitwirkung v. Jean-Jacques Anstett und Hans Eichner, München, Paderborn, Wien 1958ff. (= KA)

Horst Steinmetz (Hrsg.), Lessing – ein unpoetischer Dichter. Dokumente aus drei Jahrzehnten, Frankfurt/M. 1969

Andreas Streicher, Schillers Flucht von Stuttgart und Aufenthalt in Mannheim von 1782 bis 1785 (1836), hrsg. v. Paul Raabe, Stuttgart 1968

Heinrich Leopold Wagner, Die Kindermörderin (1776), in: Sturm und Drang. Dramatische Schriften, hrsg. v. Erich Loewenthal u. Lambert Schneider, Bd.II, München 1972, S.535-607

**Zu Kapitel VIII:**

Bertolt Brecht, Gesammelte Werke. 20 Bde., hrsg. v. Suhrkamp-Verlag in Zusammenarbeit mit Elisabeth Hauptmann, Frankfurt/M. 1967

Georg Büchner, Werke und Briefe. Münchner Ausgabe, hrsg. v. Karl Pörnbacher, Gerhard Schaub, Hans-Joachim Simm und Edda Ziegler, München 1990 (2.Aufl., zuerst 1988) (= MA)

Friedrich Dürrenmatt, Theater. Essays und Reden, Zürich 1985

Franz Grillparzer, Sämtliche Werke. 4 Bde., hrsg. v. Peter Frank u. Karl Pörnbacher, München 1960ff.

Gerhart Hauptmann, Die Kunst des Dramas. Über Schauspiel und Theater. Zusammengestellt von Martin Machatzke, Berlin, Frankfurt/M., Wien 1963

Georg Wilhelm Friedrich Hegel, Werke. 20 Bde., hrsg. v. Eva Moldenhauer und Karl Markus Michel, Frankfurt/M. 1986

Hugo von Hofmannsthal, Dramen II. Gesammelte Werke, hrsg. v. Bernd Schoeller in Beratung mit Rudolf Hirsch, Frankfurt/M. 1979f.

Heinrich von Kleist, Sämtliche Werke und Briefe. 2 Bde., hrsg. v. Helmut Sembdner, München 1984 (7.Aufl.)

Arthur Schopenhauer, Werke in zehn Bänden. Zürcher Ausgabe, hrsg. v. Angelika Hübscher, Zürich 1977 (= ZA)

# B Forschung

### Grundlegende Darstellungen zum Thema

Wilfried Barner, Gunter E. Grimm, Helmuth Kiesel, Martin Kramer, Lessing. Epoche – Werk – Wirkung, München 1987 (5. Aufl., zuerst 1975)

David E.R. George, Deutsche Tragödientheorien vom Mittelalter bis zu Lessing. Texte und Kommentare, München 1972

Reinhold Grimm (Hrsg.), Deutsche Dramentheorien. Beiträge zu einer historischen Poetik des Dramas in Deutschland. 2 Bde., Wiesbaden 1980 (3.Aufl.,
zuerst 1971)

Karl S. Guthke, Das deutsche bürgerliche Trauerspiel, Stuttgart 1984 (4.Aufl.,
zuerst 1972) (Sammlung Metzler, Bd.116)

Heinz Kindermann, Theatergeschichte Europas. 10 Bde., Salzburg 1957ff. (bes.
Bd.III u. IV)

Max Kommerell, Lessing und Aristoteles. Untersuchung über die Theorie der
Tragödie, Frankfurt/M. 1984 (5.Aufl., zuerst 1940)

Helmut Koopmann, Drama der Aufklärung. Kommentar zu einer Epoche,
München 1979

Peter Michelsen, Der unruhige Bürger. Studien zu Lessing und zur Literatur des
18. Jahrhunderts, Würzburg 1990

Peter Pütz, Die Leistung der Form. Lessings Dramen, Frankfurt/M. 1987

Georg-Michael Schulz, Tugend, Gewalt und Tod. Das Trauerspiel der Aufklärung und die Dramaturgie des Pathischen und des Erhabenen, Tübingen
1988

Horst Steinmetz, Das deutsche Drama von Gottsched bis Lessing, Stuttgart
1987

Gisbert Ter-Nedden, Lessings Trauerspiele. Der Ursprung der modernen Dramatik aus dem Geist der Kritik, Stuttgart 1986

Hans Wagner, Aesthetik der Tragödie. Von Aristoteles bis Schiller, Würzburg
1987

Benno von Wiese, Die deutsche Tragödie von Lessing bis Hebbel, Hamburg
1973 (8.Aufl., zuerst 1948)


**Zum Vorwort:**

<Autorenkollektiv>, Geschichte der deutschen Literatur. Bd.VI (Vom Ausgang
des 17. Jahrhunderts bis 1789), Berlin 1979

Wolfgang Frühwald, Die Ehre der Geringen. Ein Versuch zur Sozialgeschichte
literarischer Texte im 19. Jahrhundert, in: Geschichte und Gesellschaft 9
(1983), S.69-83

Horst Albert Glaser (Hrsg.), Deutsche Literatur. Eine Sozialgeschichte. Bd.IV
(Zwischen Absolutismus und Aufklärung: Rationalismus, Empfindsamkeit,
Sturm und Drang 1740-1786), Reinbek b. Hamburg 1980

Rolf Grimminger (Hrsg.), Hansers Sozialgeschichte der deutschen Literatur
vom 16. Jahrhundert bis zur Gegenwart. Bd.III, München 1980

Jürgen Habermas, Strukturwandel der Öffentlichkeit. Untersuchungen zu einer
Kategorie der bürgerlichen Gesellschaft, Frankfurt/M. 1990 (zuerst 1962)

Odo Marquard, Schwierigkeiten mit der Geschichtsphilosophie. Aufsätze, Frankfurt/M. 1973

Gert Mattenklott, Klaus R. Scherpe (Hrsg.), Westberliner Projekt: Grundkurs 18. Jahrhundert. Die Funktion der Literatur bei der Formierung der bürgerlichen Klasse Deutschlands im 18. Jahrhundert, Kronberg/Ts. 1974

Helmut Pfotenhauer, Literarische Anthropologie. Selbstbiographien und ihre Geschichte – am Leitfaden des Leibes, Stuttgart 1987

Lothar Pikulik, Leistungsethik contra Gefühlskult. Über das Verhältnis von Bürgerlichkeit und Empfindsamkeit, Göttingen 1984

Gerhard Sauder, Empfindsamkeit. Bd.I (Voraussetzungen und Elemente), Stuttgart 1974

Heinz Schlaffer, Der Bürger als Held. Sozialgeschichtliche Auflösungen literarischer Widersprüche, Frankfurt/M. 1976 (2.Aufl., zuerst 1973)

Peter Szondi, Schriften I, hrsg. v. Jean Bollack, Frankfurt/M. 1978

Peter Utz, Das Auge und das Ohr im Text. Literarische Sinneswahrnehmung in der Goethezeit, München 1990

**Zu Kapitel I:**

Walter Benjamin, Ursprung des deutschen Trauerspiels, in: Gesammelte Schriften, hrsg. v. Rolf Tiedemann und Hermann Schweppenhäuser, Frankfurt/M. 1972ff., Bd.I, S.203-430

Jacob Bernays, Zwei Abhandlungen über die aristotelische Theorie des Drama, Berlin 1880. Reprografischer Nachdruck, Darmstadt 1968

Wolf-Hartmut Friedrich, Sophokles, Aristoteles und Lessing, in: Euphorion 57 (1963), S.4-28

Manfred Fuhrmann, Dichtungstheorie der Antike. Aristoteles – Horaz – ,Longin', Darmstadt 1992

Alberto Martino, Geschichte der dramatischen Theorien in Deutschland im 18. Jahrhundert I. Aus dem Italienischen von Wolfgang Proß, Tübingen 1972

Hans Mayer, Lessing und Aristoteles, in: Festschrift für Bernhard Blume. Aufsätze zur deutschen und europäischen Literatur, hrsg. v. Egon Schwarz u.a., Göttingen 1967, S.61-75

Wolfgang Schadewaldt, Furcht und Mitleid. Zur Deutung des Aristotelischen Tragödiensatzes (1955), in: W.S., Hellas und Hesperien. Gesammelte Schriften zur Antike und zur neueren Literatur in zwei Bänden, Zürich, Stuttgart 1970 (2.Aufl., zuerst 1960), Bd.I, S.194-236

Karl Schlechta, Goethe in seinem Verhältnis zu Aristoteles, Frankfurt/M. 1938

**Zu Kapitel II:**

Robert J. Alexander, Das deutsche Barockdrama, Stuttgart 1984 (Sammlung Metzler, Bd.209)

Wilfried Barner, Barockrhetorik. Untersuchungen zu ihren geschichtlichen Grundlagen, Tübingen 1970

✕ Hans Blumenberg, Säkularisierung und Selbstbehauptung (= erweiterte Neuausgabe von „Die Legitimität der Neuzeit", erster und zweiter Teil), Frankfurt/M. 1974

Paul Böckmann, Formgeschichte der deutschen Dichtung. Erster Band, Hamburg 1964 (2.Aufl., zuerst 1949)

Wilhelm Emrich, Deutsche Literatur der Barockzeit, Kronberg/Ts. 1981

Gunter E. Grimm, Literatur und Gelehrtentum. Untersuchungen über den Wandel ihres Verhältnisses vom Humanismus bis zur Frühaufklärung, Tübingen 1983

✕ Robert R. Heitner, German Tragedy in the Age of Enlightenment, Berkeley, Los Angeles 1963

Hans-Peter Herrmann, Naturnachahmung und Einbildungskraft. Zur Entwicklung der deutschen Poetik von 1670 bis 1740, Bad Homburg v.d.H., Berlin, Zürich 1970

Thomas Koebner, Zum Streit für und wider die Schaubühne im 18. Jahrhundert, in: Festschrift für Rainer Gruenter, hrsg. v. Bernhard Fabian, Heidelberg 1978, S.26-58

✕ Panajotis Kondylis, Die Aufklärung im Rahmen des neuzeitlichen Rationalismus, Stuttgart 1986 (zuerst 1981)

✕ Reinhart Koselleck, Kritik und Krise. Eine Studie zur Pathogenese der bürgerlichen Welt, Frankfurt/M. 1989 (6.Aufl., zuerst 1959)

Fritz Martini, Masaniello, Lehrstück und Trauerspiel der Geschichte. Nachwort zu: Christian Weise, Masaniello. Trauerspiel, hrsg. v. Fritz Martini, Stuttgart 1972

✕ Horst Möller, Vernunft und Kritik. Deutsche Aufklärung im 17. und 18. Jahrhundert, Frankfurt/M. 1986

Werner Philipp, Das Werden der Aufklärung in theologiegeschichtlicher Sicht, Göttingen 1957

✕ Peter Pütz, Die deutsche Aufklärung (= Erträge der Forschung, Bd.81), Darmstadt 1991 (4.Aufl., zuerst 1978)

Peter Rusterholz, Theatrum vitae humane. Funktion und Bedeutungswandel eines poetischen Bildes. Studien zu den Dichtungen von Andreas Gryphius, Christian Hofmann von Hofmannswaldau und Daniel Casper von Lohenstein, Berlin 1970

Wilhelm Schmidt-Biggemann, Theodizee und Tatsachen. Das philosophische Profil der deutschen Aufklärung, Frankfurt/M. 1988,

Peter Schwind, Schwulst-Stil. Historische Grundlagen von Produktion und Rezeption manieristischer Sprachformen in Deutschland 1624-1738, Bonn 1977

Gottfried Willems, Anschaulichkeit. Zu Theorie und Geschichte der Wort-Bild-Beziehungen und des literarischen Darstellungsstils, Tübingen 1989

Manfred Windfuhr, Die barocke Bildlichkeit und ihre Kritiker. Stilhaltungen in der deutsche Literatur des 17. und 18. Jahrhunderts, Stuttgart 1966

Konradin Zeller, Pädagogik und Drama. Untersuchungen zur Schulcomödie Christian Weises, Tübingen 1980

## Zu Kapitel III:

Manfred Beetz, Rhetorische Logik. Prämissen der deutschen Lyrik im Übergang vom 17. zum 18. Jahrhundert, Tübingen 1980

Wolfgang Bender, Johann Jakob Bodmer und Johann Jakob Breitinger, Stuttgart 1973 (Sammlung Metzler, Bd.113)

Joachim Birke, Christian Wolffs Metaphysik und die zeitgenössische Literatur- und Musiktheorie, Berlin 1966

Friedrich Gaede, Poetik und Logik. Zu den Grundlagen der literarischen Entwicklung im 17. und 18. Jahrhundert, München 1978

Heinrich Lausberg, Elemente der literarischen Rhetorik, München 1987 (9.Aufl., zuerst 1963)

## Zu Kapitel IV:

Helmut Arntzen, Von Trauerspielen. Gottsched, Gryphius, Büchner, in: Rezeption und Produktion zwischen 1570 und 1730. Festschrift für Günther Weydt, hrsg. v. Wolfdietrich Rasch, Hans Geulen und Klaus Haberkamm, Bern, München 1972, S.571-587

Wilfried Barner, Produktive Rezeption. Lessing und die Tragödien Senecas, München 1973

Dieter Borchmeyer, Staatsraison und Empfindsamkeit. Johann Elias Schlegels „Canut" und die Krise des heroischen Trauerspiels, in: Jahrbuch der deutschen Schillergesellschaft 27 (1983), S.154-171

Karl Otto Conrady, Gottsched, Sterbender Cato, in: Das deutsche Drama. Vom Barock bis zur Gegenwart. Interpretationen, hrsg. v. Benno von Wiese, Bd.I, Düsseldorf 1958, S.61-78

Ruedi Graf, Das Theater im Literaturstaat. Literarisches Theater auf dem Weg zur Bildungsmacht, Tübingen 1992

Renate von Heydebrand, Johann Christoph Gottscheds Trauerspiel „Der sterbende Cato" und die Kritik. Analyse eines Kräftespiels, in: Rezeption und Produktion zwischen 1570 und 1730. Festschrift für Günther Weydt, hrsg. v. Wolfdietrich Rasch, Hans Geulen und Klaus Haberkamm, Bern, München 1972, S.553-571

Francis J. Lamport, Lessing and the Drama, Oxford 1981

Dieter Liewerscheidt, Annäherung an Lessings „Philotas", in: Wirkendes Wort 31 (1981), Hft. 5, S. 290-296

Kurt May, Johann Elias Schlegels „Canut" im Wettstreit der geistesgeschichtlichen und formgeschichtlichen Forschung, in: K.M., Form und Bedeutung. Interpretationen deutscher Dichtung des 18. und 19. Jahrhunderts, Stuttgart 1972 (3.Aufl., zuerst 1957), S. 13-42

Robert E. Norton, „Ein bitteres Gelächter". Tragic and Comic Elements in Lessing's „Philotas", in: Deutsche Vierteljahrsschrift für Literaturwissenschaft und Geistesgeschichte 66 (1992), S.450-465

Walther Rehm, Römisch-französischer Barockheroismus und seine Umgestaltung in Deutschland, in: Götterstille und Göttertrauer. Aufsätze zur deutschantiken Begegnung, München 1951, S.11-61

Volker Riedel, Lessings „Philotas", in: Weimarer Beiträge 25 (1979), Hft.11, S.61-89

Hans-Jürgen Schings, Die patristische und stoische Tradition bei Andreas Gryphius. Untersuchungen zu den Dissertationes funebres und Trauerspielen, Köln, Graz 1966

Hans-Jürgen Schings, Großmüttiger Rechts=Gelehrter / Oder sterbender AEmilius Paulus Papinianus in: Die Dramen des Andreas Gryphius. Eine Sammlung von Einzelinterpretationen, hrsg. v. Gerhard Kaiser, Stuttgart 1968, S.170-203

Georg-Michael Schulz, Die Überwindung der Barbarei. Johann Elias Schlegels Trauerspiele, Tübingen 1980

Hinrich C. Seeba, Die Liebe zur Sache. Öffentliches und privates Interesse in Lessings Dramen, Tübingen 1973

Friedrich Sengle, Das historische Drama in Deutschland. Geschichte eines literarischen Mythos, Stuttgart 1969 (2.Aufl., zuerst 1952)

Elida Maria Szarota, Geschichte, Politik und Gesellschaft im Drama des 17. Jahrhunderts, Bern, München 1976

Conrad Wiedemann, Ein schönes Ungeheuer. Zur Deutung von Lessings Einakter „Philotas", in: Germanisch-Romanische Monatsschrift. Neue Folge, Bd.XVII (1967), S.381-397

**Zu Kapitel V:**

Richard Daunicht, Die Entstehung des bürgerlichen Trauerspiels in Deutschland, Berlin 1965 (2.Aufl., zuerst 1961)

Joachim Dyck, Ticht-Kunst. Deutsche Barockpoetik und rhetorische Tradition, Tübingen 1991 (3. erg. Aufl., zuerst 1966)

Ludwig Fischer, Gebundene Rede. Dichtung und Rhetorik in der literarischen Theorie des Barock in Deutschland, Tübingen 1968

Arnold Heidsieck, Der Disput zwischen Lessing und Mendelssohn über das Trauerspiel, in: Lessing Yearbook XI (1979), S. 7-35

Martin Schenkel, Lessings Poetik des Mitleids im bürgerlichen Trauerspiel ‚Miß Sara Sampson': poetisch-poetologische Reflexionen. Mit Interpretationen zu Pirandello, Brecht und Handke, Bonn 1984

Klaus R. Scherpe, Gattungspoetik im 18. Jahrhundert. Historische Entwicklung von Gottsched bis Herder, Stuttgart 1968

Hans-Jürgen Schings, Der mitleidigste Mensch ist der beste Mensch. Poetik des Mitleids von Lessing bis Büchner, München 1980

Horst Steinmetz, Die Komödie der Aufklärung, Stuttgart 1978 (3.Aufl., zuerst 1966) (Sammlung Metzler, Bd. 47)

Peter Szondi, Die Theorie des bürgerlichen Trauerspiels im 18. Jahrhundert. Studienausgabe der Vorlesungen. Bd.I, hrsg. v. Gert Mattenklott, Frankfurt/ M. 1973

Gert Ueding, Einführung in die Rhetorik, Stuttgart 1976

Alois Wierlacher, Das bürgerliche Drama. Seine theoretische Begründung im 18. Jahrhundert, München 1968

**Zu Kapitel VI:**

Fritz Brüggemann, Lessings Bürgerdramen und der Subjektivismus als Problem (1926), in: Gotthold Ephraim Lessing, hrsg. v. Gerhard und Sibylle Bauer, Darmstadt 1968 (= Wege der Forschung CCXI), S.83-127

Manfred Durzak, Poesie und Ratio. Vier Lessing-Studien, Bad Homburg v.d.H. 1970

Karl Eibl, Gotthold Ephraim Lessing. Miss Sara Sampson. Ein bürgerliches Trauerspiel (= Commentatio. Analysen und Kommentare zur deutschen Literatur, hrsg. v. Wolfgang Frühwald, Bd.II), Frankfurt/M. 1971 (121)

Karl Eibl, Identitätskrise und Diskurs. Zur thematischen Kontinuität von Lessings Dramatik, in: Jahrbuch der deutschen Schillergesellschaft 21 (1977), S.138-192

Arthur Eloesser, Das bürgerliche Drama. Seine Geschichte im 18. und 19. Jahrhundert, Genf 1970 (zuerst 1898)

Ursula Friess, Buhlerin und Zauberin. Eine Untersuchung zur deutschen Literatur des 18. Jahrhunderts, München 1970

Jutta Greis, Drama Liebe. Zur Entstehungsgeschichte der modernen Liebe im Drama des 18. Jahrhunderts, Stuttgart 1991

Gerd Hillen, Die Halsstarrigkeit der Tugend. Bemerkungen zu Lessings Trauerspielen, in: Lessing Yearbook II (1970), S. 115-134

Ferdinand van Ingen, Tugend bei Lessing. Bemerkungen zu „Miss Sara Sampson", in: Amsterdamer Beiträge zur Neueren Germanistik 1 (1972), S. 43-73

Hans-Georg Kemper, Deutsche Lyrik der frühen Neuzeit. Bd.V/2 (Frühaufklärung), Tübingen 1991

Gert Mattenklott, Drama – Von Gottsched bis Lessing, in: Deutsche Literatur. Eine Sozialgeschichte, hrsg. v. Horst Albert Glaser, Bd.IV (Zwischen Absolutismus und Aufklärung. Rationalismus, Empfindsamkeit und Sturm und Drang), Reinbek b. Hamburg 1980, S.277-299

Wolfram Mauser, Lessings „Miss Sara Sampson". Bürgerliches Trauerspiel als Ausdruck innerbürgerlicher Konflikte, in: Lessing Yearbook VII (1975), S. 7-28

Franz Mehring, Die Lessing-Legende (1893, 1906). Mit einer Einleitung neu hrsg. v. Rainer Gruenter, Frankfurt/M., Berlin, Wien 1972

Nadia Metwally, Johann Gottlob Benjamin Pfeils „Lucie Woodvil" – eine „Schwester der Sara", in: Zeitschrift für deutsche Philologie 103 (1984), S.161-177

Albert M. Reh, Die Rettung der Menschlichkeit. Lessings Dramen in literaturpsychologischer Sicht, Bern, München 1981

Veronica Richel (Hrsg.), Gotthold Ephraim Lessing, Miß Sara Sampson. Erläuterungen und Dokumente, Stuttgart 1985

August Sauer, Joachim Wilhelm von Brawe. Der Schüler Lessings, Straßburg 1878

Peter Weber, Das Menschenbild des bürgerlichen Trauerspiels. Entstehung und Funktion von Lessings „Miß Sara Sampson", Berlin 1976 (2. Aufl., zuerst 1970)

Manfred Windfuhr, Der Epigone – Begriff, Phänomen und Bewußtsein, in: Archiv für Begriffsgeschichte 4 (1959), S. 182-210

**Zu Kapitel VII:**

Claudia Albert, Der melancholische Bürger. Ausbildung bürgerlicher Deutungsmuster im Trauerspiel Diderots und Lessings, Frankfurt/M., Bern 1983

Erich Auerbach, Mimesis.Dargestellte Wirklichkeit in der abendländischen Literatur, Bern, München 1982 (7. Aufl., zuerst 1946)

Gerhard Bauer, Gotthold Ephraim Lessing: „Emilia Galotti", München 1987

Klaus L. Berghahn, Nachwort zu: Gotthold Ephraim Lessing, Hamburgische Dramaturgie, Stutttgart 1981, S.653-696

Wolfgang Binder, Schiller, „Kabale und Liebe", in: Das deutsche Drama. Interpretationen, hrsg. v. Benno v. Wiese, Düsseldorf 1958, Bd.I, S. 250-270

Wilhelm Dilthey, Das Erlebnis und die Dichtung, Dresden 1907 (2.Aufl., zuerst 1905)

Manfred Durzak, Das Gesellschaftsbild in Lessings „Emilia Galotti", in: Lessing Yearbook I (1969), S. 60-88

Oscar Fambach (Hrsg.), Schiller und sein Kreis (= Ein Jahrhundert deutscher Literaturkritik <1750-1850>, Bd.II), Berlin 1957

Ursula Friess, „Verführung ist die wahre Gewalt". Zur Politisierung eines dramatischen Motivs in Lessings bürgerlichen Trauerspielen, in: Jahrbuch der Jean-Paul-Gesellschaft 6 (1971), S. 102-130

Karl S. Guthke, „Kabale und Liebe", in: Schillers Dramen. Neue Interpretationen, hrsg. v. Walter Hinderer, Stuttgart 1983 (2.Aufl., zuerst 1979), S. 58-87

Hermann Hettner, Geschichte der deutschen Literatur im achtzehnten Jahrhundert. 2 Bde., Berlin, Weimar 1979 (zuerst 1879)

Walter Hinderer, Freiheit und Gesellschaft beim jungen Schiller, in: Sturm und Drang, hrsg. v. Walter Hinck, Frankfurt/M. 1989 (2.Aufl., zuerst 1978), S. 230-257

Andreas Huysssen, Drama des Sturm und Drang. Kommentar zu einer Epoche, München 1980

Hans-Wolf Jäger, Wanderbühne, Hof- und Nationaltheater, in: Deutsche Literatur. Eine Sozialgeschichte, hrsg. v. Horst Albert Glaser, Bd. IV (Zwischen Absolutismus und Aufklärung. Rationalismus, Empfindsamkeit und Sturm und Drang 1740-1786), Reinbek b. Hamburg 1980, S. 261-277

Rolf-Peter Janz, Schillers „Kabale und Liebe" als bürgerliches Trauerspiel, in: Jahrbuch der deutschen Schillergesellschaft 20 (1976), S.208-229

Rolf-Peter Janz, „Sie ist die Schande ihres Geschlechts". Die Figur der femme fatale bei Lessing, in: Jahrbuch der deutschen Schillergesellschaft 22 (1979), S. 207-221

Volker Klotz, Geschlossene und offene Form im Drama, München 1960

Helmut Koopmann, Friedrich Schiller. Bd.I (1759-1794), Stuttgart 1977 (2. Aufl., zuerst 1966) (Sammlung Metzler, Bd. 50)

Hermann August Korff, Geist der Goethezeit. Versuch einer ideellen Entwicklung der klassisch-romantischen Literaturgeschichte, Bd.I, Leipzig 1955 (2. Aufl., zuerst 1923)

Knut Lohmann, Schiller: „Kabale und Liebe", in: Germanistik in Forschung und Lehre, hrsg. v. Rudolf Henß u. Hugo Moser, Berlin 1965, S.124-130

Winfried Malsch, Der betrogene Deus iratus in Schillers Drama „Luise Millerin", in: Collegium Philosophicum. Studien. Joachim Ritter zum 60. Geburtstag, Basel, Stuttgart 1965, S. 157-209

Fritz Martini, Schillers „Kabale und Liebe". Bemerkungen zur Interpretation des ‚Bürgerlichen Trauerspiels', in: Der Deutschunterricht 4 (1952), S. 18-39

Gert Mattenklott, Melancholie in der Dramatik des Sturm und Drang, Frankfurt/M. 1985 (2.Aufl., zuerst 1968)

Kurt May, Friedrich Schiller. Idee und Wirklichkeit im Drama, Göttingen 1948

Peter Michelsen, Der Bruch mit der Vater-Welt. Studien zu Schillers „Räubern", Heidelberg 1979

Jan-Dirk Müller (Hrsg.), Gotthold Ephraim Lessing. Erläuterungen und Dokumente, Stuttgart 1978

Walter Müller-Seidel, Das stumme Drama der Luise Millerin (1955), in: Goethe-Jahrbuch XVII (1955), S. 91-103

Fred O. Nolte, Lessings ‚Emilia Galotti' im Lichte seiner ‚Hamburgischen Dramaturgie' (1938), in: Gotthold Ephraim Lessing, hrsg. v. Gerhard und Sibylle Bauer (=Wege der Forschung CCXI), Darmstadt 1968, S. 214-244

John George Robertson, Lessing's Dramatic Theory, Cambridge 1939

Jochen Schmidt, Die Geschichte des Genie-Gedankens in der deutschen Literatur, Philosophie und Politik 1750 – 1945. Bd.I (Von der Aufklärung bis zum Idealismus), Darmstadt 1988 (2. Aufl., zuerst 1985)

Jürgen Schröder, Gotthold Ephraim Lessing. Sprache und Drama, München 1972

Jochen Schulte-Sasse, Literarische Struktur und historisch-sozialer Kontext. Zum Beispiel Lessings „Emilia Galotti", Paderborn 1975

Emil Staiger, Friedrich Schiller, Zürich 1967

Harry Steinhauer, Die Schuld der Emilia Galotti, in: Interpretationen 2. Deutsche Dramen von Gryphius bis Brecht, hrsg. v. Jost Schillemeit, Frankfurt/M., Hamburg 1965, S. 49-61

Horst Steinmetz, Aufklärung und Tragödie. Lessings Tragödien vor dem Hintergrund des Trauerspielmodells der Aufklärung, in: Amsterdamer Beiträge zur Neueren Germanistik I (1972), S. 3-41

Inge Stephan, Frauenbild und Tugendbegriff im bürgerlichen Trauerspiel bei Lessing und Schiller, Lessing-Yearbook XVII (1985), S. 1-21

Gert Ueding, Schillers Rhetorik. Idealistische Wirkungsästhetik und rhetorische Tradition, Tübingen 1971

Alois Wierlacher, Das Haus der Freude oder Warum stirbt Emilia Galotti ?, in: Lessing Yearbook V (1973), S.147-162

Benno von Wiese, Friedrich Schiller, Stuttgart 1963 (3.Aufl., zuerst 1959)


**Zu Kapitel VIII:**

Wilhelm Emrich, Der Tragödientypus Gerhart Hauptmanns (1953), in: W.E., Protest und Verheißung. Studien zur klassischen und modernen Dichtung, Frankfurt/M., Bonn 1968 (3. Aufl., zuerst 1960), S. 193-206

Roland Galle, Tragödie und Aufklärung. Zum Funktionswandel des Tragischen zwischen Racine und Büchner, Stuttgart 1976

Walter Hinck, Die Dramaturgie des späten Brecht, Göttingen 1977 (6. Aufl., zuerst 1959)

Walter Hinck, Das moderne Drama in Deutschland. Vom expressionistischen zum dokumentarischen Theater, Göttingen 1973

Walter Hinck (Hrsg.), Handbuch des deutschen Dramas, Düsseldorf 1980

Walter Müller-Seidel, Versehen und Erkennen. Eine Studie zum Werk Heinrich von Kleists, Köln, Graz 1971 (3. Aufl., zuerst 1961)

Walter Müller-Seidel, „Penthesilea" im Kontext der deutschen Klassik, in: Kleists Dramen. Neue Interpretationen, hrsg. v. Walter Hinderer, Stuttgart 1981, S. 144-172

Hartmut Reinhardt, Apologie der Tragödie. Studien zur Dramatik Friedrich Hebbels, Tübingen 1989

Volkmar Sander (Hrsg.), Tragik und Tragödie, Darmstadt 1971 (= Wege der Forschung CVIII)

Jochen Schmidt, Heinrich von Kleist. Studien zu seiner poetischen Verfahrensweise, Tübingen 1974

Hans Joachim Schrimpf (Hrsg.), Gerhart Hauptmann, Darmstadt 1976 (= Wege der Forschung CCVII)

Hinrich C. Seeba, Der Sündenfall des Verdachts. Identitätskrise und Sprachskepsis in Kleists „Familie Schroffenstein, in: Deutsche Vierteljahrsschrift für Literaturwissenschaft und Geistesgeschichte 44 (1970), S. 64-101

George Steiner, Der Tod der Tragödie. Ein kritischer Essay. Übersetzt v. Jutta u. Theodor Knust, München 1962

Wolfgang Wittkowski, Georg Büchner. Persönlichkeit – Weltbild – Werk, Heidelberg 1978

# Namenregister

Abbt, Thomas 143
Ackermann, Conrad 235f.
Addison, Joseph 63, 85, 108f.
Aischylos 32
Albert, Claudia 263
Alewyn, Richard 54
Alexander, Robert 42, 47
Anders, Hans-Joachim 291
Anstett, Jean-Jacques 254
Aristoteles 14-35, 70, 72, 76, 78,
	94, 100f., 103, 105, 107, 110,
	118, 120f., 133, 137, 140,
	158, 160, 162-164, 166,
	171f., 178, 210, 215, 241-
	244, 288f., 318
Arndt, Hans Werner 60
Arntzen, Helmut 108, 116, 118
Auerbach, Erich 281, 285f.
Aurel, Marc 111

Balde, Jakob 43
Barclay, John 47
Barner, Wilfried 42, 44, 50f., 138,
	143, 145, 198
Barth, Ilse-Marie 115
Bassewitz, Henning Adam von 151
Batteux, Charles 154, 160-162,
	174
Bauer, Gerhard 208, 254f., 263,
	267
Bauer, Sibylle 208, 255, 263, 267
Baumgarten, Alexander Gottlieb
	102

Bayle, Pierre 57f.,
Becker, August 304
Beetz, Manfred 68
Behler, Ernst 254
Bender, Wolfgang 20, 84, 90
Benjamin, Walter 16, 64
Berghahn, Klaus L. 240, 289
Bernays, Jacob 26
Besser, Johann von 36
Best, Otto F. 62
Bidermann, Jakob 43
Bieber, Hugo 17
Binder, Wolfgang 286
Birke, Joachim 67, 69
Birken, Sigmund von 68, 73, 77
Blumenberg, Hans 57
Böckmann, Paul 41
Bodmer, Johann Jacob 14, 20, 23,
	35, 84-92, 95, 101, 104,
	123f., 148, 165
Boileau, Nicolas 38, 79
Bollack, Jean 18
Borchmeyer, Dieter 129f.
Boyle, Robert 58
Brawe, Joachim Wilhelm von 13,
	145, 147, 222-229, 231-234,
	269
Brecht, Bertolt 28, 318-321
Breithaupt, Karl Theodor 222f.
Breitinger, Johann Jacob 14, 19,
	20, 23, 35, 84f., 87, 89-91,
	98, 165
Brockes, Barthold Heinrich 39

Brüggemann, Fritz 208, 213f., 216, 224

Buchberger, Michael 225

Büchner, Georg 137, 256, 292, 303-305, 312, 316

Buck, August 20, 79

Bürger, Gottfried August 190

Caillois, Roger 20

Calderón de la Barca, Pedro 93, 229

Calepio, Pietro de' Conti di 23, 85f., 89f.

Castelvetro, Lodovico 15

Chassiron, Pierre Mathieu Martin de 149

Cherbury, Lord Herbert of 225

Cicero, Marcus Tullius 122, 163f.

Collins, Anthony 225

Congreve, William 212

Conrady, Karl Otto 108, 121

Corneille, Pierre 20, 32, 34, 67, 70-72, 74, 79, 82-84, 93, 109f., 112f., 119, 123, 131, 140f., 171, 212, 229, 241, 244, 247, 267, 292, 294

Corneille, Thomas 238

Crébillon, Prosper Jolyot de 212

Cronegk, Johann Friedrich von 145-147, 222, 237, 253, 267

Curtius, Michael Conrad 13f., 21, 24, 66, 100-107, 136, 165f., 244, 246

Dacier, André 19-21, 171

Dalberg, Wolfgang Heribert von 271

Darwin, Charles Robert 315

Daunicht, Richard 151, 183, 192

David, Claude 315

Deschamps, François 108, 110

Diderot, Denis 155f., 273

Dilthey, Wilhelm 263, 267

Diomedes 164

Donatus, Aelius 164

Donatus, Alexander 15

Dryden, John 212

Dubos, Jean Baptiste 85, 88, 102, 176-178

Düffel, Peter von 61

Dürrenmatt, Friedrich 321f.

Durzak, Manfred 196, 203, 205f., 263

Dusch, Johann Jakob 50

Düsing, Wolfgang 248

Dyck, Joachim 164

Eckhof, Konrad 51, 237

Eggers, Dietrich 49

Eibl, Karl 157, 173, 191, 200f., 236

Eichner, Hans 254

Eisner, Christine 73

Eloesser, Arthur 223, 226, 232

Emrich, Wilhelm 42, 315

Engel, Johann Jakob 270

Engelhardt, Wolf von 59

Epiktet 111

Erler, Adalbert 114

Euchner, Walter 129

Euklides 35

Euripides 31f., 92, 311

Fabian, Bernhard 52, 198

Fajardo, Diego Saavedra 44

Fambach, Oscar 273, 287

Feind, Barthold 40

Fénelon, François de Salignac de la Mothe 83

Fetscher, Iring 129

Fielding, Henry 152

Fischer, Ludwig 164

Forster, Leonard 112

Francke, August Hermann 60

Frank, Peter 294

Freud, Sigmund 206

Freytag, Gustav 313

Friedrich, Wolf-Hartmut 26

Friess, Ursula 198, 200, 218, 266, 285

Frisch, Max 321

Frühwald, Wolfgang 8, 157

Fuhrmann, Manfred 21, 25f., 33, 133, 162f.

Fülleborn, Ulrich 291, 298

Funck, Gottfried Benedikt 102


Gaede, Friedrich 67

Galilei, Galileo 57

Galle, Roland 300, 310

Garve, Christian 172-174

Geibel, Emanuel 309

Gellert, Christian Fürchtegott 92, 103, 149, 152-154, 183, 194, 212f., 216f., 219, 224-226, 228f.

Gemmingen-Hornberg, Otto Freiherr von 274

George, David E.R. 13, 40, 82, 86, 89, 93, 132, 139, 183, 245

Gerstenberg, Heinrich Wilhelm von 96, 252

Gessner, Salomon 103

Geulen, Hans 108

Gigon, Olof 25

Glaser, Horst Albert 9

Gleim, Johann Wilhelm Ludwig 138, 143

Goethe, Johann Wolfgang von 17-19, 22-25, 28, 30, 52, 68, 96, 202, 213, 216, 238, 240, 251f., 254, 256, 258, 269, 273f., 317

Gohlke, Paul 26f., 244

Göpfert, Herbert G. 195

Gotter, Friedrich Wilhelm 270

Gottsched, Johann Christoph 11, 14f., 19, 22f., 32, 34-36, 40f., 49f., 52f., 55f., 58-60, 63-84, 86-88, 91-99, 101, 103-106, 108-125, 128, 131, 136, 141, 147, 152, 154-156, 158, 160f., 165, 177, 179f., 191, 222f., 228f., 237, 244, 246, 270, 288

Grabbe, Christian Dietrich 256, 309, 312

Gracián, Balthasar 43f.

Graf, Ruedi 122, 132

Greis, Jutta 218

Gries, J.D. 229

Grillo, Johann David 191

Grillparzer, Franz 292, 294, 297-299, 302, 309, 312

Grimm, Gunter E. 42, 67f.

Grimm, Reinhold 16, 289, 291

Grimminger, Rolf 9

Grosse, Wilhelm 148

Großmann, Gustav Friedrich Wilhelm 272

Gruenter, Rainer 207

Gryphius, Andreas 41, 43, 45, 47-49, 55, 65f., 72f., 81f., 94, 101, 113, 115f., 267

Gryphius, Christian 36, 49

Guthke, Karl S. 13, 152, 166, 173, 192, 211f., 254, 271, 274, 277f., 282, 284

Gutzkow, Karl 312

Haberkamm, Klaus 108
Habermas, Jürgen 9, 172
Hagedorn, Friedrich von 103
Haider-Pregler, Hilde 160
Haller, Albrecht von 276
Hallmann, Johann Christian 41, 81, 101, 113, 115, 267
Hamann, Johann Georg 151
Händel, Georg Friedrich 40
Hardin, James N. 49
Harsdoerffer, Georg Philipp 68, 73, 77, 165
Haugwitz, August Adolph von 41, 81
Hauptmann, Gerhart 313-318
Haussen, Adolf 273
Hebbel, Friedrich 254, 271, 291-294, 302f., 309
Hegel, Georg Wilhelm Friedrich 12, 18, 290-293, 299-303, 305, 310-314
Heidsieck, Arnold 183, 321
Heine, Heinrich 312
Heinsius, Daniel 15f., 19f., 25
Heitner, Robert, R. 53, 223, 234
Henß, Rudolf 278
Herder, Johann Gottfried 23, 96, 238, 249, 251, 254, 258
Herrmann, Hans-Peter 41, 84
Hettner, Hermann 267
Heydebrand, Renate von 121f.
Heyse, Paul 309
Hillen, Gerd 209
Hinck, Walter 277, 300, 318, 320
Hinderer, Walter 277, 296
Hirsch, Rudolf 151, 317
Hobbes, Thomas 129
Hochhuth, Rolf 321
Höfer, Josef 225
Hoffmanswaldau, Christian Hoffmann von 36, 38, 48

Hofmann, Karl Ludwig 55
Hofmannsthal, Hugo von 151, 316f.
Holz, Hans Heinz 59
Homeyer, Fritz 17
Horaz 27, 48
Hübscher, Angelika 306
Hunold, Christian Friedrich 36, 39-41
Hutcheson, Francis 177, 183f., 194, 198, 207f.
Huygens, Christiaan 58
Huyssen, Andreas 252, 274, 281, 285

Iffland, August Wilhelm 270f., 301
Ingen, Ferdinand van 208

Jäger, Hans-Wolf 238
Janz, Rolf-Peter 263, 281-283, 287
Jonson, Benjamin 51

Kaiser, Gerhard 115
Kant, Immanuel 7, 247, 281, 288, 308
Kaufmann, Ekkehard 114
Keil, Heinrich 164
Keller, Werner 115
Kemper, Hans-Georg 225
Kierkegaard, Søren 290
Kindermann, Heinz 50f., 54, 56
Klaj, Johann 96, 135
Kleist, Ewald von 103, 134, 145, 147
Kleist, Heinrich von 292, 295-297, 299, 301, 305, 309
Klinger, Friedrich Maximilian 137, 234, 252, 269, 275, 287
Klopstock, Friedrich Gottlieb 103
Klotz, Christian Adolf 238f.

Klotz, Volker  256
Knigge, Adolph Freiherr von  50,
       52
Knust, Jutta u. Theodor  291
Koebner, Thomas  52
Köllner, Christian Gottlob  123
Kommerell, Max  26f., 33, 162,
       180, 243
Kondylis, Panajotis  61f., 102
König, Johann Ulrich  36, 40, 85
Koopmann, Helmut  46, 66, 121,
       195, 197, 257, 274, 277, 282,
       287
Korff, Hermann August  281, 286
Koselleck, Reinhart  57
Kotzebue, August von  271
Kraft, Herbert  272
Kühlmann, Wilhelm  41
Kürschner, Joseph  273

La Chaussée, P.C. Nivelle de  152,
       154
Lachmann, Karl  144, 202
Lamport, Francis J.  148
Landois, Paul  151, 160
Lange, Joachim  60
Laube, Heinrich  309, 312
Lausberg, Heinrich  78, 163
Leibniz, Gottfried Wilhelm  58-60,
       62, 65, 184, 257, 260, 265,
       268
Leisewitz, Johann Anton  137, 202,
       215, 234, 252, 275, 287
Lenz, Jakob Michael Reinhold  96,
       137, 202, 251f., 256, 269,
       274
Lessing, Gotthold Ephraim  9, 11,
       12-14, 16f., 19-27, 32, 34f.,
       40, 50f., 53, 69f., 76f., 82f.,
       90f., 93, 98, 100, 104, 106,
       118, 124, 132-135, 138-150,
       153-157, 159f., 166, 168f.,
       171-173, 175, 177-184, 186-
       200, 202-204, 206-215, 220,
       222f., 226, 231f., 236-258,
       260, 262-270, 273, 275,
       281f., 284f., 288f., 294, 298,
       303f., 308, 312, 320
Lessing, Karl  253
Lièvre, Pierre  20
Liewerscheidt, Dieter  138
Liliencron, Rochus Freiherr von
       213
Lillo, George  124, 151f., 160,
       211f.
Linant, Michel  151
Lindberg, John D.  48
Lipsius, Justus  111f.
Livius, Titus  252
Loewenthal, Erich  282
Lohenstein, Daniel Casper von  36-
       39, 41, 43-46, 48, 54, 64-66,
       68, 82, 91, 93
Lohmann, Knut  278
Lohmeier, Dieter  68
Lohner, Edgar  53
Longin  288
Lope de Vega, Félix  229
Löwen, Johann Friedrich  50-52,
       191, 235-237
Lucan  109
Ludwig, Otto  309
Luther, Arthur  110
Luyando, Agustín Montiano y  252

Machatzke, Martin  313
Malsch, Winfried  281
Männling, Johann Christoph  68
Marmontel, Jean François  171
Marquard, Odo  12, 280f.

Martens, Wolfgang 63

Martini, Christian Leberecht 192

Martini, Fritz 42, 46, 282, 286

Martino, Alberto 33, 152, 157, 177, 182, 246

Mathes, Jürg 167

Mattenklott, Gert 8, 152, 200, 258, 267

Mauser, Wolfram 208

May, Kurt 132, 134, 281

Mayer, Hans 28

Mehring, Franz 207

Meier, Georg Friedrich 102

Mendelssohn, Moses 23, 35, 62, 132, 135, 138f., 159, 175, 178, 183-190, 194f., 200, 202, 209, 241, 246

Metwally, Nadia 213, 216, 218

Meyer, Reinhart 41, 66, 211

Michel, Karl Markus 293

Michelsen, Peter 177, 180, 183, 192f., 197, 200, 202, 280

Milton, John 280

Minturno, Antonio Sebastiano 15

Moldenhauer, Eva 293

Moore, Edward 212, 223f.

Morhof, Daniel Georg 37-39

Moritz, Karl Philipp 52, 273, 287

Moser, Hugo 278

Müller, Heiner 321

Müller, Jan-Dirk 252

Müller, Klaus-Detlef 155

Müller-Seidel, Walter 284, 295f.

Muncker, Franz 144, 202

Muratori, Lodovico Antonio 85

Mylius, Christlob 154


Neuber, Johann 55

Neuber, Karoline 55

Neukirch, Benjamin 36f., 39, 63

Neumeister, Erdmann 37-41

Newton, Isaac 57f.

Nicolai, Friedrich 17, 23, 35, 132-135, 137-140, 158f., 169f., 175-179, 189-191, 222, 235, 241, 253

Nietzsche, Friedrich 28, 290, 294, 310-313, 316f.

Nolte, Fred O. 254, 259

Norton, Robert E. 138


Olshausen, Waldemar von 154

Omeis, Magnus Daniel 68

Opitz, Martin 16, 68, 73, 75, 77, 164f.


Patzke, Samuel 253

Petersen, Julius 18, 154

Pfeil, Johann Gottlob Benjamin 13, 157f., 167-170, 212-222, 270

Pfotenhauer, Helmut 11

Philipp, Werner 58

Phocion 122

Pikulik, Lothar 10, 173, 196

Platon 30, 115f., 119

Plutarch 109

Pope, Alexander 276

Pörnbacher, Karl 294, 304

Postel, Christian Heinrich 40

Pradon, Nicolas 67, 212

Proß, Wolfgang 33

Pütz, Peter 57, 81, 221, 255, 257

Pyra, Jakob Immanuel 118-120


Quintilian, Marcus Fabius 163


Raabe, Paul 272

Rabener, Gottlieb Wilhelm 92

Racine, Jean 67, 82f., 113, 131, 212, 292

Rahner, Karl 225

Ramler, Karl Wilhelm  160-162,
    173f., 191
Rasch, Wolfdietrich  108
Reh, Albert M.  197, 202f., 206
Rehm, Walter  113
Reichel, Eugen  67
Reinhardt, Hartmut  302, 322
Reinwald, Wilhelm Friedrich
    Hermann  272
Richardson, Samuel  103, 152, 212
Richel, Veronica  191
Riedel, Volker  138
Robertello, Francesco  15
Robertson, John George  237
Robertson, John M.  198
Rousseau, Jean-Jacques  183-185,
    187, 296, 308
Rowe, Nicholas  146
Rusterholz, Peter  48

Saine, Thomas P.  58
Sälzle, Kurt  54
Sauder, Gerhard  10, 103f., 173
Sauer, August  222f.
Scaliger, Julius Cäsar  20
Schadewaldt, Wolfgang  25-29
Schäfer, Eckart  27
Schaub, Gerhard  304
Schelling, Friedrich Wilhelm Joseph
    18, 290f., 302
Schenkel, Martin  180, 183, 193,
    203
Scherpe, Klaus R.  8, 166
Schillemeit, Jost  263
Schiller, Friedrich  12f., 17-19, 50,
    74, 96, 105, 134f., 174, 190,
    195, 211, 214, 233f., 238,
    240, 247f., 266, 269-282,
    284-290, 292, 294, 301, 303,
    312

Schings, Hans-Jürgen  16, 73, 78,
    115, 119, 180, 183, 185, 187,
    303, 306, 308, 320
Schlaffer, Heinz  8, 10
Schlechta, Karl  22, 28
Schlegel, August Wilhelm  53, 254,
Schlegel, Friedrich  239, 254
Schlegel, Hans  229
Schlegel, Johann Adolf  154, 156,
    160f.
Schlegel, Johann Elias  13, 23, 32,
    35, 92-101, 104f., 124-127,
    129, 131-137, 165f., 223,
    231, 237, 269
Schlegel, Johann Heinrich  92, 94
Schmid, Christian Heinrich  16,
    124, 167, 172
Schmidt, Erich  213, 218
Schmidt, Jochen  239, 295
Schmidt-Biggemann, Wilhelm  58,
    62
Schneider, Lambert  282
Schoeller, Bernd  151, 317
Schopenhauer, Arthur  290, 306-
    310
Schrimpf, Hans Joachim  315
Schröder, Friedrich Ludwig  271
Schröder, Jürgen  257
Schröter, Christian  68
Schulte-Sasse, Jochen  159, 178,
    183, 259, 263
Schulz, Georg-Michael  83, 86, 108,
    114, 117, 121f., 125, 128f.,
    132f., 196, 243, 265
Schwarz, Egon  28
Schweppenhäuser, Hermann  16
Schwind, Peter  37
Seeba, Hinrich C.  142, 266, 296
Seidel, Siegfried  17
Sembdner, Helmut  292

Seneca, Annaeus Lucius 73, 75, 82, 111, 122f., 145, 147, 199, 204, 308

Sengle, Friedrich 125

Shaftesbury, Anthony Ashley Cooper, Earl of 85, 88, 177, 194, 198, 207f.

Shakespeare, William 34, 51, 54, 66, 79, 93, 96, 137, 211, 223, 224, 238, 248f., 251, 269, 274, 301

Simm, Hans-Joachim 304

Sokrates 122

Solger, Karl Wilhelm Ferdinand 290

Sonnenfels, Joseph von 160, 170f.

Sophokles 31f., 92f., 221

Spinoza, Baruch de 308

Staiger, Emil 272

Stammler, Wolfgang 114

Steele, Richard 63, 152

Steiner, George 291, 321

Steinhauer, Harry 263, 266

Steinmetz, Horst 10, 40, 55, 67, 93, 108, 125, 132, 137f., 152f., 238f., 258, 267

Stephan, Inge 285

Sterne, Lawrence 103, 152

Stolle, Gottlieb 110, 118

Stranitzky, Joseph Anton 53

Streicher, Andreas 272

Stümcke, Heinrich 51

Sturz, Peter Helferich 174

Sulzer, Johann George 170

Szarota, Elida Maria 43, 115

Szondi, Peter 18, 152, 156, 173, 291, 300, 305

Tarot, Rolf 43f.

Telemann, Georg Philipp 40

Ter-Nedden, Gisbert 144, 209, 256, 264, 268

Tesauro, Emanuele 15

Thomasius, Christian 60-62, 64

Thomson, James 124, 212

Tiedemann, Rolf 16

Tindal, Matthew 225

Toland, John 225

Trunz, Erich 73

Ueding, Gert 50, 163, 286

Unseld, Siegfried 28

Utz, Peter 11

Viperano, Giovanni Antonio 15

Vischer, Friedrich Theodor 290, 314

Voltaire 67, 154

Wagner, Hans 26, 244f.

Wagner, Heinrich Leopold 221, 270, 273, 282

Wagner, Richard 312

Weber, Peter 207

Wedekind, Frank 256

Weichmann, Christian Friedrich 39, 63

Weigand, Kurt 185

Weise, Christian 36, 42-49, 53, 63f.

Weiss, Peter 321

Weiße, Christian Felix 237, 248-250, 270

Werner, Richard Maria 254

Wernicke, Christian 37-39, 41

Wiedemann, Conrad 138, 144

Wieland, Christoph Martin 17, 23, 35, 68, 145-147, 150f., 165

Wierlacher, Alois 151, 156, 166, 173, 183, 263, 266

Wiese, Benno von 12, 108, 257, 277, 281, 286, 309

Willems, Gottfried 42

Windfuhr, Manfred 20, 37, 91, 212

Witte, Bernd 217

Wittkowski, Wolfgang 295, 303

Wölfel, Kurt 76, 82, 93, 95, 100, 104, 139

Wolff, Christian 59-62, 64, 67, 69, 76, 80, 114, 128, 228

Young, Edward 212, 223f.

Zachariä, Justus Friedrich Wilhelm 92

Zedler, Johann Heinrich 128, 182, 228

Zeller, Konradin 42

Zenge, Wilhelmine von 296

Ziegler, Edda 304

Zoellner, Johann Friedrich 62

# Theaterwissenschaft bei Francke

Erika Fischer-Lichte

## Kurze Geschichte des deutschen Theaters

UTB 1667, 1993, VIII, 540 Seiten, zahlr. Abb.
DM 39,80/ÖS 311,–/SFr 40,80
UTB-ISBN 3-8252-1667-5

Was heißt Theatergeschichte? Ist sie eine Kunst- oder eine Kultur-geschichte? Eine Geschichte von Ideen oder von Mentalitäten? Ausgehend von derartigen zentralen Fragen (re)konstruiert Erika Fischer-Lichte mögliche Geschichten des deutschen Theaters, beginnend mit seiner festen Einbindung in die städtische Festkultur des Mittelalters und endend mit jener "Fusion von Theater und Wirklichkeit" (Heiner Müller), die dem heute drohenden Verschwinden des Theaters in den elektronischen Medien einen – letzten? – Widerstand entgegensetzt.

Ein unerläßlicher Leitfaden für Studierende der Theater- und Literaturwissenschaft sowie für alle Theaterfreunde.

"Eine fleißige und scharfsinnige Arbeit, die ihresgleichen sucht."
*DIE WELT*

**UTB**
FÜR WISSEN
SCHAFT

**Francke**

# Theaterwissenschaft bei Francke

Erika Fischer-Lichte / Harald Xander (Hrsg.)

## Welttheater – Nationaltheater – Lokaltheater?

Europäisches Theater
am Ende des 20. Jahrhunderts

Mainzer Forschungen zu Drama und Theater 9,
1993, XIII, 229 Seiten, DM 64,–/ÖS 499,–/SFr 65,–
ISBN 3-7720-1837-8

Am Ende des 20. Jahrhunderts präsentiert sich das "alte" Medium Theater immer mehr in der Auseinandersetzung mit den "neuen", elektronischen Massenmedien, an die es mittlerweile viele seiner Funktionen abgegeben hat. Der global verfolgten Strategie der Massenmedien, die historisch gewachsenen kulturellen, nationalen und ethnischen Unterschiede zwischen ihren Benutzern einzuebnen, setzt das Theater dezidiert seine Arbeit an der Differenz entgegen, ihrer Tendenz zur Auslöschung von Geschichte seine Geschichtlichkeit. Die Beiträge des Bandes spüren diesem Zusammenhang zwischen den je historischen Bedingungen des Theaters, seiner Ästhetik und seinen lokalen, nationalen und internationalen Wirkungsmöglichkeiten nach. Historisch orientierte Standortbestimmungen einzelner Theaterkulturen kommen dabei ebenso zur Sprache wie die Diskussion aktueller Inszenierungen.